코퍼스 언어학을 위한 통계: 실용적 가이드

코퍼스 언어학을 위한 통계: 실용적 가이드

초판 인쇄	2024년 8월 23일
초판 발행	2024년 8월 30일
옮긴이	강범일·이선희
펴낸이	박찬익
편집	이기남
책임편집	권효진
펴낸곳	㈜**박이정**
주소	경기도 하남시 조정대로 45 미사센텀비즈 F827호
전화	031-792-1195
팩스	02-928-4683
홈페이지	www.pijbook.com
이메일	pijbook@naver.com
등록	2014년 8월 22일 제2020-000029호
ISBN	979-11-5848-959-5 (93700)
책값	24,000원

코퍼스 언어학을 위한 통계
STATISTICS IN CORPUS LINGUISTICS
실용적 가이드

VACLAV BREZINA 지음

강범일·이선희 옮김

박이정

코퍼스 언어학 통계

연구나 학습에 코퍼스를 사용하지만 통계 때문에 어려움을 겪고 계신가요? 이 실용적인 입문서는 사전 통계 지식 없이도 통계적 사고의 핵심 원리를 이해하고 이를 자신의 연구에 적용할 수 있도록 해줄 것입니다. 이 책은 통계 분석 과정을 단계별로 안내하고, 언어 데이터를 분석하고 시각화하는 데 통계 기법을 어떻게 사용할 수 있는지에 대한 다양한 예시를 제공합니다. 또한 이해도를 점검하는 데 사용할 수 있는 유용한 토론 및 연습문제도 포함되어 있습니다. 동반 웹사이트를 통해서는 연습문제 정답, 데이터셋, 고급 자료, 교육용 슬라이드 등의 추가 자료와, 책에서 설명하는 통계 척도들을 쉽게 계산해 주는 Lancaster Stats Tools online (http://corpora.lancs.ac.uk/stats)을 제공합니다.

저자인 Vaclav Brezina는 랭커스터 대학교 언어학 및 영어학과의 교수로, 코퍼스 언어학, 통계학 및 응용 언어학을 전문으로 하며 코퍼스 분석을 위한 여러 가지 도구를 설계했습니다.

숫자에 대한 열정을 함께 나누는 Anna, Olinka, Jan에게 이 책을 바칩니다.

목 차

그림 목차

표 목차

이 책에 관하여

이 책의 내용은 무엇인가?

이 책은 컴퓨터를 사용하여 언어를 분석하는 학문인 코퍼스 언어학의 통계적 절차에 대한 실용적인 입문서로, 언어 주제에 따라 구성되어 있다. 어휘와 문법부터 사회언어학, 담화 분석, 언어의 역사적 분석에 이르기까지 다양한 주제를 다룬다. 이 책은 코퍼스를 이용한 언어 분석의 최신 방법론에 대한 개요를 제공하고 이 분야에서 이전에 사용되지 않았던 새로운 기법을 소개한다. 통계에 대한 사전 지식을 전제로 하지 않고 필요한 모든 개념과 방법을 비전문적인 언어로 설명한다. 또한 이 책에서 설명하는 모든 절차는 Lancaster Stats Tools online을 사용하여 쉽게 수행할 수 있다(아래의 '이 책을 어떻게 사용해야 하는가?' 참조). 책 전체에 걸쳐 코퍼스 통계 적용에 대한 다양한 예시(사례 연구)와 각 통계를 보고하는 표준적인 방법을 제공한다. 언어의 통계 분석에 대한 실용적 측면에 중점을 둔 이 책의 특징은 연구 설계와 데이터의 다양한 '형태'가 통계 분석에 미치는 영향에 초점을 맞추고 있다는 점에서도 드러난다. 동반 웹사이트는 이 책에 사용된 전체 데이터셋을 이용해 분석을 쉽게 재현할 수 있게 해준다. 코퍼스 언어학은 언어학, 사회과학, 디지털 인문학 등 다양한 맥락에 적용 가능한 다용도의 언어 분석 방법론으로, 이 책은 가능한 한 다양한 사용자가 코퍼스를 의미 있게 사용할 수 있도록 하는 것을 목표로 한다.

이 책은 누구를 위한 것인가?

이 책은 코퍼스 언어학 및 언어의 정량적 분석에 관심을 둔 모든 사람을 대상으로 한다. 여기에는 언어학, 사회학, 역사학, 심리학, 교육학 등의 분야의 학생과 연구자가 포함된다. 이 책의 주요 목표는 독자들이 통계적 사고의 핵심 원리를 이해하여 특정 통계 기법을 적용하는 문제에 대해 정보에 입각한 결정을 내릴 수 있도록 돕는 것이다. 이를 위해 이 책에는 설명 부분 외에도 독자가 자료를 더 잘 이해하고 주제에 대한 이해도를 점검하는 데 사용할 수 있는 토론 문제('생각해 보기')와 연습문제가 포함되어 있으며, 연습문제의 정답은 동반 웹사이트(http://corpora.lancs.ac.uk/stats/materials.php)에서 제공된다.

이 책을 어떻게 활용해야 하나?

이 책은 코퍼스 통계에 관한 실용적인 가이드북을 찾는 학생과 연구자의 요구를 반영하였으며, 해당 분야의 최신 문헌을 기반으로 하고 모범 사례를 반영하였다. 따라서 교재나 자습서로 사용할 수 있을 것이다. 독자들은 1장에서 일반적인 통계 원리를 검토한 후, 자신이 관심 있어 하는 언어학 주제와 관련된 내용을 찾아갈 수 있다. 이 책에 소개된 통계 기법들은 상호 참조되어 있으며 책 마지막의 색인에도 포함되어 있다.

이 책과 함께 제공되는 Lancaster Stats Tools online (http://corpora.lancs.ac.uk/stats)에서는 추가 예제, 데이터셋, 동영상 강의 및 파워포인트 슬라이드뿐만 아니라 책에서 설명하는 통계 계산과 그래프 작성을 위한 도구를 제공한다. 실제로 이 책에 설명된 모든 절차는 Lancaster Stats Tools online을 사용해 수행할 수 있다. 따라서 독자는 구매가 필요한

IBM SPSS와 같은 상용 통계 패키지에 의존하거나, R과 같은 무료 통계 패키지의 복잡한 구문을 배울 필요가 없다. Lancaster Stats Tools online은 간단한 사용자 인터페이스를 통해 강력한 통계 도구에 접근할 수 있게 해주며, 스프레드시트(예: Excel 또는 Calc)로부터 데이터를 복사해서 붙여넣을 수도 있다. 통계가 연구에 걸림돌이 되어서는 안 된다고 생각한다. 번거로운 숫자 작업은 컴퓨터가 대신해 줄 수 있으며, 통계는 매우 효과적인 분석 도구로 사용될 수 있다. 필요한 것은 통계적 사고의 기본 원칙과 그것을 언어 분석에 적용하는 방법을 이해하는 것이다. 지금부터 함께 탐구해 나가자!

감사의 말

책의 집필 과정에서 지속적인 지원과 격려를 해준 Tony McEnery와 Dana Gablasova에게 감사의 말씀을 드리고 싶습니다. 각 장에 대해 상세한 의견을 주셔서 큰 도움이 되기도 했습니다. Gabriele Pallotti는 원고의 상당 부분을 읽고 통찰력 있는 의견을 제시해 주었습니다. Peter Diggle, Michael Gauthier, Andrew Hardie, Irene Marin Cervantes도 원고의 여러 부분에 대해 유용한 의견을 주셨습니다. Gill Smith는 원고 형식 작업을 도와주었고, Irene Marin Cervantes는 색인 작업을 해주었습니다. 모두에게 감사드립니다. 또한 매우 유용하고 격려가 되는 의견을 주신 익명의 검토자 두 분께도 감사드립니다.

이 책 집필은 ESRC 기금 no. EP/P001559/1 및 ES/K002155/1의 지원을 받았습니다.

1. 도 입
통계학, 코퍼스 언어학을 만나다.

1.1 이 장의 내용은 무엇인가?

이 장에서는 코퍼스 데이터에 통계 절차를 적용할 때 필요한 통계적 사고의 기본 원리를 소개한다. 과학 연구 일반, 그리고 특히 코퍼스 언어학에서 통계의 역할에 대한 설명으로 시작하여 코퍼스 구축, 연구 설계 유형, 기본 통계 용어, 데이터 탐색 및 시각화와 같은 보다 구체적인 주제에 대해 논의한다. 마지막으로 코퍼스 연구에서 통계를 사용한 사례 연구로 장을 마무리한다.

특히 다음의 5가지 질문에 대한 답을 살펴볼 것이다:
- 과학과 코퍼스 연구에서 통계의 역할은 무엇인가? (1.2)
- 코퍼스 통계의 핵심 용어는 무엇인가? (1.3)
- 코퍼스는 어떻게 구축하고 분석하나? (1.4)
- 데이터는 어떻게 탐색하고 시각화할 수 있나? (1.5)
- 통계를 코퍼스 연구에서 어떻게 사용할 수 있나? (1.6)

1.2 통계란 무엇인가? 과학, 코퍼스 언어학, 통계학

생각해 보기

이 절을 읽기 전에 다음 질문에 대해 생각해 보자.

1. 과학이란 무엇인가? 과학적 탐구의 기본 특징은 무엇인가?
2. 다음의 언어에 관한 진술 중 과학적 진술에 해당하는 것은 무엇인가?
   (a) 여성의 말에는 일반적으로 'well', 'y'know', 'kinda' 등이 더 많이 포함되는 것 같다.
   (b) 말은 바람처럼 가볍다.
   (c) 피동형은 (다른 레지스터에 비해) 학술 산문에서 가장 흔하며 백만 단어당 약 18,500번 출현한다.
   (d) 언어의 능력은 '언어 기관'으로 간주하는 것이 합리적이다.
   (e) 우리의 연구 결과에 따르면 1950년대부터 1980년대까지의 크리스마스 방송에서 11개의 모음 소리 중 10개에서 최소 1개의 포먼트(formant[1])에, 5개에서는 2개의 포먼트에 상당한 변화가 있음을 보여준다 … 우리는 여왕이 더 이상 1950년대 여왕의 영어를 사용하지 않는다고 결론지었다.

신화, 철학 또는 예술와 달리 **과학**은 체계적인 경험적 데이터 수집과 이론 및 가설 검정에 의존한다. 가장 영향력 있는 과학 이론가 중 한 명인 칼 포퍼(Karl Popper)는 과학적 진술이나 이론을 원칙적으로 반증될 수 있는 것으로 정의했다(Popper, 2005 [1935]). 즉, 어떤 진술이나 이론이 경험적으로 검증될 수 있는 경우에만 과학적이라고 할 수 있다. 데이터를 수집하고 데이터가 이론과 일치하는지 평가해 본 후, 일치하지 않는다면 이용 가능한 증거가 이론과 모순된다고 말할 수 있다. '생각해 보기' 과제 2번의 문장들을 살펴보면 경험적 증거를 수집하여 검증할 수 있는지 여부가 상당히 다르다는 것을 알 수 있다. (c)와 (e)는 분명히 과학적이라고 볼 수 있다.[2] 이 문장들은 경험적으로 검증할 수 있을 뿐만 아니라 이미 경험적 증거가

---

1   포먼트는 음성학 연구에서 모음 소리의 구성 요소이다.
2   출처: (a) Lakoff 1975: 53; (b) Shakespeare? 1992 [1599]: 269; (c) Biber et al. 1999: 476; (d) Chomsky 2000: 4; (e) Harrington et al. 2000: 927.

수반되어 있다. 반면에 시적 진술인 (b)는 은유를 표현한 것으로, 그것이 지닌 힘에도 불구하고 데이터를 수집하여 테스트하기는 어렵다. Lakoff의 책(1975) *Language and Woman's Place*에서 발췌한 (a)는 경험적으로 검증할 수 있지만(실제로 수많은 연구자가 검증했다), 저자 자신은 책에서 일화 외에 경험적 증거를 거의 제시하지 않는다. Chomsky(2000)에 나온 진술 (d)는 인간의 언어 능력에 대한 철학적(경험 이전의) 이해에 더 의존하며 경험적 확증을 반드시 추구하지는 않는 언어에 대한 견해에 해당한다. 요컨대 체계적으로[3] 수집된 경험적 증거를 직접 참조하는 언어에 대한 진술은 과학적인 것으로 간주할 수 있다.

코퍼스 언어학은 과학적인 언어 분석 방법이다. 분석가는 언어에 대한 진술을 뒷받침하기 위해 코퍼스에서 추출한 경험적 증거를 데이터 형식으로 제공해야 한다. 코퍼스 언어학자가 원칙적으로 따라야 할 또 다른 과학적 요건은 결과의 재현 가능성이다. 즉, 연구자들은 어떤 연구의 결과를 후속 연구에서 확인해야 할 경우가 있다(8.3절 참조). 결과를 재현할 수 있으려면 코퍼스 언어학자가 선택한 코퍼스 및 분석 기법을 투명하게 공개해야 한다. 다른 연구자들이 사용할 수 있도록 코퍼스를 공개하여 동일한 데이터 셋을 추가적으로 탐색하고 해당 분야의 지식을 발전시키도록 유도하는 것은 코퍼스 언어학의 좋은 관행이다.[4]

본질적으로 코퍼스 언어학은 정량적 방법론이며, 일반적으로 코퍼스 내 단어와 구문의 빈도를 반영하는 숫자를 다룬다(McEnery & Hardie 2011). 따라서 통계학은 정량적 정보를 효과적으로 다루는 데 도움을 주기 때문에

3　경험적 연구는 정성적 연구(설명 및 해석)와 정량적 연구(숫자 사용)가 모두 가능하다. 이러한 연구 영역은 상호 보완적이다.

4　안타깝게도 코퍼스가 기업의 통제하에 있어 구축 원칙이 명확하지 않은 경우가 있다. 이는 코퍼스를 진지한 과학적 탐구에 사용하는 것을 어렵게 만들고, 이러한 코퍼스를 기반으로 한 주장에 의구심을 갖게 한다. 코퍼스 언어학이 과학적 지위를 유지하려면 '이 현상은 대규모 코퍼스에서 발견되었지만 그 코퍼스는 사용할 수 없다'는 식의 진술에 만족해서는 안 된다.

코퍼스 언어학자에게 매우 중요한 요소이다. 통계학이 무엇인지에 대한 이해는 여러 가지가 있다. 이 책에서는 다음과 같은 정의를 따를 것이다. **통계학**은 정량적 데이터를 이해하는 데 도움을 주는 학문이다. 즉, 어떤 식으로든 계산, 측정 또는 정량화 가능한 '데이터를 수집하고 해석하는 과학'(Diggle & Chetwynd 2011: vii)이다. 통계학에서 중요한 것 중 하나는 수학적 표현을 사용하는 것이므로 이 책에서는 다양한 공식을 살펴보게 된다. 수학적 표현은 데이터의 중요한 특징을 숫자와 기호로 포착하여, 복잡하고 모호한 현실을 이해하는 데 도움을 주며, 분석 과정에서 데이터를 쉽게 다룰 수 있게 해 준다.

이 점을 설명할 수 있는 두 가지 예가 있다. 먼저, 영국 소설 작가들이 사용하는 형용사의 수에 관심이 있다고 가정해 보자. 형용사를 많이 사용할수록 소설에서 더 다채로운 묘사가 이루어진다는 가설을 세울 수 있다. 영국 국립 코퍼스(BNC)에서 여러 작가의 소설 텍스트 11개를 무작위로 선택하고 각 텍스트에 포함된 형용사의 수를 세어 절대 빈도를 계산했다 (2.3절 참조). 그런 다음 비교를 가능하게 하기 위해 절대 빈도를 정규화했다.[5] 통계학에서는 이 11개의 텍스트를 표본(sample)이라고 부른다. 다음은 각 표본의 형용사 빈도를 10,000단어당 상대 빈도로 나타낸 것이다.

508, 542, 552, 553, 565, 567, 570, 599, 656, 695, 699

그런데 이렇게 긴 목록을 보여주는 것은 정량적 데이터를 다루는 효율적인 방법이 아니다. 100개 또는 1,000개의 결과를 나열해야 한다면 어떨지 상상해 보자. 대신 매우 간단한 통계적 척도를 사용하여 결과를 요약할 수 있다. 이 척도를 평균(mean)이라고 하며 전체 범위의 값들을 대표하는

---

5 텍스트마다 길이가 다르기 때문에 각 저자가 10,000개 단어에서 평균적으로 얼마나 많은 형용사를 사용하는지 보여주기 위해 10,000단어당 상대 빈도를 계산했다(상대 빈도에 대한 설명은 2.3절 참조). 빈도 값은 가장 가까운 정수로 반올림되었다.

값을 산출한다. 위 숫자들의 평균은 591.45이다.

평균은 다음과 같은 방식으로 계산된다.

$$\text{평균} = \frac{\text{값들의 총합}}{\text{사례의 개수}}$$

이 공식을 위의 데이터셋에 적용하면 다음과 같다.

$$\text{평균} = \frac{508 + 542 + 552 + 553 + 565 + 567 + 570 + 599 + 656 + 695 + 699}{11} = 591.45$$

평균은 표본을 설명하기 때문에 **기술 통계**(descriptive statistics)중 하나이다. 복잡한 언어 현실을 수학적으로 표현하는 또 다른 예로는 **회귀선**(regression line) 또는 **최적 적합선**(line of the best fit)이 있다(회귀 모델에 대한 설명은 4장 참조). 형용사를 많이 사용하는 저자가 동사도 많이 사용하는지 여부에 관심이 있다고 가정해 보자. 다음과 같이 형용사의 빈도 바로 아래에 동사의 빈도6를 나열하여 이 두 가지 언어 자질 사이에 어떤 관계가 있는지 확인할 수 있다.

508, 542, 552, 553, 565, 567, 570, 599, 656, 695, 699
2339, 2089, 2056, 2276, 2233, 2056, 2241, 1995, 2043, 1976, 2062

그러나 형용사와 동사의 사용에 관련성이 있는지 여부를 파악하는 더 좋은 방법은 이러한 숫자를 그래프로 표시하는 것이다(그래프를 만드는 방법에 대한 1.5절 참조).

그림 1.1의 그래프는 회귀선으로 표시된 명확한 경향을 보여준다. 회귀선은 표본에 포함된 동사와 형용사의 수가 반비례 관계에 있다는 사실을 나타낸다. 즉, 저자가 형용사를 많이 사용할수록 동사를 적게 사용하고 그 반대의 경우도 마찬가지이다. 선은 모든 개별 데이터 포인트(그래프에서

---

6   다시 말하지만, 가장 가까운 정수로 반올림한 10,000단어당 상대 빈도로 표시된다.

점으로 표시됨)에 가장 잘 맞는 선을 찾는 방식으로 그려진다. 데이터 집합 전체를 나타내는 수학적 추상화이기 때문에 선이 실제 데이터 포인트를 통과하지 않는 경우가 많으며, 점 중 하나가 실제로 선 위에 정확히 놓이는 것은 순전히 우연이다. 이러한 현실에 대한 수학적 모델의 목적은 개별 데이터 요소를 따로 떼어놓고 보면 알 수 없는 데이터의 흥미로운 점을 알려주는 것이다. 이 두 가지 예는 이 책 전반에 걸쳐 다양한 형태로 등장하는 통계적 사고의 요점을 보여준다. 코퍼스 언어학의 통계는 복잡한 언어 현실을 수학적으로 모델링하는 것이고 통계는 숨겨져 있을 수 있는 데이터의 패턴과 경향을 발견하고 규명하는 데 도움을 줄 수 있다.

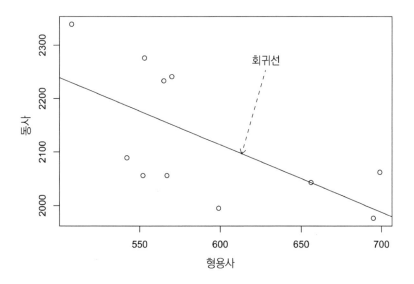

그림 1.1 형용사와 동사의 상대 빈도 간 관계

1.3 기초 통계 용어

생각해 보기

이 절을 읽기 전에 다음 용어들의 의미를 생각해 보자. 전에 들어본 적이 있는가? 그렇다면 어떤 맥락에서 들어보았는가? 이 용어들을 정의할 수 있는가?

- 가정(assumption)
- 사례(case)
- 신뢰구간(confidence interval)
- 데이터셋(dataset)
- 산포도(dispersion)
- 분포(distribution)
- 효과 크기(effect size)
- 정규 분포(normal distribution)
- 귀무가설(null hypothesis)
- 이상치(outlier)
- p-값(p-value)
- 강건한(robust)
- 불량 값(rogue value)
- 통계 척도(statistical measure)
- 통계 검정(statistical test)
- 표준편차(standard deviation)
- 변수(variable)

지금부터 이 책에 사용된 기본적인 통계 용어에 대한 개요를 제시하기로 한다. 코퍼스 연구의 예와 함께 주요 용어가 포함되며, 기본 개념부터 이전 용어의 이해에 의존하는 더 복잡한 개념까지 순서대로 나열되어 있다.

이러한 용어를 숙지하면 이 책의 나머지 부분과 코퍼스 언어학 분야의
많은 논문을 훨씬 쉽게 읽을 수 있을 것이다.

그림 1.2 통계 분석의 과정

코퍼스(corpus, 복수형 corpora)는 언어 데이터의 특정 형태로 전문 소프트
웨어를 사용하여 컴퓨터로 검색할 수 있는 문어 텍스트 또는 구어 전사본의
모음이다. 코퍼스는 일반적으로 언어 표본, 즉 관심 있는 언어 생성물의
(작은) 하위 집합을 나타내지만, 일부 매우 특수한 코퍼스의 경우에는 전체
모집단, 즉 연구자가 관심 있어 하는 모든 언어를 포함할 수 있다(1.4절
참조). 코퍼스를 검색하는 데 사용되는 소프트웨어는 일반적으로 연어 및
키워드의 통계적 식별과 같은 기본적인 유형의 통계 분석을 지원한다(3장
참조). 그러나 보다 정교한 통계 분석을 위해서는 적절한 통계 패키지를
사용해야 한다. 이 책에서는 동반 웹사이트에서 제공되는 무료 통계 도구인
Lancaster Stats Tools online을 사용한다. 그림 1.2는 Lancaster Stats
Tools online으로 코퍼스를 분석하는 과정을 간략하게 보여준다.

스프레드시트를 적절한 형식으로 준비하는 것은 뒤에 이어지는 통계
분석만큼이나 중요하다. 이 책에서는 다양한 유형의 분석에 적합하며 다양
한 코퍼스에 기반한 데이터셋의 풍부한 예를 제공한다. 제공된 모델 예제와
자신의 데이터를 비교하여(전체 데이터셋은 동반 웹사이트에서 제공) 데이터가
적절한 형식인지 항상 확인할 필요가 있다.

데이터셋(data set)은 통계적으로 분석될 수 있는, 코퍼스에 기반한 일련의
결과이다. 이는 스프레드시트 프로그램(예: Excel, Calc 등)에서 표 형태로
저장할 수 있는 개별 결과의 체계적인 모음으로, 각 행은 개별 데이터
포인트 또는 사례를 나타내고 각 열은 별도의 변수를 나타낸다. 그림 1.3은

5개의 변수와 여러 사례로 구성된 데이터셋의 예시이며, 각 사례는 한 명의 화자를 나타낸다. 이 책에서 사용된 예제 데이터셋은 동반 웹사이트에서 제공된다. 특정 유형의 통계 분석에 적합한 특정한 데이터 '형태'에 대해 연구하는 것이 중요하다.

1	speaker_id	gender	proficiency	I	you	pers_pronouns_all
2	6_SP_51	0	1	38.75969	9.302326	80.62015504
3	6_SL_7	0	1	33.46856	19.26978	100.4056795
4	8_ME_24	1	2	39.10112	38.65169	129.8876404
5	8_IT_28	1	2	51.98181	11.04613	122.8070175
6	8_IT_14	0	2	33.41584	8.663366	108.9108911
7	IT_65	1	3	37.127	19.43095	100.9715475
8	7_CH_17	0	2	58.64198	23.91975	100.308642
9	7_ME_6	1	2	42.48573	10.14585	119.2136969
10	6_CH_15	0	1	56.12245	22.95918	145.4081633
11	IT_54	1	3	25.81369	19.01969	101.010101
12	6_ME_2	1	1	34.90401	33.15881	108.2024433
13	6_CH_25	1	1	47.82147	11.68969	145.5897981
14	CH_6	1	3	52.44601	25.1212	121.6394888
15	6_IN_3	1	1	29.83539	26.74897	131.6872428

설명 변수 / 언어 변수 / case / value

gender: 0... male, 1... female; English proficiency: 1...pre-intermediate, 2...intermediate, 3... advanced

그림 1.3   데이터셋의 예

변수(variable)는 그 이름에서 알 수 있듯이 다양한 다른 값을 가질 수 있다. 예를 들어, 화자의 나이는 일반적으로 아이들이 첫 단어를 배우는 시기인 1세부터 100세 이상까지 다양한 **값**(variable)을 가질 수 있는 변수이다. 많은 코퍼스 연구는 코퍼스에서 변수를 찾고 이들 간의 관계를 분석하는 것으로 특징지어질 수 있다. 이때 언어 변수(linguistic variable)와 설명 변수(explanatory variable)를 구분하는 것이 중요하다. **언어 변수**는 코퍼스에서 관심 있는 언어 자질의 빈도를 포착한다. **설명 변수**('독립 변수'라고도 함)는 언어 자질이 나타나는 맥락을 포착한다. 설명 변수는 텍스트의 장르/레지스터 또는 출판 날짜뿐만 아니라 화자의 나이, 성별, 언어 능력 등이 될 수 있다. 그림 1.3의 데이터셋은 L2의 구어로 구성된 *Trinity Lancaster*

Corpus(Gablasova et al. 2017)에서 가져온 것으로, 두 가지 설명 변수(성별과 언어 능력)와 세 가지 언어 변수(I, you 및 모든 인칭 대명사의 상대 빈도)를 포함하고 있다.

변수(언어 변수와 설명 변수 모두)에는 명목 변수, 서열 변수, 척도 변수가 될 수 있다. **명목 변수**(nominal variable)는 데이터셋의 사례를 그룹화할 수 있는 여러 범주를 나타내는 값을 가지며, 범주 간에는 순서나 계층 구조가 없다. 데이터 집합의 화자를 두 그룹 중 하나에 할당할 수 있으므로 화자의 성별은 명목 변수의 예로 (1) 남성 화자 (2) 여성 화자로 구분된다. 이 분류에는 위계가 없다. 편의상 그룹을 나타내는 데 숫자를 사용하는 경우가 많다. 그림 1.3의 데이터 집합에서 0은 '남성 화자'를, 1은 '여성 화자'를 나타내지만 이 숫자는 고유한 가치가 없으며 긴 레이블에 대한 약어일 뿐이다. 남성 화자를 나타내는 데는 1(또는 임의의 고유 번호)을 사용하고 여성 화자를 나타내는 데는 0(또는 임의의 고유 번호)을 사용할 수도 있다. **서열 변수**(ordinal variable)는 사례를 별개의 범주로 그룹화한다는 점에서 명목 변수와 유사하지만, 고유한 계층 구조에 따라 범주를 정렬할 수 있다는 점이 다르다. 예를 들어, 화자의 외국어 숙련도는 초급자부터 고급자까지 숙련도에 따라 화자의 순위를 매길 수 있기 때문에 서열 변수이다. 그림 1.3의 데이터 집합에서 1은 2보다 낮은 숙련도를 나타내고 2는 3보다 낮은 숙련도를 나타낸다. 마지막으로 **척도 변수**(scale variable)는 특정 자질의 양을 나타내며 어떤 값이든 취할 수 있기 때문에 양적 변수이며, 단순한 순위가 아닌 측정 가능한 양을 나타내므로 더하기, 빼기, 곱하기, 나누기가 가능하다.7 언어 변수의 사례에서, 척도는 코퍼스의 다른 텍스트, 화자 또는 하위 코퍼스에 출현한 언어 자질의 상대 빈도가 될 수 있다. 예를

---

7 '척도 변수'라는 표현은 등간(의미 있는 영점이 없는) 및 비율(의미 있는 영점이 있는) 변수를 모두 포함하는데 이 둘은 어떤 목적을 위해 구분되기도 하지만 이러한 구분이 코퍼스 분석에 필수적인 것은 아니다.

들어, 그림 1.3에서 1인칭 대명사 *I*의 1,000단어당 상대 빈도를 나타내는 숫자는 척도 변수의 값이다. 실제로 그림 1.3의 데이터셋에 있는 세 가지 언어 변수는 모두 이 유형이다.

그림 1.3의 데이터셋은 다양한 유형의 연구 문제를 탐구하는 데 사용할 수 있다. 다음은 그 예이다.

- 화자의 성별(명목 설명 변수)과 인칭 대명사 사용(척도 언어 변수) 사이에 관계가 있는가?
- 화자의 영어 숙련도(서열 설명 변수)가 1인칭 대명사(척도 언어 변수)의 사용에 영향을 미치는가?
- 1인칭 대명사와 2인칭 대명사(둘 다 척도 언어 변수)의 사용은 서로 관계가 있는가?

변수의 **빈도 분포**(frequency distribution)는 변수가 취하는 값과 그 빈도에 대한 정보를 제공한다. 척도 변수의 분포는 히스토그램으로 표시할 수 있다(1.5절 참조). 그림 1.4는 그림 1.3의 데이터셋에서 1인칭 대명사의 분포를 나타낸다. x-축은 언어 변수(이 경우 1인칭 대명사)의 다양한 빈도(1,000단어당) 범위를 나열한 것이고, y-축은 각 빈도 범위에 대한 데이터셋의 사례 수를 보여준다. 예를 들어, 그래프를 보면 코퍼스에서 1인칭 대명사가 1,000단어당 10회 이하로 사용된 텍스트(화자)가 19개(이 정보는 왼쪽에서 첫 번째 막대로 표시됨), 11~20회 사용된 텍스트가 88개(왼쪽에서 두 번째 막대), 21~30회 사용된 텍스트가 214개(왼쪽에서 세 번째 막대) 등으로 나타났다.

통계학의 벤치마크로는 일반적인 분포 중 하나인 **정규 분포**(normal distribution)[8]가 자주 사용된다. 정규 분포의 모양은 그림 1.5와 같이 대칭적인 종 모양이다.

---

8 여기서 '정규(normal)'는 Pearson(1920: 25)이 통계적으로 중요한 특정 분포에 대해 도입한 표현으로 기술적인 의미로 사용되며, 다른 유형의 분포에 비정상적인(abnormal) 것이 있다는 의미는 아니다.

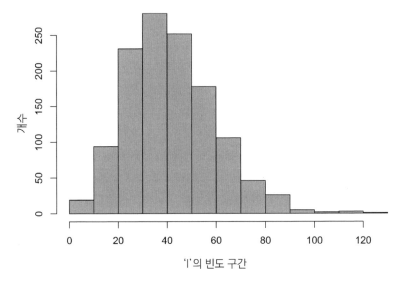

그림 1.4 Trinity Lancaster Corpus에 나타난 1인칭 대명사의 분포

자연계와 사회의 많은 데이터가 정규 분포를 따르지만, 대부분의 언어 데이터는 그림 1.4에서 보듯이 양의 방향으로 치우친 (⌒), 즉 분포의 오른쪽보다 왼쪽에 더 많은 데이터가 존재하는 양상을 띤다. 통계에서 분포는 데이터에 대한 개요를 제공하여 어떤 통계 기법을 사용하는 것이 적절한지를 알려주기 때문에 매우 중요하다. 따라서 분포의 형태는 다양한 통계 절차의 가정에서 중요한 역할을 한다(아래의 '가정' 참조).

이상치(outlier) 또는 불량 값(rog value)? 분포를 살펴볼 때 우리는 종종 **이상치**를 확인한다. 이상치는 극단적인 값, 즉 다른 값과 매우 멀리 떨어져 있는 값을 말한다. 1.5절에서는 이상치를 식별하는 유용한 방법인 박스플롯에 대해 소개한다. 이상치를 발견하면 그 이상치가 진짜인지 아니면 측정 오류, 즉 **불량 값**인지 확인해야 한다. 예를 들어, 스프레드시트에서 데이터를 잘못 입력하거나 코퍼스에서 태그 지정 오류로 인해 불량 값이 발생할 수 있다. 반면 이상치는 어떤 이유로든 다른 데이터 포인트보다

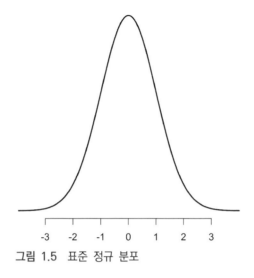

그림 1.5　표준 정규 분포

두드러지는 유효한 데이터 포인트이다. 이상치는 그 자체로 '오류'는 아니지만, 데이터의 일반적인 경향(아래의 '중심 경향 측정' 참조)을 모호하게 만들어 통계 모델에 문제가 될 수 있으므로, 연구자는 이상치가 포함된 데이터를 어떻게 분석할지 결정해야 한다. 타당한 이유가 있는 경우, 이상치는 데이터의 중심 경향에 초점을 맞춘 분석의 일부에서 제외될 수 있다.

중심 경향 척도(measure of central tendency) 또는 '평균(average)'은 척도 변수가 가지는 일련의 값에 대한 하나의 요약 값을 제공한다. 이는 데이터를 요약하여 설명하기 위해 산포도(아래 참조)와 함께 유용하게 사용되는 간단한 통계 모델이다. 다양한 유형의 평균을 사용할 수 있다. 코퍼스 언어학에서 가장 유용한 것은 산술평균(mean), 중앙값(median), 20% 절사평균(trimmed mean)이다. 이미 살펴본 바와 같이 **산술평균**(M 또는 $\bar{X}$)은 모든 값의 합을 사례 수로 나눈 값이다(1.2절 참조). 극단값(이상치)이 없어 산술평균을 극단값 쪽으로 치우치지 않게 하는 분포에서는 산술평균이 유용한 척도이지만, 이상치가 있는 분포에서는 산술평균이 다른 값들보다 이상치를 더 잘 대표하게 될 수 있기 때문에 문제가 된다. 예를 들어 1.2절에서 산술평균을 계산하기 위해 영국 국립 코퍼스(BNC)에서 가져온 11개의 소설 텍스트 내 형용사 빈도를 살펴보자.

508, 542, 552, 553, 565, 567, 570, 599, 656, 695, 699

이 11개 값의 평균은 591.45이다. 그러나 마지막 값이 699가 아니라 6,990이면 어떻게 될지 생각해 보자. 이 경우 평균이 극단값 쪽으로 끌려가 1,163.36이 되는데, 11개 값 중 하나만 1,000을 초과하기 때문에 이 수치는 데이터에 대한 잘못된 모델이다. 이상치에 대한 평균의 민감도 문제를 해결하는 한 가지 방법은 중앙값을 대신 사용하는 것이다. **중앙값**(median, mdn)은 가장 작은 값부터 가장 큰 값까지 정렬된 일련의 값 중 중간에 놓인 값이다. 아래 그림에서 볼 수 있듯이 11개 값 중 중앙값은 567이다.

508, 542, 552, 553, 565, (567), 570, 599, 656, 695, 699

중앙값은 주변부에서 어떤 일이 발생하든, 즉 최댓값이 699 또는 6,990 또는 69,900이든 상관없이 항상 분포의 중앙에 위치한다.

11개 값이 아닌, 짝수인 10개 값이 있는 경우 중앙값은 아래 그림과 같이 두 중앙값 565와 567의 중간에 위치한다.

(566)
508, 542, 552, 553, **565, 567**, 570, 599, 656, 695

값이 홀수 개인 경우 중앙값은 중간의 값이고, 짝수 개인 경우 중앙값은 두 중심 값의 평균값이다(즉, 먼저 두 중심 값을 더한 다음 2로 나눈 값).

산포도(dispersion)는 데이터 집합에서 변수 값의 흩어진 정도이다. 1.2절에서 분석한 형용사 수를 가장 작은 값(508)부터 가장 큰 값(699)까지 정렬하여 다시 살펴보자.

508, 542, 552, 553, 565, 567, 570, 599, 656, 695, 699

이러한 값을 선 위에 나타내면 개별 값의 산포도, 즉 개별 값이 얼마나 떨어져 있는지 확인할 수 있다. 가장 작은 값과 가장 큰 값 사이의 거리를 **범위**$_1$(range$_1$)라고 한다. 1이라는 아래 첨자를 사용한 이유는 '범위'가 코퍼스 언어학에서 또 다른 개념으로 사용(범위$_2$)되기 때문이며, 이는 2장에서 자세히 설명한다. 범위$_1$은 척도 변수의 분포를 나타낸다. 그러나 이 범위는 극단값(이상치)의 영향을 받기 때문에 일반적으로 **사분위수 범위**(interquartile range)가 선호된다. 사분위수 범위는 가장 낮은 값에서 가장 높은 값으로 정렬된 값의 '중간 덩어리'인 '하위 사분위수와 상위 사분위수 사이의 간격'으로 값의 50%를 나타낸다. 범위$_1$과 사분위 범위의 개념은 그림 1.6에 나와 있다. 여기에서는 전체 분포를 4개의 사분위로 나누고 사분위의 경계(하위 사분위수와 상위 사분위수)를 형성하는 값을 식별했으며, 사분위수 범위는 하위 사분위수와 상위 사분위수 사이의 모든 값을 포함하는 구간을 말한다.

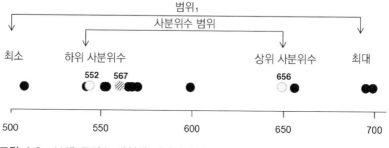

그림 1.6   11개 코퍼스 파일에 나타난 형용사 빈도의 산포도

또 다른 산포도 척도는 표준편차다. **표준편차**(standard deviation, SD)는 개별 값이 평균으로부터 떨어진 거리의 제곱합에 대한 제곱근이다. 이를 통해 평균에서 떨어진 개별 값들의 전체적인 거리를 알 수 있다(자세한 내용은 2장 참조).

통계 척도(statistical measure)는 우리가 계산하는 모든 통계에 대한 일반적인 용어이다. 평균처럼 단순할 수도 있고 혼합 효과 모델과 같은 복잡한 통계적 모델링을 포함할 수도 있다(6장). 이 책에서 설명하는 통계 척도의 다른 예는 다음과 같다. *SD*, Cohen's *d*, MI-점수, Delta P, t-점수, F-점수.

통계 검정(statistical test)은 **추론 통계**(inferential statistics)의 한 분야에 속하는 절차로, 표본(코퍼스)을 넘어 모집단(언어 사용 자체)에 대한 무언가를 추론하기 위한 통계이다. 그 기본 논리는 '귀무가설 유의성 검정'에 기반한다(아래 참조). 통계 검정에서 가장 눈에 띄는 표시는 검정 결과인 p-값이다(예: 연구 보고서에서 'p<.05' 또는 'p<.01'과 같은 언급을 자주 볼 수 있음). p-값을 바탕으로 코퍼스(표본)에 귀무가설을 기각하기에 충분한 증거가 있는지 여부를 결정할 수 있다. 절차는 다음 단계를 따른다:

1. 대립가설 또는 H₁이라고 하는 검정하고자 하는 가설로 시작한다. 예를 들어, "*남성과 여성이 욕설 사용에 있어 차이를 보인다*"는 주장은 사회언어학적 H₁이다.

2. H₁의 반대인 귀무가설(H0)을 설정한다. 간단히 말하면, **귀무가설**(null hypothesis significance testing, NHST)은 우리가 분석하는 코퍼스에 특별한 일이 발견되지 않는다는 것이다(예: 두 (하위) 코퍼스 간에 차이가 없다는 것). 따라서 이 예에서 H0은 욕설 사용에 있어 남성과 여성 사이에 차이가 없다는 주장이 된다.

3. 독립 표본 t-검정과 같은 통계 검정을 사용하여 귀무가설을 검정한다. 그러나 이 작업을 수행하기 전에 우리의 데이터가 선택된 검정의 가정을 충족하는지 확인해야 한다(아래 '가정' 참조).

4. 통계 검정에서는 일반적으로 (a) 검정 통계량과 (b) p-값이라는 두 가지 중요한 값을 얻는다. P-값(즉, 코퍼스에서 관측된 결과가 우연에 의한 것일 확률 값)을 기반으로 귀무가설을 거부할지 여부를 결정한다. p-값이 일반적으로 0.05, 즉 5%보다 작으면 귀무가설을 기각하고 관측된 차이가 우연에 의한 것일 가능성이 낮으므로 결과가 **통계적으로 유의**

미하다(statistically significant)고 결론을 내린다. 즉, 코퍼스(표본)에서 관측된 차이가 모집단(모든 언어 사용)에서의 실제 차이일 가능성이 높다는 의미이다. p-값이 0.05(또는 5%) 이상이면 코퍼스에서 귀무가설을 기각할 만한 증거가 충분하지 않다고 결론을 내린다. 이러한 결과를 해석할 때 주의해야 할 점은 대립가설(H_1)이 거짓이거나 귀무가설(H_0)이 참이라는 의미로 받아들여서는 안 된다는 것이다. 단순히 H_0을 기각할 증거가 충분하지 않다는 의미이며, 더 많은 데이터를 수집하면 통계적 검정에서 유의미한 결과가 나올 수 있다. 0.05 또는 5%는 표본으로 모집단을 추론할 때 기꺼이 감수할 수 있는 위험에 대한 일반적인 한계점이다(아래 p-값 참조). 5%보다 더 작은 위험만을 감수하고자 하는 경우, p-값의 기준점을 0.01(1%) 또는 0.001(0.1%)로 결정할 수 있다.

　p-값은 통계 검정에서 가장 잘 눈에 띄는 지표이다(위 참조). 그러나 모든 통계를 p-값으로 축소하는 것은 오해의 소지가 있다. p-값은 확률 값(p는 probability를 나타냄)이며 통계 검정의 결과 중 하나이다. p-값은 귀무가설이 참일 경우, 관측된 결과만큼이나 또는 그 이상으로 극단적인 데이터가 나타날 확률로 정의할 수 있다. 남성과 여성의 욕설 사용을 조사하는 사회언어학적 연구의 예에서, 귀무가설이 참일 경우, 즉 모집단에는 실제로 차이가 없고 코퍼스(표본)에서 관측된 차이가 단지 샘플링 오류의 결과, 즉 우연에 의한 결과일 경우일지라도, 관측된 차이 또는 더 극단적인 차이가 두 집단에서 나타날 확률이 p-값인 것이다.

　전통적으로 이해되어 온 통계 검정의 **가정**(assumption)은 통계 검정이 유효한 결과를 도출하기 위해 충족되어야 하는 조건이다. **모수 검정**(parametric test, 예: t-검정 또는 ANOVA)이라고 불리는 여러 통계 검정의 일반적인 가정 중 하나는 **정규성 가정**(normality assumption)이다. 이 가정은 언어 변수의 빈도 분포가 정규 분포에서 크게 벗어나지 않는다는 것을 전제로 한다. t-검정과 같은 모수 검정에서는 일반적으로 평균을 비교하는데, 분포가 너무 왜곡된 경우 평균은 언어 변수 값에 대한 좋은 모델이 아닐 수 있기 때문이다('중심 경향 측정' 참조). 이러한 경우 Mann-Whitney U 검정(t-검정의 비모수적 버전)과 같은 비모수 검정(non-parametric test)을 사용할 수 있다. 이러한 비모수 검정에서는 일반적으로 실제 값의 평균이 아닌 값의 순위 합을 비교한다(6.3절 참조). 그러나 통계 연구에 따르면(예: Boneau 1960, Lumley 외. 2002, Schmider 외. 2010) t-검정이나 ANOVA 같은 많은 모수 검정이 실제로 정규성 가정 위반에 대해 **강건하다**(roubust)는 사실이 밝혀졌다. 즉, 정규성 가정을 위반하여 데이터가 왜곡되더라도 유효한 결과를 도출할 수 있다는 뜻이다. 통계 검정의 일반적인 가정에 대한 다른 예는 다음과 같다:

- **분산의 동질성**(homogeneity of variances): 비교 대상 (하위) 코퍼스들은 유사한 분산, 즉 개별 값들의 유사한 산포도를 가진다.
- **독립성**(independence): 이 책에서 사용하는 대부분의 통계 검정(예: 독립 표본 t-검정 또는 카이제곱 검정)은 서로 다른 (하위) 코퍼스에서 관측값의 독립성을 전제로 한다. 예를 들어, 한 텍스트 내 언어 자질이 다른 텍스트 내 언어 자질에 영향을 받지 않는다고 가정한다는 의미이다.
- **선형성**(linearity): 일부 변수 간의 관계는 직선으로 모델링할 수 있다(그림 1.1 참조). 그러나 다른 경우에는 곡선과 같은 다른 모델이 더 적합할 수 있다. 이러한 상황에서는 선형성 가정이 위반된다.

이 책에서 개별 통계 검정을 논의할 때 이러한 검정의 가정을 나열하고 더 자세히 논의할 것이다.

추론 통계의 **신뢰구간**(Confidence Interval, CI)은 통계 검정 및 p-값과 연관되는 이분법적 사고에서 벗어나기 위한 시도이다. 신뢰구간은 통계적 유의성에 대한 예/아니요 결정이 아니라 모집단의 실제 통계적 측정값(예: 평균)을 추정하거나 두 통계적 측정값 간의 차이(예: 두 평균 간의 차이)를 추정하는 값을 제공한다. 이름에서 알 수 있듯이 신뢰구간은 단일 값이 아니라 값의 범위이다(오차막대로 시각화할 수 있음. 그림 1.7 참조). 코퍼스 언어학에서는 95% 신뢰구간을 구성하는 경우가 많다. 95% 신뢰구간은 표본(말뭉치)을 기반으로 한 통계 측정값을 중심으로 구성되며, 동일한 모집단에서 추출된 표본(코퍼스)의 95%에서 측정한 값이 이 구간 내에 존재하도록 만들어진다. 실제로는 둘 이상의 (하위) 코퍼스를 비교하기 위해 CI를 사용하는 경우가 많다. 여기서는 (a) 크게 겹치는 경우(largely overlapping) (b) 겹치지 않는 경우(non-overlapping)의 두 가지 전형적인 상황을 구분한다(그림 1.7 참조). CI가 대부분 겹치는 경우, 해당 (하위) 코퍼스는 동일한 집단을 대표할 가능성이 매우 높으므로 그룹 간에 차이가 없다. 반면에 겹치지 않는 CI는 (하위) 코퍼스가 서로 다른 집단에서 나왔을 가능성이 매우 높다는 것을 의미한다(자세한 논의는 Cumming et al. 2007 참조).

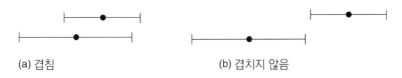

(a) 겹침   (b) 겹치지 않음

그림 1.7 신뢰구간: 두 가지 상황

표 1.1 효과 크기 r과 표준 해석

효과 크기(r)	해석
0.1	작은 효과
0.3	중간 효과
0.5	큰 효과

　기술 통계에서 **효과 크기**(effect size)는 표준화된 척도로, 여러 연구를 비교할 수 있는 척도이며(메타 분석에 대한 논의는 8.3절 참조), 코퍼스에서 관측된 효과의 실제적인 중요성을 표현한다. 예를 들어, 통계 검정(위 참조)

을 통해 두 화자 그룹(예: 남성과 여성)이 특정 언어 변수를 사용하는 데 있어 서로 다르다는 것을 확인했다면, 즉 두 그룹 간에 통계적으로 유의미한 차이가 있다는 것을 확인했다면, 이 차이가 얼마나 큰지, 실제적으로 중요한지 살펴봐야 한다. 이러한 판단을 돕기 위해 r, 오즈비(odds ratio), Cohen's d와 같은 효과 크기 척도를 사용할 수 있다. 표 1.1은 효과 크기 척도인 r의 세 가지 컷오프 지점에 대한 표준 해석을 제공한다(Cohen 1988). 이 해석은 일반적인 지침을 제공할 뿐이며 절대적 지침으로 받아들여져서는 안 된다는 점에 유의해야 한다(8.4절 참조).

1.4 코퍼스 구축과 연구 설계

> **생각해 보기**
>
> 이 절을 읽기 전에 다음 질문에 대해 생각해 보자.
>
> 1. 코퍼스를 구축할 때 얼마나 많은 텍스트를 수집해야 하는가?
> 2. 코퍼스가 대표성이 있다는 것은 무엇을 의미하나?
> 3. 큰 코퍼스는 작은 코퍼스보다 항상 더 좋은가?

코퍼스란 컴퓨터를 사용하여 분석할 수 있는 텍스트[9] (또는 음성 녹취록)의 모음이다. 코퍼스는 언어 자체를 반영하는 일반(general) 코퍼스일 수도 있고 특정 장르, 저자 또는 특정 언어 사용 영역에 초점을 맞춘 특정(specific) 코퍼스일 수도 있다. 일반 언어 코퍼스는 매우 많은 모집단에서 추출한 언어 표본으로, 일반 코퍼스의 경우 모집단은 특정 기간 동안 사람들이

---

[9] 일반 언어학에서 '텍스트'라는 단어는 종종 문어 텍스트와 구어 텍스트 모두를 나타내는 일반적인 용어로 사용된다. 코퍼스 분석을 위해서는 모든 텍스트가 기계가 읽을 수 있는 형식으로 존재해야 한다.

생산한 모든 언어로 구성된다. 공시적(synchronic) 코퍼스는 한 시점(예: 1년 동안 생산된 언어)의 언어를 표본으로 삼는 반면, 통시적(diachronic) 코퍼스에는 여러 기간에 걸친 언어가 포함된다. 보통 한 사람이 하루에 평균 16,000개의 단어를 사용하는 것으로 추정된다(Mehl et al. 2007). 영어를 모국어로 사용하는 인구가 약 4억 명, 제2언어로 사용하는 인구가 수억 명에 달하므로(Crystal 2003), 매일 사용되는 영어 단어의 양만 수조 개에 달할 것으로 추정할 수 있다. 하지만 사람들은 문자 메시지, 이메일, 블로그 게시물, 쇼핑 목록, 사업 보고서, 에세이, 시 등을 작성하여 매일 언어 생산량을 늘리고 있다. 이와 대조적으로 코퍼스는 아무리 큰 규모라 하더라도 전체 언어 생산량과 비교하면 상대적으로 작다. 그러나 잘 구축된 코퍼스라면 **모집단**(population), 즉 언어 자체에 대한 유용한 정보를 제공할 수 있다. 그렇다면 '잘 구성되었다'는 것은 무엇을 의미할까?

　코퍼스 언어학에서는 코퍼스를 설명할 때 '대표하는'이라는 용어를 자주 사용한다. **대표적**(representative)이란 말은 표본이 그것이 추출된 모집단과 유사한 특성을 가질 때 그 표본을 설명하는 용어이다. 이럴 때 표본으로부터 모집단에 대한 결론을 도출해 낼 수 있게 된다. 이상적으로는, 지금까지 생성된 모든 텍스트와 발생한 모든 구어 상호작용이 표본에 나타날 확률이 동일한 경우 **무작위 샘플링**(random sampling)[10]을 통해 이를 달성할 수 있다. 그러나 무작위 샘플링은 그 과정에서 참조할 수 있는 모든 언어 산출물에 대한 목록이 없을 뿐만 아니라 생산된 모든 언어가 특정한 형태로 기록되는 것은 아니기 때문에 현실적으로 불가능하다. 코퍼스 설계자는 편향되지 않은 표본을 수집하기 위해, 범주들의 집합을 가지고 시작하는 경우가 많은데 이는 샘플링 작업을 관리하기 쉽게 해 준다. 이러한 범주들의 모음을 **샘플링 프레임**(sampling frame)이라고 한다. 표 1.2는 샘플링 프레임의 예시이

10　통계학에서는 확률 샘플링과 비확률(편의) 샘플링을 구분하는 경우가 많다. 무작위 샘플링은 확률 샘플링의 한 유형이다.

표 1.2 브라운 계열 샘플링 프레임

텍스트 범주		각 범주 내 텍스트 개수
A	언론: 보도	44
B	언론: 사설	27
C	언론: 리뷰	17
D	종교	17
E	기술, 직업, 취미	36
F	대중 설화	48
G	순수문학, 전기, 에세이	75
H	기타(정부 문서, 재단 보고서, 업계 보고서 대학 카탈로그, 업계 정기 간행물)	30
J	학문 과학 저술	80
K	일반 소설	29
L	미스터리 추리 소설	24
M	과학 소설	6
N	모험 서부 소설	29
P	로맨스 러브 스토리	29
R	유머	9
합계		**500**

다. 이것은 코퍼스 언어학에서 가장 잘 알려진 샘플링 프레임 중 하나인 브라운 계열 코퍼스(Brown family corpus)의 틀이다(Francis & Kučera 1979).

브라운 계열 코퍼스는 15개의 장르 기반 범주로 구성되며 이로부터 총 500개의 2,000단어 텍스트 표본이 선택된다. 따라서 각 브라운 계열 코퍼스는 약 100만 단어(500×2,000)의 영어 문어로 구성된다. 이러한 전통적인 코퍼스 설계에서 코퍼스 구축자의 목표는 샘플링 프레임의 범주에서 편향되지 않은 텍스트 표본을 확보하는 것이다. 다시 말하지만, 범주 내에서 무작위 표본 추출 절차를 사용하는 것이 가장 이상적이다. 그러나 실제로는 선택 과정에서 편향성을 피하기 위해 텍스트 선택 원칙(아래 참조)에 따라 선택한다. **편향**(bias)이란 체계적이지만 종종 숨겨져 있는 표본의 편차를 의미한다.

다음은 가장 일반적인 유형의 편향과 이러한 편향을 피하기 위한 텍스트 선택 원칙들이다.

- **텍스트 표본 편향**(text sample bias): 텍스트의 각 절(예: 시작, 중간, 끝)은 서로 다른 언어적 특성을 가지고 있다. 예를 들어, 텍스트의 끝 부분에는 텍스트의 요점을 요약하는 언어가 포함되는 경향이 있다(in sum, to conclude, they lived happily ever after). 각 텍스트의 처음 또는 마지막 2,000단어와 같이 특정 부분만 샘플링하는 경우, 이러한 특성이 과대 대표될 수 있다. 따라서 전체 텍스트를 포함하지 않고 텍스트 표본만 포함하는 코퍼스(예: 브라운 계열)에서는 대표되는 텍스트의 서로 다른 섹션들이 균형을 이루도록 하는 것이 중요하다.

- **주제 편향**(topic bias): 주제 편향은 동일 주제를 가진 많은 텍스트가 코퍼스에 포함될 때 발생한다(코퍼스가 의도적으로 특정 주제에 대한 특수 코퍼스로 구축된 경우는 제외). 이러한 텍스트에는 일반적으로 각 텍스트에서 여러 번 반복되는 특정 주제 관련 어휘가 많이 포함된다. 이는 일부 빈번하지 않은 어휘 항목이 코퍼스에 지나치게 많이 나타나는 이른바 '*whelk* 문제'(2.4절 참조)와 관련이 있다. 주제 편향은 특히 개별 텍스트가 코퍼스에서 상대적으로 큰 비중을 차지하게 되는 소규모 코퍼스에서 문제가 된다. 따라서 대부분의 경우 코퍼스 설계자는 의식적으로 다양한 주제에 대한 텍스트를 선택해야 한다.

- **비포괄 편향**(non-coverage bias): 보다 전형적(prototypical)이라고 여겨지는 텍스트는 다른 텍스트보다 코퍼스 설계자의 눈에 잘 띄게 되어 있다. 예를 들어, 출판된 텍스트는 사적인 편지나 이메일보다 높은 우선순위가 부여될 수 있다. 코퍼스 설계자는 가능한 한 다양한 텍스트를 포함하기 위해 적극적으로 노력해야 한다.

- **전통적 텍스트 유형 편향**(traditional text type bias): 이 편향은 비포괄 편향의 특정 사례이다. 샘플링 프레임을 선택할 때 우리는 종종 브라운 계열 샘플링 프레임과 같이 전통적으로 코퍼스에 포함되어 왔던 텍스트 유형을 두드러지게 보는 경향이 있다(표 1.2 참조). 그러나 새로운 기술과 커뮤니케

이션 방식에 따라 블로그 게시물이나 트윗과 같은 새로운 장르가 등장하고 있다. 따라서 코퍼스 구축자는 어떤 텍스트 유형을 샘플링할지, 그리고 이것이 코퍼스의 대표성에 어떤 영향을 미칠지 신중하게 생각해야 한다.

- **법적 고려사항 편향**(legal considerations bias): 코퍼스 설계자는 종종 저작권 문제에 직면하게 되는데, 특히 자신의 코퍼스를 다른 연구자와 공유하고자 할 때 문제가 발생한다. 따라서 법적인 문제로 인해 저작권이 적용되지 않는 텍스트(저작권이 없는 오래된 텍스트, 크리에이티브 커먼즈 라이선스가 적용된 텍스트 등)를 선택하게 될 수 있으며, 이는 편향된 표본 추출의 문제를 야기할 수 있다. 현재로서는 개별 국가의 법적 요건에 따라 접근 방식이 다를 수 있으므로 이 문제에 대한 명확한 해결책은 없다. 하지만 코퍼스 설계자는 이 문제를 염두에 두어야 한다.
- **실용성 편향**(practicality bias): 웹페이지와 같은 일부 텍스트는 다른 텍스트보다 쉽게 구할 수 있다. 이러한 실용적 고려사항으로 인해 손쉽게 구할 수 있는 텍스트가 과도하게 포함되는 코퍼스가 만들어질 수 있다. 코퍼스 구축자는 이러한 유혹을 뿌리치고 쉽게 구할 수 있는지 여부에 관계없이 다양한 텍스트를 확보하기 위해 노력해야 한다.
- **자발적 선택 편향**(self-selection bias): 이 편향은 기여자(즉, 텍스트의 저자)가 자발적으로 텍스트를 제공하도록 요청받을 때 발생한다. 예를 들어, 교실 글쓰기 코퍼스를 만들고 학생들에게 자발적으로 텍스트를 제공해 주길 요청할 경우, 동기 부여가 잘 된 학생들의 텍스트만 수집되어 전반적인 수업 내 글쓰기를 제대로 반영하지 못하게 될 수 있다. 따라서 코퍼스 설계자는 다양한 기여자 그룹에 연락하고 다양한 인센티브를 사용하여 대표 표본을 확보해야 한다.

지금까지는 코퍼스 설계에 대한 전통적인 접근 방식을 고려했다. 그러나 **코퍼스로서의 웹**(web as a corpus) 연구로부터 코퍼스의 대표성과 샘플링에 대한 다른 접근이 나타났다(Baroni & Ueyama 2006; Baroni et al. 2009; Jakubiček et al. 2013). 이 접근법의 주요 원리는 인터넷의 인기가 증가하면서 온라인에서 대량의 흥미로운 언어 자료를 이용할 수 있게 되었다는 단순한 관찰에 기반한다. 또한 온라인 언어 환경은 업무, 엔터테인먼트, 사회적 상호작용 등 일상 생활의 다양한 기능을 포괄하도록 확장되었다. 웹 크롤링을 통해 그 어느 때보다 방대한 코퍼스를 구축할 수 있으며, 텍스트 유형 범주(샘플링 프레임)에 기반한 기존 접근 방식보다 더 체계적으로 온라인 언어를 샘플링 할 수 있다. 특히 온라인 환경이 점점 더 포괄적으로 변화하면서 오프라인 언어 생산을 상당 부분 반영(예: 인쇄된 책의 전자책 출판)하고 있기 때문에 대규모 온라인 코퍼스가 현재의 언어 사용을 더 잘 대표할 가능성이 있다는 주장도 있다. 그러나 인터넷상의 자료는 엄청난 규모에도 불구하고 일상 언어의 큰 부분을 차지하는 비격식적 대면 대화와 같은 자료들이 포함되지 않는다는 점에서 전체 언어 생산에서 차지하는 비중은 극히 일부에 불과하다. 따라서 다른 코퍼스와 마찬가지로 웹 기반 코퍼스를 분석할 때는 표본 으로서의 코퍼스와, 코퍼스가 대표하는 언어(모집단) 사이의 관계를 신중하게 고려해야 한다.

앞서 설명한 바와 같이 코퍼스는 일반적으로 언어의 표본이다. 그러나 일부 특정한 경우에는 코퍼스가 전체 모집단을 포함할 수도 있다. 예를 들어, 문학 연구에서 특정 작가의 모든 작품으로 구성된 코퍼스는 전체 모집단을 포함하게 된다. 셰익스피어의 유명한 비극에서 햄릿 왕자와 그의 친구인 호레이쇼의 발화를 비교하고자 한다면 이 두 인물의 언어적 행동에 대한 모든 증거를 가지고 작업하게 될 것이다. 마찬가지로 특정 기간에 특정 주제에 대한 모든 신문 기사를 수집하면 특정 주제에 대해 작성된 기사의 전체 모집단을 살펴볼 수 있다. 무슬림 및 이슬람 관련 단어가 포함된 1억 4,300만 단어의 영국 신문 기사 코퍼스를 사용한 Baker et al.(2013)의 연구는 이러한 이상에 매우 근접한 연구이다. 이러한 사례의 경우, **모집단 기반 코퍼스**(population-based corpora) 분석에 적합한 통계적 방법은 기술 통계이다. 실제 상황을 관찰할 수 있기 때문에 통계적 추론 과정을 생략할 수 있다(아래에 나오는 코퍼스 분석에서의 통계의 역할에 대한 논의

표 1.3 세 영어 코퍼스에서 선택된 단어와 표현의 빈도

단어 및 표현	BE06 (1백만 단어)	BNC (1억 단어)	EnTenTen13 (200억 단어)
co-pilot[a] (noun)	0	69	7,887
rater[a] (noun)	0	11	7,832
beautiful memories	0	1	2,552
somewhat humorously	0	0	90
uninhabitably	0	0	4

[a] 복수형을 포함한 빈도

참조).

코퍼스 구축의 다양한 측면에 대해 논의했지만, 코퍼스의 크기는 어느 정도여야 하는지에 대한 기본적인 물음에 답하는 일이 아직 남아 있다. 코퍼스 크기는 연구 문제와 조사하고자 하는 언어 자질의 종류에 따라 달라지기 때문에 이 질문에 대한 보편적인 답은 없다. 일반적으로 매우 흔한 피동 구성과 같은 문법 구조를 조사하는 경우에는 작은 코퍼스(예: 100만 단어 이하)로도 충분할 수 있다. 반면에 매우 큰 코퍼스에서도 상당히 드물게 나타나는 어휘 항목과 그 조합은 **데이터 희소성**(data sparsity) 문제에 직면할 수 있다. 이 문제를 설명하기 위해 표 1.3은 각각 100만, 1억, 200억 단어 코퍼스에서 다섯 가지 표현과 그 빈도를 보여준다. 이 표현들은 모두 직관적이고 의미도 투명하지만, 100만 단어 코퍼스에는 전혀 나타나지 않는다. 흥미롭게도 부사 *uninhabitably* (예: *Fumes from this single burn will eventually render a 44 km area of the lunar surface uninhabitably radioactive*)는 200억 단어에서 단 4번만 등장한다.

이 예에서 우리는 일반적인 규칙을 도출할 수 있다. 코퍼스가 전체 집단을 대표하지 않는 한, **증거의 부재는 부재의 증거가 아니라는 것**이다. 즉, 어떤 표현이 코퍼스에 나타나지 않는다고 해서 그 표현이 존재하지 않는다는 것을 의미하지는 않는다. 따라서 코퍼스 사용자로서 우리는 코퍼스가

표 1.4 코퍼스 언어학에서의 다양한 분석 수준

차원	핵심 질문	핵심 용어
1. 데이터 탐색	데이터의 주요 경향은 무엇인가?	그래프, 평균, 표준편차
2. 추론 통계: 증거의 양	영가설을 기각할 충분한 증거가 있는가? 표본에 나타난 효과는 우연(표본 오차)에 의한 것인가, 아니면 모집단의 진실을 반영하는 것인가?	통계적 유의성, p값, 신뢰구간

통계적 추론

한 가지 예 (증거 불충분)　　충분히 큰 표본　　모집단 (모든 진실)

3. 효과 크기	표본의 효과는 얼마나 큰가? (표준화된 척도)	효과 크기 예) Cohen's *d, r*
4. 언어학적 해석	그 효과는 언어학적으로 /사회학적으로 의미를 가지는가?	

제공하는 증거의 본질에 대해 질(대표성과 균형성)과 양(코퍼스 크기)의 측면에서 비판적으로 고찰할 필요가 있다.

마지막으로 코퍼스 분석에서 통계의 역할에 대해 몇 마디 언급할 필요가 있다. 먼저 몇 가지 일반적인 원칙을 고려한 다음 구체적인 연구 설계에 대해 논의해 보겠다. 코퍼스 분석 과정에는 분리되어 있지만 서로 연결된 네 가지 차원이 있으며(표 1.4 참조), 의미 있는 결과를 얻으려면 각 차원을 적절히 해석해야 한다.

일반적으로 언어 변수의 빈도와 분포(1.3절 참조)를 살펴보는 데이터 탐색으로 분석을 시작하고, 데이터의 주요 패턴을 포착하는 그래프를 만드는 경우가 많다(데이터 탐색 및 시각화에 대해서는 1.5절 참조). 코퍼스가 모집단이 아닌 표본을 나타내는 경우(일반적으로 이런 경우가 많다), 표본에 있는 증거의 양을 고려해야 한다. 다시 말해 추론 통계를 사용하여, 관찰된 효과와

(하위) 코퍼스 간 차이를 모집단, 즉 코퍼스 또는 코퍼스가 나타내는 모든 언어에 일반화할 수 있는지 여부를 조사할 수 있다. 추론 통계는 p-값 또는 신뢰구간을 생성하며, '통계적으로 유의' 또는 '중복되지 않는 95% 신뢰구간'과 같은 단어를 사용하여 추론을 설명한다.

현재 심리학, 사회학, 응용언어학 등 여러 분야에서 추론 통계, 특히 p-값이 연구 과정에서 어떤 위치를 차지해야 하는지에 대한 논쟁이 벌어지고 있다.11 안타깝게도 많은 연구자들이 여전히 자신의 연구 결과를 통계적으로 유의하거나 유의하지 않다는 이분법적 사고에 갇혀 통계적 유의성과 실제적 중요성 또는 언어적, 사회적 의미를 혼동하는 경우가 많다(아래 논의 참조). 더 많은 정보를 얻기 원한다면 효과 크기와 신뢰구간 추정에 기반한 통계적 절차, 즉 '새로운 통계(new statistics)'에 대한 설득력 있는 논거를 제시하는 Cumming(2012)의 자세한 내용을 참조하자. 여기서는 '통계적 유의성', '실제적 중요성', '언어 및 사회적 의미'가 서로 다른 세 가지 개념이라는 점을 강조하는 것으로 충분하다. **통계적 유의성**(statistical significance)은 코퍼스에서 귀무가설을 기각하기에 충분한 증거가 있는지 여부를 알려주며, 매우 큰 코퍼스에서는 두 텍스트/화자 그룹 간의 작은 (거의 눈에 띄지 않는) 차이도 통계적으로 유의한 것으로 판명된다. **실제적 중요성**(practical importance)은 효과의 크기를 표현하기 위해 표준화된 통계 척도를 사용한다. 여기서는 효과의 규모(예: 두 그룹 간의 차이가 실제로 얼마나 큰지)를 평가하려고 한다. 마지막으로, 관찰된 효과를 언어 및 사회에 대해 우리가 알고 있는 지식과 연관시켜 언어와 사회 이론의 맥락에서 결과를 해석해야 한다. 이 중요한 단계는 코퍼스에서 관측한 결과의 **언어적, 사회적 의미**를 발견하기 위한 것이다.

---

11 *Basic and Applied Social Psychology*는 심지어 저널에 제출하는 모든 추론 통계를 금지하기까지 했다. 이 저널의 편집자들은 추론 통계와 관련된 절차, 즉 귀무가설의 유의성 검정 절차가 '유효하지 않다'고 주장한다(Trafimow & Marks, 2015: 1).

(a)

사례(코퍼스)	피동(AF)	피동(RF)
BNC	1121436	11406.74

(b)

사례(텍스트)	피동(AF)	피동(RF)
A00	50	72.5
A01	81	99.8
A02	24	70.0
A03	369	184.8
A04	464	117.2
A05	580	137.1
A06	280	76.5
A07	424	106.2
A08	205	51.1

(c)

사례 (자질)	짧은/긴 피동	구어/ 문어	장르	용례		
1	0	1	0	ng Hedging plants	are usually cut	back to half
2	0	1	1	regions, but it has	been deployed	under secto
3	0	1	1	BBC's recordings	aren't meant	for release
4	1	1	0	One-way system. It	was caused	by the IRA,
5	0	1	2	lopment projects	are scheduled	for the forth
6	0	1	3	ety grew and laws	were passed	for her prote
7	0	1	0	beral policies will	be implemented	in Peru at le
8	1	1	0	Romans, the Celts	were dismissed	by contemp
9	0	1	4	solar calendar by	being placed	at the winte
10	0	1	5	Final Invoice will	be issued	as appropria
11	0	1	6	he tissue samples	are taken	from the foe

그림 1.8 코퍼스 언어학에서의 연구 설계

코퍼스를 분석할 때는 연구 문제에 답하기 위해 코퍼스에서 얻어야
하는 데이터의 유형과 형식도 고려해야 한다. 이를 **연구 설계**(research design)
라고 하는데, 연구 설계는 데이터와 함께 사용할 수 있는 구체적인 통계
절차에 상당한 영향을 미치기 때문에 중요하다. 일반적으로 연구 설계는
(1) 전체 코퍼스 설계(whole corpus design), (2) 개별 텍스트/화자 설계
(individual text/speaker design), (3) 언어 자질 설계(linguistic feature design)의
세 가지 주요 유형으로 구분할 수 있다. 그림 1.8은 이 세 가지 연구 설계에
기반한 데이터셋의 구조를 예시한다.

전체 코퍼스 설계에서 분석 단위는 보통 전체 코퍼스이며, 때로는 대규모 하위 코퍼스로 구성되기도 한다. 그림 1.8a에서는 BNC에서 주요 언어 변수로서 피동 구성(예: *he was seen*)의 빈도를 추적한다. AF는 절대 빈도를 나타내고 RF는 백만 단어당 상대 빈도를 나타낸다(자세한 내용은 2장 참조). 전체 코퍼스 설계는 가장 기본적인 설계 유형으로, 코퍼스의 내부 변이에 대한 고려 없이 코퍼스 내 언어 자질의 빈도에 대한 매우 일반적인 정보만을 제공한다(전체 코퍼스 설계의 실제 예는 4.2절 참조). 이와는 대조적으로 **개별 텍스트/화자 설계**를 사용하면 개별 텍스트 또는 화자에서 언어 자질의 빈도를 추적할 수 있다. 그림 1.8b에서는 BNC의 각 파일별 피동 구문의 빈도를 볼 수 있는데 알파벳순으로 9개 파일만 표시되었다(개별 텍스트/화자 설계의 실제 예는 6.3절 참조). 마지막으로 **언어 자질 설계**는 단일 관측(사례)으로서의 언어 자질에 초점을 맞춘다. 그림 1.8c에서 각 행은 BNC에서 피동 구문의 단일 출현을 나타내며, 이는 구문의 다양한 속성과 출현 맥락에 따라 분류되었다. 예를 들어, 피동 구조는 짧을 수도 있고(예: *plants are usually cut*) – 0으로 코드화 – 또는 *by* 구문으로 인해 길 수도 있으며(예: *It was caused by the IRA*) – 1로 코드화 – 구어(0)나 문어(1) 및 다양한 장르(0-6으로 코드화)에서 나타날 수 있다. 우리는 언어 자질 설계를 통해 특정 유형의 언어 자질을 사용하는 데 영향을 미치는 다양한 요인을 조사할 수 있다. 예를 들어, 그림 1.8c의 데이터셋에서 특정 장르가 짧은 피동보다 긴 피동을 선호하는지 조사할 수 있다(언어 자질 설계의 실제 예는 4.3절 및 4.4절 참조). 통계 분석의 성공을 위해서는 데이터의 '형태'와 연구 설계에 주의를 기울이는 것이 중요하다. 연구 문제마다 다른 연구 설계가 필요하며, 이에 따라 데이터의 '형태'도 달라진다. 이 책은 다양한 유형의 언어 분석에 적합한 연구 설계에 대해 논의하고 여러 사례 연구를 통해 통계 기법의 사용법을 보여준다. 이 책에 사용된 전체 데이터셋은 동반 웹사이트에서 확인할 수 있다.

요약하자면, 적절한 코퍼스, 분석 절차, 코퍼스 설계를 선택하는 것이 성공적인 코퍼스 분석의 첫 걸음이다. 연구자로서 우리는 작업 중인 코퍼스가 무엇을 나타내는지, 그리고 그것이 언어와 사회에 대해 어떤 흥미로운 발견을 드러낼 수 있는지에 대해 신중하게 생각해야 한다.

1.5 데이터 탐색과 시각화

생각해 보기

이 절을 읽기 전에 다음 질문에 대해 생각해 보자.

1. 분석에 앞서 데이터를 비판적으로 살펴보는 것이 중요한 이유는 무엇인가?
2. 데이터셋에서 어떤 유형의 오류가 발생할 수 있나?
3. 어떤 유형의 그래프에 대해 알고 있나?

잘못된 데이터는 나쁜 결과를 초래한다. 아무리 정교한 통계 분석을 하더라도 잘못된 값을 도출하거나 스프레드시트에서 통계 소프트웨어로 데이터를 복사하여 붙여 넣을 때 실수가 발생했다면 잘못된 결과를 얻게 된다. 이러한 돌발적인 오류를 방지하는 한 가지 방법은 분석의 모든 단계를 기록하여 절차를 쉽게 확인하거나 반복할 수 있도록 연구 일지를 작성하는 것이다. 좋은 데이터 분석의 또 다른, 어쩌면 더 중요한 측면은 데이터의 '신뢰성(sanity)'에 대해 끊임없이 질문하는 것이다. 이 코퍼스의 크기는 예상했던 것과 같은가? 실수로 품사 태그까지 센 것은 아닌가? 내가 알고 있는 텍스트의 단어 분포를 고려할 때 이 결과가 말이 되는가? 이러한 비정상적인 데이터 포인트가 발생한 이유는 무엇인가? 데이터에 대해 끊임없이 질문하면 사소한 오류를 범하거나 결과를 잘못 해석하는 것을 방지할 수 있다.

또한 데이터의 주요 추세를 이해하기 위해서는 데이터 시각화가 중요하다. 효과적인 데이터 시각화는 중요한 특징을 숨기지 않고 데이터의 패턴을

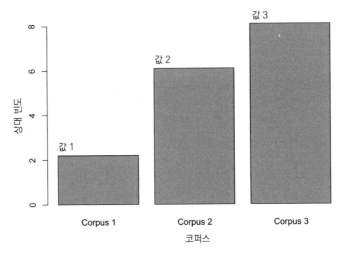

그림 1.9   막대 그래프: 세 코퍼스에서의 변수 x

요약한다. 다음 예는 효과적인 시각화가 어떻게 작동하는지 보여준다. 그림 1.9와 그림 1.10은 동일한 데이터셋을 나타낸다. 이 데이터셋은 언어 변수의 빈도를 기준으로 세 개의 언어 코퍼스를 비교한다. 이 예는 단순히 설명하기 위해 만든 예제이므로 언어 변수를 x라고 하겠다. 그림 1.9의 **막대 그래프**에서는 각 코퍼스에서 x의 빈도를 보여준다. 이를 보면 Corpus1 에서 x의 빈도가 가장 높은 것으로 나타나 이 코퍼스들은 서로 분명히 다르다는 것을 알 수 있다.

그러나 정확히 동일한 데이터셋을 기반으로 한 그림 1.10은 매우 다른 모습을 보여준다. Corpus1은 실제로 다른 것처럼 보인다. 하지만 Corpus2 와 Corpus3의 경우 Corpus3이 Corpus2보다 더 넓게 분산되어 있기는 하지만 대체로 유사하다. 특히 Corpus3에는 눈에 띄는 값이 하나 있는데, 이를 **이상치**(outlier)라고 부른다. 그림 1.10에서 데이터는 평균과 개별 데이터 포인트가 추가된 **박스플롯**의 형태로 표시된다. 박스플롯은 각 코퍼스에 있는 데이터의 분포와 극단값(최솟값과 최댓값), 이상치(존재하는 경우)를 보여준다. 상자 안쪽은 **사분위수 범위**(값의 50%)를 나타내고 상자 안의 굵은

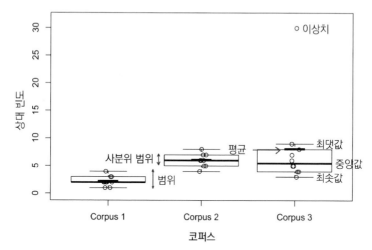

그림 1.10 박스플롯: 세 코퍼스에서의 변수 x

가로선은 **중앙값**(median, 중간 값)을 나타낸다. 상자 위와 아래의 '**수염** (whiskers)'은 수염 범위 밖에 있는 이상치(극단값)를 제외한 값들 중 최솟값과 최댓값을 나타낸다. 개별 값(다른 텍스트에서 x의 빈도)도 평균(짧은 가로선)과 함께 이 박스플롯에 표시된다. 요약하면, 박스플롯은 단순한 막대 그래프 보다 데이터에 대해 훨씬 더 많은 정보를 제공한다. 그림 1.9의 막대 그래프 에는 세 가지 값(2.2-6.1-8.1)만 표시되지만, 그림 1.10의 박스플롯은 동일한 공간을 사용하여 평균, 중앙값, 범위 및 사분위수 범위와 같은 중요한 요약 통계를 포함하여 46가지 정보를 표시한다.[12] 이는 데이터를 보다 의미 있게 해석하고 근거 없는 결론을 피하는 데 도움이 된다.

　표본을 넘어 모집단에 대해 일반화하려면 세 코퍼스에서의 변수 X의 평균값에 대한 95% 신뢰구간을 계산할 수 있다. 95% 신뢰구간은 그림 1.11에서 오차막대로 표시된다.

12　데이터를 시각적으로 표현할 때는 잉크 대비 정보의 비율이 높은 풍부한(유익한) 형태의 표현을 지향해야 한다(Tufte 2001, 2006; Hudson 2015).

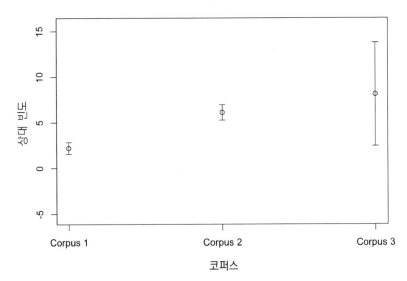

그림 1.11 오차막대: 세 코퍼스에서의 변수 x

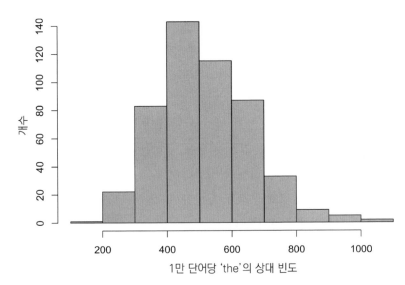

그림 1.12 히스토그램: BE06에서의 정관사

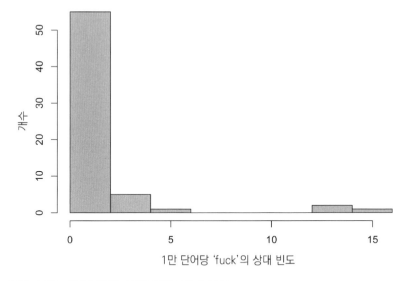

그림 1.13　히스토그램: BNC64에서의 f-단어

　데이터를 표시하는 또 다른 유용한 방법은 **히스토그램**이다(그림 1.12 및
1.13 참조). 히스토그램은 언어 변수의 빈도 분포를 막대 형태로 보여주는
그래프로, 각 막대는 주어진 간격 또는 구간(예: 그림 1.12의 20-30, 31-40
등)에서 언어 변수 값의 빈도를 나타낸다. 히스토그램에서 우리는 관측된
데이터 분포의 모양에 관심을 둔다. 그림 1.12와 1.13의 예는 문어에서
정관사의 상대 빈도(1,000단어당) 분포와 구어에서 욕설(*fuck, fucked, fucking*)
의 상대 빈도(1,000단어당) 분포를 보여준다. 여기서 우리는 언어 데이터의
일반적인 형태인, 양으로 치우친 두 개의 분포를 볼 수 있다. 욕설의 경우
코퍼스에서 이 단어를 사용하는 사람이 거의 없기 때문에 분포가 극도로
치우쳐 있다.

　지금까지는 단일 언어 변수를 다루었다. 여러 언어 변수 간의 관계를
비교하려면 하나 또는 여러 개의 **산점도**(scatterplot)를 사용할 수 있다. 아래
는 구어 BNC의 하위 표본인 150만 단어 규모의 BNC64에서 정관사,
1인칭 대명사, 2인칭 대명사의 사용을 나타낸 산점도이다. 그림 1.14를

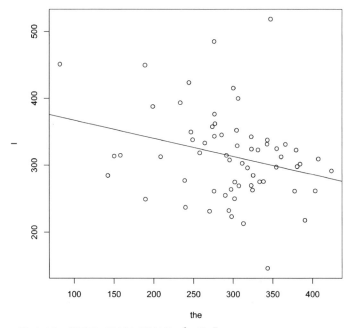

그림 1.14 산점도: BNC64에서의 *the*와 *I*

보면 정관사 *the*의 사용이 1인칭 대명사 *I*에 대해 표시된 것을 볼 수 있다. 각 원은 개별 데이터 포인트(이 경우 화자)를 나타낸다. 따라서 그래프를 통해 개별 화자가 이 두 가지 언어 변수를 어떻게 사용하는지, 그리고 변수 간의 관계가 무엇인지 명확하게 확인할 수 있다. '화자 클라우드 (speaker cloud)'의 중앙을 가로지르는 회귀선은 이 데이터셋에서 정관사의 사용이 1인칭 대명사의 사용과 반비례한다는 것을 명시적으로 보여준다.

그림 1.15에서는 여러 개의 산점도들이 **산점도 행렬**로 표시되어 있으며, 각 산점도는 세 가지 언어 변수 중 두 가지의 조합을 나타낸다. 예를 들어, 첫 번째 행의 가운데 사각형은 x-축에 *I*가 있고 y-축에 *the*가 있는 *the*와 *I*의 산점도이다. 산점도 행렬을 읽는 가장 좋은 방법은 열의 레이블(단어)이 x-축에 있는 내용을 나타내고 행의 레이블(단어)이 y-축에 있는 내용을 나타낸다고 이해하는 것이다.

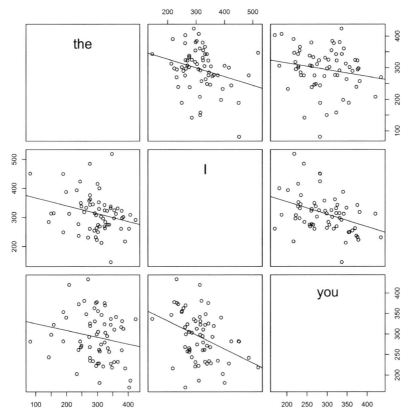

그림 1.15 산점도: BNC64에서의 the, I, you

그림 1.16 BNC에서 'going' 또는 'traveling'과 연결된 10개 장소

코퍼스와 함께 사용할 수 있는 더 복잡한 유형의 시각화도 있다. 예를 들어, 지오매핑(geomapping)은 코퍼스에서 언급된 여러 장소와 그 빈도를 지도에 표시하는 효율적인 방법이다. 아래 지도는 BNC에서 동사 *to go* 또는 *to travel*과 함께 나타나는 10개 장소를 보여주고 있는데 빈도순으로 나열하면 런던, 파리, 옥스퍼드, 로마, 케임브리지, 맨체스터, 뉴욕, 리즈, 에든버러, 리버풀이다.

우리가 사용하는 시각화 유형은 코퍼스 데이터의 일반적인 패턴을 더 잘 이해할 수 있는 방법을 제공한다. 이는 주로 연구 문제와 우리가 다루는 연구 유형(연구 설계)에 따라 달라진다. 그림 1.17은 이 책에서 사용된 다양한 유형의 보다 구체적인 그래프에 대한 개요와 각 그래프가 자세히 논의되는 장에 대한 정보를 보여준다.

이 절에 제시된 모든 그래프는 Lancaster Stats Tools online의 그래프 도구를 사용하여 쉽게 생성할 수 있다.

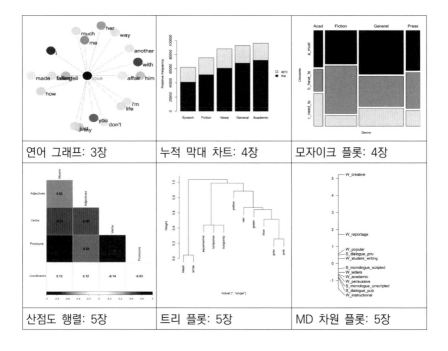

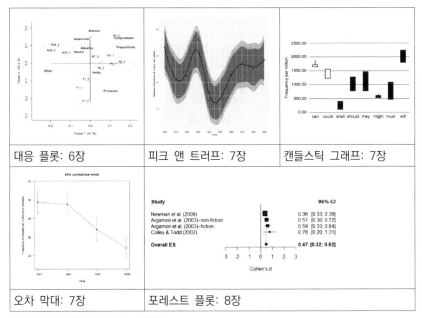

그림 1.17   다른 유형의 시각화

1.6   응용 및 추가 예제: 소설가는 학술 작가보다 형용사를 더 많이 사용하나?

훌륭한 소설 작가인 나의 친구는 학술 작가들이 형용사를 거의 사용하지 않기 때문에 학문적 글쓰기는 건조하다고 말한 적이 있다. 나는 잠시 생각하다가 재치 있는 대답을 내놓는 대신(어차피 생각나지 않았다) '그건 경험적인 질문이다'라고 말했다. 다음으로 나는 학술적인 글과 소설 모두를 표본으로 하는 BNC에서 그녀의 가설을 검증해 보겠다고 제안했다. 다음은 내가 친구를 위해 준비한 짧은 보고서이다. 친구가 코퍼스와 통계에 대한 지식이 거의 없었기 때문에 보고서의 여백에 설명 메모를 넣었다. 다음은 보고서와 메모의 내용이다.

이 연구는 BNC를 기반으로 하며 특히 소설과 학문적인 글에서 형용사 사용의 차이를 조사하기 위해 BNC의 두 하위 코퍼스를 추출했다. 표 1.5는 두 하위 코퍼스를 보여준다.

표 1.5 작은 연구에서의 하위 코퍼스

하위 코퍼스	BNC_소설	BNC_학술
단어 (토큰)	16,075,667	15,619,286
파일	432	501

이 연구에서는 한 명의 저자가 작성한 텍스트인 각 파일을 관측 대상으로 삼고 다음과 같은 가설을 검정했다:

가설(H_1): 학술 작가들은 소설 작가보다 형용사를 적게 사용한다.

먼저 박스플롯을 사용하여 데이터를 탐색했다. 그런 다음 두 하위 집단에 대해 95% 신뢰구간을 계산하고 표준 효과 크기 측정값으로는 r을 사용했다. 마지막으로 독립 표본 t-검정을 사용하여 두 작가 그룹 간에 차이가 없다는 귀무가설을 검정했다:

귀무가설(H_0): 학술 작가와 소설 작가의 형용사 사용에는 차이가 없다.

결과는 형용사 사용 측면에서 학술 작가와 소설 작가 사이에 실제로 차이가 있음을 시사한다. 그러나 그림 1.18의 박스플롯에서 볼 수 있듯이 그 차이는 학술 작가가 소설 작가보다 형용사를 더 많이 사용하는 것으로 나타났다. 또한 소설 작가들이 학술 작가들보다 동질성이 더 큰 것을 관찰할 수 있다.

표본을 넘어서 모집단에 대한 95% 신뢰구간을 계산할 수 있다. 그림 1.19는 비교 대상인 두 그룹의 신뢰구간이 겹치지 않는 것을 보여준다. 이것은 학술 작가들이 소설 작가들보다 훨씬 더 많은 형용사를 사용한다는 점에서 두 집단 사이에 통계적으로 유의미한 명확한 차이가 있음을 나타낸다.

BNC는 1990년대 초 영국 영어의 사용이 담겨 있기 때문에 상당히 오래된 것이다. 그러나 형용사의 사용은 충분히 안정적인 언어 변수이므로 대표성에 대해 너무 걱정할 필요는 없다. 그래도 걱정이 된다면 더 최근의 데이터로 이 연구를 재현할 수 있다.

이는 그룹 평균뿐만 아니라 작가들 간의 개인차를 살펴봤다는 의미이다.

이것이 당신의 가설인데 기억하는가?

이것들은 서로 다른 통계 기법이며 자세한 내용을 이해할 필요는 없다.

귀무가설은 공식적인 통계 절차의 일부이며 당신의 가설을 부정하는 것이다.

자, 시작해 보자 :)
균질성이 클수록 박스 크기는 작고 '수염'은 짧아진다.

이는 BNC에서 추출된 표본에서의 소설 작가와 학술 작가뿐만 아니라 일반적인 소설 작가와 학술 작가에게서도 차이가 나타나는지 검정하기 위한 통계 기법이다(BNC가 편향되지 않은 대표 표본인 경우).

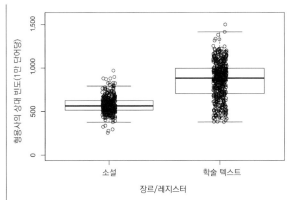

그림 1.18   소설 및 학술 텍스트에서의 형용사 사용: 박스플롯

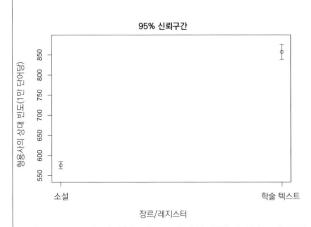

그림 1.19   소설 및 학술 텍스트에서의 형용사 사용: 오차막대

독립 표본 t-검정 결과, 소설과 학술 텍스트 간에 통계적으로 유의미한 차이가 있는 것으로 확인되었다(t(714.67)=-26.78, p<.001). 효과 크기는 큰 값(r=.708)으로 나타났는데, 이는 10,000단어당 857개의 형용사(학자)와 575개의 형용사(소설가)의 차이로 언어적 현실과 연결 지을 수 있다. 학술 작가가 소설 작가보다 10,000단어당 평균 280개 이상의 형용사를 더 많이 사용한다는 것을 의미하며, 이는 문체적으로 의미 있는 차이, 즉 독자의 눈에 띄는 차이인 것으로 보인다. 같은 점을 확인하기 위해 추가적인 '통계 마법(stats magic)'을 사용한다.

나는 활짝 웃으며 친구에게 보고서를 보여주었다. '흠, 흥미롭네...' 그녀가 말했다. '하지만 나는 여전히 소설 작가들이 사용하는 형용사가 어쨌든 더 풍부하다고 생각해.' 나는 지쳐서 외쳤다. '그건 다른 연구 문제잖아!' 한참 후에 나는 '어쩌면 너가 옳을지도 모르지만... 한번 알아볼까?'라고 말했다.

1.7 연습문제

1. 몸풀기로 정사각형의 4분의 3을 나타내는 다음 도형을 네 개의 동일한 도형으로 나누어 보자. 통계 기법에 바로 집중하고 싶다면 이 연습을 건너 뛰어도 된다.

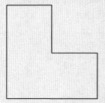

   이 작업을 완료한 후 다음 사각형을 다섯 개의 동일한 모양으로 나누어 보자.

2. 다음 숫자들의 산술평균을 계산하라. 2339, 2089, 2056, 2276, 2233, 2056, 2241, 1995, 2043, 1976, 2062. 이것은 이 장(1.2절)에서 논의된 영국 작가들의 소설 텍스트에 등장하는 동사들의 빈도이다.

3. 과학적 사고에서 모델이란 무엇인가?

4. 영국의 면적(그림 1.20 참조)을 조사하는 데 도움이 되는 가장 적합한 기하학
   적 모델을 선택해 보자.
   (a) 사각형 □
   (b) 원 ○
   (c) 삼각형 △

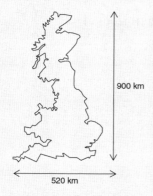

900 km

520 km

그림 1.20 영국: 본섬

5. 선택한 모델과 그림 1.20에 주어진 정보를 사용해 영국의 면적(본섬만)을
   계산해 보자.

6. 짧은 퀴즈를 통해 기본 통계 용어에 대한 지식을 테스트해 보자.
   i. 평균(average)과 산술평균(mean)의 차이점은 무엇인가?
      (a) 차이가 없다. 이 두 용어는 동의어이다.
      (b) 산술평균은 평균의 한 유형이며, 중앙값과 절사 평균도 마찬가
          지이다.
      (c) 산술평균은 일반적으로 평균보다 크다.

   ii. 다음 값에서 산술평균은 무엇인가? 5, 10, 15, 20, 25
      (a) 15.0
      (b) 17.32

    (c) 25.3

iii. 다음 값에서 중앙값은 얼마인가? 5, 10, 15, 20, 25

    (a) 10

    (b) 15

    (c) 20

iv. 빈도 목록에서 단어의 순위는 어떤 유형의 변수인가?

    (a) 명목

    (b) 서열

    (c) 척도

v. 코퍼스에서 산포도란 무엇인가?

    (a) 코퍼스의 하위 부분에 나타나는 (언어) 변수의 분포.

    (b) 표준편차의 다른 용어.

    (c) 모집단 내 표본의 흩어짐(spread).

vi. 정규 분포를 띠는 데이터 집합을 나타내는 그래프의 모양은 무엇인가?

    (a) 평면

    (b) J 곡선

    (c) 종 모양

vii. 95% 신뢰구간이란 무엇인가?

    (a) 이 구간 내에서 결과의 정확성을 95% 확신할 수 있음을 보여주는 구간

    (b) 조사 결과의 객관성을 측정하는 척도

    (c) 표본에서 측정된 특정 값 주위의 구간으로, 표본들의 95%에서 실제 값이 이 구간 내에 위치하게 되는 방식으로 만들어진 구간

viii. p-값이란 무엇인가?

    (a) 귀무가설이 참일 확률

ⓑ 귀무가설이 참일 때 관측된 값만큼 극단적인 값을 볼 확률

ⓒ 랭커스터에서 유니콘을 볼 확률

7. 500개의 텍스트(관심 모집단)가 있는데, 250개는 남성, 250개는 여성 작가가 썼다고 가정해 보자. 그러나 어떤 것이 누구의 글인지 모른다. 연구 목적을 위해 모집단을 대표할 수 있는 편향되지 않은 40개의 텍스트 표본을 선택하려고 한다. Lancaster Stats Tools online의 Random number generator를 사용하여 1에서 500 사이의 임의의 수 40개를 생성하고 이를 기록해 보자.

8. 동반 웹사이트에 있는 정답지에서 남성 화자가 쓴 텍스트와 여성 화자가 쓴 텍스트를 찾을 수 있다. 7번 문제에 작성한 답안을 통해 선택된 남성 화자와 여성 화자의 수를 계산해 보자.

표본의 남성 화자:

표본의 여성 화자:

표본에서 남성과 여성 화자의 비율은 거의 같은가?

9. 나중에 500개의 텍스트 중 절반은 젊은 화자가, 나머지 절반은 노년 화자가 썼다는 것을 알게 되었다(어떤 텍스트인지 알아보려면 동반 웹사이트에서 답안지를 확인하라). 7번 문제의 답안인 40개의 텍스트 표본이 성별과 연령을 대략 동일하게 대표하는지 확인해 보자.

성별 ＼ 나이	남성 화자	여성 화자
젊은 화자		
노년 화자		

10. 무작위 샘플링은 성공적인 방법이었나? (그렇지 않은) 이유는 무엇인가?

11. 코퍼스 설계에서 피해야 할 편향의 유형은 무엇인가?

12. 다음 상황에서 어떤 유형의 연구 설계(전체 코퍼스, 언어 자질, 개별 텍스트/
    화자)를 사용할 것인가?
    (a) 관계절에서 관계사의 생략(예: *The second thing Ø I want to say is...*)이
        구어와 문어 중 어느 쪽에서 더 빈번하게 사용되는지 알아보기
    (b) 헤지(예: *sort of, kind of*)가 남성과 여성 중 누구의 말에서 더 흔한지
        알아보기
    (c) 문어에서 정관사 *the*의 빈도 측정
    (d) 양태, 담화 표지 및 사적 동사를 포함한 많은 언어 자질의 레지스터
        기반 변이 조사

13. 약 100만 단어로 구성된 영국 영어 코퍼스인 BE06을 기반으로 한 다음
    의 데이터셋에서 6개의 오류를 찾을 수 있나?

단어 또는 표현	빈도	백만 단어당 빈도
the	5,896	5,142.17
of	30,666	26,745.23
and	27,909	24,340.72
to	26,188	2,283.98
of the	6,887	6,006.47
and the	19,530	17,033.01
합계	2,293,194	-

14. 다음 상황에서는 어떤 시각화 유형(그래프)이 적절한가?
    (a) 하나의 코퍼스에서 언어 변수의 빈도 분포를 설명하기
    (b) 두 코퍼스에서 언어 변수의 분포를 비교하기
    (c) 두 언어 변수 간의 관계 찾기
    (d) 언어 변수의 빈도 차이를 모집단으로 일반화할 수 있는지 추정하기

15. Lancaster Stats Tools online의 그래프 도구와, 제공된 데이터를 사
    용하여 해당 데이터셋의 주요 패턴을 시각화하는 그래프를 생성해 보자.

기억해야 할 사항

- 코퍼스 언어학은 과학적인 방법이다.
- 코퍼스 언어학에서 통계 기법을 성공적으로 적용하려면 잘 구축된 편향되지 않은 코퍼스를 사용해야 한다.
- 통계학은 수학적 표현을 사용하여 정량적 데이터를 이해하는 데 도움을 준다.
- 효과적인 시각화는 중요한 특징을 숨기지 않고 데이터의 패턴을 요약한다.
- p-값은 가장 눈에 잘 띄지만 통계의 (작은) 일부분일 뿐이다.
- '통계적 유의성', '실제적 중요성', '언어적 의미'는 서로 다른 세 가지 차원이므로 혼동해서는 안 된다.

더 읽을 거리

Biber, D. (1993). Representativeness in corpus design. *Literary and Linguistic Computing*, 8(4), 243-57.

Biber, D. & Jones, K. (2009). Quantitative methods in corpus linguistics. In A. Lüdeling & M. Kytö (eds.), *Corpus linguistics: an international handbook*, vol. 2, pp.1287-1304. Berlin: Walter de Gruyter.

Cumming, G. (2012). *Understanding the new statistics: effect sizes, confidence intervals, and meta-analysis*. New York: Routledge.

Diggle, P. J. & Chetwynd, A. G. (2011). *Statistics and scientific method: an introduction for students and researchers*. Oxford University Press.

Gries, S. Th. (2006). Some proposals towards a more rigorous corpus linguistics. *Zeitschrift für Anglistik und Amerikanistik, 54*(2), 191-202.

Leech, G. (1992). Corpora and theories of linguistic performance. In J. Svartvik (ed.), *Directions in corpus linguistics*, pp. 105-22.

Berlin: Mouton de Gruyter.

McEnery, T. & Hardie, A. (2011). *Corpus linguistics: method, theory and practice*. Cambridge University Press.

Okasha, S. (2002). *Philosophy of science: a very short introduction*. Oxford University Press.

Salsburg, D. (2001). *The lady tasting tea: how statistics revolutionized science in the twentieth century*. London: Macmillan.

Tufte, E. (2006). *Beautiful evidence*. Cheshire, CT: Graphics Press.

Vickers, A. (2010). *What is a p-value anyway? 34 stories to help you actually understand statistics*. Boston: Addison-Wesley.

Yau, N. (2011) *Visualize this: the Flowing Data guide to design, visualization, and statistics*. Indianapolis: Wiley.

동반 웹사이트: Lancaster Stats Tools Online

1. 이 장의 모든 분석은 동반 웹사이트에서 제공되는 통계 도구를 사용해 재현할 수 있다. 이 장의 내용과 관련해 사용할 수 있는 도구는 다음과 같다.

   • Stats calculator
   • Randomizer
   • Graph tool

2. 이 웹사이트에서는 학생과 교사를 위한 추가 자료도 제공한다.

2. 어 휘
어휘 빈도, 분산, 다양성

2.1 이 장의 내용은 무엇인가?

코퍼스는 수천, 수백만, 심지어 수십억 개의 단어로 구성되어 있다. 그러나 코퍼스는 마술쇼에서 마술사가 모자에서 토끼를 꺼내는 것처럼 한 단어씩 뽑아낼 수 있는 단순한 단어 주머니가 아니다. 오히려 그 반대다. 코퍼스를 분석할 때는 단어의 빈도와 분포를 신중하게 고려해야 의미 있는 언어 사용 패턴을 찾을 수 있다. 이 장에서는 텍스트와 코퍼스에서 단어의 출현을 기술하는 데 도움이 되는 간단한 통계 척도들을 살펴보기로 한다. 이를 위해 다음 질문들에 대한 답을 생각해 보자.

- 단어란 무엇인가? (2.2)
- 단어와 구문의 빈도는 어떻게 측정할 수 있나? (2.3)
- 단어와 구문의 분포는 어떻게 측정하나? (2.4와 2.5)
- 어휘 다양성은 어떻게 측정할 것인가? (2.6)
- 언어 및 사회 연구에서 이러한 측정치를 어떻게 사용할 수 있나? (2.7)

2.2 토큰, 타입, 레마, 어휘소

> **생각해 보기**
>
> 이 절을 읽기 전에 다음 질문에 대해 생각해 보자.
>
> 1. 단어를 어떻게 정의할 것인가?
> 2. 다음 두 문장은 몇 개의 단어로 구성되어 있나?
>   *Took them 26 years to win the title. During that time we won it 3 times despite being in the second division for half that time.*

코퍼스 언어학에서는 단어와 구문을 다룬다. 통계 용어로 말하자면, 이들은 우리가 조사하고자 하는 **언어 변수**(linguistic variables)이다(1.3절 참조). 간단히 말해, 코퍼스 언어학에서는 종종 다양한 문맥에서 단어를 세고 그 수를 비교하여 언어 사용의 패턴을 파악한다(본서에서는 이러한 유형의 '패턴 발견'의 예들을 많이 제시한다). 물론 단어를 안정적으로 세려면 무엇을 세는지 알아야 하므로 먼저 단어의 정의를 내려야 한다. 이것은 매우 사소해 보이지만(우리 모두 단어가 무엇인지 알고 있다), 사실 단어의 정의는 상당히 복잡한 문제이다. 이는 '생각해 보기' 과제의 예문으로 설명할 수 있다.

1	2	3	4	5	6	7	8	9	10	11	12
Took	them	26	years	to	win	the	title.	During	that	time	we

13	14	15	16	17	18	19	20	21	22	23
won	it	3	times	despite	being	in	the	second	division	for

24	25	26
half	that	time.

(출처: BNC, J1H)

참고: 위 예시에서 숫자는 공백으로 구분된 개별 단어 형태를 가리킨다.

과연 두 문장에는 몇 개의 단어가 포함되어 있을까? 코퍼스 언어학자에게 물어보면 위의 질문에 대해 "위의 문장은 26개의 토큰, 23개의 유형, 21개의 어절, 22개의 어휘를 포함한다"라고 답할 것이다. 이 정보를 해석해보자. **토큰**(token)은 텍스트 내 단어 형태의 단일 출현을 의미한다. 공백(또는 구두점)으로 구분된 문자나 숫자의 문자열을 만날 때마다 이를 하나의 토큰으로 계산한다. 학생들이 '이번 에세이 주제에 몇 개의 단어를 써야 하나요'와 같은 질문을 할 때, 그들은 보통 토큰 수에 대해 묻는 것이다('토큰'이라는 용어에 대해 들어본 적은 없겠지만). '생각해 보기' 과제의 두 문장에서 단어형태가 출현하는 모든 경우를 세면 26이라는 숫자가 나온다. 특정 코퍼스 분석 도구에서 토큰의 개념은 특정 코퍼스 분석 도구에서 '토큰'을 어떻게 정의하느냐에 따라 달라진다는 점에 유의해야 한다. 이는 결과의 신뢰성과 재현성에 실질적인 문제를 야기하는데, 사용한 도구에 따라 동일한 코퍼스(예: British National Corpus)의 토큰 수가 최대 17%[1]까지 차이가 날 수 있기 때문이다(Brezina & Timperley 2017). 따라서 코퍼스 도구를 사용할 때는 토큰이 어떻게 정의되었는지, 토큰 수가 비교 가능한지(특히 다른 도구를 사용하는 경우) 명확하게 파악해야 한다. 토큰 수는 단어/구문 빈도에 기반한 모든 통계적 측정(예: 상대 빈도, 키워드 척도, 연어 척도, 상대 빈도를 사용한 통계 검정 등)에 큰 영향을 미치기 때문이다.

타입(type)은 코퍼스에서 고유한 단어 형태를 가리킨다. 단어 타입에 대해 묻는다는 것은 텍스트나 코퍼스에 몇 개의 다른 단어 형태가 있는지를 묻는 것이다. '생각해 보기' 과제의 두 문장에는 세 가지 형태가 – *the*

---

1   어떤 코퍼스 도구들(예: CQPweb, Sketch Engine)은 토큰 수에 구두점을 포함하지만 또 다른 도구들(예:#LancsBox)은 이 책에 제시된 '토큰'의 단순한 (표면적) 정의와 유사하게 구두점을 계산하지 않는다. 구두점 외에도, 토큰 계산의 다른 변화 요인으로 접어(clitic)의 처리(예: *he'll*에서 *'ll*)와 하이픈으로 연결된 단어 (예: *well-known*), 형태소 분석(품사 태깅)에 기초한 토큰화, 중국어와 같은 비분절언어에 대한 토큰화 등을 들 수 있다.

(7, 20), *that* (10, 25), *time* (11, 26) - 각각 두 번씩 출현한다(이 정의에 따르면 times는 time과 같은 타입에 포함되지 않음). 이들 각각은 하나의 타입으로 계산된다. 따라서 모두 23개의 단어 타입이 남는다.

단어 토큰과 타입은 모두 단어의 형태를 기반으로 식별된다. 레마와 어휘소를 식별하려면 먼저 텍스트에 대한 언어 분석을 수행해야 한다. 레마는 문법적 (형태론적) 분석을 기반으로 하며, 어휘소는 문법 및 의미론적 분석을 기반으로 한다. **레마**(lemma)는 동일한 단어 범주에 속하는 하나의 어간과 관련된 모든 굴절형을 그룹으로 묶은 것이다(Kučera & Francis 1967: 1).[2] 이러한 형태론적 정의는 복잡하게 보이지만 원리는 매우 간단하다. 하나의 어간을 공유하면서 문법적으로 다른 형태들을 하나의 그룹으로 묶는 것이다. 예를 들어 동일한 명사의 단수형과 복수형, 동일한 동사의 현재 시제형과 과거 시제형, 동일한 형용사의 기본형과 최상급형 등이다. 어휘소[3]는 특정 의미가 부여된 레마로 다의어(다양한 의미를 가진 단어)를 구별하기 위해 필요하다. 어휘소는 사전의 부표제어로 보면 그 개념을 가장 잘 이해할 수 있다. 사전을 펼치면 알파벳순으로 사전의 표제어 항목들을 볼 수 있다. 이 중 많은 표제어 형태가 의미에 따라 하위 항목으로 나뉘는데, 이것이 바로 어휘소이다. 일부 사전에서는 어휘소와 관련된 굴절형들도 목록으로 제시한다. 앞의 '생각해 보기' 과제의 두 문장에서 *win*과 *won*은 동일한 레마에 속한다(왜냐하면 *won*이 *win*의 과거형이기 때문이다.) 마찬가지로 *time*과 *times*는 동일한 어휘소에 속한다(*times*는 *time*의 복수형이기 때문이다). 따라서 두 문장은 21개의 레마로 구성된다. 그러나 *time*

---

2 이러한 전통적 개념의 '레마'의 정의는 코퍼스 분석에서 가장 편리하다. 일부 전산적 처리에서는 '같은 단어 범주에 속하는'이라는 부분이 정의에서 생략되어 있다. 이러한 처리는 it took three goes의 go를 they went의 went와 동일한 레마로 묶기도 하는데 이는 직관과 매우 어긋난다.

3 어휘소라는 용어는 종종 레마와 혼용되어 사용된다. 여기서는 '같은 의미를 공유하고 같은 단어 범주(품사)에 속하는 관련 형태들의 그룹'이라는 Biber et al. (1999: 54)의 어휘소 개념을 따른다.

이라는 단어는 다의어로 여러 가지 의미를 가질 수 있다. 예시에서는 기간 (11과 26)을 의미하거나 어떤 일이 발생하는 빈도를 의미한다(16). 어휘소를 셀 때에는 이 두 가지 의미 사용을 구분해야 하므로 예시에서는 22개의 어휘소가 있다고 할 수 있다.

이제 '단어'의 다양한 개념(타입, 레마, 그리고 어휘소)이 코퍼스 언어학에서 수행할 수 있는 분석의 종류에 어떻게 영향을 미치는지 생각해 보자. 타입을 사용하는 것은 문법적 기능이나 의미에 관계없이 서로 다른 단어 형태를 구분하는 가장 직관적인 접근 방식이다. 타입은 매우 유용한 범주이지만 의미있는 차이점을 가려버릴 수 있다. 그 예로 *clean*이라는 형태가 형용사 ('clean shirt')와 동사('to clean something')로 사용되는 경우를 들 수 있다. 반면 레마를 분석 단위로 사용하려면 코퍼스를 자동으로 처리하여 각 형태에 품사를 할당하고 동일한 어근과 관련된 모든 굴절형을 하나로 묶어야 한다. 그런데 이것은 일정 비율의 오류를 수반한다. 마찬가지로, 어휘소를 식별하는 것은 바람직하지만 의미 태그와 의미 중의성 해소를 필요로 하며, 이는 다시 일정 비율의 오류(품사 태깅 오류보다 훨씬 높은 오류율)를 포함할 뿐만 아니라 완전히 자동으로 수행될 수도 없다. 표 2.1에서는 '단어'의 상이한 개념들이 가진 장점과 단점을 요약하여 제시한다.

표 2.1　타입, 레마, 어휘소: 장점과 단점

단어의 정의	장점	단점
타입	낮은 추론 범주	여러 가지 문법 기능이나 의미를 가진 형태들 사이의 구분이 없음
레마	다른 문법 기능을 가진 형태들 사이의 차이	품사 태깅과 레마화 과정이 포함됨 (오류 발생 가능성)
어휘소	가장 구체적인 범주 의미차이를 고려함	높은 추론 범주(오류 발생의 원인)는 아직 완전 자동화된 식별이 불가함

　마지막으로, 단어 수(주로 토큰과 타입의 수)는 이 책에서 논의되는 거의 모든 통계 공식의 일부이기 때문에 그 정의를 잘 파악하는 것이 중요하다.

이 장의 끝에 있는 연습문제(2.8장 참조)와 동반 웹사이트에서 제공되는 해답은 이러한 중요 개념들에 대한 이해를 테스트하는 데 도움이 될 것이다.

통계 보고하기: 토큰, 타입, 레마, 어휘소

1. 보고할 내용:

   코퍼스 언어학에서 단어에 대해 이야기할 때, 그 단어가 무엇을 의미하는지 명시해야 한다. 토큰, 타입, 레마, 어휘소 중 어떤 것을 의미하는지 명시해야 한다. 코퍼스를 설명할 때는 항상 정확한 토큰 수에 대한 정보를 포함한다. 토큰 수는 도구마다 다르기 때문에 도구 및/또는 토큰 수가 계산된 방법에 대한 세부 정보도 제공해야 한다.

2. 보고 방법: 예시
   - 이 텍스트는 120개의 단어들로 구성되었으며 69개의 상이한 타입들을 포함한다.
   - 연구에서는 1억 단어로 구성된 British National Corpus(정확한 토큰 수: 98,313,429개, BNCweb, 구두점은 토큰 수에서 제외)를 사용하기로 한다.

2.3　빈도 목록의 단어들

> **생각해 보기**
>
> 이 절을 읽기 전에 다음 질문에 대해 생각해 보자.
>
> 영어에서 가장 빈번하게 사용되는 단어는 무엇인가? 가장 빈번하게 사용되는 상위 10개 단어 목록을 생각해 보자.
>
> 1) _____, 2) _____, 3) _____, 4) _____, 5) _____,
> 6) _____, 7) _____, 8) _____, 9) _____, 10) _____.

표 2.2 BNC의 상위 10개 단어

순위	단어	절대 빈도	100만 단어당 상대 빈도
1	the	6,041,234	61,448.72
2	of	3,042,376	30,945.68
3	and	2,616,708	26,615.98
4	to	2,593,729	26,382.25
5	a	2,164,238	22,013.66
6	in	1,937,819	19,710.62
7	that	1,118,985	11,381.81
8	it	1,054,279	10,723.65
9	is	990,281	10,072.69
10	was	881,473	8,965.95

표 2.2의 단어 목록을 살펴보자. 이 단어 목록은 1억 단어4로 구성된 균형 코퍼스인 British National Corpus(BNC)에서 가장 빈번하게 사용되는 10개의 단어들을 나타낸 것이다. 여기서는 순위 외에 각 항목별로 절대 빈도와 상대 빈도의 두 가지 빈도값을 제공한다. **절대**(또는 원시) **빈도**(AF)는 가장 간단한 통계로 코퍼스에서 특정 단어가 실제로 나타나는 모든 횟수를 가리킨다. 2.2절에 소개된 용어를 사용해서 좀더 정확히 말하자면, 절대 빈도는 텍스트 또는 코퍼스에서 특정 단어 타입에 속하는 모든 토큰의 수를 가리킨다. 예를 들어 표 2.2에서 가장 빈도가 높은 단어 타입은 정관사 the라는 것을 알 수 있다. BNC의 모든 텍스트를 읽고 the의 발생 횟수를 세어보면 6,041,234라는 숫자를 얻을 수 있다(물론 컴퓨터가 거의 순식간에 매우 쉽게 계산할 수 있으므로 걱정할 필요는 없다). 단어의 절대 빈도는 단일 코퍼스를 살펴볼 때 유용한 척도이다. 예를 들어, 절대 빈도를 사용하여 단어 목록을 정렬하면 가장 빈도가 높은 항목을 맨 위에 표시할 수 있다(표

4　표 2.2에서 상대 빈도를 계산하기 위해 사용된 정확한 단어 수는 98,313,429이다.

2.2 참조). 그러나 두 개 이상의 코퍼스를 비교하고자 할 때[5]는 소위 **상대**(또는 정규화된) **빈도**(RF)를 사용한다. 상대 빈도는 매우 쉽게 계산할 수 있다. 우리가 알아야 할 것은 코퍼스에서 우리가 관심을 가진 단어의 절대 빈도와 해당 코퍼스의 총 단어(토큰) 개수이다. 상대 빈도는 다음과 같이 계산된다.

$$상대\ 빈도 = \frac{절대\ 빈도}{코퍼스의\ 토큰\ 수} \times 정규화\ 기준값 \tag{2.1}$$

예를 들면 표 2.2에서 정관사 the의 상대 빈도는 다음과 같이 계산된다.

$$상대\ 빈도 = \frac{6{,}041{,}234}{96{,}313{,}429} \times 1{,}000{,}000 = 61{,}448.72 \tag{2.2}$$

이 경우, 100만을 기준으로 정규화하는 것이며, 이는 코퍼스 언어학에서 흔히 사용하는 기준선이다. 이것은 평균적으로 이 코퍼스에서 백만 개의 토큰마다 정관사가 61,000번 이상 나타난다는 것을 의미한다. 실제로, 모든 영어 문어 코퍼스에서 정관사가 단어 목록의 최상위에 있을 것으로 예상할 수 있으며, 그 절대 빈도는 대체로 코퍼스 전체 토큰 수의 약 6%에 해당한다. 따라서 상대 빈도는 **산술평균 빈도**(mean frequency)로 간주될 수 있다('산술평균'은 평균의 한 유형을 나타내는 통계 용어이다. 1.3절 참조). 다시 말해, 이는 코퍼스에서 x개의 토큰으로 이루어진 가상의 표본들에서 나타나는 해당 단어 빈도의 평균을 의미한다. 여기서 x는 정규화의 기준이 되는 수(이 경우 1백만)이다. 이러한 평균 빈도에 대한 개념은 나중에 다른 통계적 척도들을 논의할 때 유용하게 사용될 것이다.

소규모 코퍼스에서는 100만보다 작은 정규화 기준이 더 적합하다(예를 들어 10,000개 또는 1,000개 단어당 정규화). 그 이유는 두 개(또는 그 이상)의

---

5 단어 수가 정확히 같은 코퍼스를 찾기는 어렵다. 브라운 계열 코퍼스처럼 동일한 샘플링 프레임에 따라 수집된 코퍼스라도 총 단어 수에서 약간의 차이를 보인다. 일반적으로 두 개 이상의 코퍼스에서 단어 또는 구문의 빈도를 비교할 때는 상대 빈도를 사용해야 한다.

코퍼스에서 특정 타입의 빈도를 비교하기 위해서뿐만 아니라, 단어와 구문의 빈도에 대한 증거를 절대 빈도보다 독자가 이해하기 쉬운 형태로 제시하기 위해서이다. 실제 코퍼스 크기에 비해 너무 큰 정규화 기준을 선택하면 인위적으로 수치가 '부풀려져' 우리가 가진 (제한된) 증거가 왜곡될 수 있다. 예를 들어 11,000개의 토큰을 포함하는 매우 작은 코퍼스가 있고, 여기에 *homeostasis*(항상성)라는 타입이 한 번만 나타난다고 가정해 보자. 만약 우리가 정규화 기준으로 100만을 선택하면, *homeostasis*의 상대 빈도는 100만 단어당 90회 이상이 될 것이다. 비록 이 비율이 수학적으로는 정확하지만, 희귀 단어의 특성을 고려할 때 독자에게는 오해의 소지가 매우 크다. *homeostasis*와 같은 희귀 단어가 작은 코퍼스에서 한 번만 등장할 경우, 수학적으로 100만 단어당 90회 나타날 가능성은 매우 낮다. 가상의 100만 단어 코퍼스에서는 이 단어가 한 번만 나타날 수도 있고, 다섯 번 나타날 수도 있으며, 전혀 나타나지 않을 수도 있다. 실제로 규모가 작은 코퍼스는 우리가 추론할 수 있는 충분한 증거를 제공하지 못한다. 이 예시에서 정규화를 위한 더 적절한 기준은 10,000이며 이렇게 하면 상대 빈도는 대략 0.9가 된다. 중요한 점은 상대 빈도를 절대 빈도를 숨기는 데 사용해서는 안 되며, 반드시 절대 빈도와 함께 보고해야 한다는 것이다.

코퍼스는 언어의 샘플이라는 점을 항상 기억하는 것이 중요하다(1.4절 참조). 코퍼스는 단어와 구의 사용에 대한 증거를 제공하지만, 이 증거는 상당히 큰 코퍼스에서도 제한적일 수 있다. 예를 들어, 1억 단어로 구성된 BNC에서는 타입 중 절반 이상이 한 번만 등장하는데(이 단어들을 'hapax legomena[6]' 또는 'hapax'라고 부름, '단발어'), 13% 정도의 유형은 두 번 나타난다. 실제로, 코퍼스에서 100회 이상 나타나는 타입, 다시 말해 상대 빈도가 100만 단어당 1회 이상인 타입은 5% 미만이다. 이러한 단어 분포는 BNC에만 국한된 것이 아니라 모든 코퍼스에서 나타나는 일반적 현상이다. 단어

---

6 hapax legomenon은 그리스어로 '한번 말하다'라는 뜻으로 번역할 수 있다.

빈도가 급격히 감소하는 원리를 흔히 **지프의 법칙**(Zipf's law)이라고 한다.

지프의 법칙은 단어 목록에서 가장 자주 나타나는 항목을 기준으로 했을 때, 두 번째로 자주 나타나는 항목은 첫 번째 항목의 빈도의 절반만 가지게 된다는 것을 말한다. 세 번째로 자주 나타나는 단어는 첫 번째 항목의 빈도의 1/3이 되고, 계속해서 이러한 패턴이 이어진다. 즉, 코퍼스에서 단어에 대한 증거는 빠르게 줄어든다. 이 점은 그림 2.1에서 확인할 수 있는데, 그림은 BNC의 단어 빈도 분포를 순서에 따라 선형 척도(위쪽)와 로그 척도(아래쪽)로 보여준다. y축의 빈도를 로그 척도로 표시하면, y축의 각 표시는 이전 표시에 10을 곱한 값이다. 이 방법은 빈도 값의 큰 범위(5.4M - 1)를 보여주어 곡선이 언제부터 급격히 떨어지기 시작하는지 더 잘 알수 있게 해준다. 반면에 선형 척도(위쪽)는 코퍼스에서 단어 빈도가 얼마나 극적으로 감소하는지를 보여준다.

지프의 법칙은 다음과 같은 공식으로 표현할 수 있다.

단어의 절대 빈도 × 빈도 순위 ≅ 상수　　　　　　　　　　　(2.3)

또는 절대 빈도 ≅ $\dfrac{상수}{빈도\ 순위}$　　　　　　　　　　　(2.4)

여기서 상수는 단어 목록에서 첫 번째 항목의 빈도이다.

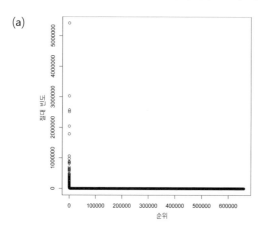

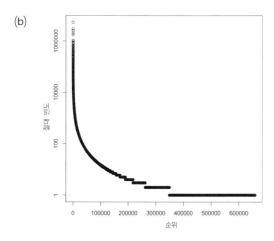

그림 2.1   BNC에서 단어 빈도들의 분포

지프의 법칙은 근사값을 나타낸다는 점에 유의해야 한다. 실제 코퍼스에서 단어의 실제 빈도는 이 모델이 예측한 값과 어느 정도 다를 것이다. 지프의 법칙이 코퍼스 언어학에 미치는 실질적인 영향은 다음과 같다. 우리는 주장에 대한 증거의 양을 비판적으로 평가하는 방법을 배워야 한다. 단발어(hapax)나 저빈도 단어의 경우 이러한 증거는 당연히 제한적이다. 따라서 특정 연구 질문에 답하려면 저빈도 단어들도 여러 번 등장하는 매우 큰 코퍼스(수백만보다는 수십억 단어)가 필요하다. 또한 여러 출처에서 단어들의 양상에 대한 (비교 가능한) 추가 증거를 찾아야 한다(메타 분석에 대한 8.3절 참조).

통계 보고하기: 절대 및 상대 빈도

1. 보고할 내용

단어 빈도를 보고할 때는 절대 빈도(원시 값)와 상대 빈도를 모두 보고해야 한다. 상대 빈도는 관심 있는 코퍼스나 그 하위 부분(하위 코퍼스 또는 텍스트)과 크기가 유사한 적절한 기준으로 정규화해야 한다.

2. 보고 방법: 예시

- 전치사 *of*는 BNC에서 두 번째로 빈도가 높은 항목이다(AF=3,042,376, RF=100만 단어당 30,945.68).
- 단어 *corpus*는 텍스트에서 20회 나타났다(1,000단어당 13.3회).

2.4 *Whelk* 문제: 분산

생각해 보기

이 절을 읽기 전에 다음 질문에 대해 생각해 보자.

1. Whelk가 무엇인지 아는가?
2. 우리가 이 단어를 얼마나 자주 사용한다고 생각하는가?

지금까지 우리는 단어의 빈도에 대해 살펴보았다. 그러나 코퍼스에서 단어 또는 구를 온전히 설명하려면 또 다른 개념, 즉 산포도(dispersion)를 도입해야 한다. 이 개념은 소위 'whelk 문제'로 가장 잘 설명된다. 이 용어는 코퍼스 내 단어의 불균등 분포를 지적한 Kilgarriff(1997)가 도입한 개념이다. 코퍼스에 *whelk*(달팽이와 비슷한 작은 해양 생물)에 관한 책의 샘플이 다수 포함되어 있다고 가정해 보자. 이 책은 *whelk*에 관한 것이므로 당연히 *whelk*라는 단어가 여러 번 나타날 것이다. 그러나 일반 영어에서는 *whelk*가 특정 장르/레지스터(예: 해양 생물에 관한 책과 기사)에 속하는 단어이기 때문에 흔한 단어는 아니다. 여기서 문제가 발생한다. *whelk*에 관한 책을 포함한 코퍼스를 기반으로 빈도 목록을 작성하면, *whelk*라는 단어는 단일 텍스트에서 여러 번 반복되기 때문에 빈도가 상당히 높은 항목으로 나타날 것이다. 만약 우리가 단어 빈도만을 기반으로 연구를 진행한다면, 우리의 결과는 매우 오해의 소지가 있을 것이다. 그러므로 빈도 외에도 산포도, 즉 *whelk*라는 단어가 여러 텍스트 중 한 텍스트에만 나타난다는 사실을 고려해야 한다.

일반적으로 **산포도**(dispersion)는 코퍼스 전체에서 나타난 단어 또는 구의 분포에 대해 알려준다. 예를 들어, 정관사 *the*는 빈도가 높은 단어일 뿐만 아니라 텍스트에서도 비교적 고르게 분포되어 있다. 이는 *the*가 문법적인 단어이며, 일반적으로 이를 사용하지 않고 문장을 구성할 수 없기 때문이다. 상대적으로 특정한 맥락에 특화된 다른 단어들(예: *whelk, hashtag, corpus*)은 분포가 고르지 못할 것이다. 산포도(dispersion)에 대한 단일한 척도는 없으며, 코퍼스 내의 변이를 조사하고 산포도의 다양한 측면을 강조하기 위해 사용할 수 있는 여러 척도들이 있다. 가장 추상적인 수준에서 산포도는 코퍼스와 그 구조(하위 부분)에 대한 우리의 이해에 직접적으로 의존한다. 이는 산포도가 단어와 구의 분포를 코퍼스 전체 또는 그 다양한 하위 부분에 걸쳐 설명하기 때문이다. 따라서 어떤 산포도 척도를 사용할지에 대한 결정은 연구 설계와, 사용되는 코퍼스의 설계와 밀접하게 연결되어 있다. 코퍼스 연구에서 가장 적절한 산포도 척도에 대한 일반적인 논쟁에 참여하기보다는(예: Gries 2008, 2010; Biber et al. 2016), 제공되는 개별 산포도 척도의 특성을 이해하고 이를 연구 질문과 특정한 산포도 이해에 맞추는 것이 필요하다. 여기서는 다섯 가지 중요한 산포도 척도를 고려할 것이다. 다양한 산포도 척도에 대한 개요는 Gries(2008)를 참조할 수 있다.

예를 들어, 표 2.3에 설명된 대로, 각각 다른 장르/레지스터를 나타내는 크기가 불균등한 여섯 부분으로 나뉜 100만 단어 코퍼스를 생각해 보자.

표 2.3 예시 코퍼스: 100만 개의 토큰

	부분1	부분2	부분3	부분4	부분5	부분6	전체 코퍼스
토큰	100,000	100,000	200,000	200,000	200,000	200,000	1,000,000
단어 w의 절대 빈도	10	4	2	0	24	10	50
단어 w의 상대 빈도 (10만 단어당)	10	2	1	0	12	5	5
w를 포함하는가?	예	예	예	아니요	예	예	예

이 예시 코퍼스는 아래에 설명된 다양한 산포도 척도의 설명에 사용될 것이다. **범위**$_2$(R)는 매우 기본적이고 다소 조잡한 산포도 척도[7]이다. 이는 코퍼스 크기와 상관없이 단어 또는 구가 나타나는 코퍼스 하위 부분의 수를 알려준다. 이 부분들은 장르나 화자를 기준으로 한 하위 코퍼스 또는 개별 텍스트일 수 있다. 범위(range)는 다음과 같이 공식으로 표현된다.

$$\text{범위}_2(\text{Range}_2) = \text{단어 } w(\text{또는 구문 } p)\text{가 포함된 부분들의 수} \tag{2.5}$$

표 2.3에서 바로 알 수 있듯이(마지막 행을 보라), w라는 단어의 범위는 5다. 이는 w라는 단어가 나타나는 부분이 5곳(1, 2, 3, 5, 6)이기 때문이다. 이는 다음과 같이 표현할 수 있다.

$$R(w) = 5 \tag{2.6}$$

범위$_2$는 코퍼스 부분의 총 수에 대한 백분율로 계산되기도 한다.

$$\text{범위}_2 \ \% = \frac{\text{단어 } w \ (\text{또는 구문 } p)\text{가 있는 부분 수}}{\text{코퍼스 부분들의 총수}} \times 100 \tag{2.7}$$

---

7 보다 일반적으로 통계학에서 범위(range)라는 용어는 주어진 데이터셋에서 가장 큰 값과 가장 작은 값 사이의 차이를 나타내는 다른 의미로도 사용된다. 이 용도는 1.3절에 설명되어 있으며, 아래 첨자 1(범위$_1$)로 표시된다.

표 2.3의 예제에 적용하면 다음과 같은 결과가 생성된다.

$$R\%(w) = \frac{5}{6} \times 100 = 83.3\% \tag{2.8}$$

표 2.3의 100만 단어 예시 코퍼스에서 단어 w의 범위$_2$는 80% 이상이라고 할 수 있다. 이는 코퍼스 부분의 83.3%가 이 단어를 포함하고 있기 때문이다. 그러나 범위$_2$는 실제 빈도를 무시하고 각 부분의 단어나 구의 유무에 대한 단순한 예/아니요 결정을 기반으로 하기 때문에 개별 코퍼스 부분들의 전체에 걸친 산포도를 정량화하는 데 그다지 좋은 척도는 아니다. 또한 범위$_2$는 부분의 크기도 고려하지 않는다. 이를 설명하기 위해, 예시 코퍼스에서 단어 w와 동일한 절대 빈도(즉, 50)를 가지지만, 매우 다른 분포를 가진 다른 단어(w_1)를 상상해 보자. 즉, 이 단어는 여섯 개의 코퍼스 부분에서 각각 46, 1, 1, 0, 1, 1의 빈도를 가진다. w_1의 범위$_2$를 계산하면 단어 w와 동일한 숫자(즉, 6개 중 5개 또는 83.3%)가 나오지만, w_1의 모든 출현의 대부분은 단 하나의 부분(부분 1)에 집중되어 있는 반면, 단어 w는 비교적 코퍼스 전체에 더 고르게 퍼져 있다. 이와 같이 산포도 척도로서 범위$_2$의 민감도가 부족하다는 점은 큰 한계다. 이러한 이유로 범위$_2$는 코퍼스 데이터의 첫 번째(간단한) 탐색에 사용할 수 있지만, 추가 분석을 위해서는 더 민감한 산포도 척도를 사용하는 것이 바람직하다.

표준편차(standard deviation, SD)는 분산의 고전적 척도로, 코퍼스 언어학 이외의 다양한 분야들에서 자주 사용된다. 표준편차는 데이터셋의 개별 값들(여기서는 표 2.3의 예시 코퍼스의 각 부분에서 w의 상대 빈도)이 상대 빈도 평균을 중심으로 얼마나 변동하는지를 표현한다. 표 2.3의 상대 빈도 값을 그래픽 형식으로 표시하면 이 점이 더 명확해진다.

그림 2.2에서 볼 수 있듯이, 부분 6의 값을 제외하고, 부분 1~5의 각 값(상대 빈도)은 평균(코퍼스 전체에서 w의 평균값)에서 일정한 거리에 위치해 있다. 평균에서의 개별 거리 값은 +5, -3, -4, -5, +7, 0이다(음수 거리는

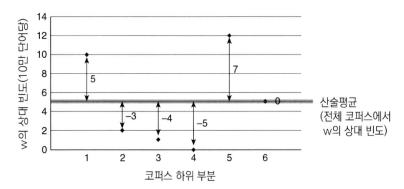

그림 2.2 예시 코퍼스: 표준편차의 계산

평균보다 작은 값을 나타냄). 표준편차는 이러한 평균으로부터의 거리를 기반으로 계산된다. 본질적으로, 표준편차를 계산할 때 우리가 묻는 질문은 데이터에서 평균 주변에 변동이 얼마나 많은가이다. 수학적으로 표준편차는 다음과 같이 표현된다:

$$표준편차_{모집단} = \sqrt{\frac{평균으로부터의\ 거리의\ 제곱들의\ 합}{코퍼스\ 부분들의\ 총\ 수}} \tag{2.9}$$

위의 공식에서 아래 첨자는 우리가 전체 모집단을 대상으로 한다고 가정하고 계산한, 간단한 형태의 표준편차를 보고 있음을 나타낸다. 이 표준편차(SD_p 또는 σ[시그마])는 표본 표준편차와 약간 다르다. (아래 참조) 표 2.3의 데이터의 경우, SD_p는 다음과 같이 계산된다.

$$SD_p(\text{w}) = \sqrt{\frac{(10\text{-}5)^2 + (2\text{-}5)^2 + (1\text{-}5)^2 + (0\text{-}5)^2 + (12\text{-}5)^2 + (5\text{-}5)^2}{6}}$$

$$= \sqrt{\frac{25 + 9 + 16 + 25 + 49 + 0}{6}} = 4.55 \tag{2.10}$$

절차에 대한 간략한 설명을 하자면, 거리를 제곱한 다음 최종 숫자의 제곱근을 구하는 것은 데이터 변동을 계산하는 데 불필요하게 복잡해 보일 수 있다. 이렇게 하는 이유는 위에서 언급했듯이 일부 값은 평균 이상(따라서 거리는 양수)이고, 다른 값은 평균 이하(거리는 음수)이기 때문이다. 거리를 단순히 더하면 양수와 음수가 서로 상쇄된다(5-3-4-5+7+0=0). 음수를 제곱하면 양수가 되므로, 표준편차에 내장된 제곱 후에 제곱근을 구하는 절차는 이 문제를 해결해 준다.

표준편차를 계산하는 또 다른 (약간 수정된) 방법이 있으며, 이는 우리가 여기서 논의하는 기술 통계가 아닌 추론 통계를 고려할 때 사용된다. 이것은 소위 **표본 표준편차**(sample standard deviation)이다. 이는 위의 식 (2.9)에서 설명된 표준편차와 거의 같은 방식으로 계산된다. 차이점은 제곱 거리의 합을 코퍼스 부분의 총 수가 아닌, 코퍼스 부분의 총 수에서 1을 뺀 값으로 나눈다는 것이다(이 이유는 절 6.3에서 설명된 '자유도' 개념과 관련이 있다).

$$표준편차_{샘플} = \sqrt{\frac{평균으로부터의\ 거리의\ 제곱들의\ 합}{코퍼스\ 하위\ 부분의\ 총\ 수 - 1}} \qquad (2.11)$$

코퍼스에서 산포도를 설명하는 목적으로는 (2.9)의 기본 버전 표준편차를 사용해야 한다. 표준편차는 단어의 분포가 얼마나 동질적인지 또는 이질적인지를 확인하고자 할 때 유용한 척도이다. 표준편차는 항상 평균(코퍼스 전체에서 단어의 상대 빈도)과 관련하여 계산해야 한다. 그림 2.2의 예에서, 표준편차(SD)는 4.55로 평균(5)과 거의 동일한 크기였다. 이는 많은 개별 값들이 평균에서 상당한 거리에 위치하고 있어 큰 변동량을 나타낸다.

표준편차는 평균과 관련되어 있으므로, 이 척도를 사용하여 빈도가 다른 단어(또는 구)의 산포도를 비교할 수는 없다. 이러한 경우에는 변동 계수, Juilland's D 또는 DP(아래 참조)와 같은 다른 산포도 척도가 더 적절하다.

변동 계수(coefficient of variation, CV)는 코퍼스에서 단어 또는 구의 상대 빈도 평균에 대한 변동량을 나타낸다. 개별 부분에서 단어/구의 빈도 변동이 클수록, 산포도가 더 불균일해진다. CV의 공식은 매우 간단하다.

$$변동\ 계수 = \frac{표준편차}{평균} \tag{2.12}$$

표 2.3의 예제 코퍼스에서 단어 w의 경우는 다음과 같이 계산된다.

$$CV(w) = \frac{4.55}{5} = 0.91 \tag{2.13}$$

변동 계수(CV)는 표준화된 척도로서 한 코퍼스 내에서 서로 다른 단어와 구를 비교할 수 있음을 의미한다. 변동 계수가 0에 가까울수록 해당 단어 또는 구의 분포가 더 고르게 된다는 것을 나타낸다. 변동 계수의 최댓값은 코퍼스 부분의 수에 따라 달라지며, 이는 코퍼스 부분의 수에서 1을 뺀 값의 제곱근과 같다($\sqrt{코퍼스\ 부분들의\ 수 - 1}$).

변동 계수는 100을 곱하여 변동의 백분율로 표시되기도 한다. 그러나 이는 변동 계수가 1보다 클 수 있기 때문에 문제가 될 수 있는데(SD가 평균보다 클 때), 이 경우 100보다 높은 백분율을 나타내게 된다. 그러나 주어진 코퍼스에서 가능한 최대 변동을 고려하여 이를 다시 백분율로 변환할 수 있다. 변동 계수의 최댓값은 코퍼스 부분의 수에 따라 달라지므로 '코퍼스 부분의 수-1'로 계산할 수 있다. 따라서 다음 공식은 변동 계수를 최대 관찰 변동의 백분율로 변환한다.

$$변동\ 계수\ \% = \frac{변동\ 계수}{\sqrt{코퍼스\ 하위\ 부분의\ 수 - 1}} \times 100 \tag{2.14}$$

이를 표 2.3의 예시 코퍼스에서 단어 w에 적용하면 다음과 같은 결과를 얻을 수 있다.

$$CV_\% = \frac{0.91}{\sqrt{6 - 1}} \times 100 = 40.7\% \tag{2.15}$$

이는 w의 산포도가 최대 가능한 변동의 50% 미만임을 의미한다. 단어가 코퍼스의 한 부분에서만 나타나는 경우에는 최대 수준의 변동에 도달할 것이다.

Juilland's *D* 는 변동 계수를 기반으로 하는 산포도 척도이다. 이 값은 0에서 1 사이의 숫자로, 0은 매우 불균등한 분포를, 1은 완벽하게 균등한 분포를 나타낸다. Juilland's *D*는 원래 빈도 사전에서 사용하기 위해 개발되었다(Juilland & Chang-Rodriguez 1964; Juilland et al. 1970; Leech et al. 2001; Davies & Gardner 2010).

본질적으로, Juilland's *D*는 CV(및 CV%)의 역수이다. CV는 코퍼스 내 변동의 양에 대해 알려주며(CV가 클수록 빈도 변동이 더 많음을 의미), Juilland's *D*는 분포의 동질성에 대해 알려준다(Juilland's *D*가 클수록 분포가 더 균등하고 변동이 적음을 의미). Juilland's *D*를 계산하는 공식은 다음과 같다:

$$\text{Juilland's } D = 1 - \frac{\text{변동 계수}}{\sqrt{\text{하위 코퍼스의 수} - 1}} \tag{2.16}$$

표 2.3의 예제에서 Juilland's *D*를 다음과 같이 계산할 수 있다.

$$\text{Juilland's } D = 1 - \frac{0.91}{\sqrt{6 - 1}} = 0.59 \tag{2.17}$$

이 값(0.59)은 불균등한 분포를 나타내지만 0보다 1(완벽하게 균등한 분포)에 더 가깝다. Juilland's *D*는 예상 범위(0-1)를 벗어나는 값을 반환한다는 이유로 비판을 받기도 했다(Gries 2008). 그러나 이 비판은 이 장에서 제시된 공식과 다른 공식을 기반으로 한 것이었다.[8] Juilland's *D*의 또 다른 잠재적 문제는 Biber et al.(2016)에 의해 지적되었는데, 이들은 이 척도가 코퍼스

---

8 Gries(2008)는 표본 표준편차(SD sample)를 사용하여(2.11) Juilland's *D* 공식 (2.16)의 변동 계수를 계산한다. Gries의 논문에서 지적한 문제를 피하려면 표본 기술 모집단 표준편차(sample descriptive population standard deviation)를 사용해야 한다(2.9).

부분의 수에 매우 의존적임을 보여주었다. 즉 코퍼스 부분의 수가 많을수록 (예: 1,000) Juilland's D의 실제 범위는 매우 제한적이게 된다. 이는 공식에 내재된 바와 같이, 실제 코퍼스의 변동이 코퍼스 부분 수에 따라 주어진 코퍼스의 최대 이론적 변동과 비교되기 때문이다. 코퍼스 하위 부분이 많을수록 이론적 변동이 더 커진다.

Juilland's D의 대안으로, 이 절에서 마지막으로 논의되는 척도는 DP이다. **DP**(비율 편차, Deviation of Proportions)는 Gries(2008)가 제안한 척도로, 서로 다른 코퍼스 부분에서 단어 또는 구의 기대 분포와 실제 분포를 비교한다. 이 값은 0에서 1 사이의 숫자로, 0은 완벽하게 균등한 분포를, 1은 극도로 불균등한 분포를 나타낸다. 이 척도는 0이 극도로 불균등한 분포를 의미하는 Juilland's D 척도와 반대다. DP는 다음과 같이 계산된다.

$$DP = \frac{(\text{관측 비율} - \text{기대 비율})의 \ 절대값들의 \ 합}{2} \tag{2.18}$$

기대 비율은 코퍼스 부분의 크기(토큰 수)를 하나씩 취하여 코퍼스의 총 토큰 수로 나누어 계산된다. 이는 코퍼스 전체 크기에 대한 각 부분의 비례적 기여도를 설정하기 위함이다. 이때 가정은 단어 또는 구가 코퍼스에 고르게 분포되어 있다면 이 단계에서 계산된 비례 분포를 따라야 한다는 것이다. 따라서 이는 기대(또는 기준) 분포가 된다. 관측된 비율은 코퍼스 하위 부분에서 관심 있는 단어 또는 구의 절대 빈도를 하나씩 취하여 코퍼스 내 단어 또는 구의 절대 빈도로 나누어 계산된다. 이는 코퍼스의 각 부분이 단어 또는 구의 전체 빈도에 비례적으로 얼마나 기여하는지를 설정하기 위함이다. 관찰된 비율과 기대 비율을 비교하고(차이의 절대값을 취하여) 이 차이를 합산하면 DP 척도를 얻을 수 있다. 예를 들어, 표 2.3의 값에 대한 DP는 표 2.4와 같이 계산된다.

$$DP = \frac{0.1+0.02+0.16+0.2+0.28+0}{2} = 0.38 \qquad (2.19)$$

이 값(0.38)은 고르지 않은 분포를 나타내지만 1보다는 0(완벽하게 고른 분포)에 가깝다. 이 경우 DP는 Juilland's D와 비슷한 그림을 제공한다.

표 2.4 예시 코퍼스를 사용한 DP 계산

	부분1	부분2	부분3	부분4	부분5	부분6	전체 코퍼스
토큰	100,000	100,000	200,000	200,000	200,000	200,000	1,000,000
단어 w의 절대 빈도	10	4	2	0	24	10	50
기대 비율	$\frac{100K}{1M}=0.1$	$\frac{100K}{1M}=0.1$	$\frac{200K}{1M}=0.2$	$\frac{200K}{1M}=0.2$	$\frac{200K}{1M}=0.2$	$\frac{200K}{1M}=0.2$	1
관찰 비율	$\frac{10}{50}=0.2$	$\frac{4}{50}=0.08$	$\frac{2}{50}=0.04$	$\frac{0}{50}=0$	$\frac{24}{50}=0.48$	$\frac{10}{50}=0.2$	1
절대 차이	0.1	0.02	0.16	0.2	0.28	0	0.76

통계 보고: 산포도 척도

1. 보고할 내용

코퍼스에서 빈도를 보고할 때 산포도에 대한 정보도 포함해야 한다. 어떤 산포도 척도를 보고할지에 대한 결정은 연구의 목적에 따라 달라져야 하며, 빈도를 올바르게 해석하기 위해 필요한 산포도의 측면이 무엇인지에 따라야 한다. 주요 옵션(기타 옵션도 있음)에는 범위(R), 백분율 범위(R$_\%$), 모집단 표준편차(SD$_p$), 표본 표준편차(SD), 변동 계수(CV), 백분율 변동 계수(CV$_\%$), Juilland's D 및 DP가 포함된다.

2. 보고 방법: 예시

- 단어 *corpus*는 BNC에서 773회 나타나며(백만 단어당 6.9회), 201개의

텍스트에만 등장한다($R_\%$=5%).

- 정관사 *the*는 BE06 코퍼스에서 가장 빈번한 단어(타입)로, 텍스트에서 평균 상대 빈도가 1,000당 51.64회(SD=14.17)이다.
- 욕설은 BNC64 코퍼스에서 불균등하게 분포되어 있다. 예를 들어, *fuck*은 64개의 화자 샘플 중 14개에서만 123회 나타나며 DP=0.85이다.

2.5   어떤 단어가 중요한가? 평균 축소 빈도 (Average Reduced Frequency)

> **생각해 보기**
>
> 이 절을 읽기 전에 다음 질문에 대해 생각해 보자.
>
> "영어에서 어떤 단어가 중요한지 어떻게 알 수 있을까?"

많은 맥락에서 자주 등장하는 단어는 다양한 의사소통 상황에서 접할 가능성이 매우 높기 때문에 중요하다고 주장할 수 있다. 예를 들어, 언어 학습자에게는 어떤 어휘 항목을 먼저 학습해야 하는지 아는 것이 중요하다. 이러한 어휘는 구체적인 단어가 아니라 일반적인 추상적 용어인 경우가 많다. 예를 들어, 영어에서 가장 널리 사용되는 명사는 *time*으로, 이는 말과 글 모두에서 다양한 맥락에서 자주 발견된다. 우리는 항상 *time*에 대해 말하고 쓴다. 최근 Brezina & Gablasova(2015)는 총 120억 개 이상의 단어를 포함하는 다양한 영어 코퍼스를 기반으로 영어에서 가장 중요한 단어에 대한 연구를 수행했다. 이 연구에서 사용된 주요 척도는 평균 축소 빈도(average reduced frequency)였다.

평균 축소 빈도(ARF)는 빈도와 산포도를 결합한 척도이다(Savický & Hlaváčová 2002). ARF의 아이디어는 빈도와 산포도 모두를 고려하여 코퍼스에서 단어의 중요도를 평가하는 사용 계수를 산출하는 것이다. 즉, 단어가 더 자주 나타나고 더 고르게 분포될수록 더 중요한 것으로 간주된다. ARF의 장점 중 하나는 코퍼스가 물리적으로 여러 부분(하위 코퍼스)으로 나뉘지 않아도 된다는 점이다.

ARF를 계산하려면 다음 세 가지 정보가 필요하다.

- 단어의 절대 빈도
- 코퍼스 크기(총 토큰 수)
- 코퍼스 내 단어의 위치

절대 빈도와 총 토큰 수는 이전 절에서 논의되었다(2.2, 2.3절 참조). 코퍼스 내 단어의 위치는 단어가 코퍼스에 나타나는 순서를 나타내는 숫자로 표현된다. 이는 코퍼스 분석 도구에 의해 자동으로 계산된다. 코퍼스를 읽기 시작하여(텍스트 하나씩) 각 토큰에 1부터 시작하는 숫자를 할당한다고 생각해 보자. 찾고 있는 대상을 만날 때마다 해당 토큰의 번호(즉, 코퍼스 내 위치)를 기록한다. 그런 다음 해당 단어를 다시 발견할 때까지 계속 읽고, 그 위치도 기록한다. 이렇게 계속해서 단어의 모든 개별 위치를 기록한다. 그런 다음, 코퍼스 내 단어의 개별 출현 간의 거리를 계산할 수 있다. 이 거리는 다음과 같은 ARF의 공식에 사용된다.

$$ARF = \frac{1}{v} \times (\min(\text{거리}_1,\ v) + \min(\text{거리}_2,\ v) + \min(\text{거리}_3,\ v)...)$$

여기서 $v = \dfrac{\text{코퍼스 총 토큰 수}}{\text{단어의 절대 빈도}}$ 이며 $\min(\text{거리}_n, v)$는 (1) 단어의 두 출현 사이의 거리 값, (2) v의 값 중 더 작은 값을 의미한다. 이 공식은 코퍼스에서 한 단어가 두 번 등장하는 사이의 모든 거리들에 적용된다.   (2.20)

비록 공식이 복잡해 보이지만, ARF의 기본 개념은 비교적 간단하다. 먼저 코퍼스를 x개의 동일 크기의 하위 부분으로 개념적으로 나눈다(이는

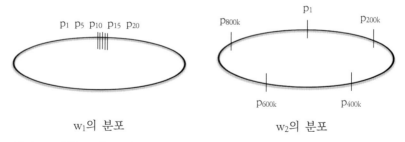

그림 2.3 단어 w_1과 w_2의 분포

물리적으로가 아니라 계산의 일부로서 이루어진다). 여기서 x는 우리가 관심 있는 단어의 절대 빈도이다. 이는 개념적 하위 부분의 수와 길이(v)가 코퍼스 내 단어의 빈도에 의존한다는 것을 의미한다. 그런 다음 단순히 관심 있는 단어를 포함하는 개념적 부분의 수를 센다. 이 수를 '축소 빈도'라고 부른다. 이것의 목적은 서로 가까이 있는 단어의 출현(즉, 동일한 부분 내에 있는)을 무시하고 한 번만 세는 것이다. 그런 다음, 이 절차를 견고하게 만들기 위해 코퍼스의 모든 가능한 시작점을 기준으로 이 과정을 반복하고 (코퍼스를 선이 아닌 원으로 생각하자) 위에서 설명한 절차를 통해 얻은 모든 축소 빈도 값의 평균을 계산한다. 이것이 평균 축소 빈도의 값이다.

다음 예를 보자. 100만 단어의 코퍼스에서 두 단어 w_1과 w_2를 검색한다고 가정해 보자. 두 단어는 코퍼스에서 각각 다섯 번 즉 절대 빈도가 5로 나타난다. 첫 번째 단어(w_1)는 한 텍스트에서만, 코퍼스 위치 1 - 5 - 10 - 15 - 20에서 출현한다. 반면 두 번째 단어(w_2)는 1 - 200,000 - 400,000 - 600,000 - 800,000의 위치에 고르게 분포되어 있다. 그림 2.3에서 'p'는 코퍼스 내 단어의 위치를 나타낸다.

w_1의 ARF는 다음과 같이 계산된다:

먼저 개념적 부분의 길이 v를 설정한다.

$$v = \frac{1,000,000}{5} = 200,000$$

그런 다음 코퍼스에서 단어 w_1의 개별 출현 사이의 거리를 계산하는데 이를 위해서는 코퍼스 위치를 사용해야 한다. 특히 거리$_1$ 이 어떻게 계산되는지 주목하자. 이는 코퍼스에서 w_1의 마지막 출현과 첫 번째 출현 사이의 거리다.

- 거리$_1$ = 첫 번째 출현 + (총 코퍼스 토큰 - 마지막 출현)
      = 1 + (1,000,000 - 20) = 999,981
- 거리$_2$ = 두 번째 출현 - 첫 번째 출현 = 5 - 1 = 4
- 거리$_3$ = 세 번째 출현 - 두 번째 출현 = 10 - 5 = 5
- 거리$_4$ = 네 번째 출현 - 세 번째 출현 = 15 - 10 = 5
- 거리$_5$ = 마지막 출현 - 네 번째 출현 = 20 - 15 = 5

마지막으로 모든 항을 ARF 공식에 대입한다:

$$\text{ARF}(w_1) = \frac{1}{v} \times \left(\min(거리_1,\ v) + \min(거리_2,\ v) + \min(거리_3,\ v)... \right)$$

$$\text{ARF}(w_1) = \frac{1}{200,000} \times \left(\min(999,981,\ 200,000) + \min(4,\ 200,000) \right.$$
$$\left. + \min(5,\ 200,000) + \min(5,\ 200,000) + \min(5,\ 200,000) \right)$$
$$= 0.000005 \times (200,000 + 4 + 5 + 5 + 5) = 1.000095 \tag{2.21}$$

위의 계산에서 알 수 있듯이, 단어 w_1의 ARF는 대략 1이다. 이는 다음과 같이 해석된다. w_1의 다섯 번의 출현은 모두 매우 가깝기 때문에, 이들을 단 한 번의 출현으로 간주한다. 반면, w_2의 ARF를 계산하면 5에 가까운 숫자가 나온다. 이는 w_2가 코퍼스 전체에 고르게 분포되어 있으므로, 그 빈도를 감소시키지 말아야 하며, 각 출현을 별개의 출현으로 간주해야 한다는 것을 의미한다. 수학적으로는 다음과 같다.

$$\text{ARF}(w_2) = \frac{1}{200,000} \times (\min(200,001,\ 200,000) + \min(199,999,\ 200,000)$$
$$+ \min(200,000,\ 200,000) + \min(200,000,\ 200,000)$$
$$+ \min(200,000,\ 200,000))$$
$$= 0.000005 \times (200,000 + 199,999 + 200,000$$
$$+ 200,000 + 200,000) = 4.999995 \tag{2.22}$$

이 과정의 세부 사항을 이해하기 어렵더라도 걱정할 필요는 없다. ARF는 컴퓨터에 의해 자동으로 계산되도록 설계되기 때문이다(Lancaster Stats Tools Online 도구 중 ARF 계산기 참조). 이 절에서 ARF를 설명하는 목적은 이 강력한 척도의 일반적인 원리에 대한 이해를 돕기 위함이다.

통계 보고하기: ARF

1. 보고할 내용:

   ARF는 단어의 절대 빈도 및 상대 빈도에 추가하여 보고할 수 있다. 빈도 목록에서 단어를 순위 매기기 위해 사용할 수 있으며, 가장 빈번하고 고르게 분포된 항목을 강조할 수 있다.

2. 보고 방법: 예시
   - 다음 표는 BNC에서 ARF에 따라 순위가 매겨진 상위 네 개의 레마를 보여준다. 절대 빈도 수치도 함께 제공된다.

BNC	평균 축소 빈도(ARF)	절대 빈도 (AF)
정관사 *the*	3,839,770	6,050,229
동사 *be*	2,702,664	4,119,048
전치사 *of*	1,838,624	3,010,276
접속사 *and*	1,671,566	2,615,148

2.6 어휘 다양성: 타입/토큰 비율(TTR), STTR, MATTR

> **생각해 보기**
>
> 이 절을 읽기 전에 다음 질문을 생각해 보자.
>
> 다음 두 개의 짧은 텍스트 중 어휘가 더 다양한 것은 무엇인가?
>
> | 텍스트 A [BNC: KB7] | 텍스트 B [BNC: B25] |
> |---|---|
> | You want a cup of tea? Yeah I'm gonna put the kettle on Yeah alright. Yeah make us a cup of coffee Stuart. Well we'll probably have our dinner first then I'll probably do it. | All sciences - physics, agriculture, medicine and even sociology - go beyond the mere solution of immediate problems, whether these problems are of a 'pure' intellectual type or an 'applied' practical sort. |

텍스트와 코퍼스를 볼 때, 다양한 단어(타입)가 의미를 전달하기 위해 어떻게 사용되는지 생각해 볼 수 있다. 일부 단어(특히 문법적 단어)는 자주 반복되며, 다른 단어는 몇 번만 사용된다. 텍스트나 코퍼스가 다양한 어휘를 사용하는지 아니면 제한된 범위의 어휘 항목을 재사용하는지를 측정하기 위해 어휘 다양성 통계(Jarvis 2013)를 계산할 수 있다. 가장 간단한 어휘 다양성 통계는 **타입/토큰 비율**(type /token ratio, TTR)이다(타입과 토큰의 정의는 2.2절 참조). 타입/토큰 비율(TTR)은 타입(다른 단어 형태)의 비율을 토큰(실제 단어)의 비율에 대해 표현한다. 아이디어는 텍스트에서 모든 단어의 수(토큰)에 비해 다양한 단어 형태(타입)의 수가 많을수록 어휘적으로 더 다양한 텍스트를 나타낸다는 것이다. 타입/토큰 비율은 다음과 같이 계산된다.

$$타입/토큰\ 비율 = \frac{텍스트나\ 코퍼스의\ 타입\ 수}{텍스트나\ 코퍼스의\ 토큰\ 수} \tag{2.23}$$

'생각해 보기' 과제의 두 텍스트의 경우 타입/토큰 비율은 각각 0.8(28/35)과 0.93(28/30)이다. 이는 텍스트 B(학술 텍스트)가 텍스트 A(비격식 발화)보다 어휘적으로 더 다양하다는 것을 보여준다. 두 텍스트의 크기가 비슷하기 때문에(토큰 수가 비슷하기 때문에) 이는 유효한 비교이다. 그러나 타입/토큰 비율은 텍스트의 길이에 매우 민감하며, 텍스트가 길어지고 더 많은 단어가 다시 사용(재활용)될수록 감소한다는 점을 기억해야 한다. 따라서 식 (2.23)의 단순한 타입/토큰 비율은 동일한 길이의 텍스트를 비교하는 경우에만 사용할 수 있다. 앞선 연구들(Covington & McFall 2010, Tweedie & Baayen 1998)에서도 알 수 있듯이, 텍스트 길이에 따른 변동에 영향을 받지 않도록 TTR을 단순 변환하는 것은 불가능한데 이런 작업을 정확히 수행한다고 주장하는 몇몇 척도(예: Guiraud's index, Yule의 K 등)가 제안되기도 했다. 그러나, TTR을 '정규화'하여 길이가 다른 텍스트 간에 비교할 수 있도록 하는 '마법의 공식'은 존재하지 않는다. 대신 표준 길이의 텍스트 샘플에서 타입/토큰 비율 세트의 평균값을 구하는 다양한 척도가 제안되었다. STTR (표준화 타입/토큰 비율, standardized type/token ratio)과 MATTR(이동 평균 타입/토큰 비율, moving average type/toke ratio)이 이에 속한다.

표준화 타입/토큰 비율(STTR)은 Scott(2004)이 사용한 척도로 평균 분절 타입/토큰 비율(mean segmental TTR, MSTTR)로 알려진 척도를 지칭하기 위해 사용한 용어이다(Malvern & Richards 2002). 여기서는 STTR이라는 명칭을 사용할 것인데, 이는 WordSmith Tools(버전 4.0)가 이 척도를 STTR이라는 명칭으로 구현해 코퍼스 언어학에서 이렇게 알려져 있기 때문이다. STTR의 계산은 매우 간단하다. 텍스트를 표준 크기 세그먼트(예: 1000 단어)로 나누고, 각 세그먼트의 TTR을 계산한 다음 TTR의 평균값을 구한다. 대부분의 텍스트는 표준 크기 세그먼트로 정확히 나뉘지 않기 때문에 표준 크기보다 짧은 마지막 세그먼트는 계산에서 제외된다. 짧은 텍스트의 경우, 더 작은 표준 크기의 세그먼트를 선택해야 한다. 그러나 매우 짧은 세그먼트(100 토큰 미만)는 결과를 왜곡시키는 것으로 보고되었다(Malvern & Richards 2002).

Covington & McFall(2010)에 의해 도입된 **이동 평균 타입/토큰 비율**(MATTR)은 TTR을 동일한 크기의 세그먼트에서 평균화하여 계산하는 점에서 STTR과 다소 유사하다(이는 TTR의 텍스트 길이 의존 문제를 피하기 위함이다). 그러나 텍스트를 연속적인 비중첩 세그먼트로 나누는 대신, MATTR은 텍스트를 부드럽게 이동하는 중첩 창(overlapping window)을 사용한다. 각 창 위치에 대해 창 내부 텍스트의 TTR을 계산한 다음, 이렇게 얻은 TTR의 평균값을 계산한다. MATTR은 텍스트의 모든 가능한 분할을 고려하기 때문에 STTR보다 어휘 풍부도를 측정하는 데 있어 더 강건한 척도이다.

통계 보고하기: TTR, STTR, MATTR

1. 보고할 내용

타입/토큰 비율의 다양한 버전을 보고할 때 결과에 영향을 미치는 매개변수도 함께 보고하는 것이 중요하다. TTR의 경우 텍스트 길이를 보고해야 하며, STTR과 MATTR의 경우 각각 표준 세그먼트 크기와 창 크기를 보고해야 한다.

2. 보고 방법: 예시

- 동일한 길이의 텍스트(2,000 토큰)를 비교하기 위해 간단한 타입/토큰 비율(TTR)을 사용하였다. TTR 값은 다음과 같다. 0.36 (텍스트 1), 0.33 (텍스트 2) 및 0.39 (텍스트 3).
- 디킨스의 크리스마스 캐럴의 MATTR(창 크기: 100)은 0.67이다.

2.7   응용 및 추가 예제: 영국인들은 항상 날씨에 대해 얘기할까?

이 절에서는 이 장에서 소개된 통계 절차를 적용하는 연구 프로젝트의 예를 살펴볼 것이다. 우리의 과제가 영국 영어에서 자주 논의되는 일반적인 주제(내용 단어)를 조사하는 것이라고 가정해보자. 이는 영국 사회의 일반적인 공공 담론 관행에 대한 통찰력을 제공할 수 있다. 특히, 날씨가 영국 문화의 전형적인 주요 주제 중 하나인지(고정관념이 시사하는 바와 같이) 알아보고자 한다. 우리가 사용하고자 하는 코퍼스는 현대 영국 영어로 작성된 BE06 코퍼스[9]이며, 15개의 다른 장르의 샘플을 포함하고 약 100만 단어로 구성되어 있다. 코퍼스의 구성은 표 2.5에 요약되어 있다.

표 2.5   BE06

크기 (토큰)	시기	영어 문어 15가지 장르의 구조
약 100만 개	2006년경	(1) 언론: 보도 (2) 언론: 사설 (3) 언론: 리뷰 (4) 종교 (5) 기술, 직업, 취미(6) 대중 설화 (7) 순수문학, 전기, 에세이 (8) 기타(정부 문서, 재단 보고서, 업계 보고서 등) (9) 학문 과학 저술 (10) 일반 소설 (11) 미스터리 추리 소설 (12) 공상 과학 소설 (13) 모험 서부 소설 (14) 러브 로맨스 스토리 (15) 유머

데이터를 살펴보기 전에 연구 계획을 세워 볼 수 있다. 영어 문어에서는 거의 항상 정관사가 가장 빈번하게 나타나는 어휘 항목이며, 전체 토큰의 약 6%를 차지한다(2.3절 참조). 따라서 코퍼스에서 약 6만 개의 정관사가 나타날 것이라고 예측할 수 있다. 또한 우리가 영국 문화를 적절히 뒷받침하는 관찰을 하기 위해, 저빈도 단어와 단발어에 기반한 주장을 피하고자 코퍼스에서 최소 30번 이상 출현하는 단어만을 분석하기로 결정했다고

---

9   이 글에서는 다양한 장르/레지스터 간의 변이를 조사할 수 있도록 문어 코퍼스를 사용했다. 이 연구는 구어 BNC 또는 구어 BNC 2014 코퍼스(Love et al. 2017)와 같은 구어 코퍼스에서 얻은 결과들을 통해 보완할수 있다.

가정해 보자. 코퍼스는 15개의 부분으로 구성되어 있고 각 부분에 단어가 최소한 두 번은 나타나는 경우를 고려해서 최소의 빈도를 30으로 잡은 것이다(코퍼스 샘플링에 대한 1.4절 참조). 지프의 법칙(Zipf's law)을 적용하여 코퍼스에서 이 기준을 만족하는 항목이 얼마나 많이 있을지 대략적으로 예측할 수 있다. 우리의 질문은 다음과 같다. 빈도 목록의 상위 항목의 빈도(상수)가 약 60,000 단어이고, 컷오프 빈도가 29(즉, 빈도가 29 이하인 단어는 고려하지 않음)라는 사실을 고려할 때, 컷오프 빈도를 가진 단어들의 빈도 목록에서의 대략적인 순위는 무엇인가?

지프의 법칙 공식(2.4)을 변환하여 순위를 표현하면 다음과 같은 값을 얻을 수 있다.

$$\text{순위} \cong \frac{\text{상수}}{\text{절대 빈도}} = \frac{60,000}{29} \cong 2,068 \qquad (2.24)$$

이는 약 2,000에서 3,000개의 항목이 우리의 분석에 포함될 기준을 충족할 것으로 예상된다는 것을 의미한다. 다행히도 이는 충분히 높은 숫자인 것 같다(즉, 이러한 항목 중 일부가 문화적으로 흥미롭지 않은 문법적 단어일지라도 분석할 내용이 있을 것이다). 따라서 연구 계획을 계속 진행할 수 있다.

다음 단계는 실제로 무엇을 분석할지 결정하는 것이다. '단어'의 다양한 정의가 있다는 것을 보았고(2.2절 참조), 따라서 우리가 사용할 정의에 대해 결정을 내려야 한다. 우리가 선택할 수 있는 옵션은 타입, 레마 혹은 어휘소이다. 장단점을 고려한 후, 연구에서 레마를 사용하기로 결정했다고 가정해 보자. 문화나 담화에 관심이 있는 경우 레마를 사용하는 것이 일반적으로 좋은 선택이다. 왜냐하면 어미 변화와 같은 굴절 차이는 일반적으로 이 종류의 연구에서는 중요하지 않기 때문이다. 이 단계에서 데이터를 분석하기 시작할 수 있다. 레마를 기반으로 한 빈도 목록은 30 이상의 빈도를 가진 단어의 수에 대한 초기 가정을 확인해 준다(Zipf의 법칙에 기반한 가정). 코퍼스에는 이러한 레마가 3,196개 있다. 실제로 레마의 수는 예상보다 높으며, 이는 지프의 법칙이 단어 빈도 분포에 대한 대략적인 추정치를 제공한다는 것을 보여준다.

레마 목록을 자세히 살펴보면, 포함 기준을 충족하는 3,196개의 레마 중 날씨와 관련된 13개의 레마들(*cloud, cold, flood, heat, hot, ice, rain, storm, sun, temperature, warm, weather and wind*)이 있음을 알 수 있다(이 분석은 레마 목록을 수동으로 검토하여 수행되었다). 표 2.6에서 볼 수 있듯이, 이러한 레마들은 코퍼스에서 절대 빈도가 37에서 120까지 다양하게 나타난다. 그러나 우리는 빈도 정보가 항상 산포도와 함께 고려되어야 한다는 것을 알고 있다. 따라서 표 2.6에서는 13개의 날씨 관련 항목에 대해 두 가지 산포도 척도인 범위와 Juilland's D도 제공하고 있다.

표에서 보다시피, 대부분의 항목은 범위 값이 8~15이고 Juilland's D

표 2.6 BE06의 날씨 관련 레마들

날씨 관련 레마들	AF	범위(Range)	Juilland's D
cloud	40	8	0.7
cold	120	11	0.8
flood	54	10	0.2
heat	104	12	0.7
hot	108	12	0.8
ice	63	13	0.7
rain	37	12	0.8
storm	37	12	0.8
sun	71	9	0.7
temperature	66	11	0.7
warm	90	13	0.8
weather	49	10	0.7
wind	78	15	0.8

값은 0.7 또는 0.8로 코퍼스에 비교적 고르게 분포되어 있다. 그럼에도 불구하고 한 가지 예외가 있는데, 바로 *flood*이다. 이 레마는 코퍼스 하위 부분의 대부분에서 출현하지만(범위 10) Juilland's *D*가 매우 낮다(0.2). 이는 15개 코퍼스 장르에서 매우 불균등하게 분포한다는 것을 나타낸다. 실제로 이 단어를 자세히 조사한 결과, *flood*는 주로 공식 문서를 나타내는 코퍼스의 특정 장르 기반 부분에서 나타난다는 것을 확인할 수 있었다. 실제로 대부분(54 중 38)은 홍수에 관한 의회 보고서에서 나왔다.

  이러한 초기 탐색 후, 영국의 공적 담화에서 두드러진 주제에 대한 연구 질문에 답하려면 우리는 코퍼스의 다른 단어들(레마들)과의 맥락에서 날씨 용어를 살펴봐야 한다. 이를 위해 레마를 영국 영어 문어에서의 중요도에 따라 정렬하고, 이 정렬된 목록 속에서 날씨 용어의 위치를 고려해야 한다. 빈도와 산포도를 결합한 평균 축소 빈도(ARF)를 계산하고 ARF 값에 따라

표 2.7   BE06에서 날씨 관련 레마들의 순위

날씨 관련 레마들	ARF	ARF 기반 순위
hot	53.8	835
cold	48.3	940
warm	45	1,005
heat	38.2	1,195
wind	34.6	1,333
sun	30.1	1,527
weather	24.2	1,867
ice	23.1	1,941
temperature	21.7	2,048
storm	20.8	2,128
rain	20.2	2,166
cloud	14.8	2,767
flood	14.1	2,888

레마들을 정렬할 수 있다. 표 2.7은 3,196개의 레마 목록에서 13개의 날씨 관련 레마와 해당 레마의 ARF 순위를 보여준다.

우리는 ARF에 따르면 두 개의 날씨 관련 레마가 영어에서 첫 번째 천 개 항목에 속하고, 여섯 개는 두 번째 천 개 항목에 속하며, 나머지 다섯 개는 세 번째 천 개 항목에 속한다는 것을 알 수 있다. 따라서 우리는 날씨가 영국 담화의 주제로 두드러지게 나타나지만, 가장 널리 논의되는 주제는 아니라고 말할 수 있다. 영국의 문어 담화에서 가장 널리 논의되는 주제를 찾으려면 동반 웹사이트를 참조하라.

2.8. 연습문제

1. 아래 (a)–(d)의 문장을 보고 토큰, 타입, 레마, 어휘소들의 수를 세어 보자.
   (a) The City is braced for far worse figures to come in the coming months, unless the Government recovery package produces a startling turn round in optimism. (출처: BNC, CEN)
   (b) Of 354 fifth- and sixth-formers who left Sharon's school in the summer of 1981 forty had found real jobs by 18 November, four of these having entered military service. (출처: BNC, GUR)
   (c) Erm erm erm but, yeah and people er have great areas of that taken. (출처: BNC, KC3)
   (d) Homonyms are headwords to different entries that are spelt in the same way, e.g. bow (the weapon), bow (the action), bow (the verb expressing the action). (출처: BNC, EAT)

2. 온라인 *Word Calculator*를 사용하여 1번 문제의 결과를 자동으로 생성된 토큰, 타입, 레마 수와 비교해 보자. 동일한 결과를 얻었는가? 그렇지 않다면 차이점을 설명할 수 있는가?

3. 온라인 *Word Calculator*를 사용하여 인터넷의 다양한 텍스트를 비교하라. 이 장에서 논의된 세 가지 척도인 TTR, STTR 및 MATTR을 사용하여 어휘 밀도를 계산하라. 결과를 비교하고, 어떤 척도가 텍스트에 가장 적합할지 생각해보라. 이 척도를 선택한 이유는 무엇인가?

4. 다음 항목의 상대 빈도를 계산해 보자. 각 경우에 적절한 정규화 기준을 선택해 보자.

   (a) 단어: *muggle*

   절대 빈도: 2

   코퍼스 크기: 100,000

   (b) 단어: *intriguingly*

   절대 빈도: 3,035

   코퍼스 크기: 11,191,860,036

   (c) 단어: *worse*

   절대 빈도: 50

   코퍼스 크기: 1,007,299

5. 아래의 빈도 목록에서는 BNC의 10개 단어가 순위와 함께 표시되어 있다. 지프의 법칙을 사용하여 표에 제시된 항목의 절대 빈도를 예측해 보자.

순위	단어	절대 빈도
1	the	6,041,234
2	of	
3	And	
4	To	
5	A	
10	Was	
50	so	

100	way
1,000	limited
10,000	Conveniently

6. 5번 문제에서 얻은 결과를 동반 웹사이트의 정답에 제공된 실제 빈도와 비교해 보자. 지프의 법칙이 빈도를 얼마나 잘 예측했는가?

7. BNC에서 광범위하게 정의된 장르 부분에서 네 단어의 절대 빈도를 살펴보자(표 2.8). 이 표의 전자 버전은 동반 웹사이트에서 확인할 수 있다.

각 단어에 대해 다음을 계산해 보자.

(a) 범위(range)

(b) 표준편차(standard deviation)

(c) 변동 계수(coefficient of variation)

(d) Juillan's D

(e) DP

표 2.8 BNC에서 네 가지 단어의 분포

BNC 하위 부분	총 토큰 수	*some* (AF)	*smile* (AF)	*theory* (AF)	*chance* (AF)
소설과 시	16,143,913	24,616	5,498	347	2,645
신문	9,412,174	10,520	304	266	2,589
비학술 산문과 전기	24,178,674	43,161	385	3,977	2,191
학술 산문	15,778,028	30,297	58	6,588	923
기타 문어 자료	22,390,782	37,867	488	1,268	3,323
구어	10,409,858	20,589	112	363	1,138
전체 코퍼스	98,313,429	167,050	6,848	12,809	12,809

8. *Dispersion Calculator*를 사용하여 7번 문제의 결과를 확인해 보자.

9. BE06 코퍼스(985,628개의 토큰)에 나타나는 다음 단어의 ARF를 계산해

보자.

(a) *frigid*: AF: 2, 코퍼스 내 위치: 840,797 - 848,280

(b) *chemistry*: AF = 7, 코퍼스 내 위치: 160,129 - 589,607 - 594,834 - 596,351 - 611,214 - 948,612 - 950,458

(c) *porn*: AF = 14, 코퍼스 내 위치: 16,602 - 16,792 - 28,191 - 49,606 - 161,929 - 170,396 - 268,155 - 497,891 - 497,916 - 498,146 - 498,205 - 498,216 - 498,246 - 498,361

10. *ARF Calculator*를 사용해 인터넷에서 여러분들이 선택한 텍스트의 단어들에 대한 AF와 ARF를 비교해 보자.

기억해야 할 사항

- '단어'의 개념에는 여러 가지가 있다: 토큰, 타입, 레마, 어휘소.
- 지프의 법칙은 코퍼스 내 단어의 분포와 그 빈도가 급격히 감소하는 현상을 설명한다.
- 코퍼스 내 단어를 완전히 설명하려면 단어의 빈도와 산포도를 모두 제공해야 한다.
- 상황에 따라 적절한 산포도 척도(범위, 표준편차, 변동 계수, CV%, Juilland의 *D*, DP)를 사용해야 한다.
- 평균 축소 빈도(ARF)는 빈도와 산포도를 결합한 척도로, 서로 다른 부분(하위 코퍼스)으로 나뉘지 않은 코퍼스에도 사용할 수 있다.
- TTR은 어휘 다양성 척도로, 텍스트 길이에 민감하다.
- STTR과 MATTR은 다양한 길이의 텍스트에 사용할 수 있는 대안적인 어휘 다양성 척도이다.

더 읽을 거리

Baroni, M. (2009). Distributions in text. In A. Lüdeling & M. Kytö (eds.), Corpus linguistics: an international handbook, vol. 2, pp. 803-21. Berlin: Mouton de Gruyter.

Covington, M. A. & McFall, J. D. (2010). Cutting the Gordian knot: the moving-average type-token ratio (MATTR). Journal of Quantitative Linguistics, 17(2), 94-100.

Gardner, D. (2007). Validating the construct of word in applied corpus-based vocabulary research: a critical survey. Applied Linguistics, 28(2), 241-65.

Gries, S. Th. (2008). Dispersions and adjusted frequencies in corpora. International Journal of Corpus Linguistics, 13(4), 403-37.

_____. (2009). Dispersions and adjusted frequencies in corpora: further explorations. Corpus linguistic applications: current studies, new directions, Amsterdam: Rodopi.

Hlaváčová, J. (2006). New approach to frequency dictionaries - Czech example. 5th edition of the International Conference on Language Resources and Evaluation, Genoa, 22-28 May. www.lrec-conf.org/proceedings/lrec2006/pdf/11_pdf.pdf (accessed 22/6/2014).

Savický, P. & Hlaváčová, J. (2002). Measures of word commonness. Journal of Quantitative Linguistics, 9(3), 215-31.

Tweedie, F. & Baayen, R. H. (1998). How variable may a constant be? Measures of lexical richness in perspective. Computers and the Humanities, 32, 323-52.

동반 웹사이트: Lancaster Stats Tools Online

1. 이 장의 모든 분석은 동반 웹사이트에서 제공되는 통계 도구를 사용해 재현할 수 있다. 이 장의 내용과 관련해 사용할 수 있는 도구는 다음과 같다.

   - Word calculator
   - Wordlist tool
   - Dispersion calculator
   - ARF calculator

2. 이 웹사이트에서는 학생과 교사를 위한 추가 자료도 제공한다.

3. 의미론과 담화
연어, 키워드, 수동 코딩의 신뢰성

3.1 이 장의 내용은 무엇인가?

지금까지는 단어를 개별적으로 살펴봤다. 이 장에서는 언어 및 사회적 분석 모두에 중요한, 문맥에서의 단어 의미에 대해 살펴볼 것이다. 여기서 논의되는 주제인 연어, 키워드, 용례의 수동 코딩은 의미(단어들의 '사전적' 의미) 연구와 담화 분석 모두에서 중요한 역할을 한다. 이 장은 단어의 의미는 코퍼스에서 반복되어 나타나는 언어 패턴을 분석함으로써 가장 잘 조사할 수 있다는 간단한 전제에서 시작된다. 키워드 분석과 같은 기법은 특정 텍스트나 코퍼스의 특징적인 단어에 주목하도록 도와주며, 이는 연어(단어의 반복적인 동시 출현을 조사하는 방법)와 용례(문맥에서 단어 사용의 예를 분석하는 방법)를 사용하여 더 자세히 조사할 수 있다. 이 장에서는 다섯 가지의 질문을 다룬다:

- 연어는 어떻게 식별하나? (3.2)
- 연어 네트워크란 무엇인가? (3.3)
- 키워드와 락워드(lockwords)는 어떻게 식별하나? (3.4)
- 신뢰할 수 있는 용례 수동 코딩을 하는 방법은 무엇인가? (3.5)
- 이 장에서 논의한 기법을 언어 사회 연구에서 어떻게 적용할 수 있나? (3.6)

3.2 연어와 연관성 척도

> **생각해 보기**
>
> 이 절을 읽기 전에 다음 질문에 대해 생각해 보자:
>
> 1. *love*라는 단어를 보면 무엇이 떠오르는가?
> 2. 왜 이 단어가 그러한 연상을 하게 만든다고 생각하는가?

코퍼스 언어학에서 잘 알려진 사실은 단어들이 우리가 연어(collocation)라고 부르는 조합으로 나타난다는 것이다. 50여 년 전 Firth(1957: 6)는 '단어들이 동반하는 단어들'을 조사해야 한다고 제안했으며, 이는 이후 연어 관계에 대한 비공식적인 정의가 되었다(Gries 2013b; Brezina et al. 2015). 연어는 텍스트와 코퍼스에서 습관적으로 함께 쓰이는 단어의 조합이다. 연어는 빈도만을 기준으로 할 수도 있고, 더 일반적으로는 연관성 척도(association measure)라는 통계적 척도를 기준으로 할 수도 있다. 연관성 척도(연어 척도라고도 함)는 동시 출현 관계의 다양한 측면을 기반으로 단어 간의 연관성 강도를 계산하는 통계적 척도이다(아래 참조). 다양한 연관성 척도가 있으며, 각 척도는 (약간씩) 다른 연어 목록을 생성한다(Evert 2008; Gablasova et al. 2017b). 모든 목적과 연구 문제에 적합한 단 하나의 척도는 존재하지 않는다. 따라서 관심 있는 연어 관계의 특성을 가장 잘 드러내는 연관성 척도를 선택하기 위해서는 이들이 어떻게 작동하는지 이해해야 한다.

다음 예는 실제로 연어 식별이 어떻게 이루어지는지 보여준다:

My **love** is like a red, red rose that's newly sprung in June: My **love** is like the melody that's sweetly played in tune. As fair art thou, my bonnie lass, so deep in **love** am I: And bonnie lass, so deep in **love** am I:

And I │will **love** thee│ still, my dear, till a' the seas gang dry.

Till a' the seas gang dry, my dear, and the rocks melt wi' the sun:

And I │will **love** thee│ still, my dear, while the sands o' life shall run.

And fare thee weel, my │only **love**, and│ fare thee weel a while! And

I will come again, │my **love**, though'│ it were ten thousand mile.

(Robert Burns, 'A Red, Red Rose')

위의 예는 Burns의 유명한 시(원래 스코틀랜드어로 쓰여진) 'A Red, Red Rose'의 영어 버전에서 가져온 것이다. 예시를 위해 *love*라는 단어와 앞뒤 한 단어로 구성된 문맥을 강조하고, 줄 바꿈 없이 한 단락의 연속된 텍스트를 만들었다.

시에서 *love*의 사용에 관심이 있다고 가정해 보자. 관심 단어인 *love*를 '노드'라고 부르겠다. **노드**(node)는 우리가 검색하고 분석하고자 하는 단어이다. 노드 주변의 단어는 연어 후보들이다. **연어**(collocates)는 노드를 중심으로 특정 범위 내에서 노드와 함께 출현하는 단어로, 이 범위를 연어창(collocation window)이라고 부른다. 이는 자석이 금속 물체를 끌어당기는 것처럼 특정 연어를 끌어당기는 노드 주변의 '자기장'에 비유해 볼 수 있다. 위의 경우 범위(연어 창)는 왼쪽으로 한 단어, 오른쪽으로 한 단어이며 1L, 1R로 약칭하기도 한다. 위의 예에서 노드의 1L, 1R 연어 창 내에서 *love*와 함께 출현하는 단어들은 *my*(3회), *is*(2회), *in*(1회), *am*(1회), *will*(2회), *thee*(2회), *only*(1회), *and*(1회), *thou*(1회)이다. 괄호 안의 정보는 동시 출현 빈도이며, 이 값을 연어의 **관측 빈도**(observed frequency of collocation)라고 부른다. *love*와 함께 가장 자주 등장하는 단어인 my를 고려해 보자. 이 단계에서 우리는 다음과 같이 질문해야 한다. 시에서 *my*는 정말 *love*의 연어인가? 다른 말로, *my*가 정말 *love*와 강하게 연관되어 있을까? 이에 답하기 위해서는 관측 빈도를 평가하는 방법을 찾아야 한다. 세 가지 기본 옵션이 있다.

1. 기준선(baseline) 없음: 노드와 함께 출현하는 모든 개별 단어의 관측 빈도를 비교하여 순위를 매긴 목록을 생성한다.
2. 무작위 공기 기준선(random co-occurrence baseline, '상자 흔들기(shake the box)' 모델): 관측 빈도와 우연에 의한 기대 빈도를 비교하고 연어 관계의 특정 측면을 강조하는 수학적 방정식을 사용하여 연어의 강도를 평가한다.
3. 단어 경쟁 기준선(word competition baseline): 무작위 공기와는 다른 유형의 기준선을 사용하며, 이 기준선은 공식에 통합되어 연어 관계의 특정 측면을 강조한다.

첫 번째(가장 간단한) 옵션은 통계 계산을 포함하지 않는다. 단지 빈도에 따라 노드와 함께 출현하는 단어 빈도 순위 목록을 생성하기만 하면 된다(예: 이 예에서는 my(3), is(2), thee(2), will(2) ...). 빈도에 의해 목록의 맨 위에 있는 단어는 가장 강한 연어 구성어이다. 이 접근 방식의 단점은 상위 연어 구성어들이 전형적으로 코퍼스 전체에서 빈번하게 나타나는 기능어가 된다는 점이다. 따라서 빈도 기반 연어 구성어는 상당히 전형적이며(거의 모든 노드에 대해 유사한 연어 구성어 집합을 기대할 수 있음) 유용하지 않다.

두 번째 옵션은 '무작위 동시 출현 기준선'과의 비교를 포함한다. 문제의 단어 조합(예: *my, love*)이 우연에 의해서만 반복적으로 출현하는 것이 가능한지 여부를 묻는다. 다음을 생각해 보자:

1. 이 시에는 107개의 토큰이 있다(토큰의 정의는 2.2절 참조).
2. *love*는 시 전체에서 7번 등장한다.
3. *my*는 시 전체에서 8번 등장한다.
4. *my*는 *love*와 결합하여 3번, 다른 단어와 결합하여 4번 등장한다.

또한 시의 단어와 텍스트에 무작위로 나타나는 단어 사이에 아무런 연관성이 없다고 생각해 보자. 이 상황은 Burns의 시의 단어가 무작위 순서로 표시된 아래 예시에서 설명한다.

fare art And like red, sweetly in **love love**, And gang wi' played like dear, life shall rocks sprung the Till deep my my And still, weel, again, ten the the while! is till And As I: a' only come were sands sun: dry, and gang it a' the still, My thee will in my bonnie My red is a run. my **love** thee thou, melt the seas and thou' I the I lass, I melody thee a my am rose **love** dear, that's **love** newly **love** fare **love**, will o' so dry. fair thee will that's in while June: my seas tune. mile. thousand weel dear,

위의 예시에서 *my*와 *love*가 몇 번이나 우연히 공기할지 예상해 보자. 위의 예시에서 *my love*는 한 번 출현하고, 실제로 이러한 무작위 시뮬레이션을 여러 번 실행하면 1에 가까운 평균 수치를 얻게 된다. 이 과정을 **무작위 공기 기준선**(random co-occurrence baseline)을 설정하는 과정이라고 하며, 그 결과값을 **연어의 기대 빈도**(expected frequency of collocation)라고 한다. 이 기대 빈도는 다음과 같이 계산할 수 있다:

$$\text{연어의 기대 빈도} = \frac{\text{노드 빈도} \times \text{연어 구성어 빈도}}{\text{텍스트 또는 코퍼스의 전체 토큰 수}} \tag{3.1}$$

연어 창 크기가 1보다 큰 경우, 단어가 무작위로 함께 출현할 가능성이 더 높다는 사실을 고려하여 공식을 수정할 수 있다. 수정된 연어 기대 빈도는 다음과 같이 계산된다.

$$\text{연어의 기대 빈도(수정됨)} = \frac{\text{노드 빈도} \times \text{연어 구성어 빈도} \times \text{연어 창 크기}}{\text{텍스트 또는 코퍼스의 전체 토큰 수}} \tag{3.2}$$

위 예에서 1L-1R 범위에서 *love*와 *my*의 예상 연어 빈도는 다음과 같이 계산된다.

$$\text{연어의 기대 빈도(love, my; 수정됨)} = \frac{7 \times 8 \times (1+1)}{107} = 1.05 \tag{3.2}$$

*love*와 *my*의 관측된 연어 빈도(3)가 기대 빈도(1.05)보다 크다는 것을 알 수 있다. 두 값의 차이를 비교하기 위해 다양한 연관성 척도를 적용할 수 있다(표 3.3 참조). 공식에 기대 빈도(E_{11})가 포함된 연관성 척도는 '무작위 공기 기준선'을 기반으로 한다. 이러한 척도의 잠재적 단점은 특정 언어 모델('상자 흔들기' 모델)을 가정한다는 점인데, 이는 문제가 될 수 있다(예: Stubbs 2001: 73-4). 이 모델은 코퍼스를 상자에 담겨 무작위로 섞인 단어들의 집합으로 비유하여 이 상자를 흔들어 기준선을 얻게 된다. 그런데 이는 언어가 훨씬 더 질서 있고 구조화되어 있다는 특성을 간과한 것이다.

마지막으로, 잠재적으로 문제가 있는 '상자 흔들기' 언어 모델을 피하기 위해 일부 연관성 척도는 다른 유형의 기준선을 사용하며, 이러한 척도에는 E_{11}이 방정식에 포함되지 않는다. 이때의 기준선은 연관성 척도의 구체적인 공식에 따라 각 사례별로 이해되어야 한다.

일반적으로 공식을 이해하려면 공식에 포함된 항들을 고려해야 한다. 이러한 항들은 **분할표**(contingency table, 단어 출현의 모든 가능한 조합을 보여줌)의 형태로 표시하는 것이 가장 좋다. 표 3.1은 관측 빈도(코퍼스에서 '관측'할 수 있는 동시 출현 빈도)를 표시하고, 표 3.2는 동시 출현에 대한 기대 빈도 계산 방법을 보여준다. 따라서 '무작위 공기 기준선'을 사용하는 척도에만 적용 가능하다.[1]

분할표에서 O는 관측 빈도를 나타내고 E는 기대 빈도를 나타낸다. C는 열 합계를, R은 행 합계를 나타내는 기호이다. O와 E 뒤의 숫자는 차례로 해당 행과 열을 나타낸다. 예를 들어 O_{12}는 분할표의 첫 번째 행과 두 번째 열에서 관측 빈도를 나타낸다.

기대 빈도 표는 표 3.2에 표시된 방정식과 관측 빈도 표를 사용해 도출한다. 표 3.1의 음영 처리된 칸은 코퍼스에서 직접 수집(적절한 소프트웨어를 사용하여)해야 하는 값으로 그 내용은 다음과 같다.

---

1 분할표의 표기는 Evert(2008)을 기준으로 한다.

(a) 전체 코퍼스의 토큰 수: N

(b) 전체 코퍼스 내 노드 빈도: R_1

(c) 전체 코퍼스 내 연어 구성어 빈도: C_1

(d) 연어 창 내 연어(노드 + 연어 구성어)의 빈도: O_{11}

(e) 연어 창 크기

표 3.1 관측 빈도

	연어 구성어 출현(*affair*)	연어 구성어 미출현	합계
노드 출현(*love*)	O_{11}	O_{12}	$R_1 \times$ 창 크기
노드 미출현	O_{21}	O_{22}	R_2
합계	C_1	C_2	N

표 3.2 기대 빈도: 무작위 출현 기준선

	연어 구성어 출현(*affair*)	연어 구성어 미출현	합계
노드 출현(*love*)	$E_{11} = \dfrac{R_1 \times C_1}{N}$	$E_{12} = \dfrac{R_1 \times C_2}{N}$	R_1
노드 미출현	$E_{21} = \dfrac{R_2 \times C_1}{N}$	$E_{22} = \dfrac{R_2 \times C_2}{N}$	R_2
합계	C_1	C_2	N

연관성 척도의 범위를 계산하기 위해서는 표 3.3의 공식이 사용된다(각 항에 대해서는 표 3.1과 3.2를 참조).

마지막으로, '가장 좋은' 연관성 척도는 무엇일까? 실망스럽게도 그 답은 연어 관계의 어떤 측면을 강조하고 싶은지에 따라 달라진다. MI와 같은 일부 연어 척도는 연어 관계의 드문 독점성을 강조하여 전체 코퍼스에서 한두 번만 출현하더라도 노드 주변에서 거의 독점적으로 출현하는 연어 구성어를 선호한다. Dice와 Log Dice, MI2와 같은 척도들은 서로의 주변에서만 독점적으로 나타나는 연어 구성어들을 선호하지만 공기 횟수가 드물지 않아도 된다. 그 외에는 방향성(Delta P) 또는 산포도(Cohen's *d*)을 고려할 수 있다. **방향성**(directionality)을 탐구할 때는 '노드와 연어 구성어 사이의 인력이 어느 정도 상호적인가'라는 질문을 던진다. 대칭 관계에서는 연어 구성어의 노드에 대한 인력이 노드의 연어 구성어에 대한 인력만큼이나 강하다. *red light* 같은 경우가 연어적 대칭의 예이다. 반면에 비대칭 관계에서는 인력이 한쪽 방향으로 훨씬 더 강하다. 예를 들어, *red herring* 이라는 연어에서는 *herring*이 *red*를 왼쪽에서 끌어당기는 힘이 오른쪽에서 끌어당기는 힘보다 훨씬 강하다(McEnery 2006: 18). 즉, 영어 텍스트에서 *herring*이라는 단어를 볼 때 *red*가 앞에 올 확률이 20% 이상 높다는 뜻이다. 반면에 *red*라는 단어를 볼 때 그 뒤에 *herring*이 올 것이라고 예측할 수 없는 이유는 *red* 뒤에 매우 많은 수의 다른 명사가 올 수 있고 *herring*이 오는 경우는 0.3% 미만이기 때문이다.[2] 실제로 Delta P와 같은 방향성 척도는 연어 관계의 각 방향에 대한 두 개의 확률을 산출한다. 비방향성 척도(표 3.3의 Delta P를 제외한 모든 척도)는 하나의 값만 산출하므로 방향성을 탐색하는 데 사용할 수 없다. 연어 관계의 또 다른 측면인 산포도는 개별 코퍼스 또는 코퍼스 하위 부분의 연어 구성어 분포이다(1.3절 및 2.4절 참조). 연어 구성어가 코퍼스 내에 고르게 분포되어 있을수록 더 중요하다는 것은 틀림없는 사실이다.

그렇다면 실제로 연관성 척도를 어떻게 선택해야 할까? 표 3.3에 제시된 14개 척도의 일반적인 성능을 보여주는 표 3.4를 보자. 빈도가 높은 정관사 *the*부터 *ex-teacher*나 *zealand*와 같은 빈도가 낮은 단어까지 다양한 단어가 BE06(100만 단어 코퍼스)에서 형용사 *new*(AF=1,233)의 연어 구성어로 고려되었다. 표의 숫자들은 연관성 척도에 따른 연어 구성어의 순위이며, 1은 가장 중요한 연어 구성어라는 것을 의미한다.

---

2 이 확률은 120억 단어로 구성된 코퍼스 *EnTenTen12*에서 파악한 *red, herring, red herring*의 빈도를 기반으로 한다.

표 3.3 연관성 척도: 개관

ID	Statistic	Equation
1	공기 빈도	O_{11}
2	MU	$\dfrac{O_{11}}{E_{11}}$
3	MI(mutual information)	$\log_2 \dfrac{O_{11}}{E_{11}}$
4	MI2	$\log_2 \dfrac{O_{11}{}^2}{E_{11}}$
5	MI3	$\log_2 \dfrac{O_{11}{}^3}{E_{11}}$
6	LL(log likelihood)	$2 \times \left(\begin{array}{l} O_{11} \times \log \dfrac{O_{11}}{E_{11}} + O_{21} \times \log \dfrac{O_{21}}{E_{21}} + \\ O_{12} \times \log \dfrac{O_{12}}{E_{12}} + O_{22} \times \log \dfrac{O_{22}}{E_{22}} \end{array} \right)$
7	Z-점수$_1$	$\dfrac{O_{11} - E_{11}}{\sqrt{E_{11}}}$
8	T-점수	$\dfrac{O_{11} - E_{11}}{\sqrt{O_{11}}}$
9	Dice	$\dfrac{2 \times O_{11}}{R_1 + C_1}$
10	Log Dice	$14 + \log_2 \dfrac{2 \times O_{11}}{R_1 + C_1}$
11	Log ratio	$\log_2 \dfrac{O_{11} \times R_2}{O_{21} + R_1}$
12	MS(minimum sensitivity)	$\min\left(\dfrac{O_{11}}{C_1}, \dfrac{O_{11}}{R_1} \right)$
13	Delta P	$\dfrac{O_{11}}{R_1} - \dfrac{O_{21}}{R_2} ; \dfrac{O_{11}}{C_1} - \dfrac{O_{12}}{C_2}$
14	Cohen's d	$\dfrac{Mean_{in\ window} - Mean_{outside\ window}}{pooled\ SD}$

표 3.4 BE06에서 'new'의 연어 구성어(L3-R3) 순위

연어 구성어	C_1	공기 빈도 O_{11}	MU	MI	MI2	MI3	LL	Z-점수	T-점수 (수정)	T-score (미수정)ᵃ	Dice	Log Dice	Log ratio	MS	Delta P	Cohen's d
the	58,951	447	7	7	4	2	8	7	7	1	2	2	7	2	3	8
and	27,917	203	8	8	5	3	7	8	8	2	3	3	8	3	8	7
york	100	83	3	3	1	1	1	1	1	3	1	1	2	1	1	1
year	708	25	6	6	8	6	5	6	2	4	4	4	6	4	2	5
system	285	17	5	5	6	7	4	5	5	5	5	5	5	5	3	3
technologies	31	14	4	4	3	5	3	3	4	7	5	6	4	5	3	2
zealand	14	14	1	1	2	4	2	2	3	6	5	6	1	5	3	4
ex-teacher	1	1	1	1	7	8	6	4	6	8	8	8	3	8	7	6

ᵃ T-점수는 수정 버전과 미수정 버전 간에 큰 차이를 보여준다. MI와 같은 다른 지표들은 비교적 안정적이며, 수정 버전이 미수정 버전보다 약간 작은 값을 보이는 경향이 있다.

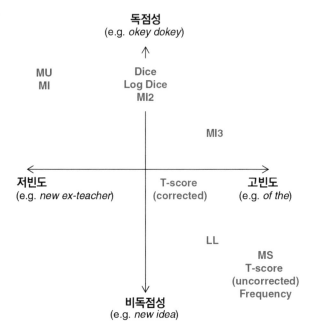

그림 3.1 빈도와 독점성 스케일

특정 연관성 척도를 선택하려면 먼저 연구 문제에 따라 관심 있는 연어의 유형을 정의해야 한다. 대부분의 연관성 척도는 빈도와 독점성이라는 두 가지 주요 차원에 따라 연어 구성어를 강조하는 것으로 생각할 수 있다. 빈도는 코퍼스에서 노드와 연어 구성어가 함께 나타나는 횟수를 나타낸다. 독점성은 연어 관계의 특정 측면을 나타내는 것으로 단어들이 오직 또는 주로 서로의 주변에서만 나타나는 것을 가리킨다. 연관성 척도들은 연어 구성어들의 순위를 매기는 방식에 따라, 연어 관계의 빈도나 독점성을 강조하는 정도를 표현하는 2차원 척도로 나타낼 수 있다(그림 3.1 참조). Log ratio, Delta P, Cohen's d는 그래프에 포함되지 않았다. Log ratio는 계산식이 적용되기 전에 자료의 필터링(일반적으로 LL에 의한)을 전제로 하는 결합된 척도이며, Delta P는 방향성을 고려하고 Cohen's d는 산포도를 설명한다. 이러한 척도는 별도의 차원에서 작동하므로 그림 3.1에는 표시되지 않았다.

통계 보고하기

1. 보고할 내용

결과를 재현할 수 있도록 연어 구성어 식별에 영향을 줄 수 있는 모든 주요 매개변수를 보고해야 한다. 이를 위해 Brezina et al.(2015)은 연어 구성어 식별에 중요한 모든 매개변수를 표시하는 연어 매개변수 표기법 (collocation parameters notation, CPN)을 도입했다(표 3.5 참조).

표 3.5   연어 매개변수 표기법(CPN)

통계ID	이름	컷오프 값	연어 창	연어 구성어의 최소 빈도(C)	연어의 최소 빈도(NC)	필터	
4b	MI2	3	L5-R5	5	1	기능어 제거됨	예시
4b-MI2(3), L5-R5, C5-NC1; 기능어 제거됨							

CPN에는 7가지 매개변수가 있다. 통계 ID는 표 3.3의 ID 열에 있는 숫자를 나타낸다. 통계 ID 뒤의 'a'는 수정되지 않은 통계를 의미하고 'b'는 동일한 통계의 수정된 버전을 의미하며, 이는 위에서 설명한 것보다 큰 연어 창 크기에 대한 수정을 나타낸다. 그 다음에는 통계 이름과, 사용된 컷오프 값(괄호 안), 왼쪽 및 오른쪽 문맥의 범위, 전체 코퍼스에서 연어 구성어의 최소 빈도, 연어의 최소 빈도(즉, 노드와 연어 구성어의 동시 출현)가 이어진다. 마지막 매개변수인 필터는 결과에서 특정 단어 제거(예: 품사 종류 기반) 또는 최소 산포도 값과 같은 연어 구성어 추출 과정의 추가 절차를 나타낸다.

2. 보고 방법: 예시

- 다음은 MI를 사용하여 BE06 코퍼스에서 형용사 'new'의 상위 5개 연어 구성어로 식별된 항목이다(3b-MI(5), L3-R3, C5-NC5; 필터 없음): *zealand, mobilities, york, technologies, testament*.

3.3 연어 그래프와 네트워크: 교차 연관성의 탐색

> **생각해 보기**
>
> 이 절을 읽기 전에 다음 질문을 생각해 보자:
>
> 1. *university*라는 단어를 보면 어떤 단어가 떠오르나? 연상되는 단어를 다섯 개 이상 적어 보자.
> 2. 목록을 검토하고 목록의 다른 단어들보다 *university*와 더 밀접하게 연관되어 있다고 생각되는 단어에 밑줄을 그어 보자.

연어 그래프와 네트워크는 3.2절에서 소개한 연어 개념을 기반으로 한다. **연어 그래프**(collocation graph)는 노드와 연어 구성어 간의 연어 관계를 시각적으로 표현한 것이다. 일반적인 형식인 연어 구성어 목록 표 대신, 그래프는 노드에 더 가깝거나 더 멀리 떨어진 연어 구성어를 표시하여 노드와 연어 구성어 간의 관계를 보여준다. 그림 3.2는 연관성 척도로 Log Dice를 사용해 100만 단어 코퍼스인 BE06에서 추출한 연어 구성어에 대한 그래프를 나타낸 것이다. 그래프의 중앙에는 노드(*love*)가 있고, 그 주위에 연어 구성어들이 배치되어 있다. 그래프는 연어 관계의 세 가지 차원, 즉 (i) 연관성의 강도, (ii) 연어 구성어의 빈도, (iii) 텍스트에서 연어 구성어의 위치를 표시한다. 연관성 척도들(여기서는 Log Dice, 3.2절 참조)로 측정한 연관성의 강도는 노드와 연어 구성어 사이의 연결 길이로

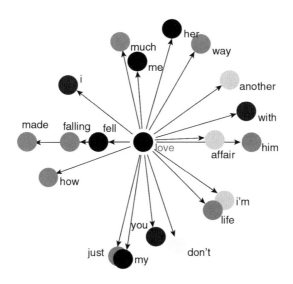

그림 3.2 연어 그래프: BE06(10a-Log Dice(7), L3-R3, C5-NC5)

표시되며, 연어 구성어가 노드에 가까울수록 관계가 강해진다(자석을 생각하면 된다). 빈도는 연어 구성어 색상의 음영으로 표시되며, 색상이 강렬할수록 연어 구성어의 빈도가 높다. 마지막으로, 텍스트에서 연어 구성어의 위치(노드의 앞 또는 뒤에 주로 출현하는지 여부)는 그래프에서 연어 구성어의 위치(왼쪽, 가운데 또는 오른쪽)로 표시된다. 예를 들어, *fall, falling, fell*은 항상 *love* 노드 앞에 출현하지만 *you*는 *love* 앞과 뒤에 거의 같은 빈도로 출현한다.

연어 네트워크는 확장된 연어 그래프로, 지금까지 논의된 직접적인 연어 구성어보다 더 큰 연관성 패턴을 보여준다(Phillips 1985; Williams 1998; Brezina et al. 2015). **연어 네트워크**(collocation network)는 용어에서 알 수 있듯이 연결된 연어들의 네트워크이다(그림 3.3 참조). 초기 노드(N1)로 시작하여 그 주변에 1차 연어 집합(C1-C5)이 식별된다. 이 연어들 중 어느 것이든 새로운 노드(N2)로 간주될 수 있으며, 이에 대해 또 다른 연어 집합인 2차 연어(C6-C8)가 식별된다. 이 과정을 여러 번 반복(그림 3.3에서는 네 번)하여

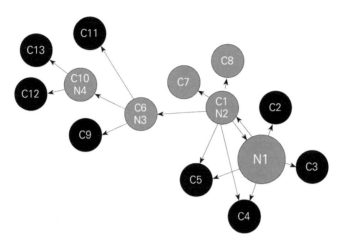

그림 3.3 연어 네트워크: 개념 표상

개별 단어가 단어 연관성 및 교차 연관성을 통해 어떻게 연결되는지를 보여주는 광범위한 네트워크를 구축할 수 있다. 따라서 연어 네트워크는 간단한 가정을 가진다. 멀리 떨어진 공기어들도 관심 단어와 직접적으로 공기하는 다른 단어들과의 연관 관계를 통해 유사한 개념적 공간을 공유함으로써 그 관심 단어의 의미 형성에 참여할 수 있다는 것이다.

이 아이디어를 설명하기 위해 100만 단어 규모의 LOB 코퍼스에 기반한 비교적 간단한 연어 네트워크를 예로 들어 설명할 것이다(그림 3.4 참조 - CPN에 주목하자). 이 네트워크는 *time*과 *money* 사이의 관계를 보여준다. *money*가 *time*과 직접적인 연어 관계는 아니지만(또는 그 반대도 마찬가지), *spend, spent, saved, waste, lose, (a) lot*과 같은 단어와의 상호 연관성을 통해 이 두 단어가 연결되어 있음을 알 수 있다. 이러한 결과는 Lakoff & Johnson(1980)이 제시한 TIME IS MONEY라는 잘 알려진 개념적 은유의 존재에 대한 증거를 제공할 수 있다. 이 증거를 바탕으로 우리는 Lakoff & Johnson과 마찬가지로 영어에서 *time*이라는 단어를 *money*라는 단어와 비슷한 방식으로 사용하며, 금융 은유(finantial metaphors)를 통해 시간을 이해한다고 주장할 수 있다.

연어 네트워크의 개념을 보여주는 또 다른 예는 그림 3.5에서 확인할 수 있는 *university*라는 단어와 그 교차 연관어들이다. 이 연어 네트워크를 이 절의 시작 부분에 있는 '생각해 보기' 과제의 질문 1과 2에 대한 답변과 비교해 볼 수 있다. *university*라는 단어 자체는 CPN에 따른 기준을 충족하는 직접적인 연어 구성어가 7개밖에 없지만, 그림 3.5에 표시된 더 먼 연어 구성어에서 볼 수 있듯이 *university*가 차지하는 개념적 공간은 훨씬 더 넓다는 것을 알 수 있다.

연어 그래프와 네트워크는 텍스트와 코퍼스에서 단어의 복잡한 의미를 효과적으로 요약해 준다. 이러한 네트워크는 텍스트와 담화의 주요 주제와 그 연결 관계에 대한 유용한 정보를 제공해 줄 수 있다. 연어 네트워크를 효과적으로 생성하기 위해서는 단어 동시 출현에 대한 여러 가지 비교 작업을 수행해야 하고, 데이터를 시각적 형태로 표시할 수 있는 전문 소프트웨어도 필요하다. 이러한 도구에 해당하는 #LancsBox(Brezina et al. 2015)는 현재 무료로 다운로드할 수 있고 링크는 동반 웹사이트에서 제공된다. 사용자는 #LancsBox를 사용해 자신의 코퍼스를 업로드하고 적절한 CPN 매개변수를 적용한 연어 네트워크를 쉽게 생성할 수 있다. 이 도구는 표 3.3의 모든 연관성 척도들을 계산해 주며 사용자가 기존 연관성 척도들을 수정하거나 새로운 척도들을 추가할 수도 있다.

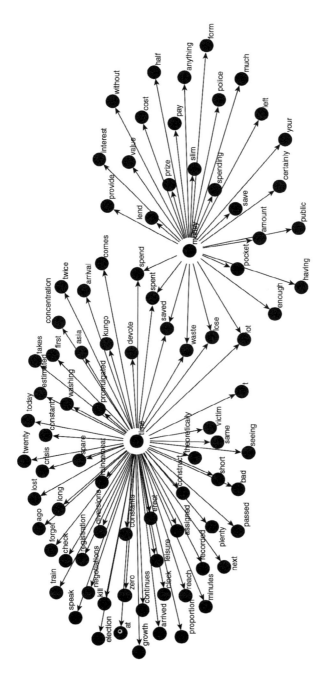

그림 3.4 LOB 코퍼스 내 *time*의 3차 연어 구성어들(3a-MI(5), R5-L5, C4-NC4; 필터 없음)

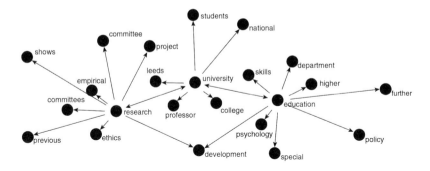

그림 3.5   BE06에서 'university'의 연어 네트워크(3b-MI(3), L5-R5, C8-NC8)

3.4   키워드와 락워드

생각해 보기

이 절을 읽기 전에 다음 질문을 생각해 보자. 표 3.6의 목록 중 미국식 영어에서 자주 나오지만 영국식 영어에서는 나오지 않는 단어를 가장 잘 포착한 것은 무엇인가? 그렇게 판단한 이유를 이야기해 보자.

표 3.6   AmE06: 미국 영어 키워드

키워드 목록 1	키워드 목록 2	키워드 목록 3	키워드 목록 4
U.S.	U.S.	LABOR	TOWARD
PERCENT	PERCENT	NEIGHBORHOOD	NEIGHBORHOOD
AMERICAN	PROGRAM	DEFENSE	RECOGNIZE
PROGRAM	TOWARD	CONGRESSIONAL	NEIGHBORS
TOWARD	AMERICAN	ATLANTA	COLORED
STATES	BUSH	PGF2A	MANHATTAN
FEDERAL	FEDERAL	MACDOWELL	FAVORITE

BUSH	STATES	MRNA	RECOGNIZED
PRESIDENT	CENTER	NEIGHBORS	CENTER
CENTER	MR.	ABBY	REALIZE
MR.	PRESIDENT	GENOME	RECOGNIZING
PROGRAMS	PROGRAMS	FLORIDA	TRAVELED
UNITED	UNITED	9-11	SIGNALED
STATE	WASHINGTON	DOE	COLOR
CONGRESS	CONGRESS	POE	CALIFORNIA
WASHINGTON	AMERICANS	ROUSSEAU	GOTTEN
AMERICANS	STATE	NS1	LABOR
DEFENSE	CALIFORNIA	REZKO	FAVOR
CALIFORNIA	AMERICA	MITCH	FINALLY
WAR	DEFENSE	ADDITIVES	CENTERS

키워드를 식별하는 것은 코퍼스 언어학에서 중요한 기법 중 하나이지만 (Scott 1997), 종종 오해를 받는 절차이기도 하다. **키워드**는 한 코퍼스에서 다른 코퍼스보다 훨씬 더 빈번하게 나타나는 단어이므로, 키워드는 다른 코퍼스와 비교할 때 관심 코퍼스에서 나타나는 전형적인 단어라고 말할 수 있다. 그러나 '키워드'는 해당 두 코퍼스의 어휘 빈도 차이에 따른 상대적인 용어라는 점을 기억하는 것이 중요하다. 키워드는 담화의 핵심 개념, 장르/언어에서의 전형적인 어휘, 시간에 따른 어휘 변화 등을 파악할 때 중요하다. 키워드에 대한 보완적인 개념으로 Baker(2011)가 도입한 용어인 락워드가 있다. **락워드**(lockword)는 비교하는 두 코퍼스에서 유사한 빈도로 나타나는 단어들이다. 키워드(및 락워드)는 두 코퍼스를 의미 있는 방식으로 비교하는 과정을 통해 생성된다. 그러나 이는 생각보다 복잡하며, 비교를 가장 잘 수행하는 방법에 대한 일부 논란을 초래하기도 한다.

키워드 분석 절차를 설명하면, '초점 코퍼스(focus corpus)'(Kilgarriff 2012) 또는 '노드 코퍼스'(Scott 1997)라고도 하는 **관심 코퍼스**(corpus of interest, C)를 통계적 척도를 사용해 **참조 코퍼스**(reference corpus, R)와 비교하여 R에

비해 C에서 더 자주 또는 드물게 사용되는 단어를 식별하는 것이다. 어떤 단어가 R보다 C에서 더 자주 사용되는 경우 이를 긍정적 키워드(+)라고 하고, 반대로 어떤 단어가 R보다 C에서 덜 사용되는 경우 이를 부정적 키워드(-)라고 한다. 마지막으로, 어떤 단어가 R과 C에서 유사한 빈도로 사용되면 이를 락워드(0)라고 한다. 실제로 이 작업은 코퍼스 소프트웨어에 의해 자동으로 수행되며, 이 소프트웨어는 C와 R을 기반으로 두 개의 단어 목록을 만들고 이 단어 목록의 항목을 일일이 비교하여 비교된 단어가 어느 범주에 속하는지 결정한다. 키워드 분석 절차는 표 3.7에 요약되어 있다.

표 3.7 키워드 판단: 기본 옵션

관심 코퍼스 C	참조 코퍼스 R	판단
많은 출현	드문 출현	+(긍정적 키워드)
드문 출현	많은 출현	-(부정적 키워드)
유사한 빈도	유사한 빈도	0(락워드)

지금까지 비교의 원칙은 간단해 보였다. 그러나 이 일반적인 원칙을 실행하는 과정에서 여러 가지 구체적인 결정을 내려야 한다. 다음은 키워드와 락워드를 식별할 때 사용할 수 있는 다양한 옵션에 대한 설명이다.

1. 어떤 참조 코퍼스를 선택해야 할까?

일반적으로 참조 코퍼스는 단어 빈도에 대한 충분한 증거를 제공할 수 있도록 관심 코퍼스보다 크거나 비슷한 크기여야 한다(아래 질문 2 참조). 일반적으로 참조 코퍼스가 관심 코퍼스보다 더 크고 더 유사할수록 보다 신뢰성 있고 집중적인 비교가 이루어진다. 이는 두 코퍼스가 여러 측면에서 차이를 보이게 되기 때문인데 이러한 차이는 키워드 분석 절차에서 서로 다른 정도로 부각된다. 두 코퍼스의 이러한 차이를 설명하기 위해 미국 영어 코퍼스(AmE06)와 영국 영어 코퍼스(BE06)에서 각각 100개의 단어로 구성된 두 발췌문을 비교해 볼 것이다.

텍스트 A	텍스트 B
Democrats call those shifts too little, too late. "Changing direction in Iraq starts with changing the people we send to Washington," Shays' challenger, Diane Farrell, said Saturday in the Democratic response to Bush's radio address. Democrats, who since the Vietnam War have battled voter perceptions that they are soft on defense, are fi nding a more receptive audience for the argument that they could do a better job of protecting America and conducting its foreign policy. In the poll, 52% say the Iraq war has made the USA less safe from terrorism. Nonetheless, Republicans continue to view the issue of terrorism as ...	Something behind him went 'gloink'. It was a small, subtle and yet curiously intrusive sound, and it accompanied the appearance, on a shelf above Rincewind's desk, of a beer bottle where no beer bottle had hitherto been. He took it down and stared at it. It had recently contained a pint of Winkle's Old Peculiar. There was absolutely nothing ethereal about it, except that it was blue. The label was the wrong colour and full of spelling mistakes but it was mostly there, right down to the warning in tiny, tiny print: May Contain Nuts. Now it contained a note.

텍스트 A는 미국 정치에 관한 내용인 반면, 텍스트 B는 Rincewind라는 인물에 대한 이야기의 일부라는 점을 지적하면서 텍스트 간의 차이점을 열거해 볼 수 있을 것이다. 텍스트 A는 신문에서, 텍스트 B는 소설에서 가져온 것이다. 텍스트 A는 미국 철자법(*defense*)을 사용하는 반면, 텍스트 B는 영국 철자법(*colour*)을 따른다. 또한 두 텍스트의 주제에 따른 어휘 차이를 관찰할 수도 있다. 일부 독자들은 텍스트 B의 특이한 의성어 gloink 와 텍스트 A의 이라크 전쟁 관련 단어(*Bush, Iraq, terrorism, war* 등)에 주목할 수도 있다. 이는 두 텍스트의 서로 다른 측면을 보여주는 몇 가지 예시일 뿐이다. 마찬가지로 규모가 큰 단위인 코퍼스도 서로 다를 수 있다.

따라서 이러한 맥락에서 중요한 질문은 관심 코퍼스(C) 참조 코퍼스(R)가 어떤 종류의 언어를 대표하며 각 코퍼스의 구성이 비교, 즉 키워드 분석 절차에 어떤 영향을 미치는가 하는 것이다 (코퍼스 대표성에 대한 논의는 1.4절 참조). 실제로, 식별된 모든 키워드(또는 락워드)는 우리가 알고 있는 두 코퍼스(C와 R)의 구성 및 차이점에 관한 정보와 연결시켜야 한다. 또한 다른 참조 코퍼스를 선택한다면 어떤 단어가 키워드로 강조될지도 고려해야 한다. 실제로 여러 참조 코퍼스를 선택하고 각각에 대해 키워드 분석 절차를 수행한 후 결과를 비교할 수 있다.

2. 부재 단어는 어떻게 처리해야 할까?

두 코퍼스를 비교할 때, 한 코퍼스에서 자주 등장하는 단어가 다른 코퍼스에는 없는 경우가 종종 있다. 문제는 키워드 분석 절차에서 이러한 단어를 어떻게 처리할 것인가 하는 것이다. 코퍼스가 모집단(모든 언어 사용)을 대표하지 않는 한, 증거의 부재가 부재의 증거가 되지는 않는다(1.4절 참조). 따라서 이 질문에 대한 답은 우리가 비교하는 두 코퍼스의 상대적 크기와 대표성 및 표본에 대한 이해에 따라 크게 달라진다. 일반적으로, 무엇이 키워드(긍정적 또는 부정적)인지 주장하기 위해 두 코퍼스가 가지고 있는 증거의 양을 항상 신중하게 평가해야 한다. 여기서 해야 할 실제적인 질문은 다음과 같다:

- X는 긍정적인 키워드인가, 아니면 참조 코퍼스가 충분히 크지 않은가?
- Y는 부정적인 키워드인가, 아니면 관심 코퍼스가 충분히 크지 않은가?

실제로 일부 코퍼스 도구에서는 키워드 분석 대상이 되는 C와 R의 단어 빈도에 대한 최소 컷오프 지점을 설정할 수 있다. 하지만 이 작업은 매우 신중하게 수행해야 한다.

3. 코퍼스 비교를 위해 어떤 통계 척도를 사용해야 할까?

이 질문에 답하기 위해, 위의 텍스트 A, B의 출처 코퍼스인 AmE06과 BE06을 예로 들어 보겠다. 이 두 코퍼스는 각각 약 백만 단어로 구성되어 있다. *war, defense, pint, Rincewind, gloink*와 같이 텍스트 A와 B에서 눈에 띄게 다른 다섯 개의 어휘 항목과 두 개의 일반적인(문법적인) 단어 *the*와 *he*를 고려해 보자. 이번에는 텍스트 A와 B를 포함하는 전체 코퍼스 사이의 비교가 이루어진다. AmE06은 우리의 관심 코퍼스(C)이고 BE06은 참조 코퍼스(R)이다. 표 3.8에 따르면, *war*와 *defense*(미국식 철자)는 영국 영어 코퍼스보다 미국 영어 코퍼스에서 더 자주 나타난다. 반면 *pint*와 *Rincewind*는 영국 영어 코퍼스에서 더 두드러진다. *gloink*는 코퍼스에서 단 한 번만 나타나는 소위 말하는 단발어(hapax legomenon)로, B에 나타났다. 흔한 문법 어휘인 *the*와 *he*는 비교적 유사한 빈도로 나타났다. 결론적으로 2개의 긍정적 키워드(+), 1개의 부정적 키워드(-) 및 2개의 락워드(0)가 있다는 가설을 세울 수 있다. *Rincewind*와 *gloink*에 대해서는 미국 코퍼스에서 키워드성에 대한 결정을 내릴 충분한 증거가 없다.

표 3.8 BE06과 AmE06에서 선택된 어휘들 간의 비교

단어	C: AmE06 AF (RF[a])	R: BE06 AF (RF[a])	RF 비율 AmE06/ BE06[b]	가설
war	620 (609.11)	267 (265.00)	2.30	+
defense	120 (117.89)	1 (0.99)	118.78	+
pint	1 (0.98)	16 (15.88)	0.06	-
Rincewind	0 (0)	10 (9.93)	0.00	NA
gloink	0	1	0.00	NA

	(0)	(0.99)		
the	59,901	58,960	1.01	0
	(58,848.84)	(58,519.23)		
he	7,310	6,827	1.06	0
	(7,181.60)	(6,775.96)		

[a] 백만 단어당 상대 빈도
[b] AmE06, BE06 사이의 상대 빈도 비율

이러한 결정을 돕기 위해 전통적으로 로그 가능도(log-likelihood, LL) 통계가 사용되어, C와 R 간의 차이가 우연인지 아니면 통계적으로 유의한지를 판단한다. 연어와 마찬가지로(3.2절 참조), 관측 빈도와 기대 빈도를 가진 두 개의 분할표를 사용하며, 이 값은 아래의 로그 가능도 공식에 대입된다.[3]

$$\text{로그 가능도}_{short} = 2 \times \left(O_{11} \times \log \frac{O_{11}}{E_{11}} + O_{21} \times \log \frac{O_{21}}{E_{21}} \right) \qquad (3.4)$$

O_{11}은 C에서 관심 단어(w)의 빈도를 나타내고, O_{21}은 R에서 관측된 같은 단어의 빈도이다. E_{11}과 E_{21}은 두 코퍼스에서 w의 빈도에 차이가 없을 경우 각각 C와 R에서 우연히 기대할 수 있는 빈도이다. 기대 빈도는 다음과 같이 계산된다.

$$E_{11} = \frac{\text{C의 토큰 수} \times (\text{C에서 어휘 w의 빈도} + \text{R에서 어휘 w의 빈도})}{\text{C와 R의 전체 토큰 수}}$$

$$E_{21} = \frac{\text{R의 토큰 수} \times (\text{C에서 어휘 w의 빈도} + \text{R에서 어휘 w의 빈도})}{\text{C와 R의 전체 토큰 수}}$$

---

3 실제로 이 공식에는 짧은 LL 공식과 긴 LL 공식의 두 가지 형태가 있으며, 최종 결과물에는 약간의 차이만 있다. 짧은 LL 공식은 키워드 분석을 위해 긴 LL 공식을 단순화한 것으로 볼 수 있다. 긴 형태의 LL 공식은 표 3.3의 연관성 척도 아래에 제시되어 있다.

예를 들어, 표 3.8에서 *war*의 로그 가능도 통계를 계산하기 위해서는 절대 빈도(AF)와 다음과 같은 코퍼스 규모 정보를 사용한다 - AmE06: 1,017,879 토큰; BE06: 1,007,532 토큰.

$$E_{11} = \frac{1,017,879 \times (620+267)}{2,025,411} = 445.77$$

$$E_{21} = \frac{1,007,532 \times (620+267)}{2,025,411} = 441.23$$

$$\text{로그 가능도}_{short}(war) = 2 \times \left(620 \times \log\frac{620}{445.77} + 267 \times \log\frac{267}{441.23} \right)$$

$$= 140.87 \tag{3.5}$$

LL 통계치가 $p < 0.05$ 유의 수준에 해당하는 커트라인인 3.84보다 크기 때문에(통계 테이블에서 찾을 수 있거나 컴퓨터 프로그램을 통해 얻을 수 있음), AmE06과 BE06에서 *war*의 사용 차이가 통계적으로 유의미하다고 결론지을 수 있다. 이는 AmE06과 BE06에서 *war*의 빈도 차이가 없다는 귀무가설을 기각할 충분한 증거가 있다는 것을 의미한다(1.3절 참조). 실제로 로그 가능도 값이 15.13보다 크기 때문에 p-값이 0.0001보다 작다고 보고할 수 있다($p < 0.0001$). 따라서 *war*는 AmE06(미국 영어)의 긍정적 키워드라고 결론지을 수 있다. 로그 가능도는 어떤 단어의 빈도가 C와 R에서 차이를 보인다고 말할 수 있는 충분한 증거가 있는지 결정하는 데 도움을 줄 수 있지만, Brezina & Meyerhoff(2014); Bestgen(2014)에 따르면, 코퍼스 비교에 사용되는 로그 가능도는 너무 많은 키워드(거짓 결과)를 식별하는 경향이 있다. C와 R이 충분히 큰 규모의 코퍼스일 때, 두 코퍼스에서 작은 빈도 차이가 확인될지라도 통계적으로 유의미한 차이로 밝혀질 수 있기 때문이다. 식별된 키워드가 지나치게 많은 문제를 해결하기 위해, 전통적으로 LL 통계에 따라 키워드를 정렬하고(때로는 *keyness*라는 다소 도움이 되지 않는 레이블을 붙이

기도 함) LL 값이 가장 큰 단어(예: 상위 10, 50 또는 100개의 키워드)만 추가 분석을 위해 고려하기도 한다. 하지만 이 경우 LL 통계가 C와 R에서 단어의 빈도 차이의 크기를 보여주는 가장 좋은 척도인지, 140.87과 같은 결과는 어떻게 의미 있게 해석될 수 있는지에 대한 의문이 제기될 수 있다.

상대적으로 해석이 어려운 LL 통계의 값을 키워드 식별 및 정렬에 사용하는 대신, Kilgarriff(2009)는 C와 R에 출현한 단어들의 상대 빈도 사이의 비율을 살펴볼 것을 제안한다. 비율은 R에서의 빈도가 0보다 큰 경우에만 계산할 수 있으므로(수학에서 0으로 나누기는 정의되지 않음), Kilgarriff는 비율을 계산하기 전에 두 상대 빈도에 상수 k를 추가할 것을 제안한다. 상수는 아무 양수나 가능하지만 일반적으로 1, 10, 100 또는 1,000이 사용된다. 결과 척도는 단순 수학 매개변수(simple maths parameter, SMP)라고 불리며 다음과 같이 계산된다:

$$SMP = \frac{C에서\ 어휘\ w의\ 상대\ 빈도 + k}{R에서\ 어휘\ w의\ 상대\ 빈도 + k} \tag{3.6}$$

상수 k는 코퍼스 내 특정 상대 빈도 이상의 단어에 초점을 맞추게 하는 필터 역할도 한다. 예를 들어, 1을 상수로 사용하면 저빈도의 독특한 단어들을 강조할 수 있고, 100을 사용하면 백만 단어당 상대 빈도가 100 미만인 단어들을 걸러낸다. war에 대한 SMP(k=100)는 다음과 같이 계산된다.

$$SMP(war) = \frac{620 + 100}{267 + 100} = 1.96 \tag{3.7}$$

SMP의 값 해석은 LL 통계의 해석보다 훨씬 간단한데 단어의 상대 빈도가 100보다 크다면(k를 선택할 때 지정한 값), war는 R보다 C에서 약 2배 더 많이 출현한다고 말할 수 있다. 현재 어떤 통계가 키워드 식별에 가장 적합한지는 여전히 열려 있는 질문이다. 정렬 원칙이 적용 가능한 다른 방법들에는 %DIFF(Gabrielatos & Marchi 2012), Log Ratio(Hardie 2014) 및 Cohen's *d*(Brezina 2014)가 있으며, 이 중 마지막은 산포도에 해당한다. 키워드 분석 절차는 레마(lemma)이나 주요 의미 영역과 같은 더 높은 수준의 추상적 범주에도 적용될 수 있다(Rayson 2008). 이를 통해 한 유형의 담화에 비해 다른 담화에서 전형적인 더 큰 개념이나 의미 영역을 식별할 수도 있다.

표 3.9 미국 영어 키워드: 다양한 키워드 식별 절차

로그 가능도	SMP(k=100)	Log ratio	Cohen's d
U.S.	U.S.	LABOR	TOWARD
PERCENT	PERCENT	NEIGHBORHOOD	NEIGHBORHOOD
AMERICAN	PROGRAM	DEFENSE	RECOGNIZE
PROGRAM	TOWARD	CONGRESSIONAL	NEIGHBORS
TOWARD	AMERICAN	ATLANTA	COLORED
STATES	BUSH	PGF2A	MANHATTAN
FEDERAL	FEDERAL	MACDOWELL	FAVORITE
BUSH	STATES	MRNA	RECOGNIZED
PRESIDENT	CENTER	NEIGHBORS	CENTER
CENTER	MR.	ABBY	REALIZE
MR.	PRESIDENT	GENOME	RECOGNIZING
PROGRAMS	PROGRAMS	FLORIDA	TRAVELED
UNITED	UNITED	9-11	SIGNALED
STATE	WASHINGTON	DOE	COLOR
CONGRESS	CONGRESS	POE	CALIFORNIA
WASHINGTON	AMERICANS	ROUSSEAU	GOTTEN
AMERICANS	STATE	NS1	LABOR
DEFENSE	CALIFORNIA	REZKO	FAVOR
CALIFORNIA	AMERICA	MITCH	FINALLY
WAR	DEFENSE	ADDITIVES	CENTERS

요약하면, '키워드'라는 용어는 특정 코퍼스를 특징짓는 한 세트의 단어가 있다는 것을 암시하기 때문에 다소 오해의 소지가 있을 수 있다. 그러나

앞서 살펴본 바와 같이 키워드 목록은 참조 코퍼스의 선택부터 특정 통계의 선택에 이르기까지 여러 결정의 과정을 통해 나온 결과이다. 이 점을 설명하기 위해, 이 장의 초반에 '생각해 보기' 과제에서 제기된 질문으로 돌아가 보겠다. 만약 여러분이 미국 영어에서 가장 선호하는 키워드 목록을 선택했다면, 이 키워드들이 어떤 절차를 통해 식별되었는지 알고 싶을 것이다. 표 3.9는 또한 특정 코퍼스에서 키워드가 무엇인지에 대한 질문에 단 하나의 정답은 없다는 것을 명확하게 보여준다.

통계 보고하기

1. 보고할 내용

키워드 분석의 결과는 (i) 참조 코퍼스의 선택, (ii) 최소 빈도 컷오프 지점의 설정, (iii) 통계적 척도의 선택이라는 세 가지 중요한 매개변수에 의해 영향을 받는다. 또한 식별된 모든 키워드를 사용했는지 아니면 상위 10개, 50개, 100개 등의 키워드만 사용했는지 보고하는 것이 관례이다. 위에 나열된 매개변수는 일반적으로 방법론을 제시하는 장의 하위 절인 절차 부분에서 보고된다. 다른 하위 절인 데이터 부분에서는 관심 코퍼스 C에 대한 상세한 설명을 제시해야 한다.

2. 보고 방법: 예시

데이터

- 2006년에 샘플링된 미국 영어 코퍼스인 AmE06이 사용되었다. AmE06은 15개 장르로 구성되어 있는데 이들은 신문, 일반 산문, 학술 산문 및 소설의 보다 큰 장르로 그룹화될 수 있다.

절차

- AmE06과 BE06을 비교하여 미국 영어에 전형적인 단어를 식별하였다. BE06은 동일한 샘플링 프레임(브라운 계열 샘플링 프레임)을 사용하여 만들

어졌기 때문에 AmE06과 비슷한 시점(2006년)에 샘플링된 동일한 장르의 영어를 대표한다고 판단되어 참조 코퍼스로 사용하였다. 키워드 식별을 위해 Kilgarriff(2009)의 SMP가 상수 100과 함께 사용되었으며, 빈도 컷오프는 적용되지 않았다. 상위 20개의 긍정적 키워드가 추가로 분석되었다.

3.5 평가자 간 일치도

생각해 보기

이 절을 읽기 전에 다음 질문에 대해 생각해 보자. 표 3.10의 용례 중 'religion'이라는 단어가 긍정적인 맥락에서 사용된 사례(즉, 작가가 종교를 긍정적으로 평가하는 경우)는 무엇인가? 답을 적어 보자.

마지막으로 코퍼스 기반 담화 연구에서 아직 충분한 관심을 받지 못한 영역인 평가자 간 일치도에 대해 살펴 보자. 코딩이 얼마나 신뢰성과 일관성이 있는지를 추정하는 **평가자 간 일치도**(inter-rater aggreement)는 **판단 변수**(judgement variables)를 사용하는 연구에서 보고되어야 한다. 이는 분석가에 의한 사례(예: 용례)의 범주화 또는 평가를 수반하는 변수로, 연구에 주관적 요소를 가져올 수 있다. 주관적 요소가 클수록 이중 코딩과 평가자 간 일치도 보고의 필요성이 커진다. 예를 들어, 단어 *time*의 빈도를 10개의 서로 다른 의미 범주(사전적 정의를 생각해 보라)로 분류한다면, 의미라는 것은 모호한 것으로 악명 높기 때문에 어느 정도의 주관성이 개입될 수밖에 없다. 특정 맥락에서 *time*을 X로 분류해야 할까, 아니면 Y에 포함시켜야 할까? 또 다른 예는 '생각해 보기' 과제에 있었던, *religion*이라는 단어가 긍정적인 맥락에서 사용되었는지 부정적인 맥락에서 사용되었는지 결정

표 3.10 BE06: *religion*의 용례

	좌측 문맥	노드	우측 문맥	P/N[a]
1	use it to pursue their own needs, don't blame the	religion.	A lot of my friends have faced racism from white	
2	it's no wonder the confused flock to fundamentalist	religion,	which brooks no deviation from its rigid truth. And	
3	the war on terror - as by internal conflicts of class,	religion	and ethnicity. Closely examined, Muslim societies	
4	dissolve our complacent, parochial notions about	religion,	democracy, secularism and capitalism. They	
5	who are also authority figures within an organized	religion,	have the right to speak freely in the public square	
6	discrimination as per the Employment Equality	(religion	or Belief) regulations. Iqbal Sacranie, Secretary-	
7	crime, in 50% of cases, the actual or perceived	religion	of the victim was Islam. The criticisms of those who	
8	and I want him to stay that way". A	religion,	old or new, that stressed the magnificence of the Universe	
9	"He's positive science is incompatible with	religion,	but he waxes ecstatic about nature and the universe	
10	two different attitudes towards worship. 20 True	religion	is that piety or reverence that emerges from the	

[a] P=긍정; N=부정

하는 것이다. *religion*의 정의나 평가가 긍정 또는 부정의 판단에 영향을 미칠 수 있을 것이다(아래 논의 참조). 반면 동사의 문법적 범주에 따라 문장을 능동 및 피동 구조로 분류하는 것과 같은 상황에서는 주관적인 판단이 상대적으로 덜 개입되며 이중 코딩이 필요하지 않다. 또한 이러한 상황은 보통 자동화된 방법에 적합하며, 품사 태그가 달린 코퍼스에서는 능동 및 피동 구문을 자동으로 검색하고 계산할 수 있다.

　그렇다면 평가자 간 일치도를 확인하기 위해서는 어떻게 해야 할까? 먼저, 프로젝트 내 다른 연구자나 도움을 줄 수 있는 동료 등의 두 번째 평가자를 찾아야 한다. 첫 번째 단계는 이들에게 코딩 체계를 자세히 설명하는 것이다. 일반적으로 구체적인 예시가 포함된 코딩 체계를 문서로 작성하는 것이 좋다. 그런 다음 두 번째 평가자에게 동일한 데이터셋 또는 (특히 데이터셋이 큰 경우) 데이터셋에서 가져온 무작위 표본을 독립적으로 코딩하도록 요청한다. 마지막으로 적절한 통계 절차를 사용하여 코딩의 신뢰도, 즉 코딩에 얼마나 많은 주관성이 개입되었는지 추정할 수 있다.

　통계 절차의 세부 사항을 논의하기 전에 몇 가지 데이터를 살펴보자. 두 명의 평가자, 즉 종교인과 무신론자에게 '생각해 보기' 과제의 용례를

표 3.11 이중 코딩: '생각해 보기' 과제의 사례

순번	종교인	무신론자	(불)일치
1	1	1	일치
2	0	0	일치
3	1	0	불일치
4	0	0	일치
5	1	0	불일치
6	1	1	일치
7	1	0	불일치
8	1	1	일치
9	0	0	일치
10	1	0	불일치
긍정적	7	3	-
부정적	3	7	-
합계	10	10	

코딩하도록 요청했다고 가정해 보자. 결과는 표 3.11에서 볼 수 있다. '1'은 긍정적인 평가를, '0'은 부정적인 평가를 의미한다.

종교인과 무신론자는 6건에서 동의하고 4건에서 의견이 일치하지 않았다. 이 4건의 불일치는 문맥에 평가를 위한 충분한 증거가 드러나지 않아 평가자들이 자신의 상황 이해에 의존하는 경우를 나타낸다. 쉽게 계산할 수 있는 첫 번째 통계는 **원시 일치도**(raw agreement)이다. 원시 일치도는 비율로 표현되는 경우가 많으며, 전체 사례 중 일치 사례의 비율을 나타낸다. 계산 방법은 다음과 같다.

$$원시\ 일치도 = \frac{일치\ 사례\ 수}{전체\ 사례\ 수} \tag{3.8}$$

위 예시에서 원시 일치도는 다음과 같다:

$$원시\ 일치도 = \frac{6}{10} = 0.6 \tag{3.9}$$

위의 예에서 원시 일치도는 0.6 또는 60%로 비교적 낮은 수치라고 할 수 있다. 이상적으로는 80% 이상의 합의를 목표로 한다.[4] 같은 지시사항을 따랐음에도 두 평가자가 40%의 사례에서 서로 다른 결론을 내렸다는 것은 상당한 주관성이 개입되었다는 뜻이므로 이 예에서 다뤄지는 판단 변수는 상당히 문제가 있다고 볼 수 있다.

원시 일치도는 평가의 신뢰도를 대략적으로 추정하는 데 유용하다. 그러나 두 평가자가 무작위로 사례를 코딩하더라도 평가자 간에 어느 정도 일치가 이루어질 수 있다는 사실을 고려해야 한다. Cohen's Kappa(κ) 또는 Gwet's AC_1과 같은 보다 정교한 평가자 간 일치도 측정법은 이러한

---

4   그러나 보편적으로 받아들여지는 매직 넘버는 없다는 점을 명심해야 한다. 분석가는 항상 연구의 맥락에서 의견 불일치의 성격과 코딩의 강건성(robustness)을 평가해야 한다.

우연적 일치를 원시 일치도에서 제외한다. 전통적으로 명목 변수에는 Cohen's κ가 사용되어 왔지만, 최근 연구(예: Gwet 2002)에서는 Gwet's AC1 통계를 권장하고 있다. Cohen's κ와 Gwet의 AC1은 모두 동일한 방정식 (3.10)을 기반으로 하지만 우연에 의한 일치의 추정 방식에 차이가 있다.

$$\text{Cohen's } k/AC_1 = \frac{\text{원시 일치도 - 우연에 의한 일치도}}{1 - \text{우연에 의한 일치도}} \tag{3.10}$$

두 척도에서 우연에 의한 일치도는 다음과 같이 계산된다.

k	우연에 의한 일치 = 두 평가자에 의해 모두 X로 분류될 확률 + 두 평가자에 의해 모두 Y로 분류될 확률
AC1	우연에 의한 일치 = 2 × X로 분류될 확률 × X로 분류되지 않을 확률

위의 예에서 Cohen's k는 다음과 같이 계산된다.

우연에 의한 일치 = 0.7 × 0.3 + 0.3 × 0.7 = 0.42 (3.11) $k = \frac{0.6 - 0.42}{1 - 0.42} = 0.31$ (3.12)	참고: 0.7 × 0.3는 첫 번째 평가자가 긍정으로 평가할 확률(10개 중 7)과 두 번째 평가자가 긍정으로 평가할 확률(10개 중 3)의 수학적 표현이다. 0.3 × 0.7은 두 평가자가 모두 부정으로 평가할 확률의 수학적 표현이다.

위의 예에서 AC1은 다음과 같이 계산된다.

우연에 의한 일치 = $2 \times \frac{10}{2 \times 10} \times$ $\left(1 - \frac{10}{2 \times 10}\right) = 0.5$ (3.13) $AC_1 = \frac{0.6 - 0.5}{1 - 0.5} = 0.2$ (3.14)	참고: $\frac{10}{2 \times 10}$에서 10은 두 평가자의 긍정 평가 수(7 + 3)이며, 2 × 10은 두 평가자의 평가 수이다. $\left(1 - \frac{10}{2 \times 10}\right)$ 은 보완 확률, 즉 우연히 긍정으로 분류되지 않을 확률이다.

두 척도인 κ와 AC1은 각각 0.31과 0.2로 모두 낮은 수치이다. 이는 우연적 일치의 기준선인 0에 가깝고, 절대적/완벽한 일치를 나타내는 1과는 거리가 멀다.

아래 스케일은 κ[5]와 AC_1의 결과를 해석하는 데 도움이 될 수 있다. 일치와 매우 좋은 일치의 기준점인 0.67과 0.8은 텍스트의 내용 분석에 대한 Krippendorff(2012[1980])의 권장 사항을 기반으로 한다. Krippendorff는 0.67에서 0.8 사이의 값에 대해서는 잠정적인 결론을, 0.8 이상의 값에 대해서는 확정적인 결론을 내린다. 이는 모든 효과 크기의 한계점이 그러하듯, 특정 분야의 평가자 행동에 대한 경험을 바탕으로 한 권장 사항으로 해석할 수 있으며, 절대적인 진리는 아니다.

절대적 불일치	우연적 일치				매우 좋은 일치	일치	절대적 일치
[-1]	0				0.67	0.8	1

또한 효과 크기 척도로서 κ와 AC_1은 표본 크기(평가 사례 수)를 고려하고 평가자 간에 통계적으로 유의미한 합의가 있는지 여부를 알려주는 p-값으로 보완할 수 있다. 우리가 검정하는 귀무가설은 '우연에 의한 일치가 존재한다'이다. p-값이 0.05보다 작으면 일반적으로 귀무가설을 기각하고 우연에 의한 합의가 아니라고 말할 수 있다.

지금까지 두 명의 평가자가 두 가지 범주(긍정 또는 부정)를 사용하여 데이터 집합을 코딩하는 간단한 상황을 살펴봤다. 그러나 평가자가 더 많거나, 범주의 수가 다르거나, 순위 또는 숫자 값을 사용하여 평가하는 경우에는 평가자 간 일치도를 측정하는 다른 방법을 선택해야 한다. 표 3.12는 이러한 상황에서 사용할 수 있는 통계를 보여준다. 이러한 모든 통계는 Lancaster Stats Tools online의 Agreement 도구에 구현되어 있다.

---

5 κ에는 이론적 최솟값이 없다는 점에 유의하자. κ는 평가자 간 일치 여부를 평가하는 데 사용되기 때문에 이는 중요하지 않으며, 0 이상의 값에 관심을 두면 된다.

표 3.12 평가자 간 일치도 척도의 개요

판단 변수 유형	값의 수	평가자 수	사용 가능 통계
명목(범주)	2개 이상	2명	Gwet's AC_1, Cohen's κ
	2개 이상	3명 이상	Gwet's AC_1, Fleiss's κ
서열(순위)	2개 이상	2명 이상	Gwet's AC_2
등급/비율(척도)	범위	2명 이상	급내 상관계수(ICC)

통계 보고하기

1. 보고할 내용

독자가 판단 변수 코딩의 신뢰성을 평가할 수 있도록 (i) 평가자 수, (ii) 코딩된 데이터의 양(전체 데이터셋 또는 무작위 표본), (iii) 평가자 간 일치도 척도, (iv) p-값, (v) 결과 해석 등의 정보를 제공해야 한다. 위에 설명된 정보는 연구 보고서의 방법론 부분에 보고해야 한다.

2. 보고 방법: 예시

위에서 설명한 코딩 방식에 따라 두 명의 독립적인 평가자가 코퍼스에서 *religion*이라는 단어가 포함된 총 1,053개의 용례 중 100개의 무작위 표본을 코딩했다. Gwet's AC_1 척도는 평가자 간에 일치하는 것으로 나타났다(AC_1 = 0.7, p<0.001). 평가자 간의 차이를 검토한 결과 체계적인 불일치 패턴은 발견되지 않았다. 판단 변수의 특성을 고려할 때 이 정도면 충분한 것으로 간주되었다.

3.6   응용 및 추가 예제: 영국 신문의 독자들은 이민에 대해 어떻게 생각하나요?

이 절에서는 이 장에서 소개한 통계적 절차를 간단한 담화 분석 연구의 맥락에서 설명한다. 이 연구는 2개의 영국 신문, 즉 가디언(the Guardian, 정치적으로 좌파 성향의 '비중 있는' 신문)과 데일리 메일(the Daily Mail, 우파 대중 신문)의 독자들이 '동유럽 이민자'에 대해 어떻게 인식하는지에 초점을 맞추어, 신문 웹사이트의 이민 관련 기사 아래에 달린 독자들의 댓글을 기반으로 하는 2개의 코퍼스를 사용한다. 두 신문은 각각 다른 독자층을 가지기 때문에 댓글을 분석하면 이민에 대한 서로 다른 관점이 드러날 것으로 예상된다.

이 단계에서는 연구에 대한 역사적 맥락을 제공하는 것이 유용할 수 있다. 2014년 1월, 영국은 루마니아와 불가리아 출신 시민들에게 취업 시장을 개방했다. 이 사건을 앞두고 영국 언론은 이 결정이 영국 경제와 영국인의 삶의 질에 미칠 수 있는 영향에 대해 자주 논쟁을 벌였다. 언론에서는 10년 전(2004년) 폴란드, 헝가리, 체코, 슬로바키아 시민들에게 취업 시장을 개방했던 이전 사례와 비교하기도 했다.

데이터는 2010년부터 2013년까지의 기간에 해당한다. 'east euro-peans' 또는 'eastern europeans'라는 검색어가 포함된 가디언과 데일리 메일의 모든 기사를 식별하고 이러한 기사에 대한 독자들의 댓글을 추출했다. 'East(ern) Europeans'는 영국 언론에서 루마니아, 불가리아, 체코, 폴란드 등 새로운 유럽연합 국가 출신을 지칭할 때 자주 사용하는 용어이다. 전체적으로 가디언(GU 코퍼스)에서 942,232개의 토큰이, 데일리 메일(DM 코퍼스)에서 2,149,493개의 토큰이 추출되었다.

먼저, 두 코퍼스 간의 전반적인 차이를 살펴보기 위해 GU와 DM 코퍼스 모두에서 상위 10개 긍정 키워드를 추출했다. 한 신문의 키워드를 추출할 때 가디언이나 데일리 메일 독자층에 특화된 단어를 강조하기 위해 다른 신문 독자들의 댓글을 참조 코퍼스로 사용했다. 키워드를 식별하기 위해 상수를 100으로 한 Kilgarriff(2009)의 SMP를 사용했으며 빈도 컷오프 지점(cut-off points)은 적용하지 않았다. 키워드는 표 3.13에 표시되어 있다.

표 3.13 키워드

가디언 코퍼스	데일리 메일 코퍼스
Guardian	UKIP
Balls	THE
Russia	DM
Duffy	homeless
economic	benefits
argument	police
debate	NOW
white	TO
Russian	squatters
post	NO

두 신문을 지칭하는 '명백한' 키워드 *Guardian*과 *DM*을 제외하고 나면 두 코퍼스 간의 흥미로운 패턴 차이를 볼 수 있다. GU 코퍼스의 키워드는 보다 중립적이고 이민 논쟁의 이론적 측면(*economic, argument, debate*)과 관련된 것으로 보이는 반면, DM 코퍼스의 키워드는 주로 이민의 부정적인 측면(*homeless, benefits, police, squatters*)을 가리키고 있다. 데일리 메일 독자들의 담화에서 감정의 강도는 아래 예시에서 볼 수 있듯이 대문자[6](THE, NOW, TO, NO)의 빈번한 사용에서도 알 수 있다.

---

6 키워드는 대소문자를 구분하여 추출되었다. 표준 텍스트에서 대소문자는 언어적 또는 사회적 의미를 전달하지 않기 때문에 일반적으로 무시될 수 있다. 따라서 키워드는 일반적으로 대소문자를 구분하지 않고 추출된다. 그러나 온라인 토론 포럼에서는 대문자가 강조의 수단 중 하나로 사용된다.

(1) NO NO NO NO NO WAY. ENOUGH. (DM, 25/04/2011)

(2) TOTAL DESTRUCTION OF THE UK (DM, 03/03/2011)

다음 단계로, 각 코퍼스에 대해 초기 노드가 'immigrants'인 연어 네트워크를 구축했다. 그 결과는 그림 3.6과 3.7에서 볼 수 있다.

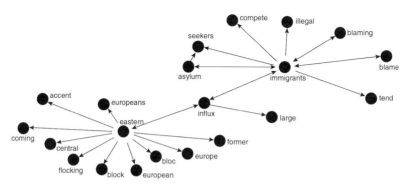

그림 3.6   가디언의 'immigrants' 주변 연어 네트워크
(3a-MI(6), R5-L5, C10-NC10; 필터 없음)

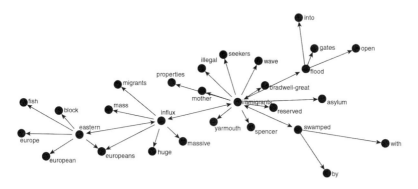

그림 3.7   데일리 메일의 'immigrants' 주변 연어 네트워크
(3a-MI(6), R5-L5, C20-NC20; 필터 없음)

그림 3.6은 가디언 독자들의 담화에서 이민자의 구성을 보여준다. 직접적인 연어 구성어들은 *immigrants*와 *illegal*(불법), *aslyum seekers*(망명

신청자)가 대등하게 쓰였다는 것을 보여준다. 단어의 동시 출현은 일반적으로 공유된 의미를 암시하지만, 아래의 예시를 통해 가디언 독자들은 종종 합법 이민자와 망명 신청자, 그리고 불법 이민자를 명확하게 구분하고 있음을 알 수 있다. 따라서 이와 같은 맥락에서 이러한 범주의 대등한 쓰임은 각각을 상호 배타적인 것으로 나타낸다.

(3) 망명 신청자, 이민자, 불법 이민자를 구분하는 경우가 거의 없다. 개인적으로 저는 실업 상태의 영국 시민들이 꺼려하는 일자리에서 열심히 일하는 저임금 합법 이민자를 쉽게 무시하는 사람들을 이해할 수 없다. (GU, 29/04/2010)

(4) 또 시작이군. 당신에게 "이민자와 망명 신청자"는 같은 존재인가? (GU, 29/03/2010)

가디언의 *blame*과 *blaming*이라는 연어 구성어도 눈에 띈다. 두 단어는 부정적인 의미 운율을 가진 단어이지만, 여기에서는 이민자들을 다양한 사회적 문제의 희생양으로 사용하는 경향을 비판적으로 반영하고 있다(아래 예시 참조).

(5) 물론 문제가 있긴 하지만 모든 것을 이민자 탓으로 돌린다고(blaming) 해서 진짜 문제가 해결되지는 않겠죠? (GU, 06/06/2010)

그림 3.6과 3.7을 비교해 보면, 영국에 들어오는 이민자의 수를 나타내는 용어에서 가장 뚜렷한 차이를 볼 수 있다. 가디언 독자들은 주로 *influx*(유입)이라는 용어를 사용하는 반면, 데일리 메일 독자들은 *flood*(홍수), *wave*(파도), *swamped*(넘쳐나는) 같은 용어를 사용한다.

두 신문의 독자 담화에서 *immigrant*(*s*)라는 단어가 긍정 또는 부정적 맥락에서 사용되는지 조사하기 위해 각 코퍼스에서 무작위로 100개의 용례 표본을 추출하여 두 명의 평가자가 매우 긍정(1)에서부터 매우 부정(5)

까지 5점 리커트(Likert) 척도로 수동 코딩했다. 평가자 간 일치도(DM: AC2 = 0.93, GU: AC2 = 0.8)는 높은 것으로 확인되었다. 이에 대한 요약은 표 3.14에 나와 있다.

표 3.14 GU, DM 코퍼스에 나타난 immigrant(s)에 대한 평가

	1 (매우 긍정)	2 (긍정)	3 (중립)	4 (부정)	5 (매우 부정)
GU	4%	31%	39%	26%	0%
DM	2%	6%	40%	45%	7%

가디언 독자들은 부정적인 맥락보다 긍정적인 맥락에서 *immigrant(s)*라는 용어를 더 많이 사용하는 반면, 데일리 메일 독자들은 긍정적인 평가를 거의 하지 않는 것을 볼 수 있다. 따라서 DM 코퍼스에는 부정적인 평가와 매우 부정적인 평가(전체 댓글의 50% 이상)가 지배적이라는 것을 알 수 있다.

3.7 연습문제

연어

1. 다음 연구 시나리오에서 어떤 연관성 척도들을 사용할 것인가? 각 경우에 하나 이상의 답이 가능하므로 선택한 답에 대한 근거를 생각해 보자.
   (a) 유기 화학 연구 논문 모음에서 *petrochemical process*(석유 화학 공정)와 같은 *process*와 관련된 기술 용어를 찾아야 한다. 기술 용어는 특정 의미를 가진 독점적이고 비교적 드문 단어의 조합이라는 점에 유의하자.
   (b) 신문 담화에서 *enemy*(노드)라는 단어의 연관어들을 연구하고 싶다. 기능어보다는 노드 주변의 내용어를 보고 싶다.
   (c) 영어 학습자를 위한 연어 사전을 만들려고 하는데, 여기에는 *find out, take responsibility, dire consequences* 등과 같은 다양한

고정 표현이 포함될 것이다. 포함하려는 연어는 특정한 의미 단위로 인식될 수 있어야 하며, 자주 함께 나타나야 한다.

2. 표 3.15에서 100만 단어로 구성된 영어 코퍼스인 BE06의 L3-R3 연어 창에서 단어 *issue*의 공기 관계에 대한 정보를 살펴보자. 온라인 *Collocation Calculator*를 사용하여 네 가지 연관성 척도 MI, LL, Delta P, log Dice를 계산해 보자:
   - 전체 코퍼스의 토큰 수(N): 1,001,514
   - 전체 코퍼스에서 노드의 빈도(R1): 164
   - 연어 창 크기: 6(3L, 3R)

표 3.15 BE06에서의 *issue*의 연어 구성어

연어 구성어	C_1	O_{11}	MI값	LL값	Delta P값	log-Dice값
the	58,591	101				
this	4,815	38				
important	322	7				
address	88	6				
bbc	98	5				
HUPO-PSI	1	1				

3. 문제 2번의 연관성 척도들이 6개의 연어 구성어들의 순위를 어떻게 매겼는지에 대해 토론해 보자. 여러분은 어떤 연관성 척도들을 선택할 것인가?

연어 네트워크

4. 그림 3.8에 나오는 연어 네트워크 쌍을 비교해 보자. BE06의 비학술 하위 코퍼스 (a)는 84만 단어로 이루어져 있으며, 신문, 일반 산문, 소설 등을 포함하는 영국 영어 표본이다. BE06의 학술 하위 코퍼스 (b)는 16만 단어로 이루어져 있으며, 학술 영어로 구성되어 있다. 비학술 코퍼스가 학술 코퍼스보다 5배 이상 크다. 초기 노드의 빈도와 CPN 매개변수, 특

히 컷오프 지점, 그리고 이들이 그래프상의 연어 구성어에 미친 영향에
주목해 보자.

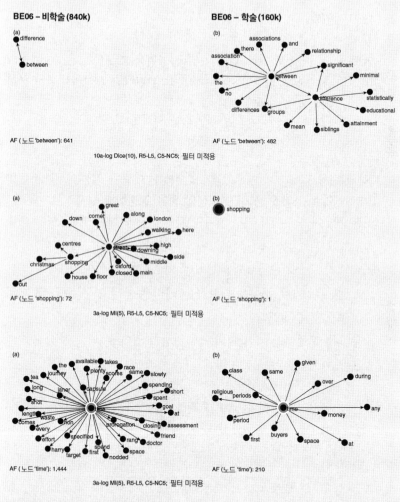

그림 3.8   선택된 연어 네트워크

5. http://corpora.lancs.ac.uk/lancsbox에서 다운로드할 수 있는 #Lancs
   Box를 이용해 LOB 코퍼스(#LancsBox에서 제공)를 기반으로 연어 네
   트워크를 구축해 보자. LOB는 1960년대의 영국식 영어를 대표하는 100

만 단어 코퍼스다.

검색할 노드:

- *university*
- *time*

3.3절에 소개되었던 2006년경의 영국 영어를 대표하는 BE06 기반의 언어 네트워크와 LOB 기반의 언어 네트워크를 비교해 보자. 언어 변화의 차이점/징후가 확인되는가?

키워드

6. 다음 상황을 검토하여 참조 코퍼스의 적절한 유형을 결정(예: 일반 언어 코퍼스, 특수 코퍼스 등)하고 자신의 답을 정당화해 보자.

   (a) 문학 문체 연구에서 특정 작가의 모든 작품에 대한 코퍼스를 수집했고, 이 관심 작가의 전형적인 키워드를 식별하고자 한다.

   (b) 학술적 글쓰기 장르의 전형적인 키워드에 관심이 있다. 우리는 모든 주요 학문 분야를 대표하는 여러 분야의 연구 논문 및 서적 코퍼스를 수집했다.

   (c) 우리는 전형적인 구어 키워드에 관심이 있다. 우리의 관심 코퍼스는 *BNC*의 구어 부분이다.

7. 표 3.16의 단어들에 대한 SMP 통계를 계산하고 (i) 긍정 키워드(+), (ii) 부정 키워드(-), (iii) 락워드(0)에 속하는 단어를 판단해 보자.

표 3.16   키워드

단어	C (토큰 수: 1,007,532)	R (토큰 수: 1,017,879)	SMP (simple maths parameter)	판단(+/-/0)
BBC	106	3		
before	970	854		
London	471	119		
nation	51	195		

she	4,162	4,494
slowly	83	94
today	270	278
tomorrow	47	48
Washington	27	222
which	2,680	2,056

평가자 간 일치

8. 판단 변수와 관련된 세 가지 상황에서 다음과 같은 평가를 얻었다. 각 상황에서 평가자 간 일치도를 계산해 보자.

i. 상황 1: 담화 분석 연구에서 세 가지 값(1, 2, 3)을 가지는 판단 변수가 세 명의 독립적인 평가자에 의해 코딩되었다. 관심 변수는 담화 범주를 포착하는 명목 변수였다.

평가자 A: 2, 1, 1, 2, 1, 1, 3, 3, 2, 2, 3, 1

평가자 B: 2, 1, 2, 2, 1, 1, 2, 2, 2, 2, 3, 1

평가자 C: 2, 1, 1, 2, 1, 2, 2, 2, 2, 2, 3, 1

ii. 상황 2: 응용 언어학 연구에서 제2언어 화자의 텍스트가 사용되었다. 텍스트를 바탕으로 제2언어 화자의 숙달도는 1(가장 낮음)에서 6(가장 높음)까지 계층적으로 정렬된 범주(서열 변수)를 사용하여 코딩되었다. 코딩의 강건성을 평가하기 위해 텍스트의 20%에 해당하는 무작위 표본을 이중 코딩했다.

평가자 A: 4, 4, 4, 3, 4, 4, 3, 3, 4, 4, 3, 3, 2, 4, 4, 4, 3, 4, 4, 4

평가자 B: 4, 4, 4, 3, 4, 3, 3, 3, 3, 4, 4, 5, 2, 5, 5, 4, 4, 4, 4, 5

iii. 상황 3: 두 명의 속기사에게 동일한 녹취록이 주어졌다. 이 녹음에는 6명의 서로 다른 화자 간 음성 상호작용이 포함되어 있다. 여러 화자 간의 대화에서 화자 판별은 매우 어렵기 때문에 각 차례 시작 부분에 있는 화자 코드(1~6)의 신뢰도를 평가자 간 일치도 측정으로 확인했다.

전사자 A: 1, 4, 5, 4, 3, 4, 2, 4, 1, 2, 6, 1, 4, 2, 1, 6, 1, 6, 4, 1

전사자 B: 1, 4, 5, 4, 3, 4, 2, 4, 1, 2, 6, 2, 4, 6, 2, 4, 2, 4, 6, 2

9. 표 3.17의 예시는 *Trinity Lancaster Corpus*에서 가져온 것이다. 외국어로서의 영어를 사용하는 사람들이 비동의 의사를 어떻게 표현하는지 보여준다. 이때 화자들이 이러한 의사를 얼마나 정중하게(또는 무례하게) 표현하는지 파악해 보자. 5점 Likert 척도로 다음의 등급을 사용해야 한다:

1	2	3	4	5
very polite	polite	neutral	impolite	very impolite

표 3.17 평가 사례

예	평가
(a) I completely disagree with this because er I I repeat as I said …	
(b) I agree with this point but don't you think maybe the fact that times are changing is a good thing?	
(c) but I personally would disagree that that money would necessarily be spent on that	
(d) erm no no it's not so	
(e) well I'm not totally convinced but er you know I live in a really traditional family	

(f) mm I can understand your opinion erm but I was still wondering ...

(g) I can't agree with you

(h) er er I I think erm I I think they I I think they are wrong

(i) I think they're completely wrong

(j) no way

(k) I think he's stupid

(l) I I I can understand what you're saying but I'm not I don't agree with that

---

평가가 끝나면 다음 질문에 답해 보자.

- 당신이 제공한 평가에 대해 얼마나 확신하는가?
- 공손함이 강력한 판단 변수라고 생각하는가?
- 이 판단 변수에 대해 다른 평가자가 있는 것이 얼마나 중요하다고 생각하는가?

10. 문제 9번의 코딩을 다른 평가자의 코딩 결과와 비교해 보자(예: 친구에게 도움을 요청하자). Agreement calculator를 사용하여 적절한 일치도 척도를 계산한다.

   사용한 척도: _____, 값: _____

- 가능한 경우 평가자를 계속 추가하여 평가자 간 일치도를 계산한다.

11. 문제 9와 10에서 논의한 데이터 집합을 기반으로 연구 보고서를 작성해야 한다고 가정하자. 문제 10의 평가자 간 일치도 측정 결과를 보고해 보자. '통계 보고하기' 상자를 참조하자.

기억해야 할 사항

- 언어 관계의 서로 다른 측면(예: 빈도 또는 독점성)을 강조하는 다양한 연관성 척도들이 있다. 가장 좋은 유일한 연관성 척도란 존재하지 않는다.
- 연어들은 표 또는 시각적 형태(그래프)로 표시할 수 있다.
- 연어 네트워크는 텍스트와 담화에서 복잡한 교차 연관성을 보여준다.
- 키워드 분석 절차는 여러 매개변수에 따라 달라지는 비교 작업이다. 단일한 키워드 집합 같은 것은 존재하지 않는다.
- 판단 변수의 경우 평가자 간 일치도 통계를 보고해야 한다. 상황에 따라 Gwet의 AC_1, AC_2, Cohen과 Fleiss의 k, 급내 상관계수를 사용할 수 있다.

더 읽을 거리

Brezina, V., McEnery, T., & Wattam, S. (2015). Collocations in context. *International Journal of Corpus Linguistics, 20*(2), 139-73.

Evert, S. (2008). Corpora and collocations. In A. Lüdeling & M. Kytö (eds.), *Corpus linguistics: an international handbook*, vol. 2, pp. 223-33. Berlin: Walter de Gruyter.

Evert, S. & Krenn, B. (2001). Methods for the qualitative evaluation of lexical association measures. In *Proceedings of the 39th Annual Meeting of the Association for Computational Linguistics*, Toulouse, pp. 188-95.

Fleiss, J. L. (1971). Measuring nominal scale agreement among many raters. *Psychological Bulletin, 76*(5), 378.

Gablasova, D., Brezina, V. & McEnery, A. M. (2017). Exploring learner language through corpora: comparing and interpreting corpus frequency information. *Language Learning, 67*(S1), 130-54.

Gries, S. Th. (2013). 50-something years of work on collocations: what is or should be next *nternational Journal of Corpus*

Linguistics, *18*(1), 137-66.

Gwet, K. L. (2014). *Handbook of inter-rater reliability: the definitive guide to measuring the extent of agreement among raters*. Gaithersburg, MD: Advanced Analytics.

Kilgarriff, A. (2012). Getting to know your corpus. In *Text, Speech and Dialogue*, pp. 3-15. Berlin: Springer.

Scott, M. (1997). PC analysis of key words - and key key words. *System*, *25*(2), 233-45.

Sinclair, J., Jones, S. & Daley, R. (2004). *English collocation studies: the OSTI report*. London: Continuum.

동반 웹사이트: Lancaster Stats Tools Online

1. 이 장의 모든 분석은 동반 웹사이트에서 제공되는 통계 도구를 사용해 재현할 수 있다. 이 장의 내용과 관련해 사용할 수 있는 도구는 다음과 같다.

   - Collocation calculator
   - #LancsBox
   - Keywords calculator
   - Agreement calculator

2. 이 웹사이트에서는 학생과 교사를 위한 추가 자료도 제공한다.

4. 어휘-문법

단순 계산에서 복잡한 모델까지

4.1 이 장의 내용은 무엇인가?

이 장은 언어의 어휘-문법적 특징(예: 관사, 피동 구성 또는 양태 표현)의 통계 분석에 중점을 둔다. 먼저 코퍼스에서 어휘-문법(lexico-grammar)[1]에 접근하는 두 가지 유형의 접근법에 대해 논의한다. 첫 번째 접근법은 '전체 코퍼스' 연구 설계를 사용하여 넓게 정의된 하위 코퍼스에서 언어 변수(와 그 변이형들)의 빈도를 비교한다. 두 번째 접근법은 '언어 자질'(linguistic feature) 연구 설계를 사용하여 특정 변수가 발생할 수 있는 문맥(즉, 그 어휘-문법적 프레임)을 신중하게 정의하고, 한 변이형의 발생에 기여하는 요인을 다른 변이형과 비교하여 분석한다. 두 번째 접근법을 따라 이 장에 서는 교차 분석(cross tabulation)을 사용하여 어휘-문법적 변이를 요약하는 방법과 교차 분석 요약 표를 기반으로 계산할 수 있는 통계적 척도를 보여준 다. 이러한 척도는 단순 백분율에서 카이제곱 검정(chi-squared test) 및 로지 스틱 회귀(logistic regression)까지 다양하다. 로지스틱 회귀는 고급 통계 절차 를 나타내므로, 이 장의 상당 부분은 이 방법과 그 출력의 해석을 설명하는 데 할애된다. 이 장에서는 다음 네 가지 질문에 대한 답을 구해 보기로 한다.

---

1   이 장에서 '어휘-문법'이라는 용어는 어휘와 문법 사이의 연속 변이체를 따라 나 타나는 많은 언어적 특성들을 포함하는 언어의 규칙성을 탐구하는 데 사용된다. 구체적으로 이 장에서 연구되는 언어 자질들은 특정 어휘-문법 프레임 안에서 식별이 가능하다(4.2절의 논의 참조).

- 어휘-문법적 변이를 어떻게 가장 잘 설명할 수 있는가? 어떤 유형의 연구 설계를 사용할 수 있는가? (4.2)
- 어휘-문법적 변이를 어떻게 요약할 수 있으며, 어떤 간단한 통계적 척도를 계산할 수 있는가? (4.3)
- 어휘-문법적 변이를 예측하는 여러 변수를 설명하는 복잡한 모델을 어떻게 구축할 수 있는가? (4.4)
- 이 장에서 논의된 통계 기술을 어휘-문법 분석에 어떻게 사용할 수 있는가? (4.5)

4.2 어휘-문법 자질의 분석

> **생각해 보기**
>
> 이 절을 읽기 전에 다음 상황을 생각해 보자.
>
> 영어를 배우는 친구가 'Google unveils new logo at turning point in company's history'[2]라는 제목의 신문 기사에서 한 문장을 보여 준다. 문장은 다음과 같다. 'The logo has undergone many, mainly small, changes in its history.' 친구가 "이 문장에 왜 정관사가 사용되었지?"라고 질문한다. 이 질문에 어떻게 대답할지 생각해 보자. 이 경우 정관사의 사용을 설명하는 문법 규칙은 무엇인가?

어휘-문법을 넓은 관점에서 보면 언어가 사용되는 상황과 관련된 많은 변이가 있음을 알 수 있다. 예를 들어, 우리가 언어적으로 안정적이라고 예상하는 영어 관사와 같은 순전히 문법적인 단어조차도 구어와 문어의

---

2 www.theguardian.com/technology/2015/sep/01/google-logo-history-new
-doodle-redesign

다양한 레지스터(발화, 소설, 신문, 일반 글쓰기, 학술적 글쓰기)에서 그 분포에
상당한 변이를 보인다. 그림 4.1의 **누적 막대 차트**(stacked bar chart)는 BNC의
다양한 레지스터에서 the와 a/an의 빈도를 나타낸다. 누적 막대 차트는
코퍼스의 서로 다른 부분(하위 코퍼스)에서 여러 변이형(그림 4.1의 the와 a/an)
의 (상대적) 빈도를 그래픽으로 표현한 것이다. 이러한 시각화는 언어 자질의
분포를 비교하는 데 유용하다. 예를 들어, 이러한 시각화는 Biber et
al.(1999)의 문법에서 자주 사용되는데, 이 연구는 다양한 레지스터에서의
여러 어휘-문법적 패턴을 논의한다.

그림 4.1에서 보듯이 BNC 하위 코퍼스의 모든 부분에서 정관사가 부정
관사보다 훨씬 더 빈번하게 사용된다. 또한 하위 코퍼스에서 부정관사
사용의 변이는 눈에 띄지 않지만, 정관사의 사용에는 명확한 차이가 있다.
구어와 소설에서는 일반 산문과 학술적 글쓰기에서보다 정관사가 훨씬
적게 사용된다. 신문은 이 두 그룹의 중간 정도에 위치하며, 정관사는
신문 하위 코퍼스의 평균 6%를 차지한다.

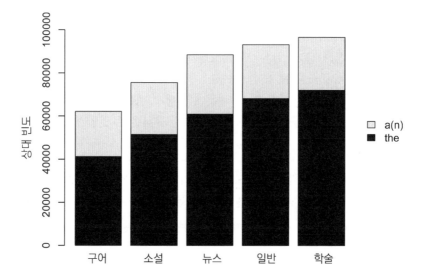

그림 4.1 BNC 하위 코퍼스의 정관사와 부정관사

이제 '생각해 보기' 과제로 돌아가 그림 4.1에 제시된 증거를 사용하는 문제를 검토해 보자. 이 증거를 바탕으로 우리는 다양한 레지스터에서의 관사 분포에 대해 언급하고, 의심스러울 때는 텍스트 유형이나 레지스터에 관계없이 부정관사보다는 정관사를 사용하는 것이 더 나은 선택이라고 제안할 수 있다. 그러나 이러한 관찰이 '생각해 보기' 과제에서 제기된 질문에 답하는 데 진정한 도움이 될까? 다음 사항을 고려해 보자. 우리는 BNC에서 관사의 전반적 분포를 살펴봤지만, 지금까지 영어 관사가 나타나는 직접적인 언어적 맥락(공동 텍스트)[3]에 대해서는 거의 주의를 기울이지 않았다. 언어적 맥락은 어휘-문법적 자질과 그 사용의 언어 내부 원칙을 더 깊이 이해하는 데 매우 중요하다. 이러한 이해는 왜 한 어휘-문법적 자질이 특정 맥락에서 사용되는지, 즉 정관사에 대해 '생각해 보기' 과제에서 제기된 질문에 답하는 데 도움이 될 것이다. 그림 4.1에 제시된 정보에만 의존한다면, 우리는 정관사의 사용을 규제하는 규칙이 레지스터마다 다르다는 결론을 내렸을지도 모른다. 그렇지만 예를 들어 왜 정관사가 학술적 글쓰기에서 그렇게 선호되는 것일까? 사실, 관사의 높은 발생률은 명사의 빈번한 사용과 직접적인 관련이 있다. 텍스트나 레지스터에 명사가 많을수록 그 앞에 관사가 나타날 가능성이 높기 때문이다. 이러한 주장은 약간 단순화된 것이긴 하다. 왜냐하면 명사는 사실 합성어의 일부로 사용되거나 다른 명사의 수식어로 사용될 수 있고, 이런 경우 관사가 불필요하기 때문이다. 관사는 레지스터 간의 광범위한 기능적 변이를 나타내는 지표이다(레지스터 변이에 대한 고찰은 5장 참조). 그렇다면 관사가 나타나는 언어적 맥락을 체계적으로 탐구하려면 어떻게 해야 할까?

첫 번째 단계는 다른 연구 설계를 사용하는 것이다(Biber & Jones 2009

---

3 말 그대로 공동 텍스트 (co-text)는 관심 언어 자질을 둘러싼 실제 단어들을 뜻한다. 이 용어는 관심 언어 자질의 직접적 언어 맥락을 가리키는 데 사용되며, 구문론적 위치나 기능 등 언어 자질의 다양한 속성을 파악하는 데 도움이 될 수 있다. 공동 텍스트는 용례검색을 통해 관찰이 가능하다.

파일	관사_유형	맥락_유형	명사_유형	좌측 문맥	분석 대상	우측 문맥
AOT	definite	non-determined	proper	,y Grey Walter, who called it	«(the)»	Contingent Negativl
AOY	definite	determined	count_pl	Jpported by a pillow, and all	«(the)»	natural outlets of th
AlD	definite	determined	uncount	th his obsessive recording of	«(the)»	weather. Matteo Fa
A6L	definite	determined	count_pl	he first bank that comes into	«(the)»	ratings is NatWest o
A7D	definite	determined	uncount	=nee, she was in England for	«(the)»	publication of her ni
A7L	definite	determined	count_sg	British filmmaking, nor was	«(the)»	film industry the on
ABD	indefinite	non-determined	count_sg	debate in a journal, Nature,	«(a)»	week before the cor
AJX	definite	determined	proper	lens promised by Labour and	«(the)»	Liberal Democrats.
ALB	indefinite	non-determined	count_sg	n mind when they state: -- [	«(A)»	framework for estat
ALU	definite	determined	count_sg	of a beautiful red colour and	«(the)»	other half of a deep
ASA	definite	determined	count_sg	couldn't believe my luck. In	«(the)»	end none of us won
ASL	definite	determined	count_sg	t where it starts will become	«(the)»	anus. The embryo h

그림 4.2 the *vs.* a(n) 데이터셋: 언어 자질 설계(발췌)

참조). 지금까지 우리는 **전체 코퍼스 설계**를 사용하여 BNC를 탐구했다. 관사가 나타나는 언어적 맥락에 주의를 기울이기 위해서는 **언어 자질 설계** 가 필요하다(연구 설계에 대한 논의는 1.4절 참조). 이 경우, BNC에서 정관사와 부정관사의 모든 출현을 검색하고, 각 사례를 맥락 유형과 명사 유형과 같은 맥락적 자질별로 코드화할 것이다. 생성된 데이터셋은 그림 4.2에 나타나 있다. BNC에는 수작업으로 코드화하기에는 너무 많은 예시(850만 개 이상)[4]가 있기 때문에, 예를 들어 100, 500 또는 1,000개의 사례를 무작위 로 샘플링하여 이를 기반으로 분석을 진행할 수 있다.

그림 4.2의 데이터셋은 BNC에서 다운로드한 100개의 용례 중 무작위

---

4 코퍼스 도구는 다양한 방식으로 예시의 코딩을 도울 수 있다. 그림 4.2의 관사 유형과 같은 일부 변수는 각 관측값에 자동으로 할당될 수 있지만, 관사가 나타나 는 맥락 유형과 같은 더 복잡한 기능적 범주는 각 예시를 전체적으로 평가할 수 있는 인간 코더가 필요하다. 관사 뒤에 오는 명사의 유형(단수, 복수, 고유 명사)과 같은 범주는 명사의 적절한 품사(POS) 태그를 사용하여 자동으로 사전 처리할 수 있다. 그러나 이 자동화된 과정에 대한 수작업 확인이 필요하다. 왜냐하면 POS 태깅은 100% 정확하지 않기 때문이다. 또한, 명사의 셀 수 있음 여부에 대한 정보는 수작업으로 추가해야 한다.

샘플5에서 발췌한 것이다. 이 데이터셋에서는 세 가지 유형의 명목 변수(순서가 없는 범주를 표현하는 변수. 1.3절 참조), 관사 유형, 맥락 유형, 명사 유형이 수작업으로 코딩되었다. 추가로 데이터셋에는 파일 이름과 수작업 코드화에 사용된 용례 자체가 포함되어 있다. 세 가지 변수 중 관사 유형이 우리가 관심을 갖는 **언어 변수**(linguistic variable)이다. 때로는 이 변수를 **결과 변수**(outcome variable)라고도 하는데, 이는 그 값이 다른 두 변수(맥락 유형과 명사 유형)에 따라 결정되기 때문이다. 이러한 두 변수를 **설명 변수**(explanatory variables) 또는 **예측자**(predictors)라고 한다. '예측자'라는 용어는 이 변수를 사용하여 결과 변수의 값을 예측할 수 있음을 나타낸다. 즉, 우리의 경우 정관사와 부정관사 중 어느 것이 사용될지 예측할 수 있다. 이러한 예측이 어떻게 이루어지는지는 4.4절에서 로지스틱 회귀라는 기법을 소개하면서 명확해질 것이다.

그림 4.2의 데이터셋에서 나타나는 변이를 몇 가지 예시를 통해 살펴보자. 관사가 나타나는 맥락 유형과 관련하여, 기본적인 구분은 맥락적으로 결정된 용법과 맥락적으로 결정되지 않은 용법으로 나뉜다. 데이터셋에서 코드화된 바와 같이, 전자는 관사가 이전에 언급되었거나 암시된 사람, 물체 또는 추상 개체를 나타내는 경우(예문 1) 또는 바로 다음에 지정된 맥락에서 나타나는 경우(예문 2)를 나타낸다. 반면, 맥락적으로 결정되지 않은 용법은 처음 언급되거나 그 외에 구체적으로 지정되지 않은 사람, 물체 또는 개체에 대한 언급을 포함한다(예문 3과 4).

(1) Lands were granted to a group of men known as <u>feoffees</u>, who became the legal owners of the land, while the grantor enjoyed the use of the lands - in other words, all the rights and profits arising from them. But because <u>the feoffees</u> were

---

5   이와 같은 용례들은 간단한 데모를 위해 선택된 것이다. 실제 연구에서는 더 큰 데이터셋이 바람직하다.

the legal owners, the lands could not be taken into wardship if the grantor died leaving an heir under age . . . '땅은 <u>feoffees</u>로 알려진 남성 그룹에게 양도되었으며, 그들은 법적 소유자가 되었다. 반면, 양도자는 땅의 사용권, 즉 그로부터 발생하는 모든 권리와 이익을 누렸다. 그러나 <u>feoffees</u>가 법적 소유자였기 때문에 양도자가 사망하여 미성년 상속인을 남기고 떠날 경우 땅은 후견인에게 넘어갈 수 없었다.'(BNC, file: E9V)

(2) In September, a month after the RSPCA conference, she was in England for <u>the</u> publication <u>of her new book</u>. '9월, RSPCA 회의 한 달 후, 그녀는 <u>자신의 새 책</u> 출간을 위해 영국에 있었다.' (BNC, file: A7D)

(3) The kit includes <u>a fine brass pendulum and chain</u> along with <u>a detailed book</u> to point you in the right direction. '이 키트에는 <u>정교한 황동 추와 체인이</u> 포함되어 있으며, 올바른 방향을 제시하는 <u>자세한 책이</u> 포함되어 있다.' (BNC, file: CBC)

(4) This effect, which is strongest over the frontal lobes, was first observed in 1964 by Grey Walter, who called it <u>the Contingent Negative Variation</u>. '이 효과는 전두엽에서 가장 강하게 나타나며, 1964년 Grey Walter에 의해 처음 관찰되어 '<u>Contingent Negative Variation</u>'이라고 불렸다.' (BNC, file: A0T)

언어 자질 설계를 사용하여 수행할 수 있는 분석 유형을 살펴보기 전에 (4.3절과 4.4절 참조), 어휘-문법적 변수의 몇 가지 중요한 특징과 그 변수가 작동하는 범위에 대해 아는 것이 중요하다. 이 장에서 논의되는 어휘-문법적 변수는 정관사와 부정관사와 같은 두 가지 이상의 변이형 중 하나를 선택할 수 있는 변수이다. 한 변이형이 다른 변이형 대신 실현되는 것은 언어적 맥락에 따라 달라진다. 즉, 어떤 맥락은 한 언어 변이형을 선호하고, 다른 맥락은 다른 변이형을 선호한다. 언어 자질 설계를 사용하려면 언어 (결과) 변수가 작동하는 모든 맥락을 식별할 수 있어야 한다. 이를 **어휘-문법적 프레임**(lexico-grammatical frame), **변이의 범위**(envelop of variation) 또는 **변이 맥락**(variable context)이라고 한다(Tagliamonte 2006: 70ff; Grieve-Smith 2007). 예를 들어, 정관사와 부정관사 사이의 선택에 관심이 있다면 코퍼스에서 모든 관사를 검색하여 관사가 나타나는 모든 맥락을 식별해야 한다. 이러한 맥락이 우리가 관심을 갖는 문법적 프레임을 형성한다. 그러나 영어 명사 앞에서의 한정사(determiner) 전반에 대한 사용, 즉 관사뿐만 아니라 *this, that, my, your*와 같은 다른 한정사나 한정사가 전혀 없는 경우의 사용에 관심이 있다면, 문법적 프레임은 달라질 것이다. 이런 경우에는 모든 명사를 검색하여 각 명사 앞에 한정사가 있는지 여부를 조사하고, 있다면 어떤 한정사인지를 조사해야 한다.

표 4.1은 언어 자질 연구 설계를 사용하여 조사할 수 있는 어휘-문법적 자질의 예를 제공한다. 더불어 연구 질문의 유형과 결과 변수 옵션들(화자가 가지는 선택)과 어휘-문법적 틀을 보여준다.

표 4.1 문법 프레임이 있는 어휘-문법 변수의 예시

연구 질문	결과 변수 옵션	어휘-문법적 프레임
피동 구조는 언제 사용하는가?	능동, 피동	피동형으로 사용 가능한 모든 동사(예. 타동사)
관계절에서 which와 that을 각각 어떤 맥락에서 사용하는가?	*which, that*	모든 관계절
화자는 언제 that을 삭제하는가? 예) *I think Ø this is good.*	*that, Ø*	that이 나타나거나 생략되는 모든 절
강력한 의무를 표현하는 다양한 양태 표현의 차이점은 무엇인가?	*must, have to, need to*	강력한 당위 양태가 나타나는 모든 문맥들

여기서 주의사항은 모든 언어 변수가 위에서 설명한 연구 설계 유형에

적합한 것은 아니라는 것이다. 담화 표지, 머뭇거림, 욕설과 같이 어떤 맥락에서든 나타날 수 있으면서도 명확하게 정의된 어휘-문법적 틀이 없는 **주변적 언어 변수**(ambient linguistic variables)는 표 4.1의 변수와 동일한 방식으로 처리할 수 없다. 이러한 변수에 대해서는 개별 텍스트/화자 연구 설계가 적합하다(6.3절 참조). 어휘-문법적 프레임을 가진 언어 변수와 주변 언어 변수의 차이는 다음과 같다. 예문 (5)에서 피동형은 명확하게 정의된 어휘-문법적 프레임(타동사를 포함한 모든 동사 형태)을 가지고 있는 반면, 예문 (6)에서 나타나는 담화 표지는 발화의 거의 모든 위치에 나타날 수 있다. 또한 명확한 어휘-문법적 프레임을 가진 변수는 명확한 변이형들을 가진다. 가령 타동사를 포함한 모든 동사 형태는 능동이거나 피동일 수 있다. 그러나 담화 표지는 직접적인 경쟁 없이 여러 번 나타날 수 있으며, 일부는 같은 구문 슬롯을 두고 경쟁할 수 있다. 이는 예문 (6)에서 잘 나타난다.

(5) it's about time <u>that was done</u>. (BNC, file: KBB)

(6) <u>Well, you know</u>, if <u>you see</u>, time were, <u>I don't know I suppose</u>, <u>I don't know</u> but I never seemed to be afraid…. (BNC, file: HDK)

요약하자면, 어휘-문법적 변이 분석에는 두 가지 접근법이 있다. 한 접근법은 넓게 정의된 하위 코퍼스에서 어휘-문법적 자질의 일반적인 분포를 살펴보는 것이고, 다른 접근법은 어휘-문법적 자질이 사용되는 개별 언어적 맥락에 초점을 맞추는 것이다. '생각해 보기' 과제에서 질문에 답하는 데 가장 유용할 수 있는 접근법은 영어 관사가 사용되는 언어적 맥락을 탐구하는 것이다(언어 자질 연구 설계를 따름). 이러한 탐구에서 사용되는 통계 기법은 이 장의 나머지 부분에서 다룰 주제이다.

4.3   교차 분석, 백분율, 카이제곱 검정

생각해 보기

이 절을 읽기 전에 다음 질문에 대해 생각해 보자.

1. 다음 중 가장 자주 사용하는 표현은 무엇인가?
    • *I must go.*
    • *I have to go.*
    • *I need to go.*

2. 위의 각 표현을 사용할 수 있는 상황을 생각해 보자.

데이터 탐색의 좋은 시작점은 간단한 요약표이다. 3장(3.2절과 3.4절 참조)에서 단어의 (공)출현의 모든 가능성(contingencies)을 보여주기 위해 연어와 키워드 분석에 사용된 분할표를 살펴보았다. 이 절에서 탐구할 **교차 분석**(cross-tabulation, cross-tab)도 유사한 기법(Hill et al. 2006: 32-38)인데 이는 관측값을 분류하는 데 사용되는 **범주형 변수**(명목 변수와 서열 변수) 간의 관계를 조사한다(1.1절 참조). **교차**(분석)**표**[6]는 하나의 언어 변수와 하나의 이상의 설명 변수를 교차 플로팅(교차 집계)하여 생성된다. 가장 단순한 형태의 교차표는 하나의 언어 변수와 하나의 설명 변수, 그리고 두 개의 범주(수준(level)이라고도 함)를 가지는 2 × 2(2개의 행과 2개의 열을 포함한) 표[7]이다. 표 4.2에 예시가 나와 있다.

---

6   이러한 표를 지칭하는 용어에는 '교차(분석)표'(cross-tabulation table), '분할표'(contingency table) 또는 '피벗 표'(pivot table)와 같은 다양한 용어가 있다. 마지막 용어는 Excel이나 Calc와 같은 스프레드시트 프로그램에서 사용되는 용어이다.

7   통계학 용어로, 이는 두 개의 변수를 포함하기 때문에 이원분할표라고 한다. 또한 하나의 언어 변수와 두 개, 세 개 등의 설명 변수를 포함하는 삼원, 사원(표 4.4 참조) 등의 분할표를 만들 수도 있지만, 표가 복잡해질수록 해석하기가 더 어려워진다.

표 4.2는 다양한 유형의 맥락에서의 관사 사용을 보여준다(4.2절 참조). 언어 변수인 '관사 유형'은 '부정관사'와 '정관사'의 두 가지 가능한 값을 가질 수 있으며, 변수의 두 범주(수준)로 인코딩된다. '맥락 유형'이라고 표시된 설명 변수는 '비결정'과 '결정'의 두 가지 범주(수준)를 가진다. 통상적으로 언어 변수의 범주는 열로 나열되고, 설명 변수의 범주는 행으로 나열된다. 추가로, 표에는 열과 행의 합계('주변 빈도'라고도 함)가 포함되며(표 4.2의 연한 음영 부분), **전체 합계**도 포함된다(표 4.2의 짙은 음영 부분). 교차표는 변수 범주(수준)의 모든 가능한 조합과 각 하위 범주(표의 셀)에서의 빈도 수를 포함한다. 표 4.2는 다음 조합을 나열한다. (i) 맥락적으로 비결정된 부정관사, (ii) 맥락적으로 비결정된 정관사, (iii) 맥락적으로 결정된 부정관사, (iv) 맥락적으로 결정된 정관사.

표 4.2 교차표: 맥락 결정에 따른 관사 유형

맥락 유형 ＼ 관사 유형	부정관사	정관사	합계
비결정	25	1	26
결정	2	72	74
합계	27	73	100

간단한 교차표에 포함된 정보는 모자이크 플롯(그림 4.3)으로 시각화할 수 있다. 모자이크 플롯은 빈도 정보를 플롯의 영역 크기로 변환한다. 또한, 예측 변수의 범주가 코퍼스에서 차지하는 비율과 각 예측 변수 범주 내에서 언어 변수(결과)의 값이 차지하는 비율도 보여준다. 그림 4.3에서 가장 큰 영역(연한 음영의 큰 사각형)은 72개의 관측값을 가진 맥락적으로 결정된 정관사를 나타내는 것을 명확히 볼 수 있다. 반면, 가장 작은 영역(연한 음영의 작은 사각형)은 한 개의 관측값을 가진 맥락적으로 비결정된 정관사를 나타낸다. 사각형의 너비는 샘플이나 코퍼스에서 각 맥락 유형의 비율(비결정:결정 = 26:74)을 보여주고, 높이는 각 맥락 유형(예측 변수) 범주 내에서

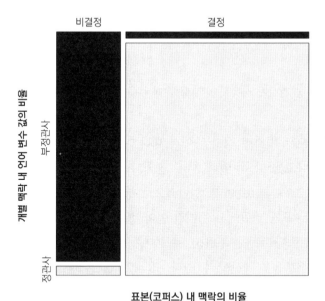

표본(코퍼스) 내 맥락의 비율

그림 4.3 모자이크 플롯: 문맥 결정에 따른 관사 유형

결과(정관사와 부정관사)의 비율을 보여준다. 모자이크 플롯에서 데이터의 표현은 교차표와 반대임을 유의해야 한다. 모자이크 플롯에서는 설명 변수의 범주가 수평으로 나열되고, 언어적 변수의 범주는 수직으로 표시된다. 자세한 내용은 Theus & Urbanek(2008: 50ff) 및 Friendly(2002)를 참조할 수 있다.

한편 교차표에는 빈도 외에도 범주 간에 쉽게 비교할 수 있도록 백분율이 포함되어 있는 경우가 많다. 백분율은 행 합계, 열 합계 또는 전체 합계에서 다음 공식에 따라 계산할 수 있다.

$$\text{교차표의 백분율} = \frac{\text{셀 값}}{\text{관련 합계}} \times 100 \tag{4.1}$$

각각의 세 가지 백분율 옵션(행 합계, 열 합계 또는 전체 합계에서 계산한 백분율)은 완전히 다른 해석을 가지며, 다른 유형의 비교에 유용하다는 점을 유의해야 한다. 예를 들어 표 4.2의 첫 번째 셀(맥락적으로 비결정된 부정관사)의 행 합계에서의 백분율은 다음과 같이 계산된다.

$$\% \text{ 부정 관사가 사용된 비결정 문맥} = \frac{25}{26} \times 100 = 96.2\% \qquad (4.2)$$

우리는 모든 비결정 맥락 중에서 대다수(96.2%)가 정관사보다 부정관사를 선호한다고 말할 수 있다. 다시 말해, 이 맥락에서 부정관사가 나타날 확률은 96.2%(또는 0.962)이다. 일반적으로 행 합계를 기준으로 한 백분율을 해석할 때는 특정 맥락에서 주어진 언어 변수의 변이형이 나타날 확률(50% 이상일 때 선호, 50% 미만일 때 비선호)로 볼 수 있다. 다른 방법으로, 열 합계를 기준으로 백분율을 계산할 수 있다. 표 4.2의 같은 예를 사용하면 다음과 같다.

$$\% \text{ 비결정 문맥에 나타나는 부정 관사} = \frac{25}{27} \times 100 = 92.6\% \qquad (4.3)$$

우리는 모든 부정관사 중 92.6%가 비결정 맥락에서 발생한다고 말할 수 있다. 이는 이전 옵션과 유사하게 들릴 수 있지만, 이 진술의 논리는 다르다. 여기서는 언어 변수의 두 변이형을 비교하는 것이 아니라 두 가지 맥락(결정과 비결정)을 비교하는 것이다.

마지막으로, 전체 합계에서 백분율을 다음과 같이 계산할 수 있다.

$$\% \text{ 코퍼스에서 맥락적으로 비결정된 부정 관사} = \frac{25}{100} \times 100 = 25\% \qquad (4.4)$$

표 4.2의 전체 합계가 100이므로, 전체 합계에서 계산한 백분율은 셀의 실제 값과 동일하다. 이러한 백분율은 코퍼스 내의 다양한 하위 범주(예: 맥락적으로 비결정된 부정관사)의 분포를 반영한다. 이러한 백분율은 일반적으

표 4.3   교차표의 백분율 옵션

관련 합계	해석	사용
행	주어진 맥락에서 언어 변수의 한 변이형의 확률	특정 맥락에서 다른 언어 변이형의 사용 비교
열	주어진 유형의 언어 변이형을 가진 한 맥락의 확률	다른 맥락과의 비교
총합	코퍼스 내 다양한 하위 범주의 표현	코퍼스 기술

로 언어 또는 문법의 내재적 원칙보다는 코퍼스의 표본 추출 방식을 나타낸다. 표 4.3은 교차분석에서 백분율을 계산하는 옵션, 그 해석 및 사용에 대한 요약을 제공한다. 어휘-문법적 자질을 비교하기 위해서는 행 합계를 기준으로 한 백분율이 적합하다는 것은 분명하다.

지금까지 매우 단순한 형태의 교차표(2×2 표)만 살펴보았다. 설명 변수(그리고 그 범주들)의 수가 많으면 더 복잡한 교차표를 만들 수 있다. '생각해 보기' 과제에서는 *must, have to, need to*의 사용 맥락을 생각해 보자고 했다. 이 표현들 모두는 강한 의무를 나타내는 유사한 의미의 양태 표현으로, 무언가 필요하다거나 해야 한다는 것을 나타낸다. 표 4.4는 다양한 영어 종류, 장르 및 조동사 표현의 주어(1인칭 대명사, 2인칭 대명사 또는 기타)에 따른 다양한 맥락을 보여준다. 표의 각 행은 'I'를 주어로 하는 미국 학술 문서와 같은 특정 맥락에서 *must, have to, need to*의 사용을 나타낸다(첫 번째 행). 표 4.4의 백분율은 행 합계에서 계산되었으며 예측 변수 조합(특정 영어 종류, 장르 및 주어)에 따라 결정되는 특정 맥락에서 세 가지 양태 표현들이 각각 사용될 확률로 해석될 수 있다.

이 절에서 마지막으로 논의할 사항은 교차 분석에 사용할 수 있는 적절한 통계적 유의성 검정이다. 통계적 유의성 검정은 귀무가설에 반하는 증거의 양을 평가하는 것이다(1.3절 참조). 교차분석은 범주형 데이터를 사용하기 때문에, 카이제곱(χ^2로 자주 표기됨)이라고 불리는 검정을 사용할 수 있다 (Balakrishnan et al. 2013; Azen & Walker 2011: 58-9; Sheskin 2007: 493-561). 카이

표 4.4 영국 영어와 미국 영어의 다양한 장르에서 나타나는 단언적 양태 표현: 교차표

종류	장르	주어	양태 must	have to	need to	합계
미국	학술	I	0 (0.0%)	1 (100.0%)	0 (0.0%)	1
		you	3 (33.3%)	1 (11.1%)	5 (55.6%)	9
		other	63 (64.3%)	18 (18.4%)	17 (17.3%)	98
	소설	I	8 (12.7%)	34 (54.0%)	21 (33.3%)	63
		you	16 (24.6%)	35 (53.8%)	14 (21.5%)	65
		other	51 (28.5%)	87 (48.6%)	41 (22.9%)	179
	일반	I	8 (19.5%)	27 (65.9%)	6 (14.6%)	41
		you	4 (10.0%)	24 (60.0%)	12 (30.0%)	40
		other	152 (56.5%)	72 (26.8%)	45 (16.7%)	269
	언론	I	1 (50.0%)	1 (50.0%)	0 (0.0%)	2
		you	2 (20.0%)	7 (70.0%)	1 (10.0%)	10
		other	44 (33.6%)	48 (36.6%)	39 (29.8%)	131
영국	학술	I	0 (0.0%)	0 (0.0%)	1 (100.0%)	1
		you	1 (100.0%)	0 (0.0%)	0 (0.0%)	1
		other	37 (39.8%)	23 (24.7%)	33 (35.5%)	93
	소설	I	19 (28.8%)	34 (51.5%)	13 (19.7%)	66
		you	14 (27.5%)	29 (56.9%)	8 (15.7%)	51
		other	88 (41.3%)	107 (50.2%)	18 (8.5%)	213
	일반	I	9 (23.1%)	27 (69.2%)	3 (7.7%)	39
		you	21 (32.8%)	21 (32.8%)	22 (34.4%)	64
		other	193 (53.0%)	105 (28.8%)	66 (18.1%)	364
	언론	I	4 (25.0%)	12 (75.0%)	0 (0.0%)	16
		you	2 (18.2%)	7 (63.6%)	2 (18.2%)	11
		other	60 (48.4%)	40 (32.3%)	24 (19.4%)	124
합계			800	760	391	1951

제곱 검정은 표 4.2와 같이 하나의 언어 변수와 하나의 설명 변수를 가진

단순한 표에 적합하다. 이 검정을 사용하기 전에 적절한 사용을 위한 가정과 전제 조건을 확인해야 한다. 카이제곱 검정에는 두 가지 가정이 있다.

1. 관찰의 독립성(Independence of observations). 우리는 영어의 관사 사용(표 4.2 참조)과 같은 각 관찰이 다른 관찰과 독립적이라고 가정한다. 그러나 코퍼스와 관련해서는 이 가정을 완화해야 한다(물론 이에 대한 대가가 있다). 코퍼스의 텍스트를 보면, 동일한 텍스트 내의 언어 자질들이 서로 연결되어 있음을 알 수 있다. 코퍼스는 아무리 잘 샘플링되었다고 해도, 언어 자질(또는 단어)의 (무작위) 샘플이 아니라, 다수의 상호 연결된 언어 자질을 결합한 텍스트의 샘플이다(Kilgarriff 2005). 이는 정의상 관찰의 독립성 가정이 어느 정도 위반됨을 의미한다. 이러한 위반은 잘못된 유의미한 결과, 즉 '거짓 결과'(false hits)의 증가로 이어질 수 있다.

2. 5보다 큰 기대 빈도(2 × 2보다 큰 교차표의 경우 적어도 기대 빈도의 80%는 5보다 커야 한다). 기대 빈도는 카이제곱 절차의 일부로 계산되는 기준 빈도이다(다음 단락 참조). 일반적으로 코퍼스 데이터셋은 크기 때문에 이 가정을 충족하는 것은 어렵지 않다. 그러나 이 가정이 위반될 경우, **로그-가능도 검정**(log-likelihood test, 가능도비 검정 또는 G 검정이라고도 함) 또는 **Fisher의 정확 검정**(exact test)이 통계적 유의성(p-값)의 추정에 더 적합하다(Upton 1992; Rayson et al. 2004; Sprent 2011).

카이제곱은 다음 공식에 따라 계산된다.[8]

$$\text{카이제곱} = \text{모든 셀에 대한 } \frac{(\text{관측 빈도} - \text{기대 빈도})^2}{\text{기대 빈도}} \text{의 합} \tag{4.5}$$

---

8 기술적 세부 사항: 때로는 (4.5) 식으로 계산된 값과 약간 다른 카이제곱 값을 얻을 수 있다. 이는 일부 패키지가 소위 Yates의 보정을 사용하기 때문이다. 그러나 대량의 데이터를 다루는 코퍼스 비교에서는 실질적으로 그 차이는 무시할 수 있을 정도로 미미하다.

3장에서(3.2절) 기대 빈도는 데이터에서 변수 간에 아무런 관계가 없을 경우, 즉 귀무가설이 참인 경우 관찰될 것으로 예상되는 빈도라는 것을 확인했다. **기대 빈도**(expected frequencies)는 변수들 간에 실제 관계가 있는지, 즉 이 경우 설명 변수가 언어 변수에 영향을 미치는지 여부를 확인하는 기준선 역할을 한다. 기대 빈도는 다음과 같이 계산된다.

$$\text{기대 빈도} = \frac{\text{행 합계} \times \text{열 합계}}{\text{총합계}} \tag{4.6}$$

위에서 논의된 영어의 관사 사용을 예로 들어보자. 데이터, 즉 **관측 빈도**(observed frequencies)는 표 4.2에 제공되어 있다. 식 (4.6)과 표 4.2의 데이터를 사용하여 기대 빈도를 계산한다. 이들은 표 4.5에 표시되어 있다. 카이제곱 검정 값(통계)은 다음과 같이 계산된다:

$$\text{카이제곱} = \frac{(25-7.02)^2}{7.02} + \frac{(1-18.98)^2}{18.98} + \frac{(2-19.98)^2}{19.98} + \frac{(72-54.02)^2}{54.02} = 85.25 \tag{4.7}$$

표 **4.5** 기대 빈도: 맥락적 결정에 따른 관사 유형

관사 유형 / 맥락 유형	부정관사	정관사	합계
비결정	$\frac{26 \times 27}{100} = 7.02$	$\frac{26 \times 73}{100} = 18.98$	26
결정	$\frac{74 \times 27}{100} = 19.98$	$\frac{74 \times 73}{100} = 54.02$	74
합계	27	73	100

2 × 2 표의 경우, 0.05 유의성의 임계값(컷오프 포인트)은 3.84이고 0.01 유의성의 임계값은 6.63이다.[9] 이는 2 × 2 표에 대한 카이제곱 검정의

---

9 통계 용어로 특정 자유도(df)를 갖는 카이제곱 분포에 대해 말할 수 있다. 유의성에 대한 임계점은 해당 df에 대한 통계 표에서 찾을 수 있다. 2 × 2 표는 df =

값이 3.84와 6.63을 초과하면 각각 0.05 수준과 0.01 수준에서 유의미하다는 것을 의미한다. 우리 사례에서 검정 값 85.25와 관련된 p-값은 p< 0.0000000000000001로 매우 작으며, 일반적으로 <0.0001로 보고된다. 통계 검정은 가장 작은 p-값을 찾기 위한 경쟁이 아니라는 점을 기억해야 한다(1.4절 참조). 통계 검정 절차에서는 데이터에서 변수 간의 관계가 없다는 귀무가설을 기각하기 위해 증거의 양을 평가한다(표 4.2의 관사 사용과 맥락 유형). 통계적 유의성과 더불어, 교차표에 나타나는 범주 간 차이의 크기를 표준화된 값으로 표현한다. 이는 효과 크기 척도를 보고하는 것으로, 카이제곱 검정의 경우 몇 가지 옵션이 있다. 먼저 분할표에서 전체적인 전역 효과(global effect)와 관련한 통계는 Cramer's V이다. **Cramer's V**[10]는 표준화된 카이제곱 값으로 교차표의 총 관측 수(총합)에 맞추어 조정된다. 이는 표본 크기가 커짐에 따라 카이제곱 통계 값이 증가하기 때문이다. 이 증가는 귀무가설 검정의 의도된 효과이며, 카이제곱 검정은 귀무가설에 반대되는 증거의 양을 평가한다. 그런데 효과 크기(Cramer's V)는 서로 다른 표본 크기(코퍼스) 간에 비교 가능해야 하므로 다음과 같은 표준화를 사용한다.

$$\text{Cramer's } V = \sqrt{\frac{\text{카이제곱}}{\text{전체 관측 수} \times (\text{행이나 열의 개수 중 작은 수} - 1)}} \qquad (4.8)$$

이 예제에 적용하면 다음과 같은 결과를 얻을 수 있다.

$$V = \sqrt{\frac{85.25}{100 \times (2-1)}} = 0.923 \qquad (4.9)$$

1, 2 × 3 표는 df = 2, 3 × 3 표는 df = 4 등에 해당하다. 보다 일반적으로 df = (행수 - 1) × (열수 - 1)이다. 이 각주가 다소 기술적으로 복잡하더라도 걱정할 필요는 없다. 이 책에 제공되는 온라인 통계 도구가 자동으로 p-값을 계산하므로 df와 그에 해당하는 p-값을 검색할 필요는 없다.

10 Cramer's V와 유사한 통계는 Phi(φ로 표기하기도 함)이다. Phi는 2×2 테이블에만 사용되며 Cramer's V와 동일한 값을 가진다. 명칭의 차이는 역사적 이유에서 기인한다.

표 4.6 Cramer's V 해석

자유도(테이블 유형)	효과 크기		
	작음	중간	큼
1 (2 × 2)	.10	.30	.50
2 (2 × 3 또는 3 × 2)	.07	.21	.35
3 (2 × 4 또는 4 × 2)	.06	.17	.29

결과값인 0.923은 매우 큰 효과 크기로 해석될 수 있다. Cramer's V는 0에서 1까지의 범위를 가지며, 표 4.6은 Cohen(1988)이 권장하는 값의 해석을 보여준다.

많은 경우에 일반적인 효과 크기(Cramer's V)보다 더 선호되는 또 다른 옵션은 **확률 비율**(Probability Ratio, PR, relative risk 또는 risk ratio라고도 함)이다. 용어가 시사하듯이, 이는 교차표에서 특정 언어적 결과(예: 정관사)가 한 맥락 유형에서 발생할 확률을 다른 맥락 유형에서 같은 결과가 발생할 확률과 비교한 비율이다. 이 효과 크기는 두 값의 비율이기 때문에 각 변수에 두 개의 범주(수준)만 있는 간단한 2 × 2 교차 집계표에만 적합하다. 이는 다음과 같이 계산된다.

$$확률\ 비율 = \frac{맥락\ 1에서\ 관심\ 결과의\ 확률}{맥락\ 2에서\ 관심\ 결과의\ 확률} \tag{4.10}$$

두 가지 맥락 유형에서 정관사와 부정관사의 확률은 표 4.7에서 계산되었다.[11] 이러한 값들은 각 셀의 값을 행의 합계로 나눈 값들이다.

의학 연구와 같은 통제된 실험 연구[12]에서는 연구자들이 한 가지 유형의 효과(대조군과 대비되는 치료군에서의 특정 결과)에 관심이 있는 반면, 코퍼스

---

11 일반적으로 확률은 0에서 1까지의 척도로 표시되며, 100을 곱한 것을 제외하고는 행 합계를 기준으로 한 백분율과 동일한 숫자이다.

12 용어 설명: '확률 비율'의 대체 용어인 '상대 위험도' 또는 '위험 비율'은 질병의 위험도를 계산하는 의학 및 역학 연구에서 유래한 용어이다.

언어학에서는 연구의 초점에 따라 여러 가지 확률 비율을 계산할 수 있다. 표 4.7을 기반으로 한 확률 비율의 네 가지 옵션은 다음과 같다.

- 비결정 맥락에서의 부정관사 대 결정 맥락에서의 부정관사 $PR = \dfrac{0.962}{0.027} = 36$

- 결정 맥락에서의 부정관사 대 비결정 맥락에서의 부정관사 $PR = \dfrac{0.027}{0.962} = 0.03$

- 비결정 맥락에서의 정관사 대 결정 맥락에서의 정관사 $PR = \dfrac{0.038}{0.973} = 0.04$

- 결정 맥락에서의 정관사 대 비결정 맥락에서의 정관사 $PR = \dfrac{0.973}{0.038} = 25.3$

표 4.7   확률: 맥락적 결정에 따른 관사 유형

관사 유형 맥락 유형	부정관사	정관사	합계
비결정	25/26 = 0.962	1/26 = 0.038	26
결정	2/74 = 0.027	72/74 = 0.973	74
합계	27	73	100

예를 들어, 부정관사가 비결정 맥락에서 발생할 확률이 결정 맥락에서 발생할 확률보다 36배 더 높다는 것을 알 수 있다. 반대로, 부정관사가 결정 맥락에서 발생할 확률은 비결정 맥락에서 발생할 확률의 0.03배에 불과하다. 확률 비율이 작동하는 척도는 0에서 무한대까지이며, 해석은 다음과 같다.

- 확률 비율이 1이면 두 맥락 간에 차이가 없음을 의미한다.
- 확률 비율이 1보다 작으면 관심 있는 언어적 결과가 맥락 1에서 맥락 2보다 덜 발생할 가능성이 있음을 의미한다.
- 확률 비율이 1보다 크면 관심 있는 언어적 결과가 맥락 1에서 맥락 2보다 더 발생할 가능성이 있음을 의미한다.

때로는 확률 비율 대신 **오즈비**(odds ratio)라는 대체 척도가 보고되는 경우도 있다. 오즈비는 확률 대신 승산(odds)을 사용한다. 그러나 확률을 승산보다 더 잘 이해하는 경향이 있기 때문에 승산 비율의 해석은 확률 비율만큼 직관적이지 않다(Cohen 2000; Davies et al. 1998). 확률 비율을 오즈비로 변환하려면 다음 방정식을 사용할 수 있다.

$$\text{오즈비} = \text{확률 비율} \times \frac{\text{맥락 2에서 관심 결과가 나올 확률}}{\text{맥락 1에서 관심 결과가 나올 확률}} \qquad (4.11)$$

오즈비에 대한 자세한 논의는 4.4절을 참조할 수 있다. 마지막으로 효과 크기 측정 외에도 효과가 모집단(일반적인 언어 사용)에서 발생할 가능성이 있는 범위를 추정할 수 있도록 효과 크기의 신뢰구간(95% CI)을 계산해야 한다는 점에 유의해야 한다.

통계 보고하기: 교차표 계산 및 카이제곱

1. 보고할 내용

언어 변수가 하나이고 설명 변수가 하나인 단순한 상황의 경우 백분율이 포함된 교차표와 카이제곱 검정 결과를 보고한다. 카이제곱 검정에서는 다음 사항들을 보고해야 한다. (i) 자유도(각주 9 참조), (ii) 검정값, (iii) p-값, (iv) 효과 크기(확률 비율 또는 Cramer's V 또는 둘 다), (v) 효과 크기의 95% 신뢰구간.

더 복잡한 상황(여러 설명 변수가 있는 경우)에서는 교차표만으로 충분하며 중요하거나 흥미로운 대조에 대한 상세한 설명이 필요하다. 복잡한 표와 함께 추론 통계를 보고하려면 로지스틱 회귀를 수행해야 한다(4.4절 참조).

2. 보고 방법: 예시

• 맥락 유형과 관사 유형 간에는 유의한 연관성이 있었다($x^2(1)$=85.25,

p<.001). 전체 효과는 큰 것으로 나타났다. Cramer's V=.923, 95% 신뢰구간 [.727, 1]. 결정된 맥락에서 정관사가 비결정된 맥락에서보다 25.3배(95% 신뢰구간 [3.7, 172.95]) 더 많이 나타날 가능성이 있다.

표 4.2와 표 4.4는 각각 단순 교차표와 복잡한 교차표의 예시를 제공한다.

4.4   로지스틱 회귀

생각해 보기

이 절을 읽기 전에 이 장의 앞부분에 사용된 다음 용어의 의미를 검토해 보자. 모두 정의할 수 있는가?

- 변수의 범주(category of a variable), 설명 변수(explanatory variable), 변수의 수준(level of a variable), 언어 변수(linguistic variable), 결과 (outcome), 결과 변수(outcome variable), 예측자(predictor), 예측 변수 (predict variable), 범주형 변수의 값(value of a categorical variable), (언어 변수의) 변이형(variant of a linguistic variable)

이 절에서는 **로지스틱 회귀**(logistic regression)라는 강력한 통계 기법을 논의한다. 지금까지 우리는 어휘-문법적 변수의 특성(4.2절)과 어휘-문법 변이를 처리하는 비교적 간단한 기법(4.3절)을 몇 가지 살펴보았다. 다음 논의에서는 로지스틱 회귀를 사용한 어휘-문법 변이 분석을 살펴볼 것이다. 로지스틱 회귀는 범주형 변수나 척도형 변수인 설명 변수(예측 변수라고도 함)를 사용하여 이들이 언어적 결과 변수에 미치는 영향을 추정하는 기법이다. 이 때 언어적 결과 변수는 범주형 변수여야만 한다.[13] 이는

---

[13] 만약 결과 변수가 척도 변수인 경우 일반 최소제곱법(ordinary least squares,

정관사나 부정관사와 같은 언어적 변수의 다양한 변이형들의 발생에 영향을 미치는 모든 맥락적 자질(예측 변수)을 찾고 있다는 것을 의미한다. 데이터를 분석할 때는 데이터 내 변수들 간의 복잡한 관계를 나타내는 수학적 모델(방정식)을 구축한다. 그런 다음 이 모델을 사용하여 예측 변수(그리고 그 조합)가 결과 변수에 미치는 영향을 설명한다. 로지스틱 회귀는 상당히 복잡한 통계 기법이므로, 이 절에서는 여러 새로운 용어와 기술적 세부 사항을 소개한다. 그러나 이 절차의 모든 세부 사항을 이해하지 못하더라도 걱정할 필요는 없다. 중요한 것은 이 기법의 기본 원리와 결과의 해석이며, 로지스틱 회귀의 계산은 Lancaster Stats Tools online의 로지스틱 회귀 도구를 사용하여 자동으로 수행할 수 있다.

자세한 내용이 궁금한 사람들을 위해 로지스틱 회귀 방정식의 한 가지 형식을 다음과 같이 제시한다.

$$\text{관심 결과의 확률} = \frac{e^{(\text{절편}+b_1X_1+b_2X_2\cdots+\text{고려되지 않은 변동})}}{1-e^{(\text{절편}+b_1X_1+b_2X_2\cdots+\text{고려되지 않은 변동})}} \tag{4.12}$$

이 방정식을 설명하는 데에는 몇 가지 새로운 용어가 필요하다. 먼저 e는 약 2.71828로 수학 상수이고,[14] 절편(intercept)은 기준값, b_1과 b_2 등은 추정치(또는 계수), X_1, X_2 등은 모델에서 사용되는 예측 변수들이다. 이 절에서는 이러한 용어 모두를 설명할 것이다. 매우 간단히 말하자면, 로지스틱 회귀는 개별 예측 변수에 기반해 특정 관심 결과의 확률을 추정하며, 예측 변수는 이 결과에 서로 다른 정도로 기여한다. 이는 본질적으로 특정 언어 자질의 사례가 어느 범주에 속하는지를 예측할 수 있는 관련 예측 변수(어휘-문법의 패턴, 규칙 또는 규칙성을 카리키는)를 결합하는 복잡한 분류

OLS) 회귀분석을 사용해야 한다. 이 절차에 대한 자세한 설명은 Gries(2013a: 261-82) 참조.

14 e는 무리수로 분수나 소수점 이하의 유한한 숫자로 정확히 표현될 수 없다. 또한 e는 자연 로그(ln)의 밑으로도 알려져 있다.

기법이다. 우리가 묻고 있는 질문은 '이 문맥은 변이형 A(예: 정관사) 또는 변이형 B(예: 부정관사) 중 어떤 것의 사용을 선호하는가'이다. 이 아이디어는 그림 4.1에 시각적으로 표현되어 있다.

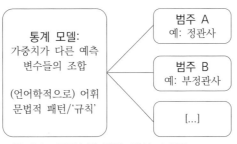

그림 4.4 로지스틱 회귀: 기본 스키마

로지스틱 회귀 기법의 세부 사항을 살펴보기 전에 기본 용어를 복습해 보자. '생각해 보기' 과제에서는 어휘-문법 연구에 적용된 로지스틱 회귀의 맥락에서 동의어로 사용되는 용어들을 검토했는데 이 용어들은 다음의 네 그룹으로 나눌 수 있다.

- 어휘-문법의 자질 중 연구의 초점이 되는 것: '언어 변수' = '결과 변수'
- 결과 변수의 구조와 관련된 용어: '(언어 변수의) 변이형' = '결과'
- 어휘-문법 자질의 사용을 설명하는 데 도움이 되는 맥락 변수: '설명 변수' = '예측 변수' = '예측자'[15]
- 결과 변수와 예측 변수 모두에 사용되는 범주형 변수의 구조와 관련된 용어: '변수의 범주' = '변수의 수준' = '범주형 변수의 값'

로지스틱 회귀 절차에는 (i) 데이터 점검(전제 조건과 가정) (ii) 모델 구축 (iii) 모델 해석의 단계가 있다. 로지스틱 회귀 기법을 설명하기 위해 앞서 논의된 정관사의 예를 사용기로 한다(예: 그림 4.2).

---

15 예측 변수는 척도 변수일 수도 있다.

1단계: 데이터 확인(전제 조건과 가정)

첫째, 데이터를 분석(이를 모델 구축이라고 한다)하기 전에, 데이터셋이 이러한 유형의 분석에 적합한지와 통계 검정의 가정이 충족되는지를 확인해야한다. 먼저, 데이터셋이 **언어 자질 연구 설계**의 원칙에 따라 구성되어 있는지확인해야 한다(1.4절 참조). 이는 관심 언어 자질, 예를 들어 정관사와 부정관사의 각 발생이 별도의 행에 자리하고 있고, 관련 설명 변수에 대해 적절하게 주석이 달려 있어야 함을 의미한다(그림 4.2 참조). 또한, 언어 자질이이러한 유형의 연구에 적합한지와 **어휘-문법적 프레임**이 적절하게 정의되었는지도 확인해야 한다(4.2절 참조).

둘째, 모든 유형의 정량 분석에서와 마찬가지로, 변수는 정확하고 일관성 있게 측정하고 코딩해야 한다. 다변량 분석(예: 로지스틱 회귀)은 특히측정 오류에 민감하며 모델 구축에 사용되는 변수가 여럿이기 때문에 오류의 증식 효과를 가져올 수 있다. 어휘-문법적 변수들의 많은 기능적 측면(예:언어 자질의 통사적/의미적 기능)이 수동으로 코딩되기 때문에 코딩의 일관성과정확성을 과소평가해서는 안 된다. **판단 변수**(judgmental variable)가 포함된경우 데이터의 일정 부분(예: 무작위로 선택된 20%)을 이중 코딩하는 것이권장된다(3.5절 참조). 데이터 준비 및 관리에 대한 추가 논의는 Osborne(2012: 195ff)을 참조할 수 있다.

셋째, 충분한 데이터를 확보해야 한다. 일반적인 원칙으로, 설명 변수를많이 사용할수록 더 많은 데이터(데이터셋의 사례 또는 행)가 필요하다.Hosmer et al.(2013: 407-8)은 '10의 법칙'을 논하였는데, 이에 따르면 모델에 포함할 수 있는 최대 계수의 수(4.12에서 b_1, b_2)는 가장 빈도가 낮은결과를 10으로 나누어 추정할 수 있다고 한다. 계수의 수를 세는 가장좋은 방법은 로지스틱 회귀 출력에서 계수를 확인하고, 절편을 제외한표의 행 수를 세는 것이다. 예를 들어, 표 4.2에 제시된 데이터셋을 사용하면 가장 빈도가 낮은 결과가 부정관사(27개 사례)이므로, 모델에 최대 두 개의 계수(27/10)를 포함할 수 있다. 그러나 Hosmer et al.(2013: 408)은 이 경험 법칙의 한계를 언급하며 로지스틱 회귀에서 데이터 충분성 문제에 영향을 미치는 많은 다양한 요소가 있다고 지적한다. 코퍼스에서는 일반적으로 이러한 유형의 조사를 위한 충분한 데이터를 보유하고 있지만, 사례의 코딩에는 일반적으로 일정량의 수작업이 요구되고 잠재적으로 많은 시간이 소요될 수 있다. 또한 가능한 한 많은 설명 변수를 넣기보다는 선행 연구와 언어 이론에 기반하여 설명 변수를 신중하게 선택하는 것이 좋다.

넷째, 모델을 구축하는 것이 타당한지 여부를 확인해야 한다. 한 설명 변수가 모든 사례를 완벽하게 설명(분류)한다면, 다른 설명 변수의 효과를 추정하는 모델을 구축하는 것은 중복된 일이다. 또한 이러한 모델은 수학적 이유로 인해 구성할 수 없다(Hosmer et al. 2013: 147-8). 통계 용어로는 이 문제를 **(준)완전 분리**(quasi-complete separation)라고 한다. 예를 들어, 명사 유형(단수 가산 명사, 복수 가산 명사, 불가산 명사, 고유 명사)은 부정관사의 발생을 매우 정확하게 예측한다. 부정관사 a/an은 가산 단수 명사 앞에서만 나타날 수 있다. 표 4.8은 예시 데이터셋에서 이러한 상황을 보여준다.

표 4.8 확률: 명사 유형별 관사의 유형

명사 유형 ＼ 관사 유형	부정관사	정관사
가산 단수	27	34
가산 복수	0	19
불가산	0	10
고유	0	10

다섯째, 검정 자체의 가정을 확인해야 한다(Osborne 2015: 85-130 참조). 세 가지 주요 가정은 (i) 관찰의 독립성, (ii) 다중 공선성의 부재, (iii) 선형성이다. (i) **관찰의 독립성.** 절 4.3에서 논의된 카이제곱 검정과 마찬가지로, 관사 사용과 같은 각 관찰이 다른 관찰과 독립적이라고 가정한다.

이러한 가정이 코퍼스에서는 어느 정도 위반되는데 이는 언어 자질들이 상호 연결되어 있는 언어의 특성과, 코퍼스 샘플링이 개별 언어 자질이 아닌 텍스트 차원에서 이루어지는 특성 때문이다. 어휘-문법적 변이를 연구할 때는 일반적으로 같은 유형의 텍스트 간에 일정한 균일성을 전제하기 때문에 이 문제에 대해 크게 걱정할 필요는 없지만, 샘플에 있는 언어 자질들이 다양한 텍스트로부터 나온 것이라면 이 문제에 대해 걱정할 필요가 없다. 이는 코퍼스에서 언어 자질의 무작위 하위 샘플을 추출하여 수행할 수 있다. 개별 텍스트나 화자를 통제해야 하는 연구의 경우 **혼합 효과 모델링**(mixed effect modelling)이라는 방법을 사용한다(이에 대한 자세한 논의는 6.5절을 참조). (ii) **예측 변수 간의 다중 공선성의 부재**(No (multi-)collinearity between predictors). 공선성은 예측 변수들 간의 높은 상관관계($r = 0.8$ 이상)로 특징지어지며(상관관계에 대한 설명은 5.2절 참조), 이는 척도 변수와 범주형 변수 모두에 대해 확인해야 한다.[16] 공선성은 실제로 상관된 변수가 유사한 것(구조)을 측정한다는 것을 의미하므로 모든 변수를 사용할 필요가 없다. 다중 공선성이 발생하면 변수를 제외하거나 결합하여 이 문제를 피할 수 있다. (iii) **선형성**(linearity). 로지스틱 회귀는 선형 모델링을 사용하는 통계 방법의 그룹에 속한다. 이는 변수 간의 관계가 (회귀) 선으로 포착된다는 것을 의미한다(1.2절 참조). 그러나 변수 간의 모든 관계가 선형인 것은 아니다. 예를 들어, 시간에 따른 언어 변화는 일반적으로 **곡선형**(curvilinear)이며 선이 아닌 곡선으로 표현할 수 있다(비선형 모델에 대한 추가 논의는 7.5절 참조). 로지스틱 회귀에서는 척도 예측자(있는 경우)와 결과 변수의 로그 오즈(log odds) 간에 선형 관계가 있다고 가정한다(로그 오즈의 설명은 아래 참조). 이 가정을 검증하는 방법에 대한 자세한 내용은 Hosmer et al.(2013: 94ff) 및 Field et al.(2012: 344-5)를 참조할 수 있다.

---

16 범주형 변수를 사용하여 상관관계 검정을 실행하려면 범주의 레이블을 숫자로 바꾼다. 예: 비결정 = 0, 결정 = 1.

2단계: 모델 구축

데이터와 가정을 확인했다면, 데이터 분석(모델 구축)에 집중한다. 첫 번째 단계는 범주형 변수의 기준값을 결정하는 것이다. 결과 변수의 경우도 마찬가지이다. 스케일 변수의 기준값은 항상 0이므로 별도로 지정할 필요가 없다. **기준값**(baseline value), 또는 **참조 수준**(reference levels)은 모델이 예측 변수가 결과에 미치는 영향을 비교하는 데 기준이 되는 값이다. 간단히 말해, 조사의 초점이 아닌 값들이다. 예를 들어, 연구 질문이 '영어에서 어떤 맥락에서 정관사가 사용되는가?'라면, 정관사가 우리의 관심 결과가 된다. 따라서 부정관사를 기준값으로 설정한다. 마찬가지로, 결정된 맥락이 정관사를 선호한다고 가정하면(선행 연구와 언어 이론을 기반으로), 비결정된 맥락을 예측 변수의 기준값으로 선택한다.

실용적인 조언: 기준값과 범주형 변수의 다른 값을 구별하는 데 접두사 문자(A_, B_, C_)를 사용하는 것이 유용하다. 기준값은 접두사 A_로 코딩하고(예: A_indefinite), 다른 값은 다른 접두사 문자로 코딩한다(예: B_determined). 이는 소프트웨어 패키지(Lancaster Stats Tools online의 Logistic regression 도구 등)가 기본적으로 데이터를 알파벳순으로 모델에 입력하기 때문이다. 로지스틱 회귀 기법을 사용하여 분석할 준비가 된 데이터셋의 예는 그림 4.5에 나와 있다. 이 데이터셋에는 세 개의 예측 변수(문맥_유형, 명사_유형, 명사구_길이)와 하나의 결과 변수(관사_유형)가 있다. 척도 수준(scale level)에서 명사구 길이(문자 수)를 측정하는 '명사구_길이'를 제외하고 모든 변수는 범주형(명목형)이므로 접두사 문자가 붙는다.

다음 단계는 모델에 어떤 변수를 입력할지 결정하는 것이다. 목표는 가능한 한 적은 변수로 데이터를 최대한 설명할 수 있는 모델을 찾는 것이다. 이를 **절약적 모델**(parsimonious model)이라고 한다. 따라서 모델에는 가장 관련 있는 변수만 포함되어야 한다. 이는 두 가지 방법으로 달성할 수 있다. 첫 번째 방법은 선행 연구와 언어 이론에 기반하여 입력할 변수를 미리 결정하고 분석을 실행한 후 통계적으로 유의미한 효과가 있는 변수만 남기는 것이다. 이를 **블록 입력**(block entry)이라고 한다. 두 번째 방법은 **단계적 입력**(stepwise entry)으로, 통계 소프트웨어가 변수를 단계별로 추가하거나 제거하도록 하여 모델의 정보 기준(AIC, 아래 참조)이 더 이상 개선되지 않을 때까지 반복하는 것이다. 단계적 절차 내에서는 **전진**(forward), **후진**(backward), **혼합**(hybrid) 절차 중에서 선택할 수 있다. 전진 절차는 모델에 예측 변수를 하나도 포함하지 않은 상태에서 시작하여 가용 변수를 하나씩 추가하는 방법이다. 후진 절차는 모든 가용 변수를 포함한 모델에서 시작하여 변수를 하나씩 제거하는 방법이다. 혼합 절차는 전진과 후진 기법을 결합하여 각 단계에서 모델을 재평가하며 예측 변수를 추가하거나 제거하는 방법이다. 블록 입력의 장점은 변수 포함 여부를 통계 소프트웨어에 의해 수행되는 자동화되고 이론을 고려하지 않는 절차가 아닌, 이론적 근거(언어 이론 관점에서 관련 있는 변수)에 기반한다는 것이다. 따라서 연구자

ID	문맥_유형	명사_유형	명사구_길이	관사_유형
1	A-nondemtermined	D-proper	29	B-definite
2	B_determiend	B_count_pl	15	B-definite
3	B_determiend	C_uncount	7	B-definite
4	B_determiend	B_count_pl	7	B-definite
5	B_determiend	C_uncount	27	B-definite
6	B_determiend	A_count_sg	14	B-definite
7	A-nondemtermined	D_proper	4	A-indefinite
8	B_determiend	A_count_sg	17	B-definite
9	A-nondemtermined	A_count_sg	51	A-indefinite
10	B_determiend	A_count_sg	26	B-definite
11	B_determiend	A_count_sg	3	B-definite
12	B_determiend	A_count_sg	4	B-definite
13	B_determiend	A_count_sg	6	B-definite

그림 4.5 영어의 관사 사용: 데이터셋(발췌)

가 전 과정을 완전히 제어할 수 있다. 반면, 단계적 입력은 어떤 변수를 포함할 지에 대한 명확한 이론적 근거가 없는 탐색적 분석에서 정당화된다 (Hosmer et al. 2013: 93-94; Osborne 2015: 251-253). 어휘-문법 코퍼스 연구에서는 보통 블록 입력이 선호된다.

그림 4.5의 데이터셋(정관사/부정관사의 사용)을 사용하여 모델을 구축하는 여러 가지 옵션이 있다. 가장 흥미로운 옵션들은 표 4.9에 나와 있다. 첫 번째 모델(md0)은 **기준선**(baseline or null) **모델**로, 예측 변수를 포함하지 않으며 더 복잡한 모델의 기준점으로만 사용된다. 이 모델은 언어 변수가 발생하는 맥락에 대한 정보를 포함하지 않으므로 관련 예측 변수를 추가하여 개선될 수 있다. md1은 단 하나의 예측 변수(문맥_유형)만 포함하고, 다른 두 모델(md2 및 md3)은 두 개의 예측 변수(문맥_유형 및 다른 하나의 예측 변수)를 포함한다. 그렇다면 어떤 모델을 선택해야 할까?

기본적으로 통계 패키지는 우리가 구축한 모든 모델을 기준선 모델과 비교하여 제공한다. 만약 우리의 모델이 기준선 모델보다 성능이 좋지 않다면, 선택된 예측 변수가 거의 효과가 없다는 의미이므로 모델을 폐기할

표 4.9 모델: 개요

모델명	결과	포함된 예측자	통계 소프트웨어 결과값에 기반한 결과 (3단계: 모델 해석 참조)
md0	관사_유형	없음	축만 제시된 기준선 모델
md1	관사_유형	문맥_유형	통계적으로 유의미함. 예: 기준선 모델보다 더 유의미함. AIC = 30.86
md2	관사_유형	문맥_유형, 명사_유형	표준 오류가 큼 → 뭔가 잘못됨. 명사 유형으로 인해 완전한 분리에 문제 발생.
md3	관사_유형	문맥_유형, 명사구_길이	통계적으로 유의미함(즉, 기준선 모델보다 더 유의미하지만, md1보다는 유의미하지 않음). AIC = 31.91(md1의 AIC보다 큼)

표 4.10 로지스틱 회귀 출력의 일부: 큰 표준 오차

	추정치(로그 오즈)	표준 오차
절편 (intercept)	-21.056	4530.376
Context_typeB_determined	23.889	4530.376
Noun_typeB_count_pl	18.733	6706.381
Noun_typeC_unacount	18.733	9244.108
Noun_typeD_proper	39.961	8958.692

수 있다. 표 4.9에서 md1과 md3은 기준 모델보다 통계적으로 더 유의미하기 때문에 이들을 더 고려할 수 있다. 통계적 유의성은 언어학에서 잘 알려진 **로그 가능도**(log-likelihood) 검정(또는 **가능도비 검정**이라고도 함)을 통해 확립된다(4.3절 및 3.4절 참조). 반면, md2는 회귀 모델의 전형적인 경고 신호인 매우 큰 **표준 오차**(standard errors)를 보인다. 표 4.10은 표준 오차가 강조 표시된 로지스틱 회귀 출력의 일부를 보여준다. 이 표에서 표준 오차가 추정치보다 여러 배 큰 것을 볼 수 있는데 이는 모델에 문제가 발생했음을 알려주는 경고 신호이다. 표준 오차와 추정치(계수)의 의미는 뒤에서 모델 해석을 논의할 때 설명하기로 한다. 실제로 md2의 문제는 명사_유형 예측 변수와 관련된 완전 분리 문제이다(위 참조). 따라서 md2는 폐기될 수 있다.

md2를 제외한 상태에서 이제 md1과 md3의 비교에 집중해보자. 처음에는 더 많은 예측 변수를 포함한 모델이 더 나은 모델이라고 생각할 수 있다. 그러나 이것은 사실이 아니다. 우리가 모델을 기준선 모델과 비교했던 것과 동일한 방식으로, 두 모델(md1과 md3)을 비교하여 하나가 다른 것보다 더 통계적으로 유의미한지를 확인할 수 있다. **로그 가능도 검정**으로 측정되는 통계적 유의성 외에도, 우리는 가능한 한 적은 변수로 유의성에 도달하는, 가장 효율적인 모델을 설정하기 위해 **AIC**(Akaike information criterion)를 사용한다. AIC는 다음과 같이 계산된다.

AIC=모델에 의해 설명되지 않는 변동+2 × (결과 범주 수 - 1 + 예측자 수) (4.13)

AIC는 다음과 같이 해석된다. 동일한 데이터셋을 기반으로 두 모델을 비교할 때, AIC 값이 작을수록 더 좋은 모델이다. 이 척도의 논리는 상당히 직관적이다. 모델이 설명하지 못한 데이터의 변동을 취하고, 많은 예측 변수를 사용하는 모델에 추가적으로 불이익을 준다(예측 변수가 많을수록 모델에 더 많은 불이익을 부과). 앞서 언급했듯이 성공적인 모델은 가능한 한 적은 예측 변수로 최대한 많은 변동을 설명하는 경제적인 모델이다. AIC는 표준화된 효과 크기 척도가 아니므로 다른 데이터셋에 기반한 모델을 비교하는 데 사용할 수 없다. 표 4.9에서 볼 수 있듯이, md3는 md1보다 유의미하게 우수하지 못하며, 더구나 md1의 AIC 값(30.86)이 md3(31.91)보다 작다. 따라서 우리는 하나의 변수만 포함한 모델(md1)을 선택할 것이다.

마지막으로, 이 단계에서는 선택한 예측 변수의 **주요 효과**만 포함할지 아니면 예측 변수 간의 **상호작용**도 포함할지를 결정해야 한다. 상호작용은 특정 예측 변수 조합(언어 변수가 발생하는 맥락의 조합)으로, 개별 예측 변수가 단독으로는 유의미하지 않은 결과라도 경우에 따라서는 결과에 유의미한 영향을 미칠 수 있다. 상호작용을 테스트하지 않으면 이 효과를 발견하지 못할 수 있다. 그러나 변수 선택과 마찬가지로 상호작용의 포함은 선행 연구와 언어 이론에 기반해야 한다.

3단계: 모델 해석하기

로지스틱 회귀는 (ⅰ) 모델 요약 및 (ⅱ) 계수(추정값)의 두 가지 주요 부분으로 구성된 출력을 생성한다. 예를 들어, 우리가 선호하는 모델인 md1의 기본 출력이 아래에 재현되어 있다. 이 특정 출력 형식은 Lancaster Stats Tools online의 Logistic regression 도구에서 나온 것이며, 다른 통계 패키지의 출력과 약간 다를 수 있다.

모델 md1

모델 요약: 가능도비 검정 (Likelihood ratio test, LL): 89.79 (p<.0001) →
유의미함(SIGNIFICANT); C-지수(C-index): 0.96 → 뛰어남(OUTSTANDING);
Nagelkerke R^2: 0.86; AIC: 30.87

계수(Coefficients):

변수	추정치 (로그오즈)	표준 오차	z값 (Wald)	p-값	추정치 (오즈)	95% CI 하한	95% CI 상한
(절편)	-3.219	1.020	-3.156	0.002	0.04	0.189	-3.219
문맥_유형 B_determined	6.802	1.247	5.457	0.000	900	116.878	21421.229

모델 요약을 보면 전체적으로 모델이 통계적으로 유의미하다는 것을
알 수 있다. 가능도비 검정 값은 89.79[17]이며, p-값은 <.0001로 매우
낮다. 이는 하나의 예측 변수(문맥_유형)를 포함한 모델 md1이 예측 변수가
없는 기준선 모델보다 유의미하게 더 우수하다는 것을 의미한다. 또한
모델의 성능을 평가하기 위해 C-지수(C-index)나 다양한 버전의 의사
-R^2(pseudo-R^2)과 같은 여러 추가 척도를 사용할 수 있다. C-지수[18](C-index,
concordance index)는 모델의 분류 성공률을 측정하는 지표로, 모델이 결과
(우리의 예에서는 the 또는 a(n))를 얼마나 잘 예측할 수 있는지를 나타낸다.
Hosmer et al.(2013: 177)[19]에 따르면, 우리는 C-지수 값이 0.72[20]이상이길

---

17 하나의 예측 변수를 사용한 가장 간단한 로지스틱 회귀의 경우 로그-가능도 검정
을 수행하는 것과 동일하므로 표 4.2에 따라 로그-가능도 검정을 수행해도 89.79
라는 동일한 값을 얻을 수 있다. 또한 표 4.2에서 카이제곱 검정을 수행할 때
4.3절에서 85.25라는 매우 유사한 값을 얻었다는 것에 유의해야 한다.

18 C-지수(concordance index)의 다른 명칭으로는 정확도 지수(index of accuracy),
Gini 지수(Gini-index), AUC 등이 있다.

19 C-지수가 널리 사용되고 있지만, 최근에는 H-지수(H-measure)라는 다른 척도
가 제안되었다(Hand 2010). 이 논쟁은 상당한 기술적 지식을 요구한다. 필자는
여전히 C-지수를 보고하는 편이 좋다고 보는데 다만 단일 척도가 모든 상황에서

기대한다. 종종, Nagelkerke R^2와 같은 의사-R^2 값도 보고된다. 이러한 척도는 모델이 데이터의 변동성을 얼마나 설명하는지를 나타낸다. 의사-R^2의 범위는 0(변동성 없음)에서 1(모든 변동성 설명)까지이다.

이제 '계수'라는 출력의 두 번째 부분을 살펴보면서 개별 예측 변수의 효과에 초점을 맞춰 보기로 하자. 계수(추정치)는 표에 표시된다. 첫 번째 행은 항상 **절편**(intercept, 또는 상수)을 표시하는데, 이는 모든 예측 변수가 기준값에 있을 때의 상황을 추정하는 모델의 기준값이다. 문맥_유형과 같은 범주형 예측 변수의 경우 우리가 설정한 값이 기준값이 되며, 연속형 예측 변수의 경우 항상 0이 기본값임을 기억해야 한다('2단계: 모델 구축' 참조). md1에서 절편은 비결정적 맥락에서 정관사(the)가 발생할 확률을 추정한다. 이 확률은 0.04(95% CI 0.002, 0.189)로 매우 낮다.

여기서 잠시 설명을 멈추고 예측 변수의 효과를 측정하는 단위에 대해 알아보자. 이 단위는 **오즈**(odds)와 **로그 오즈**(log odds, logits)이며, 후자는 오즈에 자연 로그를 취하여 계산된다. 로지스틱 회귀는 이름에서 알 수 있듯이 내부적으로 로그 오즈를 사용한다. 이것은 상대적으로 해석하기 어렵기 때문에, 우리는 보통 로그 오즈를 단순 오즈로 변환한다. 오즈는 다음과 같이 정의된다.

$$\text{오즈(odds)} = \frac{\text{사건이 발생할 확률}}{\text{사건이 발생하지 않을 확률}} = \frac{\text{기준선 문맥에서 관심 결과의 확률}}{\text{기준선 문맥에서 기준선 결과의 확률}} \quad (4.14)$$

오즈는 특정 사건이 발생할 확률과 발생하지 않을 확률의 비율을 의미한다. 예를 들어, 사건이 발생할 확률이 0.75라면, 오즈는 0.75/0.25 = 3이 된다. 이는 해당 사건이 발생할 확률이 발생하지 않을 확률보다 3배 높다는

모델의 예측 성공을 완벽하게 포착할 수 없다는 점을 유의해야 한다.

20 C-지수가 0.8 이상이면 모델의 분류 성공률이 매우 우수하고, 0.9 이상이면 (이는 드문 경우이지만) 분류 성공률이 탁월하다는 것을 의미한다.

것을 의미한다.

실제로 오즈는 스포츠 베팅에서 자주 사용된다. 이런 경우 사람들은 우리 팀이 경기를 이길 가능성이 얼마나 되는가와 같은 질문을 한다. 만약 오즈가 2대 1이라면, 우리 팀이 이길 확률은 질 확률보다 두 배 더 크다는 것을 의미하며, 이는 66.7%가 우리 팀이 이길 확률이고 33.3%가 질 확률이라는 의미이다. 우리 예제에서, 기준값(절편), 즉 비결정된 맥락에서 정관사가 나타날 확률의 오즈는 다음과 같이 계산된다(관련 확률 값은 표 4.7에서 확인할 수 있다).

$$오즈(절편) = \frac{the가\ 비결정적\ 맥락에서\ 나타날\ 확률}{a(an)이\ 비결정적\ 맥락에서\ 나타날\ 확률} = \frac{0.038}{0.962} = 0.04 \quad (4.15)$$

이 값은 출력 표의 여섯 번째 열 '추정치(오즈)'에 있는 절편의 오즈 값과 일치한다는 점에 주목해야 한다. 출력 결과의 계수 표로 돌아가면, 우리가 주로 집중하는 나머지 행들은 다양한 예측 변수의 효과에 대한 연구 질문에 답해 주기 때문에 중요한데, 여기에는 척도 예측 변수와 소위 **더미 변수**(dummy variable, 범주형 예측 변수와 그 비기준 값의 조합)가 나열되어 있다. 따라서 'Context_typeB_determined' 행은 결정된 맥락이 정관사 사용에 미치는 효과를 보여준다. 이 효과는 기준값과의 비교를 통해 로그 **오즈비**(로지스틱 회귀의 내부 연산에 유용)와 오즈비(효과 해석에 유용)로 측정된다. 오즈비는 다음과 같이 계산된다.

$$오즈비(odds\ ratio) = \frac{\dfrac{관심\ 맥락에서\ 관심\ 결과의\ 확률}{관심\ 맥락에서\ 기준선\ 결과의\ 확률}}{\dfrac{기준선\ 맥락에서\ 관심\ 결과의\ 확률}{기준선\ 맥락에\ 기준선\ 결과의\ 확률}} = \frac{오즈(관심\ 예측값)}{오즈(절편)} \quad (4.16)$$

오즈비가 1보다 크면 관심 맥락에서 발생하는 관심 결과의 오즈가 기준 맥락에서 발생하는 동일한 결과의 오즈보다 크다는 것을 나타내며, 반대로 오즈비가 1보다 작으면 관심 결과에 대한 관심 맥락의 선호도가 낮다는 것을 나타낸다. 오즈비가 0이라면, 효과가 없다는 것을 의미한다.

우리의 예제에서 결정된 맥락 유형이 정관사 사용에 미치는 영향을 보여주는 오즈비는 다음과 같이 계산된다(관련 확률 값은 표4.7에서 확인할 수 있다).

$$\text{오즈비(odds ratio)} = \frac{\dfrac{\text{결정된 문맥에서 the의 확률}}{\text{결정된 문맥에서 a(an)의 확률}}}{\dfrac{\text{비결정 문맥에서 the의 확률}}{\text{비결정 문맥에 a(an)의 확률}}} = \frac{\dfrac{0.973}{0.027}}{\dfrac{0.038}{0.962}} = \frac{36}{0.04} = 900 \tag{4.17}$$

앞에서 제시한 출력표의 2행 'Context_typeB_determined'의 6열 '추정치(오즈)'에 이 값(900)이 제공된다는 것을 알 수 있다. 따라서 결정된 맥락에서 정관사가 나타날 오즈가 비결정된 맥락에서 정관사가 나타날 오즈보다 900배 (95% 신뢰구간 [117, 21,421]) 더 크다고 할 수 있다.

출력표는 각 행에 **표준 오차**, 유의성 통계(significance statistic)인 **Wald's z**, 그리고 특정 추정치가 통계적으로 유의미한지를 알려 주는 **p-값**을 제공한다. 표준 오차는 추정치가 모집단에서의 값을 얼마나 정확하게 반영하는지를 나타내며, 표준 오차가 작을수록 좋다. Wald 통계(z)는 추정치를 표준 오차로 나누어 계산한다. 각 매개변수의 효과 크기는 앞서 논의한 오즈비이며, 이는 95% 신뢰구간으로 보완되어 오즈비가 모집단에서 어디에 위치할 가능성이 있는지를 보여준다.

더 복잡한 모델 (여러 예측 변수가 있는 모델)에서는 추정치를 하나씩 평가한다. 다음 표는 명사구의 길이를 측정하는 척도 변수인 예측 변수 '명사구_길이'를 모델에 포함시켰을 때의 계수 출력에 대한 추가 정보를 보여준다.

	추정치 (로그 오즈)	표준오차	z값 (Wald)	p-값	추정치 (오즈)	95% CI 하한	95% CI 상한
NP_Length	0.037	0.039	0.939	0.348	1.037	0.966	1.138

위의 표를 통해 우리는 '명사구_길이'가 유의미한 예측 변수가 아니고 (p>0.05). 오즈비가 매우 작다는 것을 알 수 있다. 1.037은 1에 가까워 효과가 없음을 의미한다. 이러한 관찰은 신뢰구간이 실제로 1을 포함한다 는 점에서 확인된다. 즉 모집단에서 효과가 0(오즈비 1)일 수 있으므로 통계 적으로 유의미하지 않다는 것이다. 이 출력을 보여주는 이유는 척도 예측 변수의 경우에 오즈비가 가진 의미를 논의하기 위해서이다. 척도 예측 변수의 오즈비는 척도 예측 변수의 단위가 하나 변할 때 관심 결과의 오즈가 기준 결과의 오즈에 비해 몇 배 더 커지거나(1보다 큼) 더 작아지는지(1보다 작음)를 나타낸다. 주어진 예에서 명사구 길이의 단위는 한 글자였다. 따라 서 추정치(1.037)는 명사구에 한 글자가 추가될 때마다 정관사 *the*의 오즈가 1.037배 증가함을 나타낸다. 이는 명사구가 길어질수록 정관사가 나타날 가능성이 더 높아진다는 것을 의미한다. 그러나 앞서 언급했듯이, 이 효과 는 통계적으로 유의미하지 않으며 데이터에서 이에 대한 충분한 증거를 찾을 수 없기 때문에 일반적으로 모델에서 제외한다.

요약하자면, 로지스틱 회귀 분석은 다양한 맥락이 언어 출력에 미치는 영향을 상세하게 파악할 수 있는 강력한 방법이다. 이 절에서 다룬 로지스 틱 회귀 분석의 유형은 **이항 로지스틱 회귀 분석**(binomial logistic regression)이 라고 하는데, 이는 두 개의 범주를 가진 결과 변수를 사용하는 로지스틱 회귀 분석으로, the와 a/an처럼 두 가지 옵션이 있는 경우를 말한다. 이는 주어진 어휘-문법 틀 내에서 두 가지 언어 자질 간의 경쟁적 분포를 조사하 는 어휘-문법 연구의 전형적인 사례이다. 그러나 결과 변수가 두 개 이상의 옵션(범주)을 가질 경우, 다항 로지스틱 회귀 분석이라는 유사한 기법이 사용된다. 다항 회귀 분석은 이항 회귀 분석과 동일한 원리를 따르지만, 비교는 다소 복잡하다(자세한 절차에 대한 예는 Field et al. 2012: 8.9.1-8.9.2 및 Arppe 2008 참조).

통계 보고하기

1. 보고할 내용

로지스틱 회귀는 복잡한 절차이므로 이 장에서 설명한 대로 여러 단계를 거쳐야 성공적으로 사용할 수 있다. 이러한 단계는 연구 보고서에 간략히 설명하여 재현 가능성을 보장해야 한다. 첫째, 어휘-문법적 프레임이 어떻게 정의되었는지, 어떤 변수를 왜 사용했는지 명시해야 한다. 둘째, 데이터를 어떻게 얻었는지(예: 코퍼스에서 언어 자질의 모든 출현에 대한 무작위 하위 표본 코퍼스), 코딩 방법, 그리고 데이터의 일부가 이중으로 코딩되었는지(그럴 경우 평가자 간 일치도와 관련한 통계도 보고해야 함) 등을 독자에게 알려야 한다. 셋째, 모델의 전반적인 통계(LL, p-값, C-지수)와 통계적 유의성 정보, 오즈비, 오즈비의 95% 신뢰구간을 포함한 개별 계수 표에 대한 세부 사항을 제공해야 한다.

2. 보고 방법: 예시

- 연구의 초점이 정관사와 부정관사 사이의 변이를 탐구하는 것이었기 때문에, 코퍼스에서 이러한 언어 자질이 출현한 모든 사례를 찾았다. 그런 다음 무작위로 100개의 사례를 선택하여 정관사의 유무(결과 변수)에 대해 코딩했다. 추가로, 문헌에서 영어 관사의 사용에 영향을 미치는 것으로 보고된 두 가지 맥락 변수(예측 변수)로 맥락 유형과 명사구의 길이를 측정하였다.

- 맥락 유형은 사용된 관사의 유형을 예측하는 데 유의미한 변수였다. 결정된 맥락을 모델에 포함하면 모델 적합도가 유의미하게 향상되었다(LL = 89.79, p < .0001). 모델은 또한 뛰어난 분류 속성(C-지수 = .95)을 가지고 있다. 반면 명사구의 길이는 유의미한 영향을 미치지 않았다. 아래의 계수 표에서 볼 수 있듯이, 비결정 맥락보다 결정된 맥락에서 정관사를 사용할 가능성이 훨씬 더 높다(OR = 900, 95% CI[117, 21,421])는 것을 알 수 있다.

	추정치 (로그 오즈)	표준오차	z값 (Wald)	p-값	추정치 (오즈)	95% CI 하한	95% CI 상한
(절편)	-3.219	1.020	-3.156	0.002	0.04	0.002	0.189
Context_type B_determined	6.802	1.247	5.457	0.000	900	116.878	21421.229

4.5 응용: *that* 또는 *which*?

Lexico-grammatical variables as discussed in this chapter are <u>variables</u> <u>which</u> can be expressed as choices between two or more variants, such as the definite and the indefinite article.

그림 4.6 '문법'을 수정한 이 책의 일부 문장

이 장을 쓰면서 다음과 같은 상황에 직면했다. 내 워드 프로세서는 관계대명사 *which*를 포함한 구에 물결선으로 밑줄을 그어 잠재적인 문법 오류나 부정확성을 표시했다(그림 4.6 참조). 제안된 수정은 *which* 앞에 쉼표를 추가하거나 그 대신 관계대명사 *that*을 사용하는 것이었다. 그 이유는 '이 단어들이 문장의 의미에 필수적이지 않다면 "which"를 사용하고 단어를 쉼표로 구분하세요'(Microsoft 2010)라는 것이다. 처음에는 컴퓨터가 내 문법을 수정한다는 것에 대한 반감이 생겼지만, 나는 문법 검사기가 적용하는 규칙이 실제 언어 사용을 반영하는지 테스트하는 방법에 대해 생각하기 시작했다. 그래서 나는 각각 백만 단어로 구성된 두 개의 현대 영어 코퍼스 BE06과 AmE06을 사용하여 연구를 설계했는데 내용은 다음과 같다.

이 연구는 현대 영국 영어의 균형 코퍼스인 BE06과 현대 미국 영어의 균형 코퍼스인 AmE06을 기반으로 한다. 각 코퍼스는 네 가지 주요 문어 장르(일반 산문, 소설, 신문, 학술적 글쓰기)로 구성되어 있다.

BE06과 AmE06에서 *which*의 출현 빈도는 4,736회, *that*의 출현 빈도는 22,749회이다. 그러나 *which*가 주로 그림 4.6과 같은 맥락에서 관계대명사로 사용되는 반면, *that*은 많은 다른 기능(한정사, 지시사, 강조사 등)을 가지고 있다. 이 연구에서는 적절한 품사 태그(CLAWS7 태그셋으로 which는 DDQ, that은 CST[21])와 명사 뒤의 구문적 위치를 조합하여 *which*와 *that*의 관련 어휘-문법적 사용(그리고 대체 가능한 표현)을 정의했다. 원칙적으로 *which*와 *that*이 서로 교환될 수 있는 경우만 고려했고[22] 이를 통해 이 연구의 어휘-문법적 프레임을 확립했다.

워드 프로세서의 제안('이 단어들이 문장의 의미에 필수적이지 않다면 "which"를 사용하고 단어를 쉼표로 구분하세요')에는 형식적 측면과 기능적 측면 두 가지가 있다. 형식적 측면에서는 *which*가 쉼표로 구분되어야 하며, 기능적 측면에서는 *which*로 도입된 절이 문장의 전체 의미에 필수적이지 않은 경우(생략 가능)에 사용되어야 한다. 이는 문법 용어로 '비제한적'(또는 '비필수적') 절이라고 한다. 이에 반해 다른 관계대명사 *that*은 *which*와 상보적 분포로 사용되어야 하며, 이는 쉼표로 구분되지 않는 '제한적'('필수적') 수식 절에서 사용되어야 한다. 이런 제안의 형식적 측면과 기능적 측면 모두를 테스트하기 위해 두 가지 연구 질문을 작성했다.

- RQ1(형식적): *which*는 쉼표 또는 대시(-)가 앞에 오고, *that*은 쉼표 또는 대시(-) 없이 나타나는가?
- RQ2(기능적): *which*와 *that*의 사용에 영향을 미치는 요인은 무엇인가?

첫 번째 질문에 대한 답을 제공하는 BE06과 AmE06의 검색 결과는

---

21 품사 태그는 품사 태거를 사용하여 단어에 자동으로 부착되는 문법적 레이블이다 (자세한 내용은 http://ucrel.lancs.ac.uk/claws7tags.html 참조).

22 *that*이 사람이나 사람들의 집단을 나타내는 명사 뒤에 오는 경우(예: *For a guy that did well he dressed down*(BE06_K16))는 *which*가 아닌 *who*가 사용되기 때문에 제외되었다.

표 4.11에 제시된다. 이 표는 수작업을 통한 확인 없이 자동화된 코퍼스 검색 결과를 제시한다는 점에 유의하자(RQ2 참조).

표 4.11 교차표: 관계대명사 *which*와 *that*의 구분 기호 사용

관계사 \ 구분 기호의 존재	, 또는 –	없음	합계
which	1,396 (63%)	804 (37%)	2,200
that	191 (3%)	7,281 (97%)	7,472
합계	1,587	8,085	9,672

전반적으로 명사를 수식하는 절에서 *that*(7,472)이 *which*(2,200)보다 훨씬 더 자주 사용된다. *which*를 포함하는 절의 거의 3분의 2는 쉼표 또는 대시로 구분되지만, *that*는 3%의 경우에만 쉼표 또는 대시로 구분된다. 이 3%의 경우를 자세히 살펴보면, 대부분의 경우 *that* 절 앞에 삽입구가 포함되어 있다는 것을 알 수 있다. 예를 들면, "The communications circuit proposed by Robert Darnton rightly identifies many factors, <u>besides authorship,</u> that govern any reading experience"(BE06_J02)와 같은 문장이다. 삽입구는 문장의 주 흐름을 방해하는 구로, 일반적으로 양쪽에 나타나는 쉼표로 구분된다. 따라서 우리가 관찰한 구분 기호는 관계절 자체가 아니라 삽입구에 속한다.

카이제곱 검정 결과 관계대명사(*which* 또는 *that*)와 쉼표 또는 대시 사이에 유의미한 연관성이 있음이 확인된다(x^2(1)=4,595.47, p<.001). 전체 효과는 크며, Cramer's V=0.689, 95% CI [.669, .709]이다. 쉼표 또는 대시는 *which* 앞에 나타날 확률이 *that* 앞에 나타날 확률보다 24.8배(95% CI [21.5, 28.7]) 더 높다. 반대로, 앞에 구분 기호가 없는 경우는 *which*보다 *that*이 나타날 확률이 2.7배(95% CI [2.5, 2.8]) 더 높다. 이 복잡한 관계는 그림 4.7에서 시각화되어 있다.

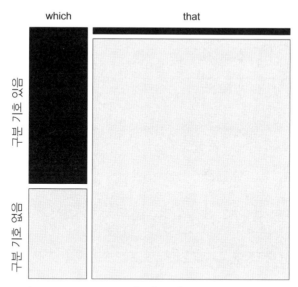

그림 4.7 구분 기호와 *which*와 *that* 사이의 관계 시각화

요약하자면, *that* 앞에 구분 기호가 없는 것이 명확히 선호된다는 것을 알 수 있다. *which* 앞에는 구분자가 있을 수도 있고 없을 수도 있지만, 쉼표나 대시가 나타나는 것이 선호된다. 그러나 *which*는 항상 쉼표로 구분 되어야 한다고 단정적으로 말할 수는 없다. 왜냐하면 표 4.11에서 볼 수 있듯이, 이에 반하는 예가 다수(804개) 존재하기 때문이다.

두 번째 연구 질문에 답하기 위해, 표 4.11에 나열된 *which*와 *that*의 9,672개 용례 중 360개의 용례를 무작위로 선택하여, 영어의 변이, 구분 기호의 존재, 절의 유형, 통사적 유형과 같은 여러 맥락적 변수들을 중심으로 수작업으로 코딩했다. 또한 *which* 또는 *that* 뒤에 오는 관계절의 길이를 '길이' 변수로 측정하고 기록했다. 예를 들어, 다음 문장은 [변이: 영국식, 구분 기호: 없음, 절 유형: 제한적(restrictive), 통사 기능: 주어23, 길이: 5]로

---

23 여기서 which는 관계절의 주어다. 참고) 'Still, it was his only answer, <u>which</u> he repeatedly struck'(AmE06_K15)에서 *which*는 목적어다.

표 4.12 다양한 맥락적 상황에서의 *which*와 *that*: 교차표 계산

변이	구분 기호 (, 또는 -)	절유형	통사 기능	관계대명사		합계
				that	*which*	
미국	없음	비제한적	목적어	3	1	4
			주어	11	2	13
		제한적	목적어	18	2	20
			주어	126	5	131
	있음	비제한적	목적어	0	6	6
			주어	0	20	20
		제한적	목적어	0	0	0
			주어	1	0	1
영어	없음	비제한적	목적어	3	2	5
			주어	3	8	11
		제한적	목적어	14	8	22
			주어	76	15	91
	있음	비제한적	목적어	0	4	4
			주어	0	31	31
		제한적	목적어	1	0	1
			주어	0	0	0
합계				256	104	360

코딩된다.

Apple will just veto and refuse to distribute any application <u>which</u> does not meet its terms. (BE06_E33)

표 4.12는 모든 범주형 결과 변수를 나열하며, 이러한 결과 변수로 정의된 맥락에서 *which*와 *that*의 빈도를 보여준다. '길이' 변수는 척도 수준으로 측정되므로 교차표를 작성할 수 없다. 표 4.12를 통해 상황이 매우 복잡하며 단순히 표를 보는 것만으로는 모든 요인을 이해하기 어렵다는

표 4.13 *which* 또는 *that*: 로지스틱 회귀 추정치

	추정치 (로그오즈)	표준 오차	Z값 (Wald)	p-값	추정치 (오즈)	95% CI 하한	95% CI 상한
(절편)	-3.354	0.563	-5.958	0.000	0.035	0.011	0.099
VarietyB_BR	1.667	0.397	4.195	0.000	5.296	2.511	12.080
SeparatorB_YES	3.985	0.825	4.832	0.000	53.795	12.876	376.448
ClauseB_Non_restr	2.046	0.446	4.588	0.000	7.733	3.235	18.812
SyntaxB_Subject	-0.614	0.421	-1.460	0.144	0.541	0.240	1.260
길이	0.079	0.029	2.739	0.006	1.083	1.023	1.147

것을 알 수 있다. 이러한 이유로, *which* 또는 *that*의 선택에 영향을 미치는 관련 요인을 식별하기 위해 로지스틱 회귀 분석을 사용하기로 했다.

전체적으로 모든 예측 변수('변이', '구분기호', '절 유형', '통사 기능' '길이')를 포함하는 모델은 유의미하며(LL: 222.31; p<.0001) 매우 뛰어난 분류 성능을 가진다(C-지수: 0.91). 표 4.13은 모델 내 개별 계수를 보여준다. 'SyntaxB_Subject'를 제외한 모든 추정치가 유의미하다(p<0.05). 따라서 영국식 변이, 구분 기호의 사용, 비제한적 절에서의 발생, 길이가 긴 관계절의 요인들이 *which*를 선호하는 데 기여한다.[24] 예를 들어, 영국 영어에서 *which*가 사용될 오즈(odds)는 미국 영어에서 *which*가 사용될 오즈보다 5.3배(95% CI [2.5, 12.1]) 더 높다. 마찬가지로, 구분 기호 뒤에 *which*가 사용될 오즈는 구분 기호 없이 *which*가 사용될 오즈보다 53.8배(95% CI [12.9, 376.4]) 더 높다. 또한, 문장이 길어질수록 *which*를 사용할 가능성이 더 높아진다. 각 단어가 추가될 때마다 오즈는 1.1배(95% CI [1.02, 1.15]) 증가한다.

여기까지가 연구의 결과이다. 그러나 여전히 남아있는 의문은 컴퓨터가

---

24 각 변수의 기준값으로는 관계대명사 *that*, 미국식 변이, 구분 기호 존재, 제한절, 목적어로서의 통사 기능이 설정되었다.

과연 옳았을까 하는 것이다. 컴퓨터의 제안을 절대적인 규칙으로 받아들인다면 대답은 확실히 "아니요"이다. 이 연구는 *which* 와 *that*의 사용을 선호하거나 기피하는 다양한 요인들의 조합이 있다는 것과 이러한 요인들은 확실성이 아닌 확률(정확히 말하면 오즈)로 해석되어야 한다는 것을 보여주었다.

4.6　연습문제

1. 표 4.14의 주제와 연구 질문을 살펴보자. 언어 자질 연구 설계가 적절한지 '예/아니요'로 결정한다. '예'이면 적절한 어휘 문법 프레임을 정의한다. 첫 번째 행의 답들은 예시로 주어졌다.

표 4.14　적절한 연구 설계

주제: 연구 질문	언어 자질(예시)	언어 자질 연구 설계?	어휘-문법 프레임
여격 교체: 영어에서 여격 교체에 영향을 미치는 요인들은 무엇인가?	*She handed the student the book.* *She handed the book to the student.*	예	모든 여격 구문들
a/an: 언제 영어 구어에서 비표준 버전의 부정 관사 (모음으로 시작하는 단어 앞)를 사용하는가?	*an apple, a apple*		
욕설: 화자가 더 강한 욕설이나 약한 욕설을 사용하는가?	*fuck, cunt, motherfucker etc. vs damn, crap, hell etc.*		
소유격 교체: 's와 of 소유격의 선택에 영향을 미치는 요인들은 무엇인가?	*president's speech, the speech of the president*		
인식양태 표지(epistemic markers): 코퍼스 자료가 '우리가 확신한다고 말할 때는 확신하지 않을 때이다.'(Halliday)라는 가설을 지지하는가?	*This is certainly the case.* *This is maybe the case.*		
THIS 수반/미수반 명사: *this* 뒤를 따르는 명사의	*This is an example.* *This sentence is an*		

존재에 영향을 미치는
요인들은 무엇인가?　　*example.*

2. 다음 교차표를 분석하여 행과 열의 합계와 전체 총합계를 추가해 보자.
   영국 영어와 미국 영어에서 *must, have to, need to*의 사용에 차이가
   있는가? 이 질문에 답하는 데 도움이 되는 백분율을 추가하고 카이제곱
   검정(절대 빈도 사용)을 계산해 보자.

변이	양태			합계
	must	*have to*	*need to*	
미국 영어	352	355	201	
영국 영어	448	405	190	
합계				

3. 그림 4.8의 모자이크 플롯을 해석해 보자. 이 플롯은 백만 단어로 구성된
   영국 영어 코퍼스 BE06에서 강한 의무를 나타내는 세 가지 조동사 표현
   *(must, have to, need to)*의 사용을 표시한다. 표시된 장르는 학술적 글쓰기
   ('Acad'), 소설('Fiction'), 일반 산문('General') 및 신문('Press')이다.

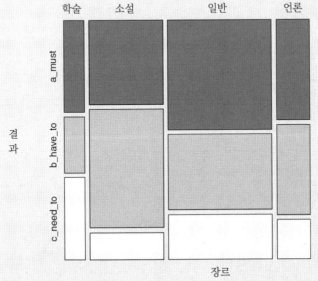

그림 4.8 영국 영어의 *must, have to, need to*(BE06)

4. 다음 모델을 해석해 보자. 이 모델은 강한 의무를 나타내는 양태 표현에 대한 연구의 로지스틱 회귀 결과에서 도출되었다. 이 연구는 다음과 같은 연구 질문을 중심으로 진행되었다.

"화자가 강한 의무를 나타내는 준조동사(*have to*와 *need to*) 대신 *must*를 사용하는 맥락은 무엇인가?"

데이터셋에서 코딩된 변수는 다음과 같다.

• 결과 변수: *must* vs *have to* 와 *need to* 조합(기준선).
• 예측 변수 1(Variety): 영국 영어 vs 미국 영어(기준선).
• 예측 변수 2(Genre): 소설 vs 일반 산문 vs 신문 vs 학술적 글(기준선).
• 예측 변수 3(Subject): *I* vs *you* vs 기타 주어(기준선).

모델 1: 변이(variety)의 주요 효과

전체 모델 통계: 가능도비 검정(Likelihood ratio test, LL): $3.52(p=0.061)$ → 유의미하지 않음; *C-index*: 0.52 → 수용 불가(NOT ACCEPTABLE); Nagelkerke R^2: 0; *AIC*: 2641.65

	추정치 (로그 오즈)	표준 오차	Z값 (Wald)	p-값	추정치 (오즈)	95% CI 하위	95% CI 상위
(절편)	-0.457	0.068	-6.711	0.000	0.633	0.554	0.723
VarietyB_BR	0.173	0.092	1.875	0.061	1.189	0.992	1.426

모델2: 변이(variety), 장르(genre)의 주요 효과

전체 모델 통계: 가능도비 검정(Likelihood ratio test, LL): $54.49(p<0.001)$ → 유의미함; *C-index*: 0.6 → 수용 불가(NOT ACCEPTABLE); Nagelkerke R^2: 0.04; *AIC*: 2596.67

	추정치 (로그오즈)	표준오차	Z값 (Wald)	p-값	추정치 (오즈)	95% CI 하위	95% CI 상위
(절편)	-0.027	0.147	-0.184	0.854	0.973	0.729	1.300

VarietyB_BR	0.163	0.094	1.738	0.082	1.177	0.980	1.416
장르B_소설	-0.870	0.165	-5.277	0.000	0.419	0.303	0.579
장르C_일반	-0.172	0.157	-1.092	0.275	0.842	0.618	1.146
장르D_Press	-0.529	0.185	-2.860	0.004	0.589	0.410	0.846

모델3: 변이(variety)와 장르(genre)의 상호작용 효과

전체 모델 통계: 가능도비 검정(Likelihood ratio test, LL): 75.54($p<0.001$) → 유의미함(SIGNIFICANT); *C-index*: 0.61 → 수용 불가(NOT ACCEP TABLE); Nagelkerke R^2: 0.05; *AIC*: 2581.63

	추정치 (로그오즈)	표준 오차	Z 값 (Wald)	p-값	추정치 (오즈)	95% CI 하위	95% CI upper
(절편)	-0.027	0.147	-0.184	0.854	0.973	0.729	1.300
VarietyB_BR	-0.857	0.288	-2.979	0.003	0.424	0.240	0.742
장르B_소설	-1.581	0.238	-6.646	0.000	0.206	0.128	0.326
장르C_일반	-0.578	0.225	-2.573	0.010	0.561	0.359	0.868
장르D_Press	-1.166	0.266	-4.387	0.000	0.312	0.184	0.522
VarietyB_BR: 장르B_소설	1.440	0.337	4.275	0.000	4.221	2.190	8.214
VarietyB_BR: 장르C_일반	0.893	0.321	2.785	0.005	2.443	1.308	4.605
VarietyB_BR: 장르D_Press	1.319	0.376	3.506	0.000	3.738	1.796	7.852

모델4: 변이(variety), 장르(genre), 주어(subject)의 주요 효과 + 변이와 장르의 상호작용

전체 모델 통계: 가능도비 검정(Likelihood ratio test, LL): 145.56($p<0.0001$) → 유의미함(SIGNIFICANT); *C-index*: 0.66 → 수용 불가(NOT ACCEPTABLE); Nagelkerke R^2: 0.1; *AIC*: 2515.61

	추정치 (로그오즈)	표준 오류	Z 값 (Wald)	p-값	추정치 (오즈)	95% CI 하위	95% CI 상위
(절편)	0.542	0.200	2.714	0.007	1.720	1.168	2.561
VarietyB_BR	-0.930	0.290	-3.210	0.001	0.395	0.222	0.693
장르B_소설	-1.318	0.242	-5.441	0.000	0.268	0.165	0.428
장르C_일반	-0.450	0.228	-1.974	0.048	0.638	0.406	0.993
장르D_언론	-1.191	0.268	-4.445	0.000	0.304	0.179	0.511
SubjectB_I	-1.084	0.174	-6.232	0.000	0.338	0.239	0.472
SubjectC_you	-0.917	0.158	-5.794	0.000	0.400	0.291	0.542
VarietyB_BR: 장르B_소설	1.482	0.340	4.353	0.000	4.400	2.267	8.620
VarietyB_BR: 장르C_일반	0.952	0.324	2.941	0.003	2.592	1.379	4.915
VarietyB_BR: 장르D_Press	1.490	0.379	3.927	0.000	4.438	2.118	9.384

기억해야 할 사항

- 어휘–문법 변이를 분석할 때는 개별 언어 맥락에 주의하고 어휘–문법 프레임을 정의해야 한다.

- 교차표는 범주형 변수의 간단한 분석에 사용될 수 있다. 빈도 외에도 교차표에는 행 합계(어휘–문법 조사에 가장 유용), 열 합계, 전체 합계를 기준으로 한 백분율도 포함될 수 있다.

- 교차표의 데이터는 모자이크 플롯을 사용하여 효과적으로 시각화할 수 있다.

- 두 개의 범주형 변수(즉, 하나의 언어 변수와 하나의 설명 변수)가 포함된 교차표에서 변수 간 관계의 통계적 유의성을 카이제곱 검정을 사용하여 검정할 수 있다. 보고되는 효과 크기는 Cramer's V(전체 효과)와 확률 또는 오즈비(개별 효과)이다.

- 로지스틱 회귀는 범주형(일반적으로 이진) 결과 변수에 대한 여러 예측 변수(범주형 및 척도)의 영향을 분석하기 위한 정교한 다변량 분석 방법이다.

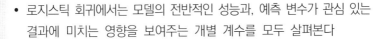

- 로지스틱 회귀에서는 모델의 전반적인 성능과, 예측 변수가 관심 있는
  결과에 미치는 영향을 보여주는 개별 계수를 모두 살펴본다

더 읽을 거리

Balakrishnan, N., Voinov, V. & Nikulin, M. S. (2013). Chi-squared goodness of fit tests with applications. Waltham, MA: Academic Press.

Friendly, M. (2002). A brief history of the mosaic display. Journal of Computational and Graphical Statistics, 11(1), 89-107.

Geisler, C. (2008). Statistical reanalysis of corpus data. ICAME Journal, 32, 35-46.

Gries, S. Th. (2013). Statistics for linguistics with R: a practical introduction. Berlin: De Gruyter Mouton, pp. 247-336.

Hosmer, D.W., Lemeshow, S. &Sturdivant, R. X. (2013). Applied logistic regression, 3rd edn. Hoboken, NJ: John Wiley & Sons.

Osborne, J. W. (2015). Best practices in logistic regression. Thousand Oaks, CA: Sage.

동반 웹사이트: Lancaster Stats Tools Online

1. 이 장의 모든 분석은 동반 웹사이트에서 제공되는 통계 도구를 사용해 재현할 수 있다. 이 장의 내용과 관련해 사용할 수 있는 도구는 다음과 같다.
   - Cross-tab
   - Category comparison
   - Logistic regression calculator

2. 이 웹사이트에서는 학생과 교사를 위한 추가 자료도 제공한다.

5. 레지스터 변이

상관관계, 군집, 요인

5.1 이 장의 내용은 무엇인가?

이 장에서는 서로 다른 텍스트와 레지스터를 특징짓는 수많은 언어 변수를 동시에 분석하는 데 사용할 수 있는 방법들을 설명한다. 먼저 상관관계를 통해 두 언어 변수 간의 관계를 살펴본다. 피어슨 상관관계(Pearson's correlation)와 비모수적 스피어만 상관관계(non-parametric Spearman's correlation)가 모두 설명될 것이다. 다음으로 계층적 군집 분석 기법(hierarchical agglomerative clustering)을 사용해 단어, 텍스트, 레지스터 등을 분류하는 방법을 살펴본다. 군집 식별(cluster identification)을 위한 몇 가지 옵션을 고려하고 군집 분석 결과(트리 플롯)의 해석 방법을 설명한다. 마지막으로, 이 장에서는 요인 분석(factor analysis)을 사용하여 여러 변수에 걸쳐 패턴을 추출하고, 요인을 변이의 기능적 차원으로 해석하는 방법론인 다차원 분석(multidimensional analysis, MD)에 대해 다룬다. 다차원 분석은 변수 선택의 초기 단계부터 요인 부하(factor loading)와 차원 도표(dimension plots)의 해석의 과정까지 설명될 것이다.

여기서는 네 가지 질문에 대한 답을 살펴볼 것이다:

- 두 언어 변수 간의 관계를 어떻게 검정할 수 있나? (5.2절)
- 단어, 텍스트, 레지스터 등을 어떻게 분류할 수 있나? (5.3절)
- 언어 변이의 다양한 차원을 어떻게 탐색할 수 있나? (5.4절)
- 이 장에서 논의한 기법을 연구에 어떻게 사용할 수 있나? (5.5절)

5.2   변수들 간의 관계: 상관관계

> **생각해 보기**
>
> 이 절을 읽기 전에 그림 5.1-5.3(산점도)을 살펴보자. 각 그래프에는
> 두 언어 변수의 상대 빈도가 x-축과 y-축에 하나씩 표시되어 있다.
> 각 점은 100만 단어로 구성된 영국식 영어 표본인 BE06 코퍼스의
> 개별 텍스트를 나타낸다. 각 그래프에서 두 언어 변수 사이에 뚜렷한
> 관계가 확인되는가?

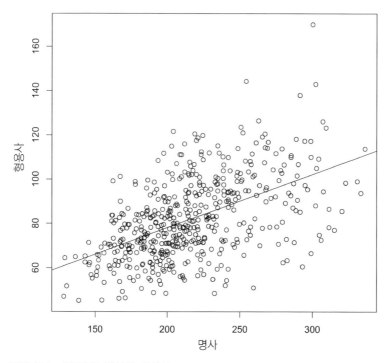

그림 5.1   BE06의 명사와 형용사

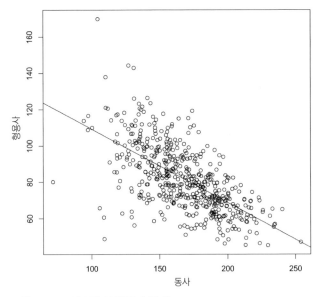

그림 5.2   BE06의 동사와 형용사

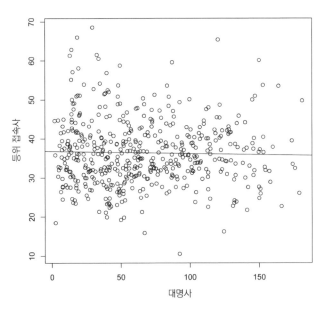

그림 5.3   BE06의 대명사와 등위 접속사

　많은 언어 변수는 텍스트 내에 함께 존재하기 때문에 어떤 식으로든 관련이 있다. 예를 들어, 영어에서 형용사는 명사를 수식하므로 일반적으로 함께 등장하는 경우가 많기 때문에 텍스트에서 형용사의 상대 빈도는 명사의 상대 빈도와 관련이 있다. 그러나 반드시 명사가 형용사를 동반하는 아니다. 그림 5.1에서 볼 수 있듯이 명사가 많은 텍스트에는 형용사도 많은 경향이 있으며, 이러한 경향은 데이터 포인트의 중간을 가로지르는 가파른 상승 회귀선(1.2절 참조)으로 강조되어 있다. 상관분석이라는 기법을 사용하여 두 언어 변수 간의 관계를 측정할 수 있다. **상관관계**(correlation)는 일반적으로 서열 또는 척도 변수(1.3절 참조)인 두 변수가 어느 정도 상관관계가 있는지를 살펴봄으로써 서로 관련이 있는지를 측정한다. 즉, 한 변수가 증가하면 다른 변수가 증가 또는 감소하거나 동일하게 유지되는지 여부를 살펴보는 것이다. 그림 5.1과 같이 첫 번째 변수(명사)의 값이 증가할 때 두 번째 변수(형용사)의 값도 증가하는 패턴을 보이면 **양의 상관관계**(positive correlation)라고 하고, 반대로 그림 5.2에서처럼 한 변수(동사)가 증가할 때 다른 변수(형용사)가 감소하면 **음의 상관관계**(negative correlation)라고 한다. 마지막으로, 텍스트에서 대명사와 등위 접속사의 상대적 빈도를 보여주는 그림 5.3에서처럼 데이터 포인트가 겉으로 보기에 무작위로 흩어져 있는 경우, 이 두 변수 사이에는 관계가 거의 없거나 상관관계가 거의 없다는 결론을 내릴 수 있다.

　상관관계에는 피어슨 상관관계와 스피어만 상관관계의 두 가지 기본 유형이 있다(Sheskin 2007: 1219-1368). 피어슨 상관관계는 척도 변수와 함께 작동하도록 설계된 반면, 스피어만 상관관계는 순위(서열 변수)를 가정한다. 척도 변수는 일부 정보를 잃는 대신 순위로 변환할 수 있지만, 반대로 순위 정보만 주어지면 자질 집합의 본래의 관측 빈도를 유추할 수 없다는 점에 유의해야 한다. 따라서 스피어만 상관관계는 척도 언어 변수(예: 그림 5.1-5.3의 변수)에도 사용할 수 있고 이를 위해서는 값을 순위로 변환해야 한다. 이는 변수 값이 크게 왜곡된 경우, 즉 평균값이 데이터를 잘 대표하지 않고 피어슨 상관관계와 관련된 p-값을 신뢰할 수 없는 경우에 수행된다. 그러나 이러한 문제가 심각한 것은 아니기 때문에 피어슨 상관계수를 척도 언어 변수를 분석하는 기본값으로 권장할 수 있다(Edgell & Noon 1984). 그렇다면 상관관계는 어떻게 계산할까? 피어슨 상관계수(r)는 다음과 같이 표현할 수 있다.

$$r = \frac{공분산(covariance)}{표준편차_1(SD_1) \times 표준편차_2(SD_2)} \tag{5.1}$$

이는 데이터의 공분산(변수가 공통적으로 가지고 있는 변동)의 정도를 해당 두 변수의 표준편차에 대한 값으로 표현하며, 여기서 표준편차의 조합은 '통계적 거리'의 표준화된 척도 단위로 사용된다. 공분산은 변수 1과 변수 2의 평균(평균$_1$과 평균$_2$)을 계산하고, 변수 1의 개별 값과 평균$_1$과의 거리를 계산한 다음, 여기에 변수 2와 평균$_2$의 거리를 곱하여 계산한다. 이는 아래 공식으로 표현된다.

$$공분산 = \frac{평균_1과\ 평균_2로부터의\ 거리\ 곱의\ 합}{총\ 사례\ 수 - 1} \tag{5.2}$$

과정이 복잡해 보일 수 있지만, 그 개념은 매우 간단하다. 예를 들어 그림 5.1을 생성하는 데 사용된 텍스트 중 5개를 추출하여 명사와 형용사 간의 관계를 살펴보면 그림 5.4와 같이 뚜렷한 양의 상관관계가 있음을 알 수 있다. 그림 5.5는 동일한 5개의 데이터 포인트로 공분산을 측정하는 방법을 보여준다. 각 데이터 포인트(원으로 표시)에 대해 두 평균으로부터의 거리를 측정하는데, 이때 평균은 수직선(점선)과 수평선(점선)으로 표시된다. 그리고 이 거리를 곱한 후에 합산한다. 그림 5.5에서 하나의 데이터 포인트(H04)를 제외한 모든 데이터 포인트가 두 평균(점선)에 의해 생성된 1사분면 또는 3사분면에 있음을 알 수 있다. 이는 평균으로부터의 거리가

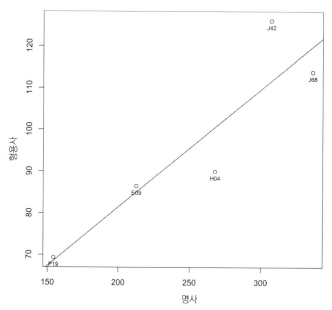

그림 5.4 상관관계: 5개 데이터 포인트

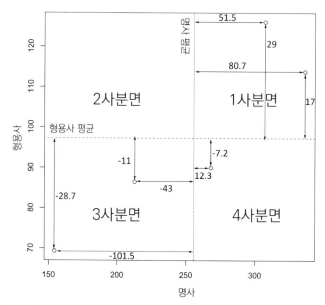

그림 5.5 상관관계: 공분산

모두 양수(1사분면)이거나 모두 음수(3사분면)이므로 두 거리를 곱한 결과 전체 합이 양수가 된다는 것을 의미한다. 반면에 대부분의 데이터 요소가 2사분면과 4사분면에 있는 경우(그림 5.2에서와 같이), 하나의 거리는 양수이고 하나의 거리는 음수이므로 곱셈과 덧셈의 결과는 음수가 된다. 마지막으로, 데이터 포인트가 네 사분면 모두에 무작위로 흩어져 있다면(그림 5.3에서처럼) 곱셈의 양수 및 음수 결과가 합산될 때 서로 상쇄되어 공분산은 0에 가까워진다.

그림 5.5의 5개 텍스트에 포함된 명사와 형용사의 공분산은 다음과 같이 계산할 수 있다:

$$공분산 = \frac{(-27.8 \times -101.5) + (-11 \times -43) + (12.3 \times -7.2) + (51.5 \times 29) + (80.7 \times 17)}{5 - 1} = 1518 \quad (5.3)$$

그런 다음 이 공분산을 피어슨 상관계수 공식에 입력하고 표준편차를 사용하여 표준화한다. 표준편차는 2장(표준편차 표본)의 방정식(2.11)에 따라 계산된다.

$$r = \frac{1518}{73.3 \times 23} = 0.9 \quad (5.4)$$

이 경우, 5개의 텍스트에서 명사와 형용사 간의 상관관계는 양수이다(그림 5.4에서 알 수 있듯이). 또한 이때 상관계수는 상당히 큰데(0.9), 상관계수는 항상 -1에서 1 사이이며 음수는 음의 상관 관계를, 양수는 양의 상관 관계를 나타낸다. 0은 해당 두 변수 사이에 선형 관계가 없음을 의미한다. 대략적으로 다음과 같은 컷오프 값이 상관관계의 크기를 나타내는 데 사용된다 (Cohen 1988: 79-80). 이는 효과 크기(effect size) 척도이다.[1]

---

[1] 효과 크기에 대한 해석은 기계적으로 적용해서는 안 되며, 해당 분야에 대한 다양한 효과 크기 값의 실제적인 의미에 주의를 기울이면서 일반적인 지침으로 사용해야 한다. 자세한 내용은 8.4절을 참조하자.

- 0 효과 없음
- ± 0.1 작은 효과
- ± 0.3 중간 효과
- ± 0.5 큰 효과

  또한, 상관계수(correlation coefficient)는 코퍼스에서 파악된 상관관계를 모집단에 일반화하기에 충분한 증거가 있는지를 나타내기 위해 p-값 또는 신뢰구간(CI)으로 보완되어야 한다. p-값은 모집단에서의 상관관계가 0(즉, 상관관계가 없음)이라는 귀무가설을 평가하는 검정 결과이다. 상관관계의 통계적 유의성은 관측(사례)의 수와 직접적인 관련이 있다. 대개 코퍼스 연구에서는 관측 횟수가 많은데 이 경우 그림 5.3의 그래프처럼 작은 상관관계일지라도 통계적으로 유의미해진다. 그러나 이러한 상관관계가 언어적 관점에서 항상 중요한 것은 아니다. 예를 들어, 그림 5.3에서 대명사와 조동사 사이의 무시할 수 있는 상관관계($r = -.029$)는 500개의 텍스트에서는 통계적으로 유의하지 않지만, 5,000개의 텍스트에서는 동일한 상관관계

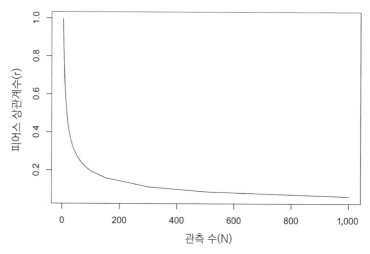

그림 5.6 관측 횟수와 통계적으로 유의한($p < 0.05$) 피어슨 상관계수의 관계

값이 p<.05 수준에서 통계적으로 유의하다. 그러나 실제 언어적 효과는 무시할 수 있는 수준이다.

그림 5.6은 관찰 횟수와 통계적으로 유의미한(p<.05) 피어슨 상관관계 사이의 관계를 보여준다. 확인되는 일반적인 추세는 관측 수가 증가할수록 더 작은 상관관계로도 유의미한 상관관계에 도달할 수 있다는 것이다. 예를 들어, 관측 데이터(텍스트 또는 화자)가 10개만 있는 경우 통계적 유의성에 도달하려면 0.63의 큰 상관관계가 필요하다. 즉, 모든 데이터 요소가 관계를 명확하게 보여야 하며, 소량의 변동만 있어야 모집단에 대한 신뢰할 수 있는 추론을 도출하기에 충분한 증거로 간주될 수 있다는 뜻이다. 관측 값이 100개이면 더 많은 변동이 허용되며 피어슨 상관계수의 임계값은 0.2로 떨어진다. 관측 횟수가 1,000이면 0.06의 무시할 수 있는 상관관계도 통계적으로 유의미하게 된다. 언어학적 관점에서 볼 때 0.06(또는 0.2)의 상관관계는 변수 간 관계의 강도 측면에서 실제적인 영향이 거의 없다. 하지만 이를 통해 언어가 어떻게 작동하는지에 대해 알 수 있기 때문에 분석 결과로서 이러한 상관관계를 보고하는 것은 여전히 중요하다. 따라서 상관관계는 효과 크기(상관계수 r)와 통계적 유의성(p-값)이 어떻게 서로 다른 두 가지를 측정하는지를 보여주는 또 다른 예이며 서로를 혼동해서는 안 된다(이 점에 대한 자세한 논의는 1.4절 및 8.4절 참조).

그림 5.4에 나타난 BE06의 5개 텍스트의 예로 다시 돌아가 보자. 텍스트는 변수 간의 관계를 매우 명확하게 보여주기 때문에 피어슨 상관관계와 관련된 p-값은 0.033이다. 이는 사례 수가 5개에 불과함에도 상관관계(0.9)가 통계적으로 유의미하다는 것을 나타낸다. 즉, 모집단에서 상관관계가 0이라는 귀무가설을 기각하기에 충분한 증거가 데이터에 있다는 것이다. 그러나 좀 더 구체적으로 모집단에서 상관관계가 얼마나 작거나 클지 추정하려면 상관관계에 대한 **신뢰구간**(confidence intervals, CI)을 계산해야 한다. 이는 컴퓨터를 통해 매우 쉽게 계산할 수 있으므로 수학적 세부 사항2을

알 필요는 없다(Lancaster Stats Tools online 도구 참조). 이제 이 수치를 해석하는 방법에 초점을 맞춰 보자. 이 예의 95% CI는 0.128에서 0.994 사이이다. 0을 포함하지 않는다는 것은 유의미한 p-값을 보였던 것과 일치하는 결과이다. 따라서 95% CI는 모집단에서 정확한 상관관계가 무엇이든 간에 어떤 경우에도 0이 아닌 양수라는 것을 나타낸다. 95% 신뢰구간3은 모집단(모든 텍스트)에서 상관관계의 실제 값을 포함할 가능성이 가장 높은 구간이다. 즉, 우리가 가진 증거(5개 텍스트)로는 상관관계가 0.128만큼 낮을 수도 있고 0.9(0.994)보다 높을 수도 있기 때문에 상관관계가 실제로 0.9만큼 높은지 확신할 수 없다. 따라서 이 결과는 신중하게 접근해야 한다.

이제 스피어만 상관관계에 대해 알아보자. 그리스 문자 $rho(\rho)$로도 표시되는 **스피어만 상관계수**(r_s)는 서열 데이터(순위)나 모수적 가정(parametric assumptions)이 위배된 척도 데이터에 사용할 수 있으며, 후자의 경우 척도 데이터가 순위로 변환된다. 여기서는 순위를 다루기 때문에 평균, 표준편차 또는 평균과의 거리를 사용할 수 없다. 대신, 순위 간의 차이를 통해 공분산을 측정한다. 따라서 스피어만 상관관계는 다음과 같이 계산된다.

$$r_s = 1 - \frac{6 \times 순위\ 차의\ 제곱\ 합}{사례\ 수 \times (사례\ 수\ 제곱-1)} \tag{5.5}$$

그림 5.4의 5개 텍스트를 다시 살펴보자. 이번에는 표 5.1에서와 마찬가지로 x-축과 y-축의 값(즉, 명사와 형용사 각각의 빈도)을 순위로 변환해야 한다.

---

2   공식에 관심 있는 사람들을 위해: 하한값$_z = z' - 1.96 \times \dfrac{1}{\sqrt{관측\ 횟수-3}}$; 상한값$_z = z'$ $+ 1.96 \times \dfrac{1}{\sqrt{관측\ 횟수-3}}$ 여기서 $z' = 0.5\ln\left(\dfrac{1+r}{1-r}\right)$이며, 계산된 하한값/상한값 z'는 r로 다시 변환되어야 한다.

3   95%는 동일한 모집단에서 추출된 표본 중 해당 척도의 실제 값(즉, 모집단 내 값)을 포함하는 표본의 비율을 나타낸다(1.3절 참조).

표 5.1 BE06의 5개 텍스트에 나타난 명사와 형용사 빈도 순위

파일	명사		형용사		명사-형용사	
	RF(천 단어당)	순위	RF(천 단어당)	순위	순위 차	순위 차 제곱
BE_E09	212.7	4	86.5	4	4 - 4 = 0	0
BE_H04	267.9	3	90	3	3 - 3 = 0	0
BE_J42	307.2	2	126.1	1	2 - 1 = 1	1
BE_J68	336.3	1	113.8	2	1 - 2 = -1	1
BE_P19	154.1	5	69.3	5	5 - 5 = 0	0

표 5.1의 순위 차 제곱과 사례 수(5)를 방정식에 입력하면 다음과 같은 결과를 얻을 수 있다:

$$r_s = 1 - \frac{6 \times (0+0+1+1+0)}{5 \times (5^2-1)} = 0.9 \tag{5.6}$$

이 경우 비모수적 상관관계(r_s)는 다시 한 번 크게 나타났고, 효과의 강도를 해석하는 데에는 피어슨 상관관계와 동일한 컷오프 값인 0.1, 0.3 및 0.5가 사용된다. 그러나 p-값이 0.05보다 크므로(p=.083) 관례에 따라 모집단의 상관관계가 0이라는 귀무가설을 거부할 충분한 증거가 없다는 결론을 내린다. 따라서 다섯 개의 텍스트는 스피어만 상관관계가 0이 아니라는 충분한 증거를 제공하지 않으며, 우리가 보고 있는 것은 우연의 결과일 수 있다. 피어슨 상관관계와 관련된 p-값과 스피어만 상관관계와 관련된 p-값의 차이는 실제 값을 순위로 변환함으로써 일부 정보가 손실되었기 때문에 귀무가설을 기각할 수 있는 힘을 잃었다는 사실로 설명할 수 있다. 이러한 이유로 피어슨 상관관계는 척도 변수에, 스피어만 상관관계는 서열 변수(순위)에 사용하는 것이 바람직할 것이다.

마지막으로 두 가지 언급이 필요하다. 첫째, 피어슨 상관관계 계수 r은 한 변수가 다른 변수와 공유하는 변동성의 양을 설명하는 데 사용할 수 있다. 이를 위해서는 계수를 제곱해야 하는데 그 곱인 r^2을 **결정계수**

(coefficient of determination)라고 하며 아래의 간단한 공식을 사용하여 계산할 수 있다:

$$결정계수(r^2) = 피어슨\ 상관계수^2 \qquad (5.7)$$

예를 들어 BE06의 명사와 형용사의 경우(그림 5.1), 상관계수 r은 .523(큰 효과)이다. 이 값을 제곱하면 0.27 또는 27%가 된다.

$$r^2 = 0.523^2 = 0.27 \qquad (5.8)$$

이것은 텍스트에서 명사의 상대 빈도와 형용사의 상대 빈도 사이에 27%의 공유되는 변동이 있는 것으로 해석될 수 있다. 그렇다면 27%는 큰 수치일까, 아니면 작은 수치일까? 27%의 변동이 설명되었다면 73%의 변동은 설명되지 않았다는 것을 의미한다. 이는 상관관계 외의 다른 변수들에 의해 설명된다. 하지만 언어는 수많은 변수가 작용하는 매우 복잡한 시스템이기 때문에 한 변수로 다른 변수의 변동을 30% 가까이 예측할 수 있다면 이는 주목할 만한 가치가 있다.

둘째, 여러 언어 변수를 다룰 때는 쌍별(pairwise) 상관관계(피어슨 상관관계 또는 스피어만 상관관계)를 계산할 수 있다. 이는 일반적으로 표(상관관계 행렬), 일련의 산점도 또는 시각화 행렬로 표시된다. 예를 들어, BE06의 명사, 형용사, 동사, 대명사, 등위 접속사를 관심 언어 변수로 생각해 보자. 이 5개 언어 변수는 어떤 관계가 있을까? 다음은 동일한 분석 결과를 표시하는 세 가지 방식이다.

그림 5.7은 데이터의 주요 경향을 탐색하는 데 사용할 수 있다. 등위 접속사(and, but, or 등)를 제외한 나머지 4개 변수들은 서로 양의 관계 또는 음의 관계를 나타내는 것을 볼 수 있다. 반면에 마지막 행이나 마지막 열에서 볼 수 있듯이 등위 접속사는 다른 단어 범주의 출현을 잘 예측하지

표 5.2 상관관계 표(피어슨 상관관계): 명사, 형용사, 동사, 대명사, 등위 접속사

	명사	형용사	동사	대명사	등위 접속사
명사	1.00**	0.52**	-0.65**	-0.79**	0.12**
형용사	0.52**	1.00**	-0.63**	-0.59**	0.12**
동사	-0.65**	-0.63**	1.00**	0.81**	-0.14**
대명사	-0.79**	-0.59**	0.81**	1.00**	-0.03
등위 접속사	0.12**	0.12**	-0.14**	-0.03	1.00**

**p<.01

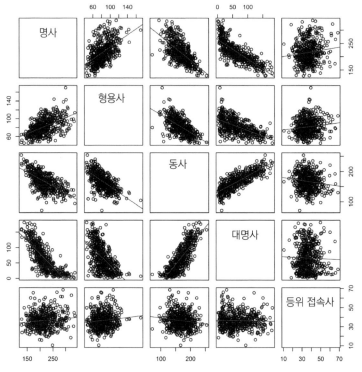

그림 5.7 멀티 패널 산점도: 명사, 형용사, 동사, 대명사, 등위 접속사

못한다.

초기 관찰은 표 5.2에 나타난 피어슨 상관관계를 보고 확인할 수 있는데

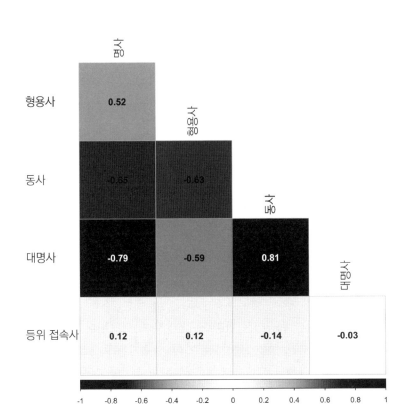

그림 5.8 상관관계 행렬: 명사, 형용사, 동사, 대명사, 등위 접속사

그 값은 작은 값(0.12)에서부터 큰 값(0.81)까지 분포하고 있다. 대각선상의
자기 자신과의 관계는 서로 완벽한 상관관계(1.00)라는 것이 명백하므로
무시된다. 표에서 가장 작은 값은 0에 매우 근접한 값(-0.03)으로 변수 간에
관계가 없음을 나타낸다. 500개 사례(텍스트)의 경우 작은 상관관계(0.12)도
p<0.01 수준에서 유의미한 것으로 나타났다. 유일하게 유의하지 않은
값은 거의 0에 가까운 상관관계(-0.03)이다.

표 5.2에 보고된 결과를 좀 더 시각화하여 보고 싶다면 음영의 차이를
사용하여 상관관계의 강도를 나타내는 상관관계 행렬(그림 5.8)을 사용할
수 있다. 상관관계가 강할수록 음영이 짙어진다. 이미지의 컬러 버전에서

는 서로 다른 색상을 사용하여 양의 상관관계와 음의 상관관계도 구분할 수 있다.

요약하면, 상관관계는 코퍼스에서 변수 간의 관계를 탐색하는 강력한 기법이다. 수백 또는 수천 개의 파일로 구성된 대규모 코퍼스에서는 작은 상관관계(0.1 미만)도 통계적으로 유의미할 수 있다. 따라서 언어의 다양한 자질들 간의 언어학적 관계에 대한 상관관계의 의미를 매우 신중하게 고려해야 한다.

통계 보고하기: 상관관계

1. 보고할 내용

전통적으로 상관관계(r, r_s)는 관련 p-값과 함께 보고된다. 그러나 종종 p-값 대신 신뢰구간(CI)을 보고하는 것이 선호되는데, 그 이유는 CI가 모집단에서 상관관계의 실제 값을 더 정확하게 추정할 수 있기 때문이다. 또한 상관관계의 크기(효과 크기)를 해석하는 것도 중요하다. 관찰된 상관관계는 데이터에서 유사한 상관계수 또는 문헌에 보고된 상관계수와 비교하는 것이 가장 좋다.

상관관계를 보고하는 가장 경제적인 방법(특히 표에 여러 개의 상관관계를 보고할 때 사용)은 상관관계 계수 옆에 단일(*) 또는 이중(**) 별표를 추가하는 것이다. 일반적으로 각각은 p<.05 및 p<.01을 의미한다. p-값을 입력하거나(파일 수가 많은 대규모 코퍼스의 경우 항상 매우 낮지만) CI를 명시할 수도 있다.

2. 보고 방법: 예시

• 영어 텍스트에 사용된 명사 수와 형용사 수 사이에는 뚜렷한 양의 상관관계(r = .52, 95% CI [.46, .58])가 있다. 그러나 이 값은 동사와 대명사 간의 상관관계(r = .81, 95% CI [.775, .836])만큼 크지 않은데 동사와 대명사의

상관관계 값은, 서로의 출현의 3분의 2의 정도(r_2=66%)를 설명한다.

- 영어 텍스트에 사용된 명사 수와 대명사 수 사이에는 매우 강한 음의 상관관계(r_s=-.83, p<.01)가 있다. 이는 이들의 상보적 분포를 보여준다.
- 영어 텍스트에서 동사와 형용사는 반비례 관계에 있다(r = -.63**). 동사와 명사도 마찬가지이다(r = -.65**). 동사와 등위 접속사는 작은 음의 상관관계(r = -.14**)를 보이며, 작문 스타일에 미치는 영향은 거의 관찰할 수 없다.

5.3   분류: 계층적 군집 분석

> **생각해 보기**
>
> 이 절을 읽기 전에 다음 질문을 생각해 보자. 빈도와 단어 길이를 기준으로 할 때 그림 5.9에서 어떤 색채어들이 같은 그룹에 속하게 될까? 그룹을 원으로 묶어 보자.

이전 절에서는 언어 변수 간의 관계를 살펴보고 많은 변수가 어느 정도 관련이 있다는 것을 확인했다. 이 절에서는 여러 언어 변수를 사용해 특징 지을 수 있는 '객체'(단어, 문장, 텍스트 또는 화자 등)로 초점을 맞춰 보기로 한다. 언어 자질 간의 관계를 살펴보는 대신, 이러한 자질에 의해 특징지어 지는 객체 간의 관계를 살펴볼 것이다. 우리가 던질 질문은 상대적으로 간단하며 '생각해 보기'에 기술되어 있다. 언어 변수를 기반으로 객체를 어떻게 분류할 수 있을까? 여기서는 사용 빈도와 단어 길이를 특징으로 하는 색채어의 간단한 예를 사용하기로 한다. *black*과 *white*는 가장 자주 사용되는 색채어인 반면, *aquamarine*, *turquoise*, *burgundy*와 같은 더 구체적인 용어들은 훨씬 적게 사용된다. 또한 후자의 용어는 길고 발음하기

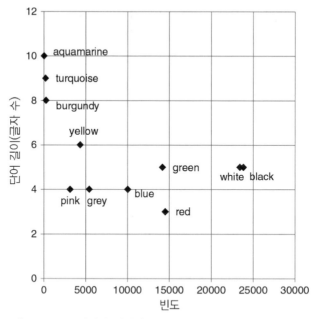

그림 5.9 BNC에서의 색채어

어려운 용어이기도 하다. 그렇다면 이러한 색채어들을 사용 빈도와 글자 수만을 기준으로 어떻게 분류할 수 있을까? 가장 확실한 방법은 도표(그림 5.9)상에서 개별 점 사이의 거리를 살펴보는 것이다. 서로 가장 가까운 점은 같은 그룹에 속할 것이다. 이 방법을 사용하면 도표에서 네 가지 주요 그룹을 인식할 수 있다. (1) *black, white* (2) *blue, red, green* (3) *pink, grey, yellow* (4) *aquamarine, turquoise, burgundy*. 그런데 거리를 정확히 측정하려면 어떻게 해야 할까? 예를 들어, *green*과 *blue* 사이의 거리를 살펴보면 그래프에서 *green*의 좌표는 [14205, 5]이고 *blue*의 좌표는 [10035, 4]이다. 그래프를 자세히 보면 x-축의 눈금(0~30k 범위)과 y-축의 눈금(0~12 범위)에 차이가 있음을 알 수 있다. 이는 매우 큰 숫자로 표시되는 BNC의 단어 빈도를 x-축에 표시한 반면, 최댓값이 10인 색채어의 글자 수를 y-축에 표시했기 때문이다. 두 축에 동일한 눈금(0~30k)을 사용하면 단어 빈도에 훨씬 더 많은 가중치를 부여하고 단어의 길이를 거의 무시하게 되어 사실상 도표가 일차원의 선으로 축소될 것이다. 이러한 척도의 비호환성 문제를 극복하기 위해 값을 z-점수$_2$로 변환할 수 있다. 아래 첨자는 3장에서와는 다른 의미로 'z-점수'라는 용어가 사용됨을 나타낸다. **z-점수**$_2$는 관심 있는 척도 변수를 표준화한 값으로, 값이 평균에서 몇 표준편차 떨어져 있는지를 나타낸다. z-점수$_2$는 서로 다른 척도로 측정된 변수에 동일한 가중치를 부여하려는 상황에서 자주 사용된다. z-점수$_2$는 변수의 각 개별 값에서 평균을 뺀 다음 표준편차로 나누어 계산한다(평균은 1장의 식 (1.1)을 사용하여 계산하고, 표준편차는 2장의 식 (2.11)에 따라 계산한다).

$$\text{z-점수}_2 = \frac{\text{값}-\text{평균}}{\text{표준편차(표본)}} \tag{5.9}$$

두 색상에 대한 새로운 z-점수$_2$ 좌표는 녹색 [0.58, -0.32], 파란색 [0.11, -0.76]이다.

그림 5.9의 그래프에서 *green*과 *blue* 사이의 거리를 계산하는 방법에 대한 질문으로 돌아가서, 한 점(a)에서 다른 점(b)까지의 최단 거리는 두 점 사이의 직선이고 이를 **유클리드 거리**(Euclidean distance)라고 한다. 이는 다음 공식에 따라 계산된다:

$$\text{유클리드 거리}(A,\ B) = \sqrt{(x_B - x_A)^2 + (y_B - y_A)^2 + (z_B - z_A)^2 \ldots} \tag{5.10}$$

x_A는 점 A의 첫 번째 좌표, x_B는 점 B의 첫 번째 좌표, y_B는 점 B의 두 번째 좌표이다. 객체의 위치를 나타내는 변수를 계속 추가하여 2차원 공간에서 다차원 공간으로 이동할 수 있다.

예제에서와 같이 두 개의 언어 변수로 생성된 2차원 공간에서는 x_A, x_B 및 y_A, y_B의 두 쌍의 좌표만 사용한다.

$$\text{유클리드 거리}(green,\ blue) = \sqrt{(0.11 - 0.58)^2 + [-0.32 - (-0.76)]^2} = 0.64 \tag{5.11}$$

다른 방법으로 A와 B 사이의 거리를 계산할 수도 있다. 뉴욕과 같은 대도시에 있고 A에서 B로 이동하려고 하는데 헬리콥터가 없다면 직선으로 갈 수 없다. 대신 한 길을 내려가서 90도 회전하여 다른 길로 내려가야 한다. 이렇게 격자를 직각으로 따라가면서 측정한 A와 B 사이의 거리를 **맨해튼 거리**(Manhattan distance)라고 한다. 이는 다음 공식에 따라 계산된다:

$$\text{맨해튼 거리}(A, \ B) = |x_B - x_A| + |y_B - y_A| + |z_B - z_A| \qquad (5.12)$$

여기서 $|x_b - x_a|$ 등은 A와 B의 좌표 차이의 절댓값, 즉 양수이다.
이 예에서 *green*과 *blue*의 경우 다음과 같이 계산된다:

$$\text{맨해튼 거리}(green, \ blue) = |0.11 - 0.58| + |-0.32 - (-0.76)| = 0.91 \quad (5.13)$$

예상대로 맨해튼 거리가 유클리드 거리보다 거리 값이 크지만, 군집 분석에 사용할 경우 두 거리 척도 모두 상당히 유사한 결과를 산출한다. 그러나 이상치(outlier)를 처리할 때는 맨해튼 거리가 더 강건하다(이상치의 정의는 1.3절 참조). 다른 유형의 거리 측정으로는 캔버라 거리(Canberra distance, 맨해튼 거리의 표준화된 형태), 제곱 유클리드 거리(Squared Euclidean distance, 멀리 떨어져 있는 객체에 더 중점을 두는 거리), 퍼센트 불일치(Percent disagreement, 범주형 변수에 사용) 등이 있다(Everitt et al. 2011).

이제 군집 분석(cluster analysis)을 시작하는 데 필요한 모든 것이 갖추어졌다. 군집 분석에는 여러 가지 유형이 있는데(Everitt et al. 2011), 코퍼스 언어학에서 비통시적 데이터4에 대해 일반적으로 사용하는 것은 **계층적 병합 군집 분석**(hierarchical agglomerative cluster analysis)이다(Gries 2013a: 336ff). 다소 어렵게 들릴 수 있는 이 용어는 사실 과정을 아주 잘 설명하는 용어이다. 개별 데이터 요소를 가져와 단계별(계층적) 절차를 통해 모든 데이터 요소를

---

4 통시적(역사) 데이터의 경우 또 다른 유형의 군집 분석인 이웃 군집 분석(neighboring cluster analysis)이 사용된다. 이 기법은 7.4절에서 설명한다.

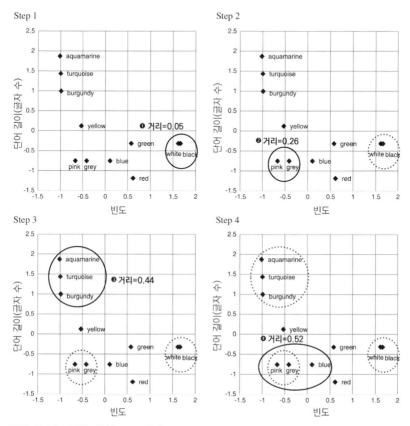

그림 5.10   군집 생성: 1-4단계

포함하는 하나의 큰 군집이 만들어질 때까지 가장 가까운 데이터 요소를
병합(즉, 응집)한다. 그림 5.10은 이 과정을 보여주며, 각 패널은 절차의
개별 단계를 보여준다.

그림 5.10에서 볼 수 있듯이, 먼저 *black*과 *white*가 작은 군집을 형성하
고, 그 다음은 *pink*와 *grey*, 그리고 *aquamarine, turquoise, burgundy*가
결합된다. 이후에는 *pink*과 *grey* 군집을 *blue*와 결합하여 더 큰 군집을
만든다(이 과정이 어떻게 수행되고 거리가 어떻게 측정되는지에 대한 구체적인 내용은
아래에서 설명됨). 이 과정을 빠르게 진행하면, 군집 분석의 모든 개별 단계와

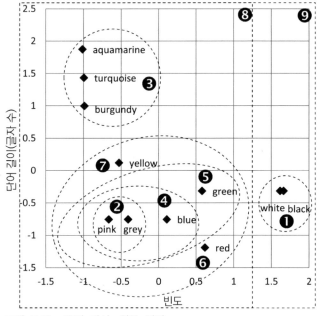

그림 5.11 군집 생성: 최종 결과

최종 결과(모든 데이터 포인트를 포함하는 하나의 군집(군집 9))를 보여주는 그림 5.11의 군집 다이어그램을 얻을 수 있다.

그러나 여러 군집이 있는 경우, 군집 다이어그램이 너무 복잡해져 읽기 어려워질 수 있다. 이러한 이유로, 군집 분석의 결과는 종종 **계층적 트리 도표**(hierarchical tree plot 또는 덴드로그램)로 표시된다. 그림 5.12의 트리 도표는 군집 분석의 개별 단계를 보여주며, 작은 가지(군집)들이 점차 하나의 큰 군집으로 수렴하는 모습을 보여준다. 트리 도표를 읽는 가장 좋은 방법은 선택된 거리 측정 방법(유클리드, 맨해튼, 캔버라 등 거리)에 의해 식별된 가장 가까운 군집부터 아래에서 위로 읽는 것이다. 데이터 포인트/군집 사이의 거리 값은 트리 도표의 높이로 표시되며, 높이가 클수록 병합되는 데이터 포인트/군집 간의 거리 값이 크다. 예를 들어, 그림 5.12에서 *black* 과 *white* 사이의 z-점수$_2$ 기반 유클리드 거리는 y-축에 나타난 것처럼

거의 0에 가깝다. 그러나 *black, white* 군집과, 나머지 데이터 포인트 간의
거리는 거의 1에 가깝다.

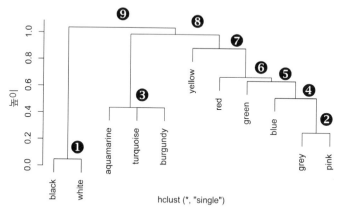

그림 5.12　색채어: 트리 도표(덴드로그램) – z-점수$_2$로 정규화,
유클리드 거리, SLINK 방법

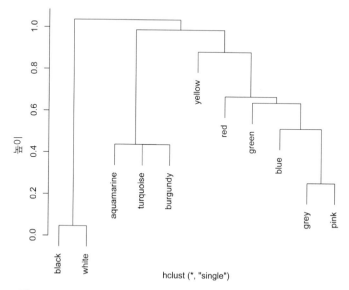

그림 5.13　트리 도표: SLINK 방법

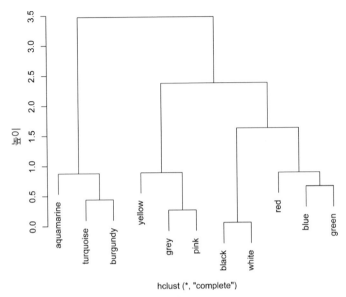

그림 5.14 트리 도표: CLINK 방법

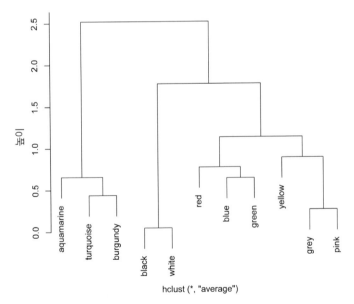

그림 5.15 트리 도표: Ward 연결법

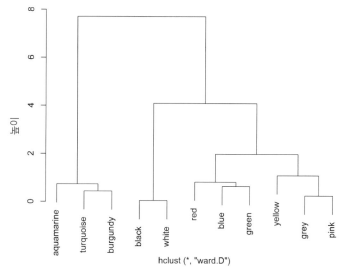

그림 5.16 트리 도표: 평균 연결법

지금까지, 작은 군집을 큰 군집으로 병합하는 방법은 간단하다고 가정했다. 그러나 군집 분석에서는 이 작업이 어떻게 수행되어야 하는지 정확히 명시해야 한다. 우리가 해야 할 질문은 작은 군집 내의 데이터 포인트 중 어느 것을 해당 군집의 위치를 대표하는 것으로 간주해야 되는가 하는 것이다. 일반적으로 네 가지 답변이 있다. (1) 병합하고자 하는 인접 군집에 가장 가까운 점(SLINK 방법), (2) 인접 군집과 가장 먼 점(CLINK 방법), (3) 없음, 모든 데이터 포인트의 상호 거리를 이들의 평균값을 통해 고려(평균 연결법), (4) 없음, 모든 데이터 포인트의 거리 합계를 제곱하여 계산(Ward 연결법). 그림 5.13-5.16에서 볼 수 있듯이 각각의 군집화 방법이 서로 다른 결과를 낳는다는 것을 인식하는 것이 중요다. 그림 5.12의 트리 도표를 생성하기 위해 SLINK(Single linkage) 방법이 사용되었다는 점에 유의하자.

항상 그렇듯이 각 방법에는 장점도 있지만 단점도 있다. 예를 들어 SLINK는 매우 간단하지만 그림 5.13의 덴드로그램 오른쪽 분기에 보이는 '연쇄(chaining)' 효과로 인해 눈에 띄는 군집 없이 상당히 느슨한 군집 구조가 만들어진다. 코퍼스 언어학에서는 Ward 연결법이 비교적 해석하기 쉬운 간결한 군집을 생성하기 때문에 가장 많이 사용되는 것으로 보인다 (Divjak & Gries 2006, Gries et al. 2009 참조).

군집 분석에 대해 마지막으로 한 가지 짚고 넘어가야 할 점이 있다. 지금까지 예제에서는 2차원 공간에서 두 가지 언어 변수를 고려했다. 군집 분석은 더 많은 언어 변수에 대해서도 사용할 수 있다. 절차는 위에서 설명한 간단한 예와 유사하지만, 여러 변수를 사용하면 다차원 공간에서 데이터 포인트 간의 거리를 살펴봐야 한다는 점이 다르다. 44개의 언어 변수를 사용한 군집 분석의 예는 5.5절에 나와 있다.

통계 보고하기: 계층적 병합 군집 분석

1. 보고할 내용

군집 분석은 주로 데이터의 패턴화를 보여주기 위한 탐색적 시각적 방법이다. 군집 식별을 위한 매개변수(데이터 변환, 거리 척도, 군집 병합 방법)와 분석 결과(트리 도표)를 모두 보고해야 한다. 연구 보고서의 방법론 절에서는 분석 절차와 사용된 매개변수에 대해 설명한다. 결과 및 논의 부분에서는 각 트리 도표(덴드로그램)에 대해 신중하게 논의해야 한다. 여기서 다루어야 할 주요 질문은 도표에서 얼마나 많은 의미 있는 요인을 관찰할 수 있는가 하는 것이다.

2. 보고 방법: 예시

• 계층적 병합 군집 기법(z-점수 변환, 맨해튼 거리, Ward 연결법)을 사용하여 데이터를 분석했다.

군집 분석 결과를 보고하고 논의하는 예는 5.5절을 참조하자.

5.4   다차원 분석(Multidimensional Analysis, MD)

생각해 보기

이 절을 읽기 전에 다음 질문에 대해 생각해 보자.

BNC에서 가져온 다음 두 글은 언어 사용의 측면에서 어떻게 다른가?

발췌문 A

MARGARET:	We shall go back, erm after Easter
BOB:	Yes
MARGARET:	hoping, permitting, you know, if it's not too expensive, it got very dear you know
BOB:	Yes, that is also a thing to
MARGARET:	Yeah
BOB:	erm, I'm, I'm feeling a bit hard up at the moment, I had a
MARGARET:	Yes
BOB:	a bill for repairing the car for two hundred and thirty pounds and 〈pause〉 so

발췌문 B

MacCulloch (1819), and later, Murchison and Geikie (1861), provided the first accounts of the geology of Lewis and Harris and the other islands which constitute the north east-south west chain of islands called the Outer Hebrides, which lies some 70 km west of the northern Scottish mainland. In 1923, Jehu and Craig produced the fi rst detailed account of the geology of this region, and followed it up with further accounts between 1925 and 1934. Thereafter, several research papers were published on the Lewisian complex, including Dearnley (1962), Myers (1970, 1971), Coward (1972, 1973) and Graham (1973);

언어의 사용자로서 우리는 다양한 문체를 구사한다. 즉, 상황에 따라 다양한 스타일의 말과 글을 사용할 수 있다. 예를 들어, 우리는 친구와 사적으로 대화할 때와 연구 보고서를 작성할 때 다른 유형의 언어를 사용한다. '생각해 보기' 과제의 두 가지 예에서 볼 수 있듯이 말하기/쓰기 스타일을 바꾸는 이러한 능력은 우리가 생산하는 언어의 장르나 영역에 직접적인 영향을 미친다. 예를 들어, 구어체 대화(발췌문 A)는 상대적으로 길고 복잡한 문장을 사용하는 학술 텍스트(발췌문 B)에 비해 짧은 구문 구조(소위 발화)를 사용한다는 것을 눈치챘을 것이다. 동시에 발췌문 B는 비격식적 발화에서 흔히 볼 수 있는 망설임(*erm*), 반복(*I'm, I'm feeling*), 잘못된 시작(*Yes, that is also a thing to ... erm, I'm*)이 없어 훨씬 더 '정제된' 느낌을 준다. 이 외에도 인칭 대명사, 축약형, 담화 표지를 자주 사용하는 등 비격식적 말하기를 특징짓는 수많은 언어 자질이 있는 반면, 학술적 글쓰기에서는 일반적으로 명사, 전치사, 피동형을 많이 사용한다.

따라서 레지스터의 언어 분석에서 우리가 직면하는 문제는 데이터에 있는 수많은 기능적 변이를 어떻게 이해해야 하는가, 그리고 체계적 변이의 기본 원칙을 살펴봄으로써 개별 레지스터를 어떻게 특징짓는가에 관한 것이다(Biber 1988; Conrad & Biber 2001). 다양한 **레지스터**(register)들은 기능적으로 정의된 언어 사용의 유형이며, 예상되는 (사회적, 학문적 등) 관습하에서의 성공적인 상호작용이라는 의사소통 목표를 달성하기 위해 다양한 언어 자질을 사용한다. **다차원 분석**(multidimensional analysis)은 많은 수의 언어 변수를 다루고 개별 언어 변수가 텍스트에서 어떻게 공존하는지를 살펴봄으로써 기능적 변이의 기본 원리를 파악하는 복잡한 절차로 Biber(1988)에 의해 개발되었다. 이는 레지스터가 서로 다른 기능을 가지고 있기 때문에 여러 가지 차원에서 서로 다르다는 간단한 관찰에서 시작된다.

완전한 다차원 분석은 (1) 관련 변수 식별, (2) 변수로부터 요인 추출, (3) 차원으로서의 요인에 대한 기능적 해석, (4) 차원에 레지스터 배치의 네 가지 주요 단계로 이루어진다. 그러나 1~3단계를 건너뛰고 분석 대상 코퍼스의 레지스터와 Biber(1988)의 원래 연구(Conrad & Biber 2001)에서 식별된 레지스터의 비교에 초점을 맞추어 Biber(1988)의 차원과 단순 비교를 수행할 수도 있다. 네 단계를 하나씩 살펴보자(Friginal & Hardy 2014 참조).

1단계: 관련 변수의 식별

통계 분석(2단계)을 수행하기 전에 코퍼스 텍스트에서 다양한 언어 변수를 식별해야 한다. 코퍼스에는 다양한 레지스터(예: 비격식 발화, 뉴스 보도, 학술적 글쓰기, 대중 소설 등)가 포함되어야 하며, 관련 변수, 즉 코퍼스의 레지스터를 구분할 수 있는 변수를 식별해야 한다. 예를 들어, 5.2절에서 언급한 모든 변수는 레지스터 식별에 중요한 역할을 한다. 일반적으로 수십 개(40개에서 140개 이상)의 변수가 식별되며, Biber(1988)는 표 5.3에 나열된 것과 같이 67개의 변수를 사용했다.

Xiao(2009)에서는 어휘-문법적 자질과 의미적 자질을 결합한 더 광범위한 목록(141개 항목)을 사용했다. 다차원 분석은 개별 텍스트/화자 연구 설계(1.4절 참조)를 따르며, 그림 5.17은 분석에 사용된 데이터셋의 일부 예시이다. 각 행은 개별 파일을 나타내며, 3-8열은 파일에서 Biber(1988)에 사용된 변수의 상대 빈도를 보여준다. 다차원 분석을 위해 데이터를 준비할 때는 코퍼스가 변이를 의미 있게 살펴볼 수 있는 충분한 수의 파일(즉, 샘플링 포인트)로 구성되어 있는지 확인해야 한다. 파일 수는 언어 변수 개수의 5배 이상이어야 하는 것이 이상적이지만 때로는 그보다 적은 수로도 충분할 수 있다(Friginal & Hardy 2014: 303).[5]

---

5 언어 변수 간에 강한 상관관계(0.5 이상)가 다수 존재하고, 적은 수의 샘플링 포인트라도 패턴이 명확한 경우이다.

표 5.3 Conrad & Biber(2001: 18–19)에 제시된 Biber(1988)의 전체 자질 집합

1. past tense

2. perfect aspect

3. present tense

4. place adverbials (e.g. *behind, downstairs, locally*)

5. time adverbials (e.g. *eventually, immediately, nowadays*)

6. first-person pronouns

7. second-person pronouns

8. third-person personal pronouns(excluding *it*)

9. pronoun *it*

10. demonstrative pronouns (*that, this, these, those* as pronouns)

11. indefinite pronouns

24. infinitives

25. present participial adverbial clauses (e.g. *Screaming with rage, he ran up the stairs.*)

26. past participial adverbial clauses (e.g. *Given these characteristics, it is not surprising that ...*)

27. past participial postnominal (reduced relative) clauses (e.g. *the exhaust air volume required by the 6-ft. x 4-ft. grid*)

28. present participial postnominal (reduced relative) clauses (e.g. *the currents of dissent swirling beneath the surface*)

29. *that* relative clauses in subject position (e.g. *the papers that are on the table*)

30. *that* relative clauses in object position *(e.g. the papers that she thought would be interesting)*

31. *Wh*-relatives in subject. position (e.g. *people who know him*)

32. *Wh*-relatives on object position (e.g. *people who he knows*)

33. pied-piping relative clauses (e.g. *the way in which food is digested*)

34. sentence relatives

47. hedges (e.g. *almost, maybe, sort of* [except as true noun])

48. amplifiers (e.g. completely, totally, utterly)

49. emphatics (e.g. *a lot, for sure, really*)

50. discourse particles (e.g. sentence initial *anyhow, now, well*)

51. demonstratives

52. possibility modals (*can, could, may, might*)

53. necessity modals (*must, ought, should*)

54. predictive modals (*shall, will, would*)

55. public verbs (e.g. *complain, explain, promise*)

56. private verbs (e.g. *believe, think, know*)

57. suasive verbs

(e.g. anyone, everybody, nothing)

(e.g. *We waited for six hours, which was ridiculous.*)

(e.g. *command, propose, recommend*)

12. pro-verb *do*

35. causative adverbial subordinator (*because*)

58. *seem* and *appear*

13. direct Wh-questions

36. concessive adverbial subordinators (although, though)

59. contractions (*don't*)

14. nominalizations (ending in *-tion, -ment, -ness, -ity*)

37. conditional adverbial subordinators (*if, unless*)

60. complementizer *that* deletion (e.g. *I think [Ø] he's gone already.*)

15. gerunds (participial forms functioning as nouns)

38. other adverbial subordinators (e.g. *insomuch as, such that, while*)

61. stranded prepositions (e.g. *the person that I was talking to*)

16. total other nouns

39. total prepositional phrases

62. split infinitives (e.g. I want to completely convince you that)

17. agentless passives

40. attributive adjectives (e.g. *the small room*)

63. split auxiliaries (e.g. *they have apparently sold it all ...*)

18. *by*-passives

41. predicative adjectives (e.g. *the room is small*)

64. phrasal coordination (NOUN and NOUN; ADJ and ADJ; VERB and VERB; ADV and ADV)

19. *be* as main verb

42. total adverbs

65. independent clause coordination (clause initial *and*)

20. existential *there*

43. type/token ratio

66. synthetic negation (e.g. *No evidence was found.*)

21. *that verb complements* (e.g. *We felt that we needed a financial base.*)

44. mean word length

67. analytic negation (e.g. *That's not true.*)

22. *that* adjective complements (e.g. *It's quite obvious that certain things can be sexlinked.*)

45. conjuncts (e.g. *alternatively, nevertheless, therefore*)

23. *Wh*-clauses (e.g. *I wondered what to do.*)

46. downtoners (e.g. *mildly, partially, somewhat*)

파일명	레지스터	PAST	PERF	PRES	PLACE	TIME	1PRON
BE_A01	뉴스_보도	4.35	0.89	3.86	0.45	0.59	1.58
BE_A02	뉴스_보도	3.15	0.94	3.64	0.33	0.77	0.72
BE_A03	뉴스_보도	4.12	1.52	5.11	0.34	0.34	0.39
BE_A04	뉴스_보도	6.68	0.95	2.79	0.4	0.75	0.35
BE_A05	뉴스_보도	4.36	0.62	4.15	0.67	0.88	1.66
BE_A06	뉴스_보도	3.45	1.18	4.28	0.05	0.41	0.31
BE_A07	뉴스_보도	2.99	1.42	4.35	0.3	0.51	0.56
BE_A08	뉴스_보도	4.67	0.68	3.46	0.47	0.84	1.89
BE_A09	뉴스_보도	5.44	0.64	5.79	0.25	0.74	1.68
BE_A10	뉴스_보도	6.85	0.77	3.76	0.39	0.82	1.74
BE_A11	뉴스_보도	3.96	0.84	3.96	0.5	0.74	0.45
BE_A12	뉴스_보도	5.32	1.27	5.27	0.61	0.2	2.68
BE_A13	뉴스_보도	4.16	1.57	4.31	0.51	0.25	0.66
BE_A14	뉴스_보도	2.78	0.36	4.84	0.36	0.21	1.08

그림 5.17 다차원 분석을 위한 데이터셋(소규모 추출)

2단계: 여러 변수로부터 요인 추출하기

요인 추출은 요인 분석이라는 통계 기법을 사용하여 수행된다. **요인 분석**(factor analysis)은 많은 수의 언어 변수를 각각 여러 언어 변수를 결합한 소수의 요인으로 줄이는 복잡한 수학적 절차이다. 이는 변수 간의 상관관계를 고려하여 수행되며(상관관계에 대한 설명은 5.2절 참조), 양의 상관관계든 음의 상관관계든 상관관계가 있는 변수는 서로 연결되어 있으므로 동일한 요인의 구성 요소로 간주된다. 양의 상관관계는 변수가 데이터에서 동일한 패턴으로 나타나는 것을 의미하며, 음의 상관관계는 상보적 분포, 즉 한 변수가 높은 빈도로 나타나면 다른 변수는 드물게 나타나고 그 반대의 경우도 마찬가지인 관계이다. 따라서 **요인**은 데이터에서 보다 일반적인 경향(기저 차원 - 3단계 참조)을 요약하는 관련 언어 변수의 그룹이다. 요인이 포착하는 언어 변수의 이러한 상호 연결성은 레지스터의 핵심적 기능 자질

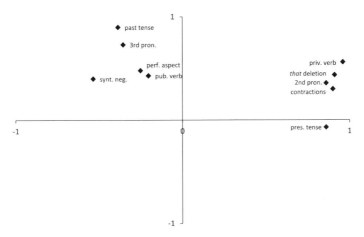

그림 5.18   데이터 축소: 10개 변수를 2개 요인으로

을 직접적으로 반영하며, 화자/작가가 주어진 상황에 적합한 스타일을 채택하기 위해 서로 다른 언어 자질을 어떻게 결합하는지 이해하는 데 도움이 된다. 예를 들어, 우리는 인칭 대명사, 축약형, 현재 시제 동사, *believe, think, know*와 같은 동사들이 비격식성과 화자의 개인적인 참여를 표현하기 위해 '팀을 이룬다'는 것을 알고 있으며, 이는 소설이나 비격식 발화와 같은 레지스터의 전형적인 특징이다.

그림 5.18은 실제 언어 데이터를 사용해 요인 분석의 주요 원리를 보여주지만 변수와 요인의 수는 일반적으로 고려되는 것보다 적다(위의 1단계 참조).[6] 10개의 언어 변수는 두 개의 요인으로 결합되었다. 요인 1은 사적 동사(private verbs; 예: *believe, think*), *that* 생략, 현재 시제 동사, 축약형, 2인칭 대명사로 구성되며 요인 2는 과거 시제 동사, 3인칭 대명사, 완료상, 공적 동사(public verbs; 예: *complain, promise*), 통사적 부정으로 구성된다. 요인 1은 가로선(x-축)으로 표시되고 요인 2는 세로선(y-축)으로 표시된다. 데이터 포인트(다이아몬드)는 개별 언어 변수를 나타낸다.

---

6   이 그림은 Field et al.(2012: 753ff)을 참고한 것이다.

3단계로 넘어가기 전에 세 가지 중요한 세부 사항을 짚어보자. 첫째, 요인 분석을 수행하기 전에 개별 언어 변수가 데이터셋의 다른 변수와 합리적인 수준(0.3 이상)의 상관관계가 있는지 확인해야 한다. 그렇지 않으면 변수를 요인으로 묶을 수 없다. 이는 변수 쌍 간의 피어슨 상관계수를 살펴봄으로써 확인할 수 있으며, 상관계수는 일반적으로 각 변수와 나머지 변수들 간의 상관관계가 표시된 상관행렬의 형태로 나타낸다.7 다른 변수와 상관관계가 없는 변수는 추가 분석에서 제외할 수 있다.

둘째, 요인 분석 결과를 최적화하기 위해 요인(그림 5.18의 두 축으로 표시됨)이 일반적으로 관련 변수의 중간을 통과하도록 회전시키는데, 이렇게 하면 요인이 핵심 변수를 더 잘 나타낼 수 있다. 다양한 종류의 회전이 가능하다(varimax, promax 등). 언어 데이터를 다루기 때문에 언어의 모든 것이 어느 정도 연관되어 있다고 가정할 수 있으므로 이러한 유형의 분석에 적합한 회전은 요인을 나타내는 선 사이에 비스듬한 각도가 있는 promax(사각 회전)이다. 그러나 비언어적 유형의 분석에서의 기본값인 varimax(직각 회전)를 선택할 수도 있다. 회전의 원리는 그림 5.19에서 볼 수 있다.

셋째, 추출할 요인의 수를 결정해야 하는데 가능한 한 적은 수의 요인으로 데이터의 변동을 설명하는 것이 목표이다. 왜냐하면 요인 분석의 전체적인 목적은 많은 수의 언어학적 변수를 소수의 기저 요인으로 축소하는 것이기 때문이다. 결정을 돕기 위해 스크리 도표(scree plot)를 생성하는 시각화 기법이 사용된다. **스크리 도표**는 그림 5.20에 예시된 그래프로, 얼마나 많은 요인을 추출해야 하는지를 알려준다. 이 그래프는 x-축에 요인(각각 작은 삼각형으로 표시됨)의 수를 표시하고 y-축에 고윳값을 표시한다. **고윳값**(eigenvalue)은 요인이 데이터에서 얼마나 많은 변동을 설명하는지

---

7 때로는 상관관계 행렬을 살펴보는 것 외에도 변수 간에 필요한 최소한의 관계(즉, 0과 유의미하게 다른 변수)가 있는지 확인하는 공식 통계 검사인 바틀렛 검정(Bartlett's test)을 수행하기도 한다.

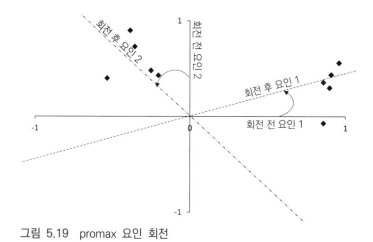

그림 5.19   promax 요인 회전

측정하는 값으로, 값이 클수록 좋다. 고윳값은 수학적으로 모든 변수에 대한 요인 부하량을 제곱한 값의 합이다. 변수의 요인 부하가 높으면 해당 변수는 요인의 중요한 부분이다. 그렇다면 얼마나 많은 요인을 추출할지 어떻게 알 수 있을까?

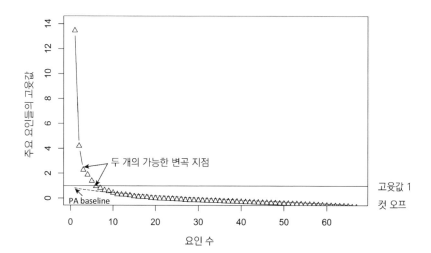

그림 5.20   요인 추출: 스크리 도표

이 질문에 대한 답은 다양하다. 고윳값이 1 이상인 요인(Kaiser 1960)이 추가 분석을 위해 고려되는 경우가 많다. 이 기준을 그림 5.20의 스크리 도표에 적용하면 5개의 요인을 추출할 수 있다. 또 다른 기준은 스크리 도표에서 고윳값의 급격한 하락이 끝나고 도표의 곡선이 평준화되기 시작하는 지점을 살펴보는 것이다. 그림 5.20에는 3개 요인 또는 6개 요인을 가리키는 2개의 명확한 변곡 지점이 있다. 마지막으로, 병렬 분석(Parallel analysis, PA)은 관련 없는(무작위) 변수를 사용하여 컴퓨터 시뮬레이션(Monte Carlo)에서 얻은 고윳값의 기준선을 설정하는 데 사용되기도 한다. 추출된 요인은 이 기준선보다 높은 고윳값을 가져야 한다(Ledesma & Valero-Mora 2007, Hayton et al. 2004). 그림 5.20에서 이 기준을 충족하는 요인을 최대 9개까지 볼 수 있다. 보다 일반적으로, 우리는 상충되는 상황을 다루고 있다는 것을 인식해야 한다. 더 많은 요인을 추출하면 데이터에서 더 많은 변동을 설명할 수 있다. 반면에 고윳값이 작은 요인은 해석하기 어려운 것으로 악명이 높다(다음 3단계 참조).

3단계: 차원으로서의 요인에 대한 기능적 해석

이 단계에서는 추출된 요인을 차원으로서 기능적으로 해석한다. 추출된 각 요인을 살펴보고 요인 분석 결과로 나온 개별 변수의 요인 부하량을 검토한다. 요인 부하량(factor loadings)은 특정 요인에 대한 각 변수의 중요도를 측정한 값으로 일반적으로 -1에서 +1 사이의 값이다.[8] 표 5.4에 있는 요인 1의 해석을 예로 들면 이 요인에 기여하는 세 가지 유형의 변수를 볼 수 있다. 그룹 A: 0.35보다 큰, 높은 양의 부하를 가지는 변수(1-5), 그룹 B: 절댓값이 0.35보다 큰, 음의 부하를 가지는 변수(8-12), 그룹 C: 양과 음 모두 낮은 요인 부하량, 즉 절댓값이 0.35보다 작은 변수(6과 7).

---

8   요인 간 상관관계가 허용되는 promax 회전에서는 요인 부하량의 절댓값이 1보다 클 수 있다.

표 5.4   요인 1: 개별 자질들의 요인 부하량 [a]

자질	요인 부하량	변수[a]
1. contractions	0.906	
2. 1st pers. pron.	0.67	
3. 2nd pers. pron.	0.605	Group A
4. adverbs	0.576	
5. *that* deletions	0.546	
6. possessive pronouns	0.219	Group C
7. gerunds	-0.227	
8. nominalizations	-0.408	
9. attributive adjective	-0.465	
10. passives	-0.518	Group B
11. prepositional phrases	-0.607	
12. other nouns	-0.778	

[a] 설명을 위해 변수들의 목록을 줄였다.

요인 1은 다음과 같이 해석할 수 있다. 먼저 양의 부하량이 높은 변수(그룹 A)를 살펴보자. 이러한 변수들은 텍스트에서 함께 출현하며 공통된 의사소통 기능을 가지고 있다고 가정할 수 있다. 이 그룹의 자질들을 살펴보면 2인칭 대명사, 축약형, 부사 및 *that* 생략이 자주 사용되는 비격식적이고 상호작용이 많은 언어를 나타내는 것을 알 수 있다. 다음으로, 요인 부하량이 음수인 변수(그룹 B)는 양수인 변수와 상보적인 분포를 보인다. 즉, 그룹 A의 변수가 높은 빈도로 나타나는 텍스트에서는 드물게 나타나고 그 반대의 경우도 마찬가지이다. 그룹 B의 변수들은 피동형과 여러 수식된 명사 및 *-tion, -ment, -ness, -ity*로 끝나는 명사형들로, '학술 유형 기술(academic-type description)'로 분류할 수 있는 의사소통 기능을 공유한다. Biber(1988)는 첫 번째 요인을 (유사한 연구 결과에 근거하여) 참여적 (Involved, 그룹 A 변수들) 대 정보적(Informational, 그룹B 변수들) 생산의 차원으로 해석한다. 요인 부하량이 낮은 변수(그룹 C)는 해당 요인에 크게 기여하지 않기 때문에 무시할 수 있지만, 이러한 변수는 일반적으로 다른 요인에서 높은 부하량을 갖는다. 실제로 각 변수는 절댓값이 0.35 이상의 가장 높은 부하량을 가지는 요인에 한 번만 고려되는 것이 일반적인 원칙이다.

4단계: 레지스터를 차원에 배치

마지막 단계는 레지스터를 차원(dimension)에 배치하는 것이다. 이 단계에서는 각 요인에 높은 부하를 주는 변수가 출현하는 텍스트의 유형을 살펴봄으로써 3단계에서 도출한 차원의 의사소통 기능을 해석하는 데 도움을 받을 수 있다. 먼저 z-점수$_2$를 계산하여 데이터 집합을 표준화해야 한다(그림 5.17 참조). 우리가 이미 알고 있듯이 z-점수$_2$는 표준편차를 측정 단위로 사용하는 표준값으로, 언어 자질이 빈번한지 드문지, 같은 척도로 측정되는지 다른 척도로 측정되는지에 관계없이 각 변수에 동일한 가중치 (영향력)를 부여할 때 사용한다. z-점수$_2$는 5.3절의 식 (5.9)를 사용하여 계산한다.

그 후 각 텍스트에 대한 차원 점수를 다음과 같이 계산한다:

$$\text{차원 점수}_{텍스트} = \text{변수1}_{그룹A} + \text{변수2}_{그룹A} \cdots - \text{변수1}_{그룹B} - \text{변수2}_{그룹B} \qquad 5.14$$

차원 점수는 양(+)의 부하량이 높은 변수(그룹 A)의 z-점수$_2$를 더하고 음(-)의 부하가 높은 변수(그룹 B)의 z-점수$_2$를 뺀 값이다. 마지막으로, 각 레지스터의 차원 점수 평균은 동일한 레지스터에 속한 모든 텍스트의 차원 점수를 평균하여 계산한다. 이후 각 레지스터는 차원 점수의 평균값에 따라 1차원 척도로 배치된다. 이는 그림 5.21을 통해 설명할 수 있다.

차원 1에서 점수가 높은 레지스터는 상호작용이 많이 일어나는 다양한 유형의 소설들임을 알 수 있다. 이들은 차원 1의 '참여적(involved)' 끝부분에 배치된다. 반면에 정부 문서와 학술적 글쓰기는 차원 점수가 낮고 '정보적

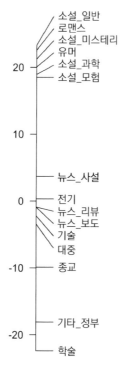

One-way ANOVA: $F(14, 485) = 64.42; p < .001, r^2 = 65.03\%$

그림 5.21 차원 1에 배치된 레지스터들의 평균 점수
: 참여적(involved) 대 정보적(informational)

(informational)' 끝부분에 몰려 있다. 다른 레지스터는 그 중간 어딘가에 있으며, 일부는 참여적 레지스터 끝부분에 가깝고 다른 일부는 정보적 레지스터 끝부분에 가깝다.

또한 차원 1에 배치된 레지스터 간에 통계적으로 유의미한 차이가 있는지 테스트하기 위해 일원분산분석(ANOVA)을 수행하고(자세한 내용은 6.3절 참조), 이 요인으로 설명되는 레지스터의 변동량을 나타내는 R^2도 보고한다. 이러한 레지스터 배치 과정은 추출된 각 요인에 대해 반복된다.

통계 보고하기: 다차원 분석

1. 보고할 내용

다차원 분석에는 결과의 완전한 재현을 위해 여러 복잡한 단계와 통계 절차를 보고해야 한다. 분석의 성공 여부는 코퍼스에서 언어 변수를 자동으로 식별(태깅)하는 것에 대한 신뢰도에 의해 직접적으로 좌우되기도 한다. 다음과 같은 정보를 보고해야 한다.

(1) 사용된 언어 변수: 모든 언어 변수는 Biber(1988)의 67개 변수와 얼마나 겹치는지에 대한 정보와 함께 나열되어야 한다. Biber(1988)의 변수를 참조하기 위해 표 5.3의 변수 목록에 있는 숫자를 사용할 수 있다(예: 현재 시제). 그러나 다차원 분석은 영어에만 국한되지 않는 보편적인 절차이므로 다른 언어에서도 유사한 관련 변수를 식별할 수 있다.

(2) 태깅 절차(즉, 어떤 태거와 태그셋을 사용했는지)와 신뢰성 확인 여부.

(3) 수행된 다차원 분석의 유형: 완전한 다차원 분석 또는 Biber(1988)의 차원과의 비교.

(4) 요인 회전 방식(예: promax 또는 varimax) 및 추출된 요인 수.

(5) 결과: (a) 요인 부하량, (b) 차원 도표, (c) 분산분석(ANOVA) 및 r^2

연구 보고서의 방법론 부분에서는 분석 절차와 사용된 매개변수에 대해 설명한다. 결과 및 논의 부분에서는 각 차원 도표에 대해 신중하게 논의해야 한다. 이 방법으로 밝혀낸 레지스터의 근본적인 기능적 변이는 무엇인지가 해결해야 할 주요 질문이 된다.

2. 보고 방법: 예시

상황에 맞는 예시는 5.5절을 참조하자.

5.5 응용: 뉴질랜드 영어의 레지스터

이 작은 연구는 Richard Xiao의 세계 영어에 대한 다차원 탐구(Xiao 2009)에서 직접적으로 영감을 받았다. Xiao는 영국, 홍콩, 인도, 필리핀, 싱가포르에서 사용되는 영어의 특징을 살펴봤지만 이 연구는 뉴질랜드 영어에 초점을 둔다. 이 연구는 뉴질랜드에서 생산된 문어(40%)와 구어(60%)로 구성된 100만 단어 코퍼스인 ICE-NZ 코퍼스(Vine 1999)를 기반으로 한다. 표 5.5는 이 코퍼스에 포함된 레지스터의 분포를 보여준다.

표 5.5 ICE-NZ의 레지스터

레지스터	텍스트 수
1. Spoken-dialogue-private (conversations)	100
2. Spoken-dialogue-public	80
3. Spoken-monologue-unscripted	70
4. Spoken-monologue-scripted	50
5. Written-non-printed-student writing	20
6. Written-non-printed-letters	30
7. Written-printed-academic	40
8. Written-printed-popular	40
9. Written-printed-reportage	20
10. Written-printed-instructional	20
11. Written-printed-persuasive	10
12. Written-printed-creative	20

우선 Biber(1988)의 67개 변수를 고려했다. 이 중 ICE-NZ의 구어 하위 코퍼스에서 변수를 식별하는 데 문제가 없도록 코퍼스의 문장 구조에 의존하지 않는 44개의 변수를 선택했다.[9] 다음은 이러한 변수의 목록이다(괄호

---

9 예를 들어, 문장 관계사, 문두 담화 표지, 문장 마지막에 오는 전치사 등의 변수는

안의 숫자는 Biber(1988)에서의 순서를 나타냄).

past tense (1), perfect aspect (2), present tense (3), place adverbials (4), time adverbials (5), first-person pronouns (6), second-person pronouns (7), third- person personal pronouns (8), pronoun *it* (9), demonstrative pronouns (10), indefinite pronouns (11), pro-verb *do* (12), nominalizations (14), total other nouns (16), agentless passives (17), *by*-passives (18), *be* as main verb (19), existential *there* (20), causative adverbial subordinator (35), concessive adver bial subordinators (36), conditional adverbial subordinators (37), other adver-bial subordinators (38), total prepositional phrases (39), attributive adjectives (40), predicative adjectives (41), total adverbs (42), type/token ratio (43), mean word length (44), conjuncts (45), downtoners (46), hedges (47), amplifiers(48), emphatics (49), demonstratives (51), possibility modals (52), necessity modals (53), predictive modals (54), public verbs (55), private verbs (56), suasive verbs (57), *seem* and *appear* (58), contractions (59), synthetic negation (66), analytic negation (67)

뉴질랜드 영어의 전형적인 몇 가지 다른 언어 변수도 고려되었지만 결국 제외되었다. 예를 들어 구어에서 마오리어 단어의 존재 여부를 조사하였으나 이 변수는 다른 44개의 변수와 관련이 없었으며, 모든 상관관계가 0.1 이하로 매우 작았다.10 품사 태깅을 하기 전에 코퍼스 파일을 전처리하여 모든 메타 태그와 코멘트를 삭제했다. 또한 구어 하위 코퍼스에서는 품사 태깅 오류와 특정 변수 개수가 부풀려지는 것을 방지하기 위해 준언어적 소리(*um, er, mhm, mm...*)와 불완전한 단어도 제거했다.11 마지막으로 전사 규칙에 따라 소문자 *i*로 표기된 모든 1인칭 대명사를 대문자로 표기했다. 이 연구에서 사용된 분석기인 Stanford tagger는 소문자 *i*를 외래어로

모두 문장 경계의 명확한 표시에 의존한다. 따라서 이러한 변수는 화자의 차례 (turn)를 기본 단위로 하는 ICE-NZ의 구어 하위 코퍼스에서는 사용할 수 없다.

10 그러나 마오리어 단어의 존재는 화자의 민족성, 즉 화자가 마오리어 출신인지 여부와 상관관계가 있다(r = .436, 95% CI [.34, .524]).

11 예를 들어, 주저 표시인 *er*와 *um*은 구문 문맥에 따라 명사, 형용사 또는 동사로 잘못 태깅되는 경우가 많다.

일괄 태깅하기 때문에 품사 태깅 오류의 수를 줄이기 위해 이 작업을 수행해
야 했다.

코퍼스에서 44개 변수를 식별하기 위해 Stanford tagger를 기반으로
구축된 모듈인 MAT 분석기(Nini 2015)를 사용했다. 태깅 결과에서 태깅
오류와 변수 식별의 오류가 있는지 확인했다(태깅 오류에 대한 논의는 Leech
et al. 1994, Manning 2011 및 Vine 2011 참조). 그런 다음 Lancaster Stat Tools
online의 Cluster, MD 분석 도구를 사용하여 데이터를 처리했다.

여러 언어 변수를 다룰 때 첫 번째 단계는 이러한 변수 간의 상관관계를
살펴보는 것이다. 이를 위해 44개 변수 간의 피어슨 상관관계를 시각화한
44×44 상관관계 행렬을 만들었다(그림 5.22). 여기서 음영의 강도는 상관관
계의 강도를 나타낸다. 육안으로 확인할 수 있듯이 많은 수의 상관관계가
보통이거나 강하며, 이는 요인 분석을 성공적으로 수행하기 위한 전제
조건 중 하나이다. 상관관계 행렬에서 평균 단어 길이와 축약형 사용 사이

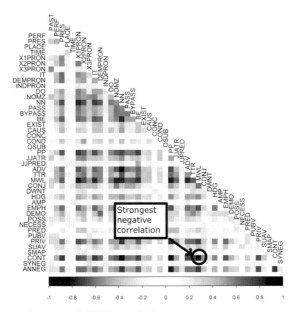

그림 5.22 상관행렬: 44개 변수

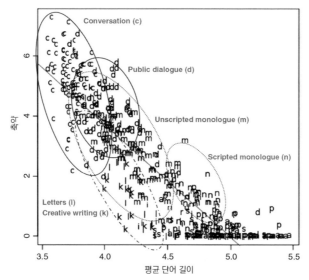

그림 5.23 평균 단어 길이와 축약형 사이의 상관관계: 레지스터 군집

에 가장 강한 음의 상관관계가 확인되었다(*r*= -.885, 95% CI [-.903, -.865]).

이 음의 상관관계는 코퍼스에서 평균적으로 긴 단어(글자 수로 측정)를 포함하고 있는 텍스트들은 축약형이 거의 없으며 그 반대의 경우도 마찬가지라는 것을 나타낸다. 이러한 상관관계는 언어학적으로 의미가 있다. 긴 어휘는 축약형을 거의 사용하지 않는 격식적인 문서에서 나타난다. 반면에 비격식적인 구어체에는 축약형과 짧은 단어가 많이 사용된다. 축약형과 평균 단어 길이 사이의 관계는 산점도를 사용하여 시각화할 수 있다(그림 5.23).

여기서 우리는 이 두 변수만으로도 서로 다른 레지스터를 구분하는데 도움이 될 수 있음을 알 수 있다. 2차원 공간의 왼쪽 상단 모서리에는 비격식 대화(conversation)가 군집화되었다. 대각선을 따라 내려가면 공적 대화(public dialogue), 대본 없는 독백(unscripted monologue), 편지(letters) 및 창작 글(creative writing, 왼쪽)과 대본 있는 독백(scripted monologue, 오른쪽)이 겹쳐진 군집 볼 수 있다. 이는 점차적으로 줄어드는 축약형 수와 늘어나는

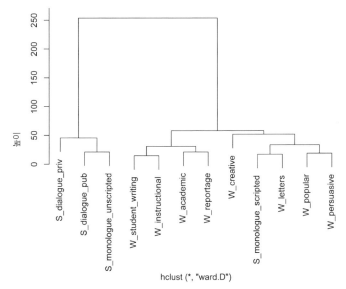

그림 5.24 클러스터 플롯: 뉴질랜드 영어의 레지스터들

평균 단어 길이로 표시된다.

그림 5.23의 2차원 공간을 넘어 44개의 변수를 모두 사용하면 레지스터를 훨씬 더 정확하게 구분할 수 있다. 이를 위해 먼저 전체 데이터셋에 계층적 병합 군집 기법[12]을 사용했다(변수 44개, 변환 없음, 맨해튼 거리, Ward 연결법). 결과 군집 도표는 그림 5.24에 나와 있다.

그림 5.24에서 편지(letters)와 함께 군집을 이루는 대본 있는 독백을 제외하고는 말과 글이 명확하게 구분되는 것을 볼 수 있다. 대본 있는 독백이 글쓰기에 더 가까운 것은 대본 있는 구어는 말하기 위해 쓰여진 특정한 텍스트 유형이기 때문에 예상할 수 있는 일이다. 전체적으로 세 가지 주요 군집이 확인된다. (1) 구어 군집(사적 및 공적 대화와 대본 없는 독백), (2) 보다 형식적인 글쓰기 군집(학생, 교육, 학술 및 보도 글쓰기), (3) 덜 형식적인 글쓰기 + 대본 있는 독백 군집(창작, 편지, 대중적 글쓰기, 설득 글쓰기 및 대본 있는

---

12 군집들은 각 레지스터에 대한 평균값에 기반하며, 군집 분석 전에 계산되었다.

표 5.6 뉴질랜드 영어의 요인 분석 결과: 요인 부하량

자질	요인1 부하량	자질	요인2 부하량
present tense (3)[a]	0.879	predictive modals (54)	0.75
be as main verb (19)	0.848	conditional adv. subordinators (37)	0.7
contractions (59)	0.846	suasive verbs (57)	0.57
total adverbs (42)	0.802	possibility modals (52)	0.56
emphatics (49)	0.798	necessity modals (53)	0.53
pronoun *it* (9)	0.746	[second-person pronouns (7)	0.358]
demonstrative pronouns (10)	0.739	attributive adjectives (40)	-0.453
private verbs (56)	0.713		
first-person pronouns (6)	0.67		
analytic negation (67)	0.631		
demonstratives (51)	0.629		
hedges (47)	0.596		
pro-verb *do* (12)	0.572		
second-person pronouns (7)	0.537		
causative adv. subordinator (35)	0.511		
existential *there* (20)	0.472		
by-passives (18)	-0.492		
nominalizations (14)	-0.512		
suasive verbs (57)	-0.519		
agentless passives (17)	-0.558		
perfect aspect (2)	-0.632		
type/token ratio (43)	-0.692		
total prepositional phrases (39)	-0.693		
mean word length (44)	-0.74		
total other nouns (16)	-0.875		

[a] 괄호 안의 숫자는 이 목록의 기반이 되는 Biber(1988)의 변수 제시 순서를 나타낸다(표 5.3 참조).

독백)이다. 또한 44차원 공간에서 레지스터 사이의 거리를 나타내는 도표의 y-축 높이를 보면 이러한 군집의 내부 구조를 확인할 수 있다. 군집화

기법은 매우 강력하지만, 개별 레지스터를 특징짓는 다양한 언어 변수 그룹
(요인)을 구분하지는 못한다. 실제로 군집 분석은 44차원 공간을 44개의 모든
변수의 기여도를 결합한 단 하나의 차원으로 축소하여 트리 도표의 높이로
표시한다.

   데이터에서 더 많은 차원을 탐색하기 위해 다차원 분석이 수행되었다.
지면의 제약으로 인해 이 분석 결과의 일부 하위 집합(처음 두 가지 요인/차원)
만 보고한다. Biber(1988)의 차원(Biber의 67개 변수의 전체를 사용할 수 없음)과
비교하는 대신 완전한 다차원 분석(full MD)을 수행했다. 요인 분석(promax
회전)을 사용하여 4개의 요인을 추출한 다음 이를 차원으로 해석했다. 추출
할 요인의 수에 대한 결정은 스크리 도표의 변곡 지점을 기준으로 했다.
표 5.6은 절댓값이 0.35 이상인 변수의 요인 부하량을 나타내는 요인
1과 2를 보여준다.

   첫 번째 요인에는 두 번째 요인보다 관련성 있는 부하를 가진(절댓값이
0.35 이상인) 변수가 더 많이 포함되어 있음을 알 수 있다. 요인 1의 긍정적(+)
자질에는 현재 시제 동사, 주동사로서의 be, 축약형, 부사, 사적 동사,
대명사 등이 포함된다. 부정적(-) 자질에는 명사 및 전치사 사용량, 긴
단어, 어휘 다양성(타입/토큰 비율), 피동형 사용 등이 포함된다. 기능적으로
긍정적인 자질은 화자의 참여도가 높고 비격식적인 스타일을 나타낸다.
반면에 부정적인 자질은 정보가 풍부한 보다 격식적인 학술 레지스터에서
나타난다. 이러한 자질의 분포는 Biber(1988)의 차원 1과 일치하기 때문에
이 차원에는 참여적(Involved) 대 정보적(Informational)이라는 Biber가 붙인
이름을 그대로 유지했다. 그림 5.25는 차원 1에 따른 개별 레지스터 분포를
보여주는데, 구어 레지스터(대본 있는 독백13 제외)가 문어 레지스터보다 차원
1의 참여적 레지스터에 더 가깝게 분포되어 있다. 예상대로 가장 관여도가

---

13 대본 있는 독백이 그림 5.24의 트리 도표에서 문어 레지스터와 함께 군집화되었
   다는 점에 유의해야 한다.

높은 레지스터는 사적 대화이며, 가장 정보적인 레지스터는 학술적 글쓰기와 신문 보도이다. 또한 앞서 살펴본 고려한 가장 강력한 음의 상관관계를 보이는 두 변수인 축약형과 평균 단어 길이(그림 5.22 참조)가 차원 1에서 매우 높은 부하량을 보인다는 점도 주목할 필요가 있다. 이는 이 두 변수가 개별 레지스터를 효과적으로 구분할 수 있다는 것을 의미한다. 간단히 말해서 그림 5.25는 그림 5.23의 단순 산점도를 확장한 것이다.

요인 2를 살펴보면, 가장 큰 양의 부하량을 가지는 자질은 *command, propose, recommend*와 같은 동사뿐만 아니라 다양한 유형의 조동사, *if* 및 *unless*와 같은 조건 부사들이다. 2인칭 대명사는 요인 1의 부하가 더 높기 때문에 제외되었다. 유일한 음의 부하량을 가진 것은 한정 형용사이다. 긍정적 자질들의 기저 기능은 문어 지시 텍스트(instructional text)에서 흔히 볼 수 있는 양태화된 생산(modalized production)이며, 반대편은 학술 및 대중 정보 텍스트에 전형적인 기술적 생산(descriptive production)이다. 따라서 양태적(modalized) 대 기술적(descriptive) 생산이라는 라벨을 사용할 수 있다. 이 차원은 Biber(1988)의 차원 2인 서술적(narrative) 대 비서술적(non-narrative) 담화와는 완전히 다른 차원이다. 그러나 Biber의 차원 2의 특징은 뉴질랜드 영어에서도 두드러지게 나타나는데, 요인 3(여기서는 논의하지 않음)에서 나타난다. 마지막으로, 두 차원 모두 일원분산분석(ANOVA)을 통해 통계적으로 유의미한 차이를 보인다는 점을 언급할 필요가 있다. 그러나 차원 1의 경우 개별 텍스트의 차원 점수 변화의 83%가 레지스터 소속에 의해 설명되는 반면, 차원 2의 경우 이 수치는 40% 미만이다. 따라서 차원 1이 차원 2보다 레지스터 변화를 더 잘 예측해 준다.

Involved vs informational

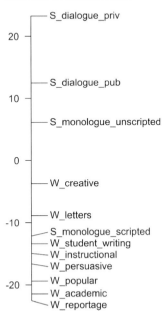

$F(11, 488) = 211.67; p < .001,$
$r^2 = 82.67\%$

그림 5.25   차원 1: 뉴질랜드 영어
(완전한 MD 분석)

Modalized vs descriptive

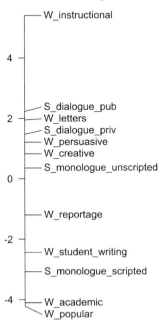

$F(11, 488) = 27.27; p < .001, r^2 = 38.07\%$

그림 5.26   차원 2: 뉴질랜드 영어
(완전한 MD 분석)

5.6   연습문제

1. BE06에서 무작위로 선택한 10개의 텍스트에서 동사와 형용사 간의 피어
슨 및 스피어만 상관 관계를 수동으로 계산해 보자. 데이터는 다음과 같다.

동사	169.9	135.0	161.7	183.0	163.1	190.8	140.7	213.9	218.0	165.2
형용사	96.0	102.6	91.9	76.5	98.8	77.6	68.4	60.3	74.4	76.5

2. 그림 5.27-5.30의 네 그래프에서 변수들 사이의 관계에 대해 무엇을 알수 있는가?

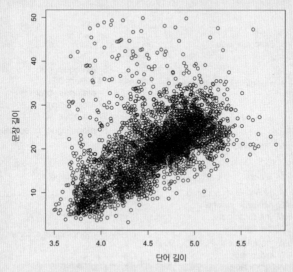

그림 5.27 BNC에서 평균 단어 길이(문자 수)와 평균 문장 길이(단어 수)의 관계

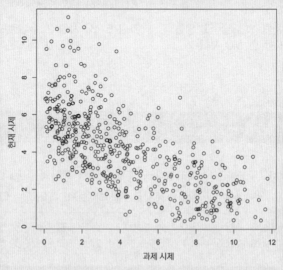

그림 5.28 BE06에서 과거 시제와 현재 시제 사이의 관계

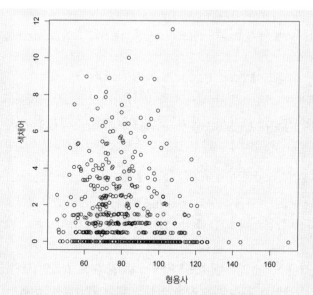

그림 5.29   BE06에서 형용사와 색채어 사이의 관계

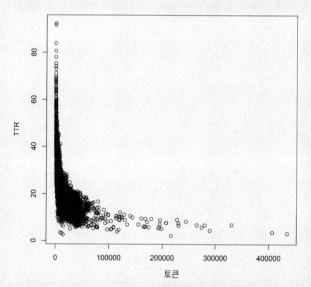

그림 5.30   BCNC에서 텍스트 길이(토큰)와 타입 토큰 비율(TTR)의 관계

3. 각 브라운 계열 코퍼스는 아래에 나열된 15가지 유형의 텍스트로 나뉜다 (1.4절 참조).

A(언론: 보도), B(언론: 사설), C(언론: 리뷰), D(종교), E(기술, 직업, 취미), F(대중 설화), G(순수문학, 전기, 에세이), H(기타 정부 문서, 재단 보고서, 업계 보고서, 대학 카탈로그, 업계 사보), J(학문 과학 저술), K(일반 소설), L(미스터리, 추리 소설), M(과학 소설), N(모험 서부 소설), P(러브 로맨스 스토리), R(유머)

이 분류는 매우 유용하지만 어떤 목적에서는 지나치게 세세할 수 있다. 개별 텍스트 유형을 기능적 유사성에 따라 더 큰 범주로 그룹화해 보자. 그 다음 그룹화를 검증할 수 있는 연구를 설계해 보자.

4. 표 5.7은 5.5절의 뉴질랜드 영어의 다차원 분석 결과인 요인 3과 4의 요인 부하량을 제시한다. 차원 도표도 함께 제공되어 있다(그림 5.31 및 5.32). 각 요인을 차원으로서 기능적으로 해석하고 각 차원의 이름을 붙여 보자.

표 5.7 뉴질랜드 영어의 요인 분석 결과: 요인 3과 4의 요인 부하량

자질	요인3 부하량	자질	요인4 부하량
past tense (1)	1.099	nominalizations (14)	0.618
third-person personal pronouns (8)	0.461	conjuncts (45)	0.499
attributive adjectives (40)	-0.304	agentless passives (17)	0.36
present tense (3)	-0.583	by-passives (18)	0.347
		time adverbials (5)	-0.444
		place adverbials (4)	-0.504

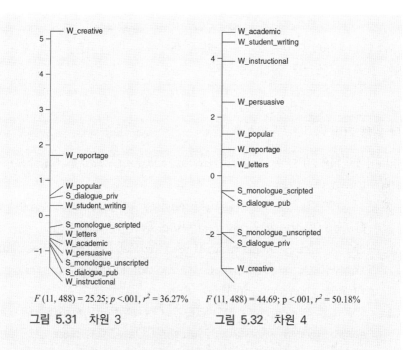

$F\,(11, 488) = 25.25;\ p <.001,\ r^2 = 36.27\%$

그림 5.31   차원 3

$F\,(11, 488) = 44.69;\ p <.001,\ r^2 = 50.18\%$

그림 5.32   차원 4

5. 동반 웹사이트에 제공된 데이터와 MD tool을 사용하여 영국과 미국의 영어 레지스터를 비교해 보자.

기억해야 할 사항

- 상관관계는 한 번에 두 변수 간의 관계를 조사하는 데 사용된다.
- 피어슨 상관관계는 척도 변수에 적합하며, 스피어만 상관관계는 서열 변수(순위)를 가정한다. 스피어만 상관관계는 중심 경향 척도인 평균이 데이터를 잘 나타내지 않는 경우(극도로 왜곡된 분포)에도 척도 변수와 함께 사용할 수 있다.
- 계층적 병합 군집 분석은 단어, 텍스트, 레지스터 등의 분류에 사용된다. 이 분석의 결과는 트리 도표(덴드로그램)이다.
- 이 장에서 설명하는 세 가지 분석 유형 중 가장 복잡한 것은 다차원

분석(MD)이다. MD는 많은 수의 언어 변수를 분석하여 소수의 요인으로 축소하는데 이는 변이의 차원으로 해석된다. 이러한 차원을 따라 다양한 레지스터를 배치할 수 있다.

더 읽을 거리

Biber, D. (1988). *Variation across speech and writing*. Cambridge University Press.

(2012). Register as a predictor of linguistic variation. *Corpus Linguistics and Linguistic Theory*, *8*(1), 9-37.

Biber, D., Conrad, S., Reppen, R., Byrd, P. & Helt, M. (2002). Speaking and writing in the university: a multidimensional comparison. *TESOL Quarterly*, *36*(1), 9-48.

Chen, P. Y. & Popovich, P. M. (2002). *Correlation: parametric and nonparametric measures*. Thousand Oaks, CA: Sage.

Conrad, S. & Biber, D. (2001) Multidimensional methodology and the dimensions of register variation in English. In S. Conrad & D. Biber (eds.), *Variation in English: multidimensional studies*, pp. 18-19. Harlow: Pearson Education.

Divjak, D. & Gries, S. Th. (2006). Ways of trying in Russian: clustering behavioral profiles. *Corpus Linguistics and Linguistic Theory*, *2*(1), 23-60.

Romesburg, C. (2004[1984]). *Cluster analysis for researchers*. Raleigh, NC: Lulu Press.

Sardinha, T. B. & Pinto, M. V. (eds.) (2014). *Multi-dimensional analysis, 25 years on: a tribute to Douglas Biber*. Amsterdam: John Benjamins.

Sheskin, D. J. (2007). *Handbook of parametric and nonparametric statistical procedures*. Boca Raton, FL: Chapman & Hall/CRC.

Xiao, R. (2009). Multidimensional analysis and the study of world

Englishes. *World Englishes*, *28*(4), 421-50.

동반 웹사이트: Lancaster Stats Tools Online

1. 이 장의 모든 분석은 동반 웹사이트에서 제공되는 통계 도구를 사용해 재현할 수 있다. 이 장의 내용과 관련해 사용할 수 있는 도구는 다음과 같다.
   - Correlation Calculator
   - Clusters
   - MD analysis

2. 이 웹사이트에서는 학생과 교사를 위한 추가 자료도 제공한다.

6. 사회언어학과 문체학
개인 변이와 사회적 변이

6.1 이 장의 내용은 무엇인가?

이 장에서는 코퍼스에서 문체적이고 사회언어학적인 변이를 분석하기 위한 다양한 통계 절차를 논의한다. 변이에 대한 다양한 접근 방식을 검토하며, 특정한 방식으로 언어를 말하고 사용하는 '스타일'이라는 개념과의 공통된 연결점을 밝힐 것이다. 논의될 통계에는 t-검정, ANOVA, Mann-Whitney U 검정, Kruskal-Wallis 검정, 대응 분석 및 혼합 효과 모델이 포함된다. 각 통계 절차는 서로 다른 유형의 사회언어학적 분석에 초점을 맞추며 특정 연구 설계를 요구한다. 그룹 비교를 위해 t-검정, ANOVA, Mann-Whitney U 검정 및 Kruskal-Wallis 검정을 사용한다. 개인의 언어 스타일은 대응 분석(correspondence analysis)을 통해 탐구할 수 있다. 전통적인(Labovian) 사회언어학적 분석은 신중하게 정의된 언어적 맥락에서의 변이에 초점을 맞추며, 혼합 효과(mixed effect) 모델을 사용하여 수행할 수 있다. 혼합 효과 모델은 코퍼스 기반 사회언어학에서 비교적 새로운 기법이다. 이 장에서는 다음 다섯 가지 질문에 대한 답을 탐구하며 논의를 진행하기로 한다.

- (사회언어학적) 변이를 어떻게 접근하고 탐구할 수 있는가? (6.2)
- 성별이나 사회 계층 등 다양한 사회적 변수들을 기준으로 화자 그룹을 어떻게 비교하는가? (6.3)
- 다수의 언어 변수를 요약하고 화자 프로파일을 생성할 수 있는 방법은

무엇인가? (6.4)

• Labovian 사회언어학적 변수들을 탐구할 수 있는 밥법은 무엇인가? (6.5)

• 이 장에서 논의된 기법들을 연구에 어떻게 사용할 수 있나? (6.6)

6.2   개인 스타일과 사회적 변이: 사회언어학적 변수는 어디서 시작되는가?

생각해 보기

이 절을 읽기 전에 실제 화자 두 명과 가상의 인물 두 명을 포함한 다음 네 명의 발화문을 살펴보자. 읽은 내용을 바탕으로 이들의 성별, 대략적인 나이 및 기타 사회적 성격을 짐작할 수 있는가? 이러한 예시들을 곧 살펴보기로 한다.

화자1	화자2
He's a <u>fucker,</u> I can't stick him he's the most snobbish little <u>cunt</u> I've ever known I'd like to see what stuff he had if he had to pay for it himself hard <u>luck</u>, no I'd like to see what he'd do with his stuff if he had to pay with it, pay for it himself. Cos he's well out of order, when you, were <u>you</u> there when he was were <u>you</u> there when he was like slamming his nine iron into one of those brick posts,	What boy? What in my school? Nick? I went out with him. I dumped him. Yeah. I dumped him on Wednesday. <u>I said</u> hey, Mac! Not this Wednesday, last Wednesday I was saying, I just said I don't think we should go out <u>no more</u>. <u>He said</u> alright. <u>I said</u> bye. <u>I said</u> I hope we can still be

that's sad
he's a twat.

재는 개××야, 내가 아는 가장 속물적인 개××야 자기가 직접 돈을 내야 한다면 어떤 물건을 가지고 있었는지 보고 싶어.
운이 없네, 아니, 직접 돈을 지불해야 한다면 어떻게 할지 보고 싶어.
왜냐면 그는 정상이 아니니까.
당신, 당신은 그가 9번 아이언으로 벽돌 기둥을 내리쳤을 때 거기 있었어요?
그는 멍청한 놈이야.

friends.
He said yeah.
I said alright I'll meet you for school, bye.
⟨laugh⟩ I went erm I hope we can still be friends.

누구?
우리 학교 뭐?
닉?
난 그와 데이트 했지.
내가 그를 떠났어.
응.
수요일에 그를 찼지.
난 이봐 맥,
이번 수요일 말고 지난 수요일 말이야. 난 우리가 이제 더 이상 데이트 해서는 안 된다고 생각한다고 했어.
그는 알았다고 했어.
난 안녕이라고 했지.
난 우리가 여전히 친구로 지낼 수 있기를 바란다고 말했어.
그는 그러겠다고 했고.
난 학교에서 보자고 했어, 안녕 ⟨웃음⟩ 우리가 여전히 친구가 될 수 있기를 바라.

화자3
Come hither Nurse. What is yond gentleman?...
Go ask his name. If he be married, My grave is like to be my wedding bed.

화자4
And fire-ey'd fury be my conduct now!
Now, Tybalt, take the villain back again That late thou gav'st me, for Mercutio's

My only love sprung from my only hate.

여기 와 봐요 유모. 저기 신사분은 누구죠?
가서 그의 이름을 물어 봐요. 그가 결혼했으면 내 결혼식 침대는 내 무덤일거야.
나의 유일한 사랑이 증오에서 싹트다니.

soul is but a little way above our heads, Staying for thine to keep him company.
Either <u>thou</u>, or I, or both, must go with him.
This shall determine that.
O, I am fortune's fool.

그리고 이제 불 같은 분노가 내 행동을 지배할 것이다! 이제 티볼트, 네가 내게 준 '악당'이란 말을 다시 가져가라.
메르쿠티오의 영혼이 우리 머리 조금 위에서 네가 그와 합류하길 기다리고 있구나.
너나 나 또는 둘 다 그와 함께 가야 한다.
이것은 그렇게 정해져 있다.
오 나는 운명의 바보로구나.

스타일 개념은 이 장에서 제공하는 분석의 핵심이다. Coupland(2007: 2)의 스타일을 광범위한 차원에서 '사회 집단, 시간, 장소와 지표적으로 연결된[1] 말하기 방식'으로 정의하는데 이에 따라 화자의 배경과 언어 공동체가 화자가 생성하는 언어에서 어떤 역할을 하는지 고찰해 볼 것이다. 스타일은 사회언어학(사회적 스타일), 문체학(문학적 스타일), 법언어학(개인적 스타일)을 연결하는 통합 개념이다. 자연 발생적 데이터이든 픽션이든, 이 장에서 논의되는 통계 절차는 우리가 말하기/글쓰기 스타일의 변이를 정량화하고 이해하는 데 도움을 줄 것이다. 이러한 변이에 관여하는 언어 변수

---

1   즉 무엇을 가리키는지.

는 개인 화자(**개인 스타일**(individual style)을 구별)와 그룹(사회적 방언 또는 **사회어**(sociolect)를 구별)에 따라 체계적인 차이를 보여준다. 그런데 이러한 변수를 어떻게 식별할 수 있을까?

Labov가 개척한 변이 사회언어학에서 사회언어학적 변수는 '같은 것을 다르게 말하는 방법'으로 정의된다(Labov 2010: 368). 예를 들어, '생각해 보기' 과제의 화자1을 살펴보면, 우리가 음성 전사본을 가지고 있거나 원래 녹음을 들을 수 있다면, *luck*, *fucker*, *cunt* 등의 단어에서 'u' 발음을 고려하여 화자가 영국의 어느 지역 출신인지를 과학적으로 추측할 수 있다. 이 단어들은 일반적으로 /ʊ/ (영국 북부 일부 방언) 또는 /ʌ/로 발음될 수 있다. 여기서 우리는 같은 의미를 가진 동일한 단어를 고려하고 있지만, (음운론적) 형태가 다르다. 또 다른 예로는 화자2의 "*I don't think* we should *go out no more*"에서와 같은 이중 부정의 사용을 들 수 있다. 이는 의미의 변화 없이 단일 부정으로 "I don't think we should go out anymore"라고 말할 수 있다. 이 두 변형의 명제적 의미가 동일하기 때문에, 우리는 다른 형태와 구분되는 특정 형태 사용의 사회적 의미, 즉 사회적 함축에 집중할 수 있다. 마찬가지로 변이를 역사적 데이터로 확장해 보면(언어 변화를 분석한 7장을 참조), 화자1이 사용한 'you'와 화자 4가 사용한 'thou'는 모두 2인칭 단수를 가리키며 Labov의 사회언어학적 변수의 정의를 만족시킨다. **Labovian 사회언어학적 변수**(Labovian sociolinguistic variable)를 정의하려면, **변수 맥락을 신중하게 정의해야**(circumscribe the variable context) 한다. 다시 말해, **변이의 범위**(envelop of variation)를 정의해야 한다(4.2절 참조). 이는 의미가 동일하게 유지되는 두 개 이상의 변이형(언어 형태) 간의 변이가 가능한 모든 위치를 텍스트에서 찾아야 한다는 것을 의미한다(Tagliamonte 2006). 이러한 유형의 사회언어학적 변수는 여러 개, 일반적으로는 두 개의 수준(변이형)을 가진 닫힌 범주이다. 이에 대한 더 자세한 논의는 6.5절을 참조할 수 있다.

비록 사회언어학적 변수의 이러한 형식적 정의가 변이 뒤에 있는 언어적 및 사회적 과정을 완전히 통제할 수 있게 해 주지만, 음운론과 단순 문법을 넘어서 다른 유형의 체계적인 변이를 살펴보게 되면 곧 한계에 도달한다 (Lavandera 1978). 예를 들어, 화자1은 사회적으로 낙인이 찍힌 언어 자질인 강한 욕설을 여러 차례 사용한다. 이러한 욕설은 분명히 사회적 의미를 지닌다. 그럼에도 불구하고 욕설은 Labov의 사회언어학적 변수에 대한 정의를 충족하지 못한다. 예를 들어, *fucker*와 *cunt*라는 단어가 공손한 발화에서 무엇으로 대체되는지 명확하지 않다. 게다가 많은 욕설은 강조어로 사용되며 담화의 어디에서나 나타날 수 있다(4.2절의 주변 변수(ambient variable)에 대한 논의 참조).

Labov의 형식적 접근법과 대조적으로, Biber(Biber & Conrad 2009 등)는 기능적 변이를 조사하며, 화자/글쓴이들이 "언어의 전체 어휘–문법적 자질 목록에서 상황과 의사소통 목적에 가장 적합한 언어 자질을 선택"하는 것에 분석의 중점을 둔다(Biber & Conrad 2009: 265). 예를 들어, 화자2의 샘플에서는 많은 보고 구조(*I said, he said, I went*)를 관찰할 수 있다. 이러한 구조들은 분명히 화자의 말하기 스타일을 나타내지만, Labovian 용어로 쉽게 분석할 수 있는 '의미를 보존하는 언어적 변이들 사이의 명확한 경쟁'은 없다. 유사하게 화자3의 은유적 언어(*My grave is like to be my wedding bed*)는 특정 화자의 스타일에 대한 함의를 명백히 가지고 있지만, 기능적으로만 분석될 수 있다. 기능적 접근은 Labov의 형식적 접근보다 더 다양한 자질을 연구할 수 있게 해주지만, 항상 명확한 것은 아니며 데이터(코퍼스)의 증거 유형과 출처에 대한 비판적 고찰이 필요하다. 이 접근법은 우리가 사용하는 (하위)코퍼스의 직접적 비교 가능성에 의존한다. 다시 말해 이런 접근은 우리가 통제하고 초점을 맞추는 변수(성별, 나이, 레지스터 등)를 제외하고는 비교 대상 코퍼스들이 모든 중요한 측면에서 유사하다고 가정한다. 따라서 기능적 접근은 Labov의 접근법이 변수 정의/선택 수준에서 다루는 문제를 코퍼스 샘플링에 위임한다고 볼 수 있다. 예를 들어 비교 대상 코퍼스들이 특정 주제의 과잉이나 부족으로 대표성을 잃고 편향되어 있다면, 이러한 비교의 타당성 자체가 위태로운 것이다.

마지막으로, '생각해 보기' 과제에서 제기된 질문에 정답을 제공해 보자 (이미 언어의 많은 개별 측면이 논의되었지만). 화자1과 화자2는 BNC에서 가져온 실제 화자들이다. 화자1은 Midlands 출신의 17세 남학생으로, 노동 계층 출신이다. 화자2는 런던 출신의 14세 여학생으로, 역시 하위 사회 계층 출신이다. 화자3(줄리엣)과 화자4(로미오)는 셰익스피어의 유명한 희곡에 나온 가상의 인물들이다. 그들은 화자 1과 2와 비교할 때 나이와 성별이 유사하지만, 사용하는 영어의 역사적 변이, 사회 계층(로미오와 줄리엣은 셰익스피어의 상상 속 베로나의 부유한 가문 출신) 그리고 무엇보다도 로미오와 줄리엣은 셰익스피어의 상상력의 산물이지 실제 인물이 아니라는 점에서 차이가 있다. 흥미롭게도 이 화자들은 분노와 공격성(화자1과 화자4)과 데이트와 구애(화자2와 화자3)라는 다소 유사한 주제들을 다루고 있다.

6.3 그룹 비교: t-검정, ANOVA, Mann-Whitney U 검정, Kruskal-Wallis 검정

생각해 보기

이 절을 읽기 전에 다음 질문을 생각해 보자.

다음의 짧은 대화를 통해 화자1의 성별을 알 수 있는가?

화자1: So, she says, oh it don't matter. She says er ⟨pause⟩ will you help me fill them in now? '그래서 그녀가 말하길, 아, 상관없어요. 그녀는 어 ⟨pause⟩ 이제 채우는 걸 도와줄래요?' I says, can I ask you a question? She says what? I says,

these forms things, I says 〈pause〉 d'ya know how to
fill them in? She says. '내가 말하죠. 질문 하나 해도 될까요?
그녀가 말해요. 뭐라고요? 내가 말해요, 이런 형태들, 내가
말해요. 〈pause〉 어떻게 채우는지 아세요? 그녀가 말해요.'
화자2: Ah. '아'
화자1: No. She said, somebody's always done it for me. '아뇨.
그녀는 누군가 항상 나를 위해서 그 일을 했다고 말했어요.'
화자2: Annette's done them. '아네뜨는 그랬죠.'

위의 대화는 BNC에서 추출한 150만 단어 분량의 비격식 발화 샘플인
BNC64(Brezina 2013)에서 가져온 것이다. 이 샘플은 여러 가지 이유로 주목
할 만한데 먼저 화자1의 잦은 대명사의 사용을 들 수 있다. 빈번한 인칭
대명사의 빈도는 (사회)언어학적 변수로서 주의를 기울일 필요가 있다. 그럼
이 자질은 화자의 성별을 구별하는 데 도움이 될 수 있을까? 인칭 대명사의
사용이 사회언어학적 표지라고 가정하고 이 가설을 통계적으로 검증해
보자.

BNC64는 32명의 여성 화자와 32명의 남성 화자의 구어 샘플로 구성되
어 있으며, 각 화자의 언어적 수행[2]을 쉽게 추적할 수 있고 분석 가능한
단어들에 대한 많은 증거를 제공한다. 분석을 시작하기 전에, 이 절에서는
6.2절에서 논의된 기능적 변이 접근 방식을 사용한다는 점을 유념해야
한다. 인칭 대명사는 Labovian 사회언어학 변수로 간주될 수 없다. 이는
동일한 명제적 의미를 표현하는 두 개 이상의 형태 간의 엄격한 경쟁을

---

2   이 절에서 논의되는 통계 방법 그룹은 '개별 텍스트/화자' 연구 설계를 사용한다.
    이들은 개별 화자/글쓴이의 말이나 글에서 언어 변수를 추적한다. 글에서는 텍스
    트가 종종 관찰 단위로 취급될 수 있기 때문에 이러한 작업이 더 쉬운데 이는
    대개 단일 저자가 작성했기 때문이다(다수의 저자가 참여한 학술 논문을 생각해
    보면 항상 그렇지는 않다). 반면, 대화체 발화에서는 서로 다른 화자의 발화를
    신중하게 구분해야 한다.

다루는 것이 아니기 때문이다. 대신 '생각해 보기' 과제에서 보여준 바와 같이 우리는 많은 인칭 대명사를 사용하는 스타일과 더 적게 사용하는 스타일을 비교하는 데 관심이 있다. 언어 변수에서 일정한 의미를 가정하는 대신(이는 불가능하기 때문에), 모든 화자로부터 동일한 유형의 상호작용(이 경우 비격식적 발화)을 샘플링한 균형 코퍼스로 작업하고 있고, 원칙적으로 모든 화자가 그들의 발화에서 인칭 대명사를 사용할 기회를 동등하게 가지고 있다고 가정한다.

이런 상황에서 어떤 통계 검정을 사용해야 할 것인가? 가장 간단한 선택은 **t-검정**(t-test)이며, 이 경우 **Welch의 독립 표본**(Welch's independence samples) t-검정을 사용하기로 한다. 이 검정은 두 그룹의 화자(예: 남성 화자와 여성 화자)를 비교한다. t-검정은 언어 변수의 평균값(예: 개별 화자 샘플에서 인칭 대명사의 상대 빈도)을 비교하고, 각 그룹 내의 내부 변이를 분산으로 표현하여 고려한다. **분산**(variance, S^2 또는 SD^2)은 개별 값이 그룹 평균에서 떨어진 거리를 제곱한 합을 자유도(degrees of freedom)로 나눈 값이다. 이는 표본 표준편차(2.4절 참조)의 제곱 버전이기 때문에 SD^2로 표시된다.

분산은 다음 공식에 따라 계산할 수 있다.

$$\text{분산} = \frac{\text{평균으로부터의 거리의 제곱합}}{\text{자유도}} \tag{6.1}$$

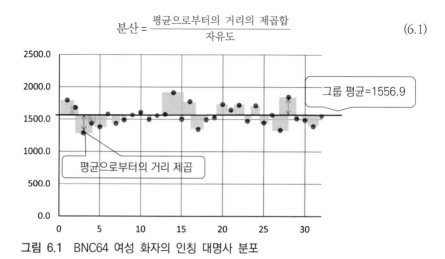

그림 6.1 BNC64 여성 화자의 인칭 대명사 분포

그림 6.1은 분산이 어떻게 계산되는지를 보여준다. 이 그림은 BNC64 코퍼스에 속한 32명의 여성 화자와 그들이 사용한 인칭 대명사의 상대 빈도(10,000단어당 상대 빈도)를 나타낸다. 각 점은 개별 화자를 나타내며, 두꺼운 수평선은 그룹의 평균을 나타낸다(평균에 대한 설명은 1.2절 참조). 음영이 있는 영역은 개별 값이 평균에서 떨어진 거리를 제곱한 값을 나타낸다

분산을 계산하는 논리는 간단하다. 전체 변이가 얼마나 있는지 확인하기 위해, 평균에서 떨어진 거리를 제곱한 값을 모두 더하고 이를 자유도로 나눈다. 제곱한 거리를 사용하는 이유는 평균보다 작은 거리는 음수이고, 이는 양수 거리를 상쇄시킬 수 있기 때문이다. 자유도(degrees of freedom)는 표본(코퍼스)을 기반으로 한 계산을 다룰 때 사용하는 복잡한 개념으로, 코퍼스 언어학에서는 이런 경우가 대부분이다. **자유도**(df)는 계산에서 독립적인(자유로운) 구성 요소의 수를 나타내며, 이전 구성 요소에서 예측할 수 없는 구성 요소를 의미한다. 실제로 자유도는 사례(텍스트/화자) 또는 그룹(그룹 분산을 볼 때)의 수에서 하나를 뺀 값이다. 이는 마지막 사례가 항상 이전 사례에서 예측 가능하기 때문이다.[3] 예를 들어, 32명의 화자를 다룰 때 자유도는 31(32-1)이 된다.

예시에 적용하면 다음과 같은 결과를 얻을 수 있다.

$$\text{분산} = \frac{(1794.6-1556.9)^2+(1681.3-1556.9)^2+\cdots(1550.0-1556.9)^2}{32-1} = 23820.5 \quad (6.2)$$

t-검정으로 돌아가 보자. 분산은 t-검정의 구성 요소 중 하나로 사용된다.

---

3 여기서 설명하는 통계 기법을 성공적으로 사용하기 위해 '자유도' 개념의 수학적 세부 사항을 이해하는 것은 중요하지 않으며, 중요한 것은 이러한 통계 측정값에 대한 방정식의 *df* 수치가 연구 보고서에서 일상적으로 보고된다는 것을 아는 것이다(이 장의 끝에 있는 '통계 보고하기' 상자 참조). 비유를 들자면 15개의 좌석이 있는 교실에서 학생들이 앉을 자리를 찾고 있다고 생각해 보자. 학생 중 14명(15-1)만이 자리를 선택할 수 있는 '자유'를 가지며, 마지막에 온 학생은 마지막 빈 자리에 앉아야 한다.

모든 통계 검정과 마찬가지로, t-검정은 검정을 실행하기 전에 검토해야 할 가정을 가진다. 가장 중요한 가정은 관찰의 독립성이다. 사회언어학적 맥락에서 **관찰의 독립성**은 각 관찰(텍스트나 음성 샘플)이 서로 다른(무작위로 샘플링된) 화자로부터[4] 나왔으며, 샘플 내에서 한 화자의 언어 사용이 다른 화자의 언어 사용에 영향을 받지 않는다는 것을 의미한다. 따라서 동일한 화자가 여러 텍스트/전사본을 제공하더라도 각 화자를 관찰(사례)로 한 번만 포함해야 한다. 그렇지 않으면 동일한 사람을 두 번/여러 번 세게 되어 가정의 첫 번째 부분을 위반하게 된다. 두 번째 부분의 가정은 글쓰기나 독백에서는 쉽게 유지되지만, 대화에서는 화자들이 서로 상호작용할 때 어느 정도 위반될 수 있다(심리언어학에서는 '점화 효과'(priming effect), 사회언어학에서는 '조정'(accommodation)이라고 알려져 있다). 우리는 이 효과에 주의하고 개별 사례에서 그 영향을 평가해야 한다. 교과서에 나와 있고 종종 오해되는 두 가지 다른 가정은 정규 분포와 등분산성이다. 모집단 내 언어 변수의 **정규 분포**(normal distribution)는 종 모양의 곡선으로 시각화된 대칭 분포를 가정한다(1.3절 참조). **등분산성**(homoscedasticity)[5]은 비교하려는 두 그룹 간의 분산, 즉 변이의 양이 동일함을 나타내는 전문 용어이다. 문헌(Boneau 1960; Lumley 외. 2002)에서 볼 수 있듯이 t-검정은 견고하므로 매우 왜곡된(정규 분포가 아닌) 표본에서도 사용할 수 있다. 또한 Welch의 독립 표본 t-검정은 비교된 각 그룹의 분산이 불평등할 때도 자유도를 조정하여 보정한다(이는 기술적인 세부 사항으로, 신경 쓰지 않아도 된다). 따라서 이 두 가지 가정을 위반하는 것은 거의 문제가 되지 않는다.

Welch의 독립 표본 t-검정은 다음 공식에 따라 계산된다.

---

4 각 화자의 샘플이 두 개 이상이고 샘플 1과 샘플 2의 언어 차이에 관심이 있는 경우(예: 언어 변화/발달), 이는 반복 측정 설계(repreated measure design)라 불리며, 다른 버전의 통계 검정을 필요로 한다(자세한 내용은 아래 참조).

5 등분산성(homoscedasticity)은 발음하기 어려운 용어이므로, 더 설명적인 용어인 '분산의 동질성(equality of variances)'을 사용할 수 있다.

$$\text{Welch의 독립 표본 t-검정} = \frac{\text{그룹1 평균} - \text{그룹2 평균}}{\sqrt{\dfrac{\text{그룹1의 분산}}{\text{그룹1의 사례 수}} + \dfrac{\text{그룹2의 분산}}{\text{그룹2의 사례 수}}}} \qquad (6.3)$$

위 공식에서 볼 수 있듯이 검정의 유의성 여부에 영향을 미치는 세 가지 요소는 (i) 평균 차이의 크기, (ii) 두 그룹의 분산, (iii) 표본 크기(두 그룹의 사례 수, 즉 화자 또는 텍스트의 수)이다. 평균 차이가 크고 두 그룹의 분산이 작으며 사례 수가 많으면 t-검정 값이 크며, 이러한 요인들이 결합되어 해당 언어 변수의 사용에 관해 두 집단이 다르다는 충분한 증거가 데이터를 통해 드러난다.

예를 들어, 남성과 여성 하위 코퍼스에서 인칭 대명사의 상대 빈도(10,000당 평균)는 각각 1,451.8과 1,556.9이고, 분산은 각각 22,256.5와 23,820.5이며, 각 그룹에는 32명의 화자가 있다(BNC64의 설명 참조). 이를 방정식에 대입하면 다음과 같은 결과가 나온다.

$$\text{Welch의 독립 표본 t-검정} = \frac{1451.8 - 1556.9}{\sqrt{\dfrac{22,256.5}{32} + \dfrac{23,820.5}{32}}} \qquad (6.4)$$

$$= \frac{105.1}{\sqrt{744.4 + 695.5}} = 2.8$$

이 경우, t-검정 통계량(2.8)은 적절한 자유도(61.93)와 함께 계산되었으며, 여기서는 소개하지 않는 방정식을[6] 사용하였다. 이는 통계적으로 유의미하다. 통계 소프트웨어에 의해 자동으로 계산된 p-값은 0.007로, 이는

---

[6] 자유도를 계산하는 데 사용할 수 있는 (약간 복잡한) 방정식이 있으며, 이를 통해 유의성에 대한 t-검정 통계의 컷오프 지점을 설정할 수 있다. 이 컷오프 지점은 전통적으로 적절한 자유도에 해당하는 통계 표에 나열된다. 최신 통계 패키지에서는 자유도 및 p값(통계적 유의성)이 자동으로 계산되므로 이 단계를 건너뛸 수 있다.

(보통 5% 알파 수준[7]인) 0.05보다 작다. 따라서 코퍼스에 충분한 증거가 있으므로 귀무가설(두 성별 그룹 간에 차이가 없다는 가설)을 기각할 수 있다. 그러므로 남성과 여성 화자 간에 통계적으로 유의미한 차이가 있다고 결론 내릴 수 있다.

통계적 검정 외에도 **효과 크기** 척도를 계산하여 두 그룹 간 차이의 크기를 표준화된 단위(즉, 언어 변수 및 코퍼스 간 비교 가능한 단위)로 평가할 필요가 있다. t-검정에서는 Cohen's d와 r을 포함하여 일반적으로 사용되는 여러 효과 크기 척도들이 있다. **Cohen's** d는 표준편차 단위로 표현된 두 평균의 차이로 계산된다. Cohen(1988: 40)은 d 척도의 표준 해석을 다음과 같이 권장한다(또한 8.4절 참조).

d 의 해석: $d > 0.3$ 작은 효과, $d > 0.5$ 중간 효과, $d > 0.8$ 큰 효과

이는 값 앞에 있는 플러스 또는 마이너스 기호와 상관없다. 플러스 또는 마이너스 기호는 비교된 첫 번째 그룹의 평균값이 두 번째 그룹보다 큰지(+) 또는 작은지(-)를 나타내므로, 이는 **효과의 방향**을 나타내는 지표이다. Cohen's의 d 값의 해석은 특정 학문 분야에 따라 다를 수 있다. 예를 들어 물리학에서 큰 효과로 간주되는 것이 언어 연구에서는 큰 효과가 아닐 수도 있고 그 반대의 경우도 있을 수 있다(자세한 내용은 9.2절 참조). Cohen's의 d는 다음과 같이 계산된다.

$$\text{Cohen's } d = \frac{\text{그룹1의 평균} - \text{그룹2의 평균}}{\text{합동 표준편차}(pooled\ SD)} \tag{6.5}$$

합동 표준편차(pooled SD)

$$= \sqrt{\frac{SD1^2 \times (\text{그룹1의 사례 수} - 1) + SD2^2 \times (\text{그룹2의 사례 수} - 1)}{\text{전체 사례 수} - 2}}$$

---

7 '알파 수준'은 우리가 선택하는 통계적 유의 수준을 의미하는 통계 용어이다. 사회 과학에서는 일반적으로 .05 또는 5%를 사용한다.

앞서 든 예시에서 Cohen's d를 계산하면 다음과 같다.

$$\text{Cohen's } d = \frac{1451.8 - 1556.9}{\sqrt{\dfrac{22,256.5 \times (32-1) + 23,820.5 \times (32-1)}{64-2}}} \qquad (6.6)$$

$$= \frac{1451.8 - 1556.9}{151.8} = 0.69$$

이는 중간 정도의 효과로 해석할 수 있다.

다른 효과 크기 측정값과 마찬가지로, Cohen's d에 대한 95% 신뢰구간도 확인해야 한다. 예를 들어, Lancaster Stats Tools online과 같은 통계 패키지에서 자동으로 계산된 95% 신뢰구간은 0.18에서 1.21이다. 이는 영국 영어를 사용하는 모든 남성과 여성 화자 모집단에서 효과의 가능한 범위를 나타낸다. 95% 신뢰구간은 최소 효과에서 최대 효과까지 매우 넓게 분포하므로, 모집단에서의 실제 효과 크기에 대해 확신할 수 없다. 이는 상대적으로 작은 표본 크기(64명)로 인한 것이다. 한편, 극도로 치우친 (skewed) 데이터(즉, 정규성 가정을 심하게 위반하는 데이터)에 대해서는 Cohen's d의 강건한(robust) 버전이 제안되었다(Erceg-Hurn & Mirosevich 2008). 이 버전은 표준 버전(공식 6.5)과 동일한 공식을 사용하지만, 평균과 표준편차가 수정되어 평균은 절사(trim)되고 표준편차는 윈저화(winsorize)[8]된다.

t-검정의 또 다른 인기 있는 효과 크기 옵션은 상관 분석(5.2절 참조)에서 잘 알려진 r이다. Cohen's d는 r로 쉽게 변환될 수 있으며 그 반대도 가능하다(8.4절 참조). r의 장점은 표준 값 범위(0에서 1)를 가진다는 점이다. 반면, Cohen's d는 최소 또는 최댓값을 가지지 않는다. Cohen(1988: 79-80)

---

[8] 이 과정은 이상치를 제거하기 위해 도입되었다(1.3절 참조). 절사 평균은 표준 방식으로 평균을 계산하기 전에 극단값의 특정 부분(예: 분포의 양쪽에서 20%)을 삭제하는 반면(공식 1.1 참조), 윈저화는 표준 방식으로 SD를 계산(공식 2.11 참조)하기 전에 이러한 극단값을 마지막 비극단값으로 대체하는 것이다. 자세한 내용은 Erceg-Hurn & Mirosevich(2008)를 참조한다.

은 r 척도에 대해 다음과 같이 해석할 것을 권장한다.

r의 해석: $r > 0.1$ 작은 효과, $r > 0.3$ 중간 효과, $r > 0.5$ 큰 효과

우리의 경우, r 값은 0.33이며, 95% 신뢰구간(CI)은 [0.08, 0.53]이다. 이는 중간 정도의 효과로 해석될 수 있다. 그러나 실제 모집단 효과는 최소(0.08)에서 큰 값(0.53)까지 다양할 수 있다는 데에 주의가 필요하다.

지금까지 두 그룹의 화자를 비교했다. 그런데 만약 더 많은 그룹을 비교해야 한다면 어떻게 해야 할까? 이 경우, **일원배치 ANOVA**(one way ANOVA, ANalysis Of VAriance의 문두어)[9]이라는 검정을 사용할 수 있다. 예를 들어, 영국 영어에서 비표준 형태인 'ain't'의 사용과 화자의 사회 경제적 지위(사회 계층)가 관련이 있는지 궁금하다면, BNC64 데이터를 다시 사용하여 예시를 들 수 있다. 다음은 BNC64에서 'ain't'의 사용 예시이다.

(1) cos there ain't [= isn't] no sign of them, is there? (BNC64, M2)

　　(그런 흔적이 없으니까요, 그렇죠?)

(2) I've won twice ain't [= haven't] I? (BNC64, F5)

　　(내가 두 번 당첨되지 않았나요?)

BNC64는 화자를 사회 경제적 지위에 따라 다음과 같이 네 가지 범주로 분류한다. AB - 관리직, 행정직, 전문직; C1 - 중간 관리직, 감독직, 전문직; C2 - 숙련 노동직; DE - 반숙련 또는 비숙련 노동직.

ANOVA는 (i) 관찰의 독립성, (ii) 정규성 및 (iii) 등분산성과 같은 가정을 가진다. 이는 앞서 논의한 t-검정의 가정과 유사하다. 가장 중요한 가정은 관찰의 독립성이다. 선행 연구에 따르면 ANOVA 검정은 정규성 가정이

---

9 통계 용어에서 일원배치(one-way)는 고려하는 설명 변수의 수를 의미하는데, 즉 하나의 변수를 의미한다. 일원배치 분산 분석에서는 사회 경제적 지위와 같은 단일 기준에 따라 화자를 여러 그룹으로 나누게 된다(아래 논의 참조).

위반되더라도 강건하다(Schmider et al. 2010). 또한, 등분산성 가정이 위반된 경우, 이런 가정의 위반에 대해 강건한 Welch의 ANOVA 버전을 사용할 수 있다(Minitab n.d.). 일원배치 ANOVA의 공식10은 다음과 같다.

$$일원배치\ ANOVA(F) = \frac{그룹\ 간\ 분산}{그룹\ 내\ 분산} \tag{6.7}$$

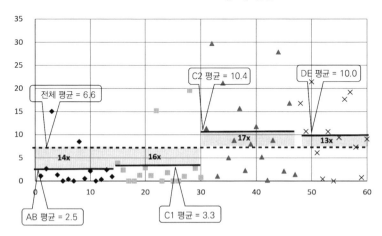

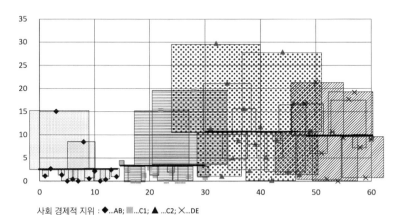

사회 경제적 지위 : ◆…AB; ■…C1; ▲ …C2; ✕…DE

그림 6.2   ANOVA 계산: 그룹 간 분산(위), 그룹 내 분산(아래)

---

10 전통적인 Fisher의 일원배치 분산 분석(one way ANOVA) 공식은 설명하기 더 간단하다. Welch's ANOVA도 동일한 원칙을 따르지만, 공식에는 여러 가지 조정 사항이 포함된다(Welch's ANOVA의 공식은 동반 웹사이트를 참조할 것).

ANOVA의 논리를 설명하기 위해 그림 6.2는 BNC64에서 60명의 화자의 'ain't' 사용 빈도(10,000 단어당 상대 빈도)를 이들의 사회 계층 소속(데이터 포인트의 모양)에 따라 나타낸 것이다. 이때 사회 계층이 알려지지 않은 네 명의 화자는 분석에서 제외되었다. 상단 패널은 그룹 간 분산(음영 영역에 그룹 내 사례 수를 곱한 값, 즉 각 그룹의 평균이 전체 평균에서 얼마나 떨어져 있는지)을 보여주고, 하단 패널은 그룹 내 분산(음영 영역)을 보여준다. 상단 패널의 점선 수평선은 전체 평균, 즉 전체 코퍼스에 대한 평균을 나타낸다. 네 개의 짧은 수평선은 각 사회 계층 그룹에 대한 평균을 나타낸다. 하단 패널의 사각형은 각 데이터 포인트의 그룹 평균(짧은 수평선)으로부터의 제곱 거리(음영 영역)를 보여준다.

그룹 간 분산, 즉 사회 계층을 설명 변수로 하여 설명되는 데이터의 변동을 계산하려면 그룹 평균을 구하고 총평균으로부터의 제곱 거리를 계산한 다음 이 숫자에 각 그룹의 개별 사례 수를 곱해야 한다. 그런 다음 이를 적절한 자유도(그룹 수에서 1을 뺀 값)로 나눈다.

$$\text{그룹 간 분산} = \frac{\text{그룹 1 사례 수} \times (\text{평균1} - \text{총 평균})^2 + \text{그룹 2 사례 수} \times (\text{평균2} - \text{총 평균})^2 + \cdots}{\text{그룹 수} - 1} \quad (6.8)$$

그룹 내 분산은 각 그룹의 개별 분산의 합으로, 이는 공식 (6.1)에 따라 계산된다. 자유도는 사례 수에서 그룹 수를 뺀 값이다.

$$\text{그룹 내 분산} = \frac{\text{그룹 1의 제곱 거리들의 합} + \text{그룹 2의 제곱 거리들의 합} + \cdots}{\text{사례 수} - \text{그룹 수}} \quad (6.9)$$

우리 예시에서, 그룹 간 분산, 그룹 내 분산 및 ANOVA(F)는 다음과 같이 계산된다.

$$\text{그룹 간 분산} = \frac{14 \times (2.5-6.6)^2 + 16 \times (3.3-6.6)^2 + 17 \times (10.4-6.6)^2 + 13 \times 16 \ \times (10.0-6.6)^2}{4-1}$$
$$= 267.35$$

$$\text{그룹 내 분산} = \frac{231.2 + 485.1 + 1341.4 + 621.7}{60-4} = 47.8 \tag{6.11}$$

$$\text{일원배치 ANOVA(F)} = \frac{267.35}{45.7} = 5.6 \tag{6.12}$$

위에서 관련 p-값은 0.002이며, 따라서 결과가 통계적으로 유의미하다고 결론지을 수 있다.

ANOVA는 다양한 그룹 간의 차이를 한꺼번에 검사하는 옴니버스 검정이기 때문에 데이터 내 어디에서든(어떤 그룹들 간에든) 통계적으로 유의미한 차이를 감지하지만, 그 차이가 정확히 어디에 있는지는 알려주지 않는다. 이를 위해서는 **사후 분석**(post-hoc tests)을 수행해야 한다. 사후 분석은 다중 검정에 대한 보정을 통해 개별 그룹 평균을 쌍으로 비교하는 것으로(위에서 설명한 t-검정과 유사), 다중 검정에서는 거짓 양성 결과(소위 1종 오류)가 나올 확률이 높아진다. 이는 p-값을 사용하는 각 검정에서 귀무가설이 참인 경우(설명 변수의 영향이 없음)에도 소수의 경우(5%)에는 결과가 통계적으로 유의미하다는 것을 기꺼이 받아들이기 때문이다. 다중 검정을 사용하면 이 확률이 크게 증가한다. 예를 들어, 이 예에서와 같이 그룹이 4개인 경우 6개의 쌍별 비교를 실행할 수 있으며, 이 경우 1종 오류가 26.5%로 증가한다.[11] 이는 허용할 수 없는 오류율이므로, Bonferroni 보정(Toothaker 1993; Shaffer 1995; Cabin & Mitchell 2000)과 같은 다중 검정에 대한 보정을 적용해야 한다.

사후 분석처럼, Bonferroni 보정을 적용한 t-검정도 자주 보고된다. Bonferroni 보정은 상당히 엄격하여 검정이 보수적이므로, 작은 차이를 감지할 통계적 힘이 부족할 수 있다. 다른 옵션으로는 Tuckey의 HSD

---

[11] 이는 여러 관련 통계 추론들로 구성된 집합을 기반으로 한 다중 검정과 관련이 있기 때문에 "계열별 오류(family-wise error)"라고 불린다. 계열별 오류는 다음과 같이 계산된다.

$1 - 0.95^{\text{검정횟수}}$, 우리의 예에서 이는 $1 - 0.95^6 = 0.265$이다.

또는 부트스트래핑(bootstrap)을 기반으로 한 다양한 검정이 있다. 부트스트래핑은 여러 번의 재표본추출을 사용하는 방법이다(7.3절 참조)

마지막으로, ANOVA 결과를 보고할 때는 통계적 유의성과 함께 효과 크기도 보고해야 한다. 전체(종합) 효과 크기로 때때로 보고되는 것은 η^2(에 타 제곱, eta squared)이다. 이 효과 크기의 표준 해석은 다음과 같다 (Richardson 2011; Kirk 1996).

> η^2의 해석: $\eta^2 > 0.01$ 작은 효과, $\eta^2 > 0.06$ 중간 정도의 효과, $\eta^2 > 0.14$ 큰 효과

그러나 더 좋은(더 구체적인) 방법은 사후 검정과 함께 개별 그룹 간 차이에 대한 효과 크기를 보고하는 것이다. 이 상황에서 가장 일반적으로 사용되는 효과 크기는 Cohen's d 또는 r이다.

t-검정과 ANOVA에는 각각의 **비모수적 대응**(non-parametric counterparts) 으로 **Mann-Whitney U 검정**(또는 Wilcoxon 순위합 검정)과 **Kruskal-Wallis 검정**이 있다. 비모수적이란 모집단에서 관심 변수의 모수(평균 또는 표준편차 등)에 대한 지식(가정)을 필요로 하지 않는 다는 것을 의미한다(Dodge 2008). 따라서 이러한 검정은 모집단의 (사회)언어적 변수의 정규 분포, 분산의 동질성 등에 대한 가정이 없으며, '불규칙한'(즉, 극도로 치우친) 척도 데이터나 서열 데이터의 경우에도 사용할 수 있다. 이 두 검정은 상대 빈도 대신 순위(rank)를 사용하며 상대 빈도(척도 변수)는 순위로 쉽게 변환할 수 있다. 다만 이러한 변환은 화자(사례) 간 정확한 차이에 대한 일부 정보가 손실되는 단점이 있다. 그림 6.3은 상대 빈도에서 순위로 변환한 데이터셋을 보여준다. 이 데이터셋(일부만 표시)은 앞에서 t-검정과 관련하여 논의한 BNC64의 두 성별 그룹에서의 인칭 대명사의 분포를 보여준다.

Mann-Whitney U 검정과 Kruskal-Wallis 검정을 계산하기 위해 다음 단계가 필요하다.

ID	여성		남성	
	상대 빈도	순위	상대 빈도	순위
1	1794.6	4	1296.1	57
2	1681.3	10	1402.0	48
3	1282.5	59	1427.1	44
4	1435.1	42	1394.4	50
5	1377.9	53	1513.7	29
6	1577.8	16	1529.6	25
7	1432.1	43	1395.8	49
8	1485.7	34	1283.9	58
9	1564.5	20	1413.7	45
10	1609.6	14	1547.7	24
11	1493.4	32	1439.0	41
12	1558.1	22	1277.0	61
13	1575.8	17	1465.2	38

그림 6.3 BNC64의 데이터셋 – 상대 빈도와 순위: 인칭 대명사 사용

1. 언어 변수가 척도 변수인 경우, 모든 데이터를 그룹 소속과 상관없이 순위를 매긴다. 가장 높은 값이 1순위가 되고, 동일한 경우 평균 순위가 된다(예: 세 개의 상위 값이 모두 10.5인 경우, 순위는 (1+2+3)/3으로 계산되어 2, 2, 2가 된다).

2. 그런 다음 데이터를 설명 변수에 따라 그룹으로 나누고(예: 성별 또는 사회 경제적 지위), 각 그룹별로 순위 합계를 계산한다.

Mann-Whitney U(또는 Wilcoxson rank-sum) 검정에서는 각 그룹에 대해 두 개의 U 값을 계산하고,[12] 그 중 더 작은 값을 취한다(Mann & Whitney 1947; Kerby 2014).

---

12 6.13의 공식은 원 논문(Mann & Whitney 1947: 51)에 제시된 것보다 더 간단한 버전이다.

$$U_1 = \text{그룹1의 순위 합계} - \frac{\text{그룹1의 사례} \times (\text{그룹1의 사례} + 1)}{2}$$

$$U_2 = \text{그룹2의 순위 합계} - \frac{\text{그룹2의 사례} \times (\text{그룹2의 사례} + 1)}{2} \qquad (6.13)$$

이 검정의 아이디어는 각 그룹의 실제 순위 합계에서 해당 그룹이 달성할 수 있는 최소 순위 합계[그룹1의 사례 수 × (그룹1의 사례 수 + 1) / 2]를 빼는 것이다. 예를 들어, 5명의 화자로 구성된 두 개의 그룹이 있고 그 중 하나(그룹2)가 가장 작은 순위(1-5)를 모두 가지고 있다고 가정해 보자. 이 그룹의 순위 합계는 1 + 2 + 3 + 4 + 5 = 15이며, 이 그룹의 최소 가능한 순위 합계 또한 15 [(5×6)/2]이다. 결과적으로 두 옵션 중 더 작은 값인 U 값은 0(15 - 15)이다. 검정의 논리에 따르면, 작은 U 값은 그룹 간의 큰 차이를 나타낸다.

Kruskal-Wallis 검정(H 값을 산출함)은 유사한 원리로 작동하지만, 여러 그룹(3개 이상)의 순위를 고려한다(Kruskal & Wallis 1952). U와 H의 통계적 유의성 정보는 통계 패키지에 의해 자동으로 제공되며, 통계표를 통해서도 얻을 수 있다.

비모수 검정에서는 다양한 효과 크기 척도가 제안되었다(Kerby 2014). 위에서 논의한 바와 같이, 두 그룹 간의 차이를 구체적으로 정량화하는 효과 크기(옴니버스 효과 크기 척도가 아닌)를 보고하는 것이 가장 유용할 것이다. 따라서 Mann-Whitney U 검정은 순위 이연 상관계수(rank biserial correlation, r_{rb})로 보완될 수 있다(Glass 1965). **순위 이연 상관계수**(r_{rb})는 다음과 같이 계산된다:

$$\text{순위 이연 상관계수}(r_{rb}) = \frac{\text{그룹1 평균 순위} - \text{그룹2 평균 순위}}{\text{전체 사례 수}}$$

피어슨 또는 스피어만의 상관계수와 마찬가지로(5.2절 참조), r_{rb}는 -1에서 1까지의 값을 가질 수 있다. 절댓값이 클수록 상관관계가 강하고, 음수 값은 그룹 2의 평균 순위 값이 더 크다는 것을 의미한다. 효과 크기 척도의 또 다른 옵션은 8.4절에서 논의한 우월성 확률(PS)을 사용하는 것이다.

　마지막으로, 개별 화자에 대한 여러 샘플이 있고 그들의 언어가 시간이 지남에 따라 어떻게 변화하는지 또는 두 개 이상의 샘플링 지점 사이에서 다른 설명 변수가 어떻게 영향을 미쳤는지에 관심이 있다면, 이 장에서 논의된 검정의 반복 측정 버전을 사용해야 한다. **반복 측정 검정**(repeated measures tests)은 다양한 조건들에 개별 화자를 대응시키며, 화자가 다른 그룹들에 무작위로 분포한다고 가정하지 않는다(Verma 2016 참조). 이 절에서 설명된 절차를 확장한 또 다른 방법은 두 개 이상의 설명 변수를 동시에 고려하고 (예: 성별 및 사회 계층) 이들의 상호작용을 고려하는 **다원 ANOVA**(multi-way ANOVA, factorial ANOVA) 분석이다(실제 예시는 Field et al. 2012: 12장 참조).

통계 보고하기: T-검정, ANOVA, Mann-Whitney U 검정, Kruskal-Wallis 검정

1. 보고할 내용

화자 그룹을 비교할 때 t-검정, ANOVA, Mann-Whitney U 검정 및 Kruskal-Wallis 검정을 사용하여 (i) 검정 통계량(t, F, U 및 H), (ii) 자유도(t-검정과 ANOVA의 경우), (iii) p-값, (iv) 효과 크기(95% CI 포함)를 보고한다. 정확한 p-값은 0.001보다 작지 않은 한 보고되며, 그보다 작으면 $p < .001$로 보고된다. 여러 그룹이 포함된 ANOVA나 Kruskal-Wallis 검정의 경우, 적절한 경우 사후 검정과 관련 효과 크기도 보고해야 한다. 또한 박스 플롯 및/또는 95% CI를 보여주는 오차 막대와 같은 데이터 시각화를 검정에 함께 사용할 수 있다.

2. 보고 방법: 예시

t-검정

- 성별이 인칭 대명사 사용에 미치는 영향은 통계적으로 유의미했다, t (61.93)=2.77, p=.007. 여성(M=1,556.9, SD=154.3)이 남성(M=1,451.8, SD=149.2)보다 인칭 대명사를 더 많이 사용하였다. 효과 크기는 중간 정도이며, d=.69, 95% CI[.18, 1.21]이다.

- BNC64에서는 성별이 인칭 대명사 사용에 유의미한 영향을 미치는 것으로 나타났다. t(61.93)=2.77, p=.007, d=.69, 95% CI[.18, 1.21].

- 사회 계층이 *ain't* 형식 사용에 유의미한 영향을 미쳤다(F(3, 56)=5.59, p=.002, η^2=.432).

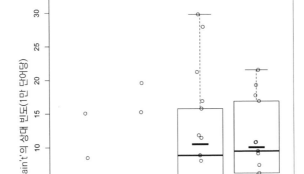

그림 6.4   BNC64 화자의 *ain't* 분포: 사회 계층 효과

- 그림 6.4에서 볼 수 있듯이, AB와 C1(즉, 중산층) 화자들과 C2와 DE(노동계층) 화자들 사이에 명확한 차이가 있다. 이러한 경향은 그림 6.5에서 95% 신뢰구간(CI)을 통해 볼 수 있듯이 모집단에서도 유효하다.

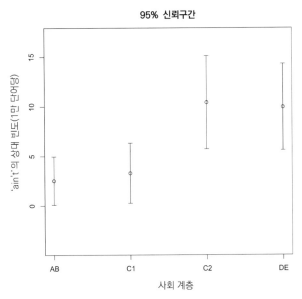

그림 6.5   BNC64의 *ain't*: 95% CI

- 사회 계층이 *ain't* 사용에 미치는 영향은 통계적으로 유의미하였다. $F(3,56)=5.59$, $p=.002$, $\eta^2=.432$. 사후 검정(Bonferroni)에 따르면, 유의미한 차이는 AB와 C2/DE 사이, 그리고 C1과 C2/DE 사이에서 나타났다(모두 $p<.05$).

Mann-Whitney *U*
- 여성 화자의 대명사 사용(Mdn[13]$=1,536.6$)은 남성 화자의 사용($Mdn=1,433.0$)과 유의미한 차이를 보였다. $U=705$, $p=.009$, $r_{rb}=-.19$.

Kruskall-Wallis
- 사회 계층이 'ain't' 형태 사용에 미치는 영향은 통계적으로 유의미하였다. $H(3)=15.57$, $p=.001$.

---

13 *Mdn*은 중간값인 중앙값(median)을 나타낸다(1.3절 참조). 비모수 검정에서는 평균 대신 중앙값이 보고된다.

6.4   개인 스타일: 대응 분석

생각해 보기

이 절을 읽기 전에 전사된 음성 샘플을 살펴보자. 세 개의 샘플은 한 화자의 것이고 나머지 샘플은 다른 화자의 것이다. 어떤 샘플이 같은 화자의 발화에 속한 것인지 알 수 있을까? 화자를 식별하는 데 도움이 되는 언어적 단서가 있는가?

샘플1	샘플2
You lot **ain't supposed** to **know** *I* 'm **taping**. Oh you **wanna** listen to <u>something</u>, but *you* don't **know** what *you* **wanna** listen. No! It's <u>nothing</u> to **do** with this <u>school</u>. No one in this <u>school</u> listens to *it*. **Can** I **have** a <u>look</u> at the <u>bottle</u> please?	Yes, exactly. Yeah. Yeah. But no *it, it* **doesn't bother** me. *I* don't **mind** *you* **know** on <u>camera</u>, *I* don't **mind** being on <u>video</u>, <u>anything</u>. <u>Warts</u> and all. Oh no no. *I* **know** I can't **see** Mike and Robin **making** a <u>cake</u>, **can** *you*? Not, no no no.
너희들은 내가 녹음하고 있다는 걸 몰라야 해. 뭔가를 듣고 싶어 하지만, 뭘 듣고 싶은지 모르는 거야. 아니야! 이 학교와는 아무 상관 없어. 이 학교에선 아무도 그걸 안 들어. 병 좀 보여줄 수 있어?	응, 맞아. 그래, 그래. 근데 아니야, 그거 신경 안 써. 카메라에 찍히는 거, 비디오에 나오는 거 다 괜찮아. 있는 그대로. 아, 아니야. 나 마이크랑 로빈이 케이크 만드는 모습 상상도 못 하겠어, 너는? 아니, 절대 아니야.

샘플3	샘플4
And *you* **were saying** all this stuff. *You* **were**. *I*'ve **got** it on	*You*'re fifteen years old and *you* still **wanna watch** the

tape. That's what *you* **were** **saying**. And *you* **were saying**, oh yeah, *we* **found** these porno magazines and *we're* **selling** *them* off to perverts. And *I* **said** yeah but *you're* **looking** at *them* and, and *you* **started laughing**.

그리고 네가 이런 얘기들을 했잖아. 맞아, 네가 했어. 내가 녹음해 놨어. 네가 그랬잖아. 그리고 네가 말했어, 아 맞아, 우리가 포르노 잡지들을 발견해서 변태들한테 팔고 있다고. 그래서 내가 그래도 너도 보고 있잖아 했더니, 네가 막 웃기 시작했잖아.

Jungle Book. Honestly! Some people! Oh **don't** **start** on *me* *you* **know**, **saying** I **can't**. there on Tuesday! **Don't** **start** because *I'll*, *I'll* smash your face in! What **am** I **doing** down here?

너 열다섯 살인데 아직도 정글북을 보고 싶어 한다고? 진짜! 참나! 나한테 시비 걸지 마, 알겠지? 내가 못 한다고 말하지 마. 화요일에 거기 있을 거야! 시비 걸지 마, 안 그럼 내가 네 얼굴 박살 낼 거야! 나 여기서 뭐 하고 있는 거야?

단어 범주 코드: <u>nouns</u>, **verbs**, *pronouns*

개인 스타일은 광범위한 어휘-문법적 자질들을 통해 분석되어 왔다. 이 절에서는 5.4절에서 논의된 요인 분석과 다소 유사한 기법을 살펴보기로 한다. 이 기법은 주로 범주형 데이터가 포함된 교차표 분석을 위해 개발된 것으로 4.3절에서 다룬 데이터 유형과 관련이 있다.[14] 이는 **대응 분석**(correspondence analysis)이라고 불리며, 때로는 **최적화 척도법**(optimal scaling) 혹은 **동질성 분석**(homogeneity analysis)으로도 알려져 있다(Clausen 1998: 1). 대응 분석은 요약 기법으로, **대응 플롯**(correspondence plot)을 출력한

---

14 이 기법은 다양한 언어 자질이나 어휘-문법 범주의 빈도와 같은 범주형 데이터를 위해 설계되었지만, Greenacre(2007: 182-4)는 이 기법이 더 다용도로 사용되며 척도 데이터(예: 상대 빈도)에도 사용할 수 있음을 보여 준다. 다른 척도가 관련될 경우 척도 데이터는 종종 순위 또는 Z-점수로 변환된다.

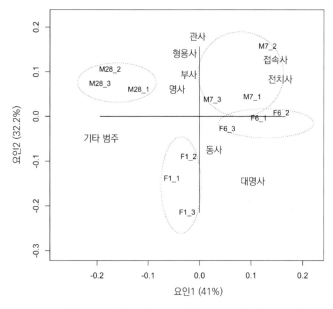

그림 6.6 대응 플롯: 개별 화자의 발화에 나타난 단어 범주들

다. 대응 플롯은 교차표를 시각화한 것으로, 표에 나열된 범주들의 가까움과 먼 정도를 측정하기 위해 카이제곱 거리(chi-squared distance)를 사용하여 2차원 공간에 나타낸다. 2차원 대응 플롯(예: 그림 6.6)은 다차원의 변동을 x축과 y축의 두 차원으로 축소하여 다룸으로써 복잡한 현실을 유용하게 표상한다.[15]

대응 플롯의 독특한 특징은 교차표의 열 범주와 행 범주를 동일한 공간에 캡처한다는 점이다. 예를 들어, 그림 6.6의 대응 플롯은 세 명의 개별 화자(F1, F6, M7, M28)가 다양한 단어 범주들의 사용에 따라 군집화된 모습을 보여준다. 플롯에는 화자 샘플과 단어 범주가 모두 표시되어 있다. 명사, 동사, 형용사 등의 사용 빈도를 추적하기 위해 각 화자에 대해 정확히

---

15 3차원 대응 플롯도 가능하지만 3차원을 동시에 분석하면 상당히 복잡해지기 때문에 해석이 더 어렵고, 2차원만으로도 데이터의 대부분의 변동을 포착할 수 있는 경우가 많다.

표 6.1 교차표: 개별 화자의 발화에 나타난 단어 범주

샘플	명사	동사	대명사	형용사	부사	전치사	접속사	관사	기타 범주
F1_1	257	154	197	42	81	39	26	39	165
F1_2	240	139	182	19	82	65	42	49	182
F1_3	267	101	208	30	83	53	39	26	193
F6_1	256	109	179	29	103	61	69	61	133
F6_2	257	115	181	48	79	78	68	54	120
F6_3	257	152	171	23	97	64	49	49	138
M7_1	250	121	163	31	134	68	57	55	121
M7_2	218	161	148	47	92	87	70	67	110
M7_3	248	130	151	47	107	76	41	53	147
M28_1	235	154	124	41	108	48	52	49	189
M28_2	219	154	106	42	114	57	42	58	208
M28_3	219	141	120	48	100	40	47	66	219

1,000개의 단어로 구성된 세 개의 샘플이 사용되었다. 동일한 화자의 세 가지 발화 샘플이 서로 가깝게 군집화되어 화자의 특정한 발화 스타일을 구분할 수 있음을 알 수 있다. 그림 6.6의 대응 플롯의 기반이 되는 전체 데이터 셋은 교차표(표 6.1)에서 확인할 수 있다.

'생각해 보기' 과제로 잠시 돌아가 보자. 샘플 1, 3, 4는 그림 6.6과 표 6.1에서 화자 F1을, 샘플 2는 화자 M28을 나타낸다. F1은 런던 출신의 14세 여성 화자이고, M28은 랭커셔 출신의 65세 남성 화자이다. 분석 결과 이 화자들은 표준 단어 범주들을 사용하는 빈도에 따라 명확히 구별된다. '생각해 보기' 과제에서 약 50개의 단어로 구성된 작은 샘플을 볼 때는 이러한 경향이 즉시 드러나지 않을 수 있지만, 더 큰 샘플(1,000 단어)에서는 패턴을 인식할 수 있다. 이 예시는 양적 접근이 유리한 상황을 명확히 보여준다. 왜냐하면 질적 접근만으로는 숨겨질 수 있는 언어 사용의 규칙성을 양적 접근을 통해서 발견할 수 있기 때문이다.

개념적으로 대응 분석은 4.3절에서 논의된 카이제곱 검정과 관련이 있다. 카이제곱 검정은 이원 교차표(예: 표 6.1)에서 수행될 수 있으며 동질성에 대한 귀무가설을 검정한다. 즉, 표의 값들이 우연한 변동 범위 내에서 비례적으로 동일하게 분포되어 있는지, 아니면 표에 표시된 범주 간에 체계적인 차이가 있는지를 확인한다(Greenacre 2007: 26-9; Benzécri 1992: 54-5). 우리의 예시에서는 카이제곱 검정을 사용하여 개별 단어 범주의 분포 측면에서 화자들 간에 차이가 있는지 묻는다. 카이제곱 검정이 p-값을 산출하는 대신, 대응 분석은 화자와 단어 범주를 동일한 대응 플롯에 나타내 범주 간의 관계를 시각적으로 보여준다. 카이제곱 검정은 통계적 유의성에 대해 단순히 예/아니요 질문에만 답할 수 있고, 정확히 어디에 차이가 있는지를 나타내지 못하는 반면(특히 큰 교차표에서 문제가 됨), 대응 분석은 복잡한 관계(유사점과 차이점)의 큰 그림을 보여줄 수 있다.

그렇다면 표의 정보는 어떻게 대응 플롯의 시각적 표현으로 '변환'될까? 표 6.1에서 두 개의 행과 두 개의 열(음영 처리된 부분)을 가져와 별도로 표시한 표 6.2를 살펴보자. 화자 F1과 M28은 '생각해 보기' 과제의 화자들이다. 표 6.2는 행과 열의 합계 및 총합계도 보고한다.

표 6.2 교차표: 두 화자의 발화에 나타난 동사와 관사

샘플	동사	관사	총계
F1_1	257	39	296(행 합계)
M28_3	219	66	285(행 합계)
합계	476(열 합계)	105(열 합계)	581(총 합계)

대응 분석의 첫 번째 단계는 표의 정보를 프로파일로 변환하는 것이다. **프로파일**(profile)은 행과 열의 합계(**행과 열의 프로파일**)에 기반한 비율(퍼센트)인데, 퍼센트 대신 소수(예: 0.87)로 표현된다(4.3 절 참조). '비율 체계'로서의 프로파일(Benz écri 1992: 4)은 셀에 있는 숫자를 각각 행과 열의 합계로

표 6.3 행(화자) 프로파일

샘플	동사	관사	합계
F1_1	257/296 = 0.87	39/296 = 0.13	296/296 = 1
M28_3	219/285 = 0.77	66/285 = 0.23	285/285 = 1
평균 프로파일	476/581 = 0.82	105/581 = 0.18	581/581 = 1

나누어 계산된다. 예를 들어, 행 프로필(두 명의 화자, F1과 M28을 나타냄)은 표 6.3과 같이 계산된다.

마찬가지로 열 프로파일도 계산되어 대응 분석에서 사용된다(아래 참조). 표 6.3의 행 프로필은 간단한 산점도로 그래프화 할 수 있다(1.5 절 참조). 이 산점도는 이차원 공간에서 화자 프로파일을 표시하며, 두 화자가 사용하는 동사와 관사의 비율을 나타낸다. 예시에서 동사 비율은 x축 좌표(각각 F1과 M28에 대해 0.87과 0.77)를 형성하고, 관사 비율은 y축 좌표(F1과 M28에 대해 각각 0.13과 0.23)를 형성한다. **평균 프로파일**(average profile)은 평균 프로

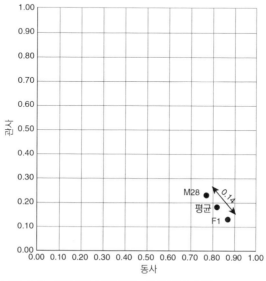

그림 6.7 화자(행) 프로파일: 유클리드 거리

파일 좌표(0.82; 0.18)에 따라 가운데에 배치되며 그 결과는 그림 6.7에서 볼 수 있다.

그림 6.7의 산점도는 그래프의 점들 사이의 가장 직선적인 거리인 **유클리드 거리**(Euclidian distance)를 사용한다. 이는 우리가 일상적으로 '거리'라고 할 때 의미하는 바로 그 거리이다. 5.3절에서 설명한 바와 같이, 통계 목적으로 사용할 수 있는 다른 유형의 거리(Manhattan, Canberra 등)가 존재한다. 대응 분석에서는 카이제곱 거리라는 것을 사용하며, 이는 카이제곱 검정 방정식에서 파생된 거리이다(Greenacre 2007: 26-9; Dodge 2008: 68). **카이제곱 거리**는 사례수가 적은 범주에 비례적으로 더 많은 가중치를 부여하는 유클리드 거리의 가중형(weighted form)이다. 카이제곱 거리는 다음과 같이 계산된다.

$$\text{카이제곱 거리}(A, B) = \sqrt{\frac{(x_B - x_A)^2}{x \text{ 프로파일 평균}} + \frac{(y_B - y_A)^2}{y \text{ 프로파일 평균}} + \cdots} \qquad (6.14)$$

여기서 X_A는 점 A의 첫 번째 좌표, X_B는 점 B의 첫 번째 좌표, Y_B는 점 B의 두 번째 좌표 등을 나타낸다. 우리는 각 개체들의 위치를 결정하는 범주들(예시에서는 단어 범주들)을 계속해서 더함으로써 이차원 공간에서 다차원으로 이동할 수 있다.

예시에서 카이제곱 거리는 다음과 같이 계산된다.

$$\text{카이제곱 거리}(F1, M28) = \sqrt{\frac{(0.77 - 0.87)^2}{0.82} + \frac{(0.23 - 0.13)^2}{0.18}} = 0.26 \qquad (6.15)$$

실제로 두 점 간의 카이제곱 거리는 단순 유클리드 거리보다 항상 크다. 이는 표 6.3의 데이터를 카이제곱 거리로 다시 그린 그림 6.8에서 확인할 수 있다.[16] 카이제곱 거리를 유클리드 거리 대신 사용하는 수많은 수학적

---

16 그림 6.7에서 볼 수 있듯이 등가 유클리드 거리는 0.14이다.

이유가 있지만, 이는 이 책의 범위를 벗어난다(참조: Benzécri 1992: 44-58; Greenacre 2007). 카이제곱 거리를 대응 분석에서 사용하는 가장 좋은 방법은 카이제곱 검정과의 관계를 이해하는 것이다. 카이제곱 검정은 동일한 교차표에 대해 대응 분석의 간단한 대안으로 사용할 수 있다.17

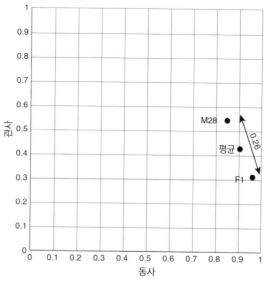

그림 6.8   화자(행) 프로파일: 카이제곱 거리

대응 분석의 마지막 단계(가장 복잡한 단계)는 차원 축소를 포함한다. 표 6.2에는 두 가지 범주(동사와 관사)가 포함되어 있어 이차원 산점도에 표시할 수 있지만, 표 6.1에는 아홉 가지 범주가 포함되어 있어 동일한 단순 산점도에 표시하는 것이 불가능하다. 이 때문에 대응 분석은 5.4절에서 논의한 요인 분석과 유사한 차원 축소 절차를 포함한다. 그림 6.8의 산점도에서 개별 범주(관사, 동사 등)는 여러 범주를 결합하고 데이터의 변이를 최대한

---

17 참고로, 카이제곱 검정은 이원 교차표(우리 예시와 같은)에서만 사용할 수 있지만, 대응 분석은 다변수(다원 표)에서도 가능하다. 다중 대응 분석에 대해서는 Greenacre(2007: 137ff) 참조.

설명하는 **요인**들로 대체된다. 결과적으로 생성된 대응 플롯은 그림 6.6에서 본 것처럼 두 축(x축과 y축)을 가진 산점도와 유사하지만, 이 축들은 단일 범주가 아닌 요인들을 나타낸다. 단일 범주와 요인 사이의 관계를 표시하기 위해, 대응 플롯은 단일 범주도 함께 표시한다. 또한 각 요인이 데이터의 원래 변동의 얼마나 많은 부분을 설명하는지도 보여준다. 그림 6.6에서 요인 1은 41%의 변동을 설명하고, 요인 2는 32.2%의 변동을 설명하여 전체적으로 대응 플롯은 73.2%의 변동을 설명하며 이는 매우 합리적인 비율이다. 차원 축소 과정의 단점은 '변환' 과정에서 26.8%의 변동이 손실된다는 것이다. 더 많은 변동을 포착하려면 더 많은 차원(요인)이 필요하지만, 전체 그림은 더 복잡해질 것이다. 이차원 결과는 데이터의 주요 경향을 명확히 보여주면서도 많은 양의 변동을 설명(70% 이상)하기 때문에 목적에 부합한다. 대응 플롯은 도시나 시골을 탐색하고 목적지로 가는 길을 찾는 데 도움이 되는 가장 중요한 특징들로 지형의 특성을 단순화하고 축소한 지도와 같다.

그림 6.6과 같은 대응 플롯을 보면, 언어적 범주(단어 범주)와 화자 샘플의 군집을 확인할 수 있다. 언어적 범주는 요인과 그 언어적 의미를 해석하는 데 도움이 된다. 예를 들어, 요인 1은 기타 범주에서 동사와 전치사, 접속사까지 걸쳐 있으며, 후자의 두 범주는 요인 2에서도 높은 점수를 가지고 있다. 반면, 요인2는 대명사에서 관사까지 걸쳐 있다. 또한 전치사와 접속사 간의 가까운 (카이제곱) 거리와 명사, 형용사, 부사, 관사 간의 가까운 거리를 관찰할 수 있다. 가장 중요한 점은 동일한 화자의 발화 샘플(F1, F6, M7, M28)이 비교적 가깝게 모여 있다는 점이다(샘플 간의 카이제곱 거리 측정 가능). 플롯에서 화자의 샘플은 다양한 단어 범주에 대한 선호도와 관련하여 표시되고 있다. 따라서 이 플롯은 데이터에서 네 명의 화자가 서로 다른 뚜렷한 발화 스타일을 가지고 있다는 강력한 증거가 있음을 시사한다.

통계 보고하기: 대응 분석

1. 보고할 내용

대응 분석은 대응 플롯을 통해 가장 잘 요약되며, 이는 교차표를 기반으로 한다. 플롯과 표 모두를 보고해야 한다. 먼저 두 요인이 설명하는 전체 변동 비율과 이러한 요인들의 언어적 해석에 주목해야 한다. 그 후 플롯에서 의미 있는 화자 군집을 식별하고 그들의 관계에 대해 언급해야 한다. 카이제곱 거리는 행/열 범주 내에서만 해석할 수 있으며, 행과 열 범주 간의 거리는 직접적으로 해석할 수 없다. 예를 들어, 그림 6.6에서 개별 화자 데이터 포인트 간의 정확한 (카이제곱) 거리를 측정할 수 있지만, 플롯에서 거리를 측정하여 화자 포인트를 개별 단어 범주와 직접적으로 연결할 수는 없다. 이는 행과 열 범주가 다른 척도로 작동하기 때문이다.

2. 보고 방법: 예시

표 6.1의 데이터는 대응 분석을 사용하여 분석되었다. 그 결과로 생성된 대응 플롯은 그림 6.6에 표시되어 있다. 전체적으로 대응 플롯은 데이터의 변동 중 73.2%를 설명한다. 우리는 네 개의 주요 화자 샘플-클러스터를 볼 수 있는데...

6.5   언어적 맥락: 혼합 효과 모델(Mixed-Effects Models)

생각해 보기

이 절을 읽기 전에 다음 예시를 살펴보자. 두 발화 사이에 의미상의 차이가 있는가? 이 발화를 사용할 수 있는 맥락을 상상할 수 있는가?

(i) This is really good.

(ii) This is very good.

전통적 변이주의 사회언어학의 중요한 원칙 중 하나는 Labov가 말하는 '책임성의 원칙'(principle of accountability)[18]이다(예: Labov 1972: 27; Tagliamonte 2006: 12-13). 이 원칙은 분석이 의미 있으려면 사회언어학적 변수의 모든 변이형이 발생하는 모든 맥락을 찾아 분석에 포함해야 한다는 것이다. 6.2절에서는 Labovian 사회언어학적 변수의 개념과 그 잠재적 한계를 논의했다. 여기에서는 Labovian 사회언어학적 변수를 출발점으로 삼아 그러한 변수를 분석할 수 있는 방법을 살펴본다.

예를 들어, '생각해 보기' 과제에서 발화 (ⅰ)과 (ⅱ) 사이의 변이를 고려해 보자. 이 예시는 Ito & Tagliamonte(2003)에서 영감을 받았다. 처음에는 두 발화 사이에 차이가 없는 것처럼 보인다. 주된 내용(때로는 '명제적 의미'라고 함) 측면에서 이 발화들은 같은 내용을 전달하는데, 이는 Labovian 사회언어학적 변수를 정의하는 중요한 기준이다(6.2 절 참조). 책임성의 원칙을 따르기 위해, 다음 단계는 이러한 유형의 변이가 발생하거나 발생할 수 있는 모든 예를 코퍼스에서 찾아내는 것이다('This is good'과 같은 무변형도 하나의 변형임). 이는 우리가 이미 알고 있듯이 **변수의 맥락을 규정**(circumscribing the variable context)하는 것이다. 예시에서 우리는 *really* 와 *very*와 같은 강조 표현에 의해 수식될 수 있는 모든 형용사를 코퍼스에서 찾아야 한다. 즉, 형용사들이 정도 형용사로 사용되는 맥락이다(이 단계에 대한 자세한 정보는 Ito & Tagliamonte 2003: 263-4를 참조). 이 절의 사례 연구에서는 *very*와 *really* 사이의 변이에만 집중하고자 하기 때문에, 코퍼스에 있는 모든 형용사 중 *very* 또는 *really*에 의해 수정된 형용사만을 선택했다(150만 단어로 구성된 영국 영어 코퍼스 BNC64에서 형용사 출현 58,127회 중 1,952건; Brezina & Meyerhoff 2014). 이러한 선택은 더 구체적으로 변수 맥락을 규정하여 연구 질문의 범위를 좁히는 것이다. 사례 연구에서는 *really* 대신 *very*를 사용하

---

18 이는 Leech의 '총책임성'(total accountability)이라는 원칙과 비교해 볼 수 있다 (Leech 1992: 112).

는 데 영향을 미치는 요인이 무엇인지에 대해 조사한다.

　첫 번째 분석 단계는 코퍼스에서 데이터를 추출하고 데이터셋 내 모든 예시를 분류하는 것이다(그림 6.9 참조). 우리는 *very*와 *really*가 나타나는 언어적 맥락(예: 구문적 위치)을 살펴보아야 한다. 이러한 요인들은 **내적 요인**(internal factor)이라고 한다. 화자와 상황 관련 변수(예: 나이, 성별, 장르 등)도 고려해야 하는데, 이는 **외적 요인**(external factor)이라고 한다. 내적 요인과 외적 요인은 **예측 변수**로 알려져 있다.

　그림 6.9는 BNC64를 기반으로 한 사회언어학적 데이터셋 중 첫 18줄을 보여준다. 전체 데이터셋에는 1,646개의 유효 항목이 있다(1,952줄 중 오류 항목 제외). 일반적으로 내적 변수(예시의 경우 통사적 위치)는 수동으로 코딩해야 하기 때문에, 전체 데이터셋이 코딩되기 전에 어떤 예측 변수가 관련 있는지 결정하여 데이터의 재코딩을 피해야 한다. 하나 이상의 판단 변수가 관련된 경우, 데이터의 무작위 샘플을 이중 코딩하고 주석자 간 일치도(inter-annotator agreement) 통계를 보고하는 것이 좋다(절 3.5 참조).

　그림 6.9의 데이터셋에는 하나의 내적 변수(구문)와 네 개의 외적 예측 변수(화자, 성별, 나이, 계층)가 포함되어 있다. 결과 변수(결과)는 *very*와 *really*라는 두 가지 변이형을 가진 이진 변수이다. 데이터셋의 오른쪽 부분(좌측 문맥, 노드, 우측 문맥)은 코딩의 기초가 된 전체 용례를 보여주지만 통계 분석에는 사용되지 않는다. 데이터셋의 범주형 변수는 접두사 A_, B_, C_ 등을 사용하여 코딩되었다. 이는 접두사 A_로 코딩된 기준값과 비교하여 결과를 직관적으로 해석할 수 있도록 하기 위함이다(절 4.4 참조).

　이 절에서 소개하는 통계 기법은 **혼합 효과 모델**(mixed-effects models)로 그림 6.9의 데이터셋을 사용할 것이다. 혼합 효과 모델은 강력한 다변량 통계 기법(multivariate statistical techniques)의 일종이다. 여기서는 혼합효과 모델의 특정 사용 사례에 중점을 둘 것이며, 이는 다소 로지스틱 회귀(logistic regression)와 유사하다(4.4 절 참조). 혼합효과 모델은 소위 **고정 효과**

ID	발화자	성별	나이	계층	구문	결과	좌측 문맥	노드	우측문맥
1	M31	A_male	77	A_DE	B_predicative	B_very	on the weekend # You	very partial	to your mum 's apple p
2	F17	B_female	40	C_C1	B_predicative	B_very	not found very difficult	very difficult	. # Computer studies P
3	M30	A_male	70	D_AB	B_predicative	B_very	the Police Station ! # Ha	very funny	! #Yellowish you mear
4	F32	B_female	75	B C2	B_predicative	B_very	every body #knew that	very bright	#or he did n't try, wel
5	F17	B_female	40	C_C1	B_predicative	B_very	my point of view I have	very punctual	and helpful. # If anyor
6	M30	A_male	70	D AB	B_predicative	B_very	n't know whether we o	very difficult	, you know? # They m
7	F19	B_female	41	A_DE	A attributive	B_very	with not moving that th	very bad	cough down your ches
8	F15	B_female	37	A_DE	B_predicative	B_very	that film # is n't it? # is	very safe	, is it safe?, no its not
9	F1	B_female	14	B_C2	B_predicative	A_really	do, choo, do do do do	really good	. #I like shooting, sho
11	F4	B_female	20	C1	B_predicative	A_really	just tell everyone I'm r	really new	in the area. # So my ta
12	M22	A_male	51	D_AB	A attributive	B_very	me with bells on my an	very good	point there Lynda. #E
13	F21	B_female	46	C_C1	A attributive	B_very	, I said we didn't even	very professional	people # at the time,
14	F9	B_female	30	B_C2	B_predicative	B_very	was very good cutting	very difficult	to cut, I thought I did
15	F11	B_female	34	B_C2	B_predicative	A_really	we 're gonna practice #	really interesting	, let me switch this thi
16	F24	B_female	54	B_C2	A attributive	B_very	Right I'll leave that the	very peculiar	character, I just find it
17	M12	A_male	33	A_DE	B_predicative	B_very	#That 's true, that's tru	very true	# Don't know, I don't
18	F11	B_female	34	B_C2	B_predicative	B_very	,either way she #amaz	very practical	that 's what I find of he

그림 6.9 사회언어학적 데이터셋: 내적 외적 요인(발췌)

(fixed effects)와 **임의 효과**(random effects) 모두를 고려하여 결과 변수(언어 변수)를 가장 잘 예측하는 모델을 데이터로부터 구축한다(Gries 2013a; Johnson 2009). 고정 효과는 성별, 사회적 계층, 나이 또는 장르와 같은 사회언어학적 조사 대상의 설명 변수들을 가리킨다. 임의 효과는 개별 화자의 선호와 같이 모델에서 고려해야 하지만 연구 질문의 일부가 아닌 변이의 다른 요인을 나타낸다. 혼합 효과 모델은 이러한 복잡한 언어 상황을 분석하고, 다양한 외적 및 내적 요인(고정 효과)으로 인한 체계적인 변이와 화자 선호 등(임의 효과)으로 인한 개별 변이를 설명할 수 있다.

혼합 효과 모델은 4.4절에서 자세히 설명된 로지스틱 회귀와 유사하므로 기본 용어와 원리에 대한 자세한 설명은 4장을 참조하기 바란다. 다음에서는 로지스틱 회귀와 혼합 효과 모델(혼합 효과 로지스틱 회귀)의 주요 차이점을 강조하고 이 기법의 사용 예를 제시할 것이다. 혼합효과 모델 기법을 실행하면 그림 6.10에 표시된 것과 같은 출력 결과를 얻을 수 있다.

```
Random effects:
 Groups  Name          Variance Std.Dev.
 Speaker (Intercept) 0.9902   0.9951
Number of obs: 1646, groups:  Speaker, 60

Fixed effects:
                   Estimate Std. Error z value Pr(>|z|)
(Intercept)        -0.89807    0.55256  -1.625   0.1041
GenderB_female     -0.18425    0.32193  -0.572   0.5671
ClassAB             0.13502    1.19296   0.113   0.9099
ClassB_C2           0.19664    0.46684   0.421   0.6736
ClassC_C1           0.07452    0.45810   0.163   0.8708
ClassC1            -0.63974    1.13243  -0.565   0.5721
ClassD_AB           0.72511    0.46981   1.543   0.1227
Age                 0.03913    0.00940   4.163 3.14e-05 ***
SyntaxB_predicative 0.33611    0.15168   2.216   0.0267 *
---
Signif. codes:  0 '***' 0.001 '**' 0.01 '*' 0.05 '.' 0.1 ' ' 1
```

그림 6.10 혼합 효과 모델의 출력 결과

혼합 효과 모델의 해석은 (ⅰ) 모델 특성의 평가와 (ⅱ) 고정 효과의 유의성 해석이라는 두 가지 주요 부분으로 나뉜다. 우리의 예시에서는 이 모델이 통계적으로 유의하며 나이와 구문 위치가 *really*(접두사 A_로 표시된 기준 변이형) 대신 *very*를 사용하는 데 미치는 영향을 보여준다. 나이가 많은 화자는 *very*를 선호하며, 서술 형용사가 있는 구문(예: you're very lucky)에서도 이 강조어가 선호된다. 다른 예측 변수들은 유의하지 않다. 이러한 결과는 다른 소규모 코퍼스를 사용하여 자세한 논의를 제시한 Ito & Tagliamonte(2003)의 연구와 일치한다.

단순 로지스틱 회귀와 위에서 설명한 혼합 효과 모델 간의 주요 실질적 차이점은 혼합 효과 모델이 화자 간의 개별 변이를 고려할 수 있다는 점이다. 이는 매우 바람직한 기능으로, 혼합 효과 모델을 단순 로지스틱 회귀, 즉 사회언어학에서 VARBRUL 방법으로 알려진 것보다 우수하게 만든다 (Johnson 2009). 사회언어학과 코퍼스 언어학 간의 용어적 차이를 메우기 위해, 사회언어학 데이터를 논할 때 이 두 학문 분야에서 사용되는 용어들의 소사전을 다음과 같이 제시하기로 한다.

사회언어학 용어 소사전

코퍼스 언어학과 변이주의 사회언어학에서는 같은 대상에 대해 다른 용어를 사용하거나, 같은 용어를 다른 의미로 사용하는 경우가 있다 (Johnson 2009). 이는 혼란을 초래할 수 있는데 다음의 소사전은 이러한 용어 차이를 명확히 하는 데 도움이 될 것이다.

변이주의 용어	의미	코퍼스 언어학 용어
요인 (factor)	특정 사회언어적 변수의 특정 변이형 사용을 선호하는 화자 유형(예: 남성 또는 여성, 젊은이 또는 노인) 또는 문맥 유형 (예: 구문 위치)이다.	예측 변수 수준 (level of a predictor variable)
요인 그룹 (factor group)	(사회)언어학적 변이를 설명하는데 사용되는 변수	예측 변수 또는 요인
요인 가중치 (factor weight)	이 숫자는 요인의 효과의 중요성을 확률로 표현하며, 대체 용어인 '계수'는 일반적으로 로그 오즈 단위로 표현한다.	계수(coefficient)
책임성의 원칙 (principle of accountability)	데이터의 모든 관련 사례를 고려해야 한다는 일반적인 과학적 원칙으로, '체리 피킹'과 반대되는 개념이다.	총계 책임성(total accountability)
사회언어학적 변수 (sociolinguistic variable)	우리가 관심을 둔 언어적 변수; 사회언어학적 변수는 동일한 의미를 표현하는 다수 (일반적으로 두 개)의 변이형을 가진다.	결과 변수
토큰 (token)	언어 자질의 출현. 반대로 코퍼스 언어학에서 '토큰'은 코퍼스에서 출현한 모든 단어를 가리킨다.	사례, 관측
VARBRUL 분석	VARiaBle RULe 분석의 약어로 변이주의 사회언어학에서의 일반적 통계 절차	일종의 로지스틱 회귀
사회언어학적 변수의 변이형 (variant of a sociolinguistic variable)	특정 맥락에서 서로 경쟁하며 동일한 의미를 갖는 두 개 이상의 언어 형태 중 하나	결과 변수의 수준 (level of an outcome variable)

통계 보고하기: 혼합 효과 모델

1. 보고할 내용

   혼합 효과 모델을 사용할 때는 사용한 혼합 효과 모델의 유형과 모델의
   세부 사항을 보고하는 것이 중요하다. 보고의 초점은 개별 예측 변수의
   효과에 맞춰져야 한다.

2. 보고 방법: 예시

   혼합 효과 로지스틱 회귀를 사용하였으며 개별 화자를 임의 효과로, 성별,
   계층, 나이, 통사 위치를 고정 효과로 설정하였다. 모델은 전반적으로
   유의미했으며(p<.001), 나이와 구문 위치의 유의미한 효과를 보여 주었다.
   즉, 나이가 많은 화자와 술어적 문맥이 *very*라는 강조어를 선호하는 것으
   로 나타났다.

6.6   응용: 백악관 출신의 이 사람은 누구인가?

필자에게 매년 생일 카드 대신 언어 퍼즐을 보내는 친구가 있다(익명을
원한다). 올해 퍼즐은 '사회언어학적 수수께끼' 형태였고, 부록으로 전사된
발화 파일이 첨부되어 있었다. 다음은 필자의 메일함에 담긴 내용이다.

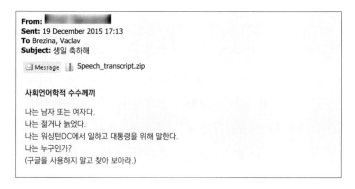

> **첨부:** Speech_sample.zip
> 좋은 소식은 국가 서비스에 대한 필리버스터가 종료되었다는 것입니다. 상원은 두 번째 종결 투표가 필요 없다고 결정했습니다. Mitchell과 Dole은 화요일에 국가 서비스가 첫 번째 주요 안건이 될 것이라고 방금 발표했으며, 상원 법안이 이제 통과될 것이라고 확신합니다. 따라서 좋은 소식이 도처에서 터져나오고 있습니다. [...]

다음은 이메일을 받은 후 며칠 동안 수수께끼를 해결하기 위해 했던 작업에 대한 간략한 설명이다. 법언어학에는(필자의 탐구는 법언어학자의 탐정 작업과 매우 유사했다) 이용 가능한 증거의 양에 따라 두 가지 기본 접근법이 있다. 증거의 양이 적은 경우(몇 문장이나 문단), 특이한 언어 사용(또는 언어적 특징이나 말투)의 징후를 찾기 위해 정밀한 독해가 적절하다. 반면에, 나의 경우처럼 많은 데이터가 있는 경우(약 200,000 단어 샘플), 통계적 접근법이 필요하다. 수수께끼의 두 번째 부분은 명확했고 샘플의 언어 유형과 일치했다. "나는 워싱턴 DC에서 일하고 대통령을 위해 말한다"라는 문구는 발화 샘플이 백악관 대변인에게서 나왔다는 것을 나타낸다. 운 좋게도, 나는 비교 코퍼스로 백악관 기자 회견 코퍼스(WH) (Barlow 2013)를 사용할 수 있었고 첨부된 샘플을 transcript X라고 이름짓고 WH 코퍼스 데이터와 대조할 수 있었다. 표 6.4는 내가 사용한 코퍼스의 개요를 보여준다.

첫 번째 단계는 transcript X가 남성 화자나 여성 화자 중 어느 쪽에서 나왔는지 결정하는 것이었다. 코퍼스에는 두 명의 여성(Dee Dee Myers와 Dana Perino)과 여섯 명의 남성 샘플들이 있다. 여자들은 각각 한 개의 샘플을 제공했으며, 남성 그룹에는 33개의 발화 샘플이 포함되어 있었다. 전통적인 성별 구별 단어인 *lovely*(비격식적인 영국 영어에서 여성이 선호함)는 사용할 수 없었는데 그 이유는 코퍼스 전체(600만 단어 이상)에서 lovely라는 단어가 20회밖에 등장하지 않았기 때문이다. 우리는 매우 특정한 미국 영어의 공식적인 구어체를 다루고 있으므로 전혀 놀라운 일은 아니다.

표 6.4 WH 코퍼스

대변인	생년	재임기간	샘플 수 (200K단어)	토큰 수	파일명
Dee Dee Myers	1961	1993-4	1	0.2 million	DDM
Mike McCurry	1954	1995-8	6	1.2 million	M1, M2, M3, M4, M5, M6
Ari Fleischer	1960	2001-3	4	0.8 million	A1, A2, A3, A4
Scott McClellan	1968	2003-6	3	0.6 million	S1, S2, S3
Tony Snow	1955	2006-7	1	0.2 million	T1
Dana Perino	1972	2007-9	1	0.2 million	D1
Jay Carney	1965	2011-14	7	1.4 million	JC1, JC2, JC3, JC4, JC5, JC6, JC7
Josh Earnest	1975	2014-16	8	1.6 million	J1, J2, J3, J4, J5, J6, , J7, J8

화자의 성별을 구분하는 가설을 세우기 위해서는 인칭 대명사의 사용과 같은 일반적인 특징을 살펴볼 필요가 있다(Argamon et al. 2003; Rayson et al. 1997). 두 그룹의 화자를 비교하기 위해 일반적으로 t-검정을 사용한다. 코퍼스의 모든 데이터를 사용하고 싶을 수 있지만, 이는 불가능하다. 독립 표본 t-검정의 가정은 각 텍스트가 다른 텍스트와 독립적으로 샘플링되었다는 것이다. 한 화자의 여러 텍스트를 포함하면 이 가정이 위반된다. 샘플을 화자당 한 개의 텍스트로 줄이면 9개의 텍스트(여성 2개, 남성 7개)가 남는다. 이는 매우 작고 불균형한 샘플이며(남성 화자가 훨씬 많음), 전통적인 통계적 통념(예: Siegel 1956)을 따른다면 이런 상황에서 t-검정을 사용하지 말라고 조언할 것이다. 그러나 새로운 연구(de Winter 2013)에 따르면 분산의 동질성 가정이 심하게 위반되지 않는 한 t-검정이 매우 작고 불균형한 샘플에서도 잘 수행된다. 이러한 가정을 만족시키기 위해서는 강건한 Welch의 t-검정을 사용할 수 있다.

인칭 대명사의 사용을 볼 때 남성과 여성 백악관 대변인 간의 차이에 대해 t-검정은 통계적으로 유의미한 결과를 산출한다[t(3.87) = 4.47; p <.05]. 남성 그룹의 평균은 14,232.86(SD = 1,672.08)인 반면, 여성 그룹의 평균은 18,065.50(SD = 820.95)였다. transcript X의 값은 18,044로, 여성 그룹의 평균에 훨씬 더 가깝다. 그러므로 transcript X가 여성 화자에 속할 가능성이 있다고 가설을 세울 수 있다. 코퍼스에는 두 명의 여성 화자 Dee Dee Myers와 Dana Perino가 있는데 그렇다면 이 중 누구일까?

이 질문에 답하기 위해 코퍼스 내 모든 발화 샘플과 transcript X(총 34 + 1개)를 사용하여 대응 분석을 수행했다. 이 분석은 주제와 독립적이며 빈번하게 사용되는 다양한 단어 범주의 비율을 언어적 변수로 고려했다 (그림 6.11 참조).

대응 분석은 개별 백악관 대변인의 발화 샘플을 명확하게 그룹화했다.

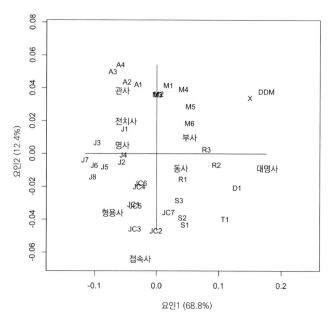

그림 6.11 대응 분석: 백악관 대변인들의 단어 범주 사용

예를 들어, Ari Fleischer의 모든 발화 샘플(A1-A4)은 좌측 상단에 군집을 형성했으며, Scott McClellan의 발화 샘플(S1-S3)은 우측 하단에 위치했고, Tony Snow(T1)와 Dana Perino(D1)의 샘플보다는 중심에 가깝게 군집을 형성했다. 그렇다면 미스터리한 transcript X는 어떨까? 그래프에서 transcript X는 Dee Dee Myers의 샘플과 가까운 위치에 클러스터를 형성하고 있으며, 다른 샘플들과는 멀리 떨어져 있다. 따라서 transcript X가 이 백악관 대변인의 발화 샘플일 가능성이 높다고 추정할 수 있다. 최초의 여성 백악관 대변인인 Dee Dee Myers의 발화는 대명사의 빈번한 사용, 명사, 형용사, 접속사의 비교적 적은 사용으로 특징지어진다. 이러한 스타일 차이는 대규모 발화 샘플을 정량적으로 분석하여야만 식별할 수 있다.

지금까지 설명한 조사를 마친 후, 나는 친구의 이메일에 다음과 같이 답장하였다.

From: Brezina, Vaclav
Sent: 1 January 2016 00:30
To: ▮▮▮▮▮▮▮
Subject: Re: 생일 축하해

Dee Dee Myers였어(p-값은 필요 없겠지?) 구글에 검색해 볼게.

아직도 납득이 가지 않는 사람들은 예시를 따라 인터넷에서 transcript X의 첫 문장인 *The good news is that the filibuster has been broken on national service* '좋은 소식은 국가 서비스에 대한 필리버스터가 중단되었다는 것입니다'를 검색해보기 바란다.

6.7 연습문제

1. '스타일' 개념을 핵심 개념으로 사용하는 언어학 분야는 무엇인가? 이를 어떻게 탐구할 수 있는가?

2. 다음 변이 사례 중 어느 것이 Labov의 사회언어학적 변수에 대한 정의를 충족하며, Labov식의 연구 방법을 사용하여 연구할 수 있는가? 그 이유를 설명해 보자.

(a) 다양한 사회적 맥락에서의 h-탈락: 예를 들어, hair를 /heə/ 또는 /eə/로 발음하는 변이.

(b) 미국에서의 탄산음료 명명 전략의 변이 - 예: *soda, pop* 또는 *coke* (http://popvssoda.com/)

(c) 능동과 피동 구문의 변이 - 예: *I did it* vs *It was done*.

(d) 다양한 강도로 선호를 표현하는 동사의 변이 - 예: *adore, love, like, don't mind*

(e) 담화에서 헤지 사용 및 헤지가 있는 발화와 없는 발화 사이의 변이 - 예: *I sort of agree* vs *I agree*.

3. 다음 t-검정, ANOVA, Mann-Whitney U 검정을 보고하는 방식들을 살펴보고 잘못된 부분이나 누락된 정보를 찾아보자.

(a) $t=2.77$, $p=.007$, $d=.69$.

(b) $F(56)=5.59$, $p<.00201359$.

(c) $U=705$, $p=1.3$

4. 이 장의 공식을 사용하여 다음의 검정 통계량(즉, p-값이 아닌)을 계산해 보자.

(a) 남성과 여성 발화에서 'lovely'의 사용[t-검정, Mann-Whitney U]. 남성 그룹(n1=10): 0.91, 1.4, 2.18, 6.21, 2.63, 1.2, 0, 1.06, 6.49, 5.43

여성 그룹(n2=10): 8.84, 1.09, 12.47, 1.65, 3.93, 1.1, 4.11, 21.21, 2.51, 0.47

(b) 남부, 중부 및 북부 화자 발화에서 'innit'의 사용[일원배치 ANOVA].

남부(n1=10): 4.19, 29.29, 5, 30.43, 6.09, 12.77, 25.93, 0.61, 28.08, 15.94

중부(n2=10): 9.68, 3.65, 1.2, 0, 2.07, 2.26, 5.18, 0, 0, 0

북부(n3=10): 9.09, 9.09, 0, 7.38, 0, 5.77, 0, 4.47, 0, 3.23

5. 연습문제 4의 데이터셋 (a)에 대해 Cohen's d를 계산해 보자.

6. Lancaster Stats Tools online의 Group comparison tool을 사용하여 연습문제 4와 5의 결과를 확인해 보자.

7. 그림 6.12의 대응 플롯을 해석해 보자. 이는 비격식적인 영국 영어 발화를 담은 BNC64를 기반으로 한다. 16명의 남성과 16명의 여성 화자가 서로 다른 의미 유형의 확실성 표지(*certainly*, *maybe*, *perhaps*, *possibly* 등) 사용에 따라 그래프에 표시되어 있다. 각 화자는 성별(F1a와 M1a), 번호 식별자(F1a) 및 샘플 번호(F1a, F1b)로 표시되어 있으며, 화자당 두 개의 샘플이 있다.

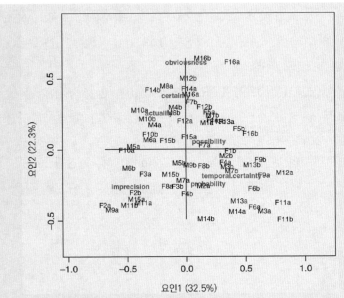

그림 6.12 대응 분석: BNC64에서 인식양태 표지(epistemic marker) 사용

8. 혼합 효과 모델 기법에서 나온 다음 출력 결과를 해석해 보자. 언어 변수
는 영국 영어와 미국 영어의 다양한 장르에서 have to, need to와 같은
단언적 양태 표현과 경쟁하는 must의 사용이다.

```
   AIC      BIC   logLik deviance df.resid
 2412.3   2456.9  -1198.1   2396.3     1943

Scaled residuals:
    Min      1Q  Median      3Q     Max
-1.9037 -0.6202 -0.3895  0.7452  2.4673

Random effects:
 Groups Name        Variance Std.Dev.
 Text   (Intercept) 1.52     1.233
Number of obs: 1951, groups: Text, 743

Fixed effects:
                Estimate Std. Error z value Pr(>|z|)
(Intercept)       0.1783     0.2364   0.754 0.450635
VarietyB_BR       0.1567     0.1515   1.034 0.300982
GenreB_Fiction   -0.9825     0.2717  -3.616 0.000299 ***
GenreC_General   -0.2894     0.2569  -1.126 0.259977
GenreD_Press     -0.7682     0.2920  -2.631 0.008511 **
SubjectB_I       -1.1864     0.2153  -5.511 3.58e-08 ***
SubjectC_you     -0.8857     0.2030  -4.363 1.29e-05 ***
---
Signif. codes:  0 '***' 0.001 '**' 0.01 '*' 0.05 '.' 0.1 ' ' 1
```

9. 남성이 여성보다 더 많은 욕설을 하는가? BNC64 비교 검색 도구(corpora. lancs.ac.uk/bnc64)를 사용하여 비격식적인 영국 영어 발화에서 욕설에 대한 다양한 사회언어학적 가설을 테스트해 보자. 다양한 통계적 척도와 그 해석에 주의해서 표 6.5를 작성해 보자.

표 6.5 욕설과 성별: BNC64

욕설	통계적으로 유의미한 결과?	의미 있는 차이?
1.		
2.		
3.		
4.		

기억해야 할 사항

- 사회언어학적 변이는 다양한 방식으로 탐색될 수 있다. Labov의 의미 보존 사회언어학적 변수(형식적 접근)를 사용하거나, 기능적 접근을 따라 화자 그룹 내 언어 자질의 분포를 살펴보는 방식이 있다.
- t-검정과 ANOVA(그리고 이들의 비모수 대안: Mann-Whitney U와 Kruskal-Wallis)는 설명 변수인 사회적 변수(성별, 사회적 계층)가 다양한 언어 자질에 미치는 영향을 조사하는 데 사용된다.
- 대응 분석은 탐색적 분석 기법으로, 다른 화자들 사이에서 여러 변수의 사용을 비교하여 이를 두 가지 요인으로 축소하고 강력한 시각화를 제공하는 대응 플롯을 생성한다.
- 혼합 효과 모델은 여러 변수를 동시에 고려하고 화자 간의 개별 변이의 효과를 포함할 수 있는 정교한 통계 기법의 그룹이다.

더 읽을 거리

Brezina, V. & Meyerhoff, M. (2014). Significant or random? A critical review of sociolinguistic generalisations based on large corpora. International Journal of Corpus Linguistics, 19(1), 1-28.

Cardinal, R. N. & Aitken, M. R. (2013). ANOVA for the behavioral sciences researcher. Hove: Psychology Press.

Corder, G. W. & Foreman, D. I. (2009). Nonparametric statistics for non-statisticians: a step-by-step approach. Hoboken, NJ: Wiley.

Coupland, N. (2007). Style: language variation and identity. Cambridge University Press.

Greenacre, M. (2007). Correspondence analysis in practice. Boca Raton, FL: Chapman&Hall/CRC.

Johnson, D. E. (2009). Getting off the GoldVarb standard: introducing Rbrul for mixedeffects variable rule analysis. Language and Linguistics Compass, 3(1), 359-83.

Labov, W. (2010). Principles of linguistic change, vol. 3: Cognitive and cultural factors. Oxford: Wiley-Blackwell.

동반 웹사이트: Lancaster Stats Tools Online

1. 이 장의 모든 분석은 동반 웹사이트에서 제공되는 통계 도구를 사용해 재현할 수 있다. 이 장의 내용과 관련해 사용할 수 있는 도구는 다음과 같다.

   - Group Comparison tool
   - Correspondence analysis tool
   - Mixed-effects logistic regression tool
   - BNC64

2. 이 웹사이트에서는 학생과 교사를 위한 추가 자료도 제공한다.

7. 시간에 따른 변화
통시 데이터 다루기

7.1   이 장의 내용은 무엇인가?

이 장에서는 시간 경과에 따른 언어 변수의 변화를 보여주는 데이터, 즉 역사 또는 통시적 데이터를 탐색하는 데 사용할 수 있는 통계적 절차에 대해 설명한다. 먼저 통시적 연구의 구체적인 특징을 설명하고 통시적 변화를 효과적으로 시각화할 수 있는 기법을 소개한다. 다음으로는 부트스트래핑(bootstrapping)이라는 절차를 사용하여 두 기간을 통계적으로 비교하는 데 중점을 둔다. 또한 군집 분석의 통시적 적용(5장에서 소개됨)에 대해 설명할 것인데 데이터의 통시적 순서를 고려하는 특정 유형의 군집화 기법(이웃 군집 분석, neighboring cluster analysis)이 소개된다. 마지막으로 이 장에서는 통시적 데이터의 정점과 저점을 통계적으로 식별하는 방법과 용법 변동 분석(UFA)이라는 확장 방법을 소개한다. 피크 앤 트러프(peaks and troughs) 기법은 데이터에 비선형 회귀 모델을 적용하여 담화의 급격한 변화가 발생한 극단적인 시점(이상치)을 식별한다. UFA는 시간에 따른 관심 단어의 언어 구성어 변화를 추적하고, 피크 앤 트러프 기법을 사용하여 단어 사용에 큰 변화가 일어난 지점을 식별한다.

다음의 다섯 가지 질문에 대한 답을 찾아보자.

- 시간 경과에 따른 언어 변화를 어떻게 측정하고 시각화할 수 있는가? (7.2)
- 시간이 지남에 따라 변화가 발생했는지 어떻게 평가할 수 있나? (7.3)
- 기간을 어떻게 통계적으로 그룹화할 것인가? (7.4)

- 담화의 변화를 어떻게 모델링하고 시각화할 수 있나? (7.5)
- 이 장에서 논의한 기법을 연구에 어떻게 사용할 수 있는가? (7.6)

7.2 변수로서의 시간: 시간을 측정하고 시각화하기

> **생각해 보기**
>
> 이 절을 읽기 전에 그림 7.1을 살펴보자. 이 그림은 20세기 영어에서 조동사의 발달에 대해 무엇을 시사하나?

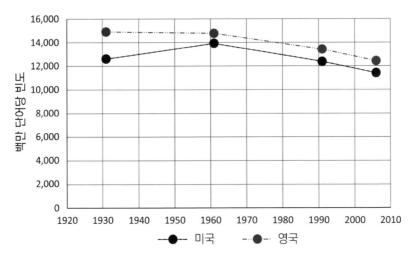

그림 7.1 브라운 계열 코퍼스에서의 양태 조동사

시간에 따른 변화라는 개념은 이 장에서 설명하는 분석의 핵심이다. 통계적 관점에서 시간은 연속적인(scale) 변수이다. 이는 시간을 세기, 10년, 연, 월, 주, 일, 시간, 분, 초, 1/1,000초 등의 연속체에서 측정할 수 있다는 뜻이다. 시간을 변수로 사용하는 연구를 통시적(diachronic) 또는 종단적

(longitudinal) 연구라고 한다. 때로는 인간의 삶의 단계, 즉 나이를 기준으로 시간을 측정하기도 하는데, 이는 사회언어학(6장 참조) 및 언어 습득 연구에서 중요한 변수이다. 통시적 연구의 대부분은 언어의 변화에 초점을 맞추지만, 시간에 따른 언어의 안정성 또한 매우 흥미로운 주제이다. 언어는 여러 층으로 이루어진 커다란 벽돌집과 같아서 여러 층에서 끊임없이 개조가 이루어지고 있으며, 일부 벽돌을 교체하려면 다른 벽돌이 구조에 남아 있어야 집이 계속 유지될 수 있다. 20세기 영국 영어의 변화를 연구한 Baker(2011)는 빈도나 의미가 변화한 단어와, 안정적으로 유지된 단어 모두에 초점을 맞춘다. Baker(2011)는 이러한 안정적인 용법을 유지한 단어를 **락워드**(lockwords)라고 부르며 그 예로 *tiems*와 *money*를 제시한다. 통계적 관점에서 볼 때, 여기서 가장 중요한 과제는 서로 다른 코퍼스에서 단어 빈도의 안정성을 어떻게 파악하는가, 즉 락워드를 어떻게 식별하는가 하는 것이다. 이는 과학 및 통계 패러다임 전체가 차이와 변화를 식별하는 데 초점을 맞추는 반면 안정성은 종종 간과되기 때문이다. 더 나아가 통계에서 이루어지는 추론은 일반적으로 차이나 변화가 없다고 말하는 귀무가설을 결코 그대로 수용할 수는 없는 방식으로 이루어져 있다. 귀무가설을 기각할 만한 충분한 증거가 없다면, 단순히 귀무가설이 유지된다. 왜냐하면 귀무가설을 기각할 증거가 없다는 것이 그것이 참이라는 것을 의미하지는 않기 때문이다. '무죄' 판결이 반드시 범죄를 저지르지 않았다는 것을 의미하지 않는 것과 같다. 그것은 재판을 통해 유죄를 입증하는 데 실패했다는 것을 의미한다(1.3절 참조). 따라서 언어 사용에서 안정적인 요소를 식별하기 위해서는 기술 통계와 데이터에 대한 깊이 있는 이해가 필요하다(3.4절의 락워드에 대한 논의 참조).

통시적 연구를 수행하려면 적절한 코퍼스가 필요한데, 이를 역사 코퍼스 또는 통시 코퍼스라고 한다. **통시 코퍼스**(diachronic corpora)는 시간에 따른 언어 또는 담화 변화의 여러 단계를 표본에 포함한다. 영어의 역사적 코퍼스의 예로는 브라운 계열(Brown family)[1], 헬싱키 영어 텍스트 코퍼스(Helsinki Corpus of English Texts), 초기 영어 서신 코퍼스(Corpus of Early English Correspondence, CEEC), 미국 역사 영어 코퍼스(Corpus of Historical American English, COHA), 초기 영어 책 온라인(Early English Books Online, EEBO) 코퍼스 등이 있다. 이러한 코퍼스는 수백만 개의 토큰(예: 브라운 계열, 헬싱키 코퍼스, CEEC)에서 수십억 개의 단어(EEBO)에 이르기까지 그 규모가 다양하다. 역사 코퍼스에서도 다른 코퍼스 연구와 마찬가지로 사용 가능한 언어 증거의 질과 양을 모두 비판적으로 평가해야 한다. 역사 데이터는 통시적 차원으로 인해 추가적인 변이의 원인을 제공한다는 점에서 또 다른 과제를 안고 있다. 조동사의 발달에 대해 논의한 Leech(2011)를 바탕으로('생각해 보기' 과제 참조)[2] 살펴보면, 코퍼스 기반 역사 언어학에서 비판적으로 평가해야 할 세 가지 중요한 측면, 즉 (i) 코퍼스의 통시적 대표성, (ii) 언어 발달의 대안적 해석, (iii) 언어 형태의 의미 변동을 고려해야 한다. 이 세 가지 영역을 하나씩 살펴보자. 첫째, **통시적 대표성**(diachronic representativeness)은 시간의 흐름에 따라 모집단(언어 사용)을 체계적으로 반영할 수 있도록 하는 역사적 코퍼스의 특성이다. 코퍼스는 일반적으로 모집단과 유사한 특성을 나타내도록 설계된 언어 표본으로, 통시적 코퍼스의 모집단은 변화의 과정 속에 있다(1.4절 참조). 이러한 변화에는 새로운 단어, 문법적 특징 또는 장르의 출현이 포함된다. 통시적 대표성은 코퍼스의 크기보다 더 중요할 수 있다. 예를 들어, Leech(2011)는 조동사와 같은 문법적 특징의 발달을 추적하는 데 있어 다양한 장르의 문어체를 대표하는 브라운 계열 코퍼스들이 미국 *TIME*지와 같은 단일 출처에 기반한 훨씬 더 큰 코퍼스보

---

1 브라운 계열 코퍼스는 원래 공시 코퍼스로 설계되었다. 각각 동일한 샘플링 프레임을 따르고(1.4절 참조) 모두 다른 시점에 샘플링되었기 때문에 브라운 계열 전체를 통시적 코퍼스로 사용할 수 있다(이 절과 Baker(2011, 2017)의 예시 참조).

2 이 글은 Leech(2003, 2011)와 Milar(2009) 사이의 매우 흥미로운 논쟁의 일부로, 코퍼스 분석 및 언어 변화와 관련된 여러 가지 흥미로운 질문이 제기되었다.

다 언어 변화에 대한 더 정확한 그림을 제공한다는 것을 보여준다.3 *TIME*
지 코퍼스는 대표성이 제한적이기 때문에 시간에 따라 변화해 온 편집
관행을 비롯한 지역적 변화를 반영할 가능성이 훨씬 높다. 따라서 추가
증거 없이는 이 코퍼스에 기반한 결과를 20세기 영어의 전반적인 변화에
대한 논의를 위해 일반화할 수 없다.

또한 통시적 대표성을 고려할 때는 역사 데이터에 내재된 한계를 고려해
야 한다. 과거의 언어는 극히 일부만 기록되고 보존되어 있다. 역사 코퍼스
는 일반적으로 특정 역사적 시기의 언어에 대한 균형 잡힌 표본이 아니라
보존된 언어에 대한 통찰력을 제공하는 좁은 렌즈에 불과하다(McEnery
& Baker 2017). 또한 역사 코퍼스는 거의 전적으로 문어 코퍼스다. 그 이유는
분명하다. 글로 기록되지 않는 한 역사적 구어에 접근할 수 없기 때문이다.
구어의 최초 오디오 녹음은 19세기 후반부터 시작되었다. 그럼에도 불구하
고 개인 편지 같은 일부 문어 장르는 준격식적(semi-formal)이고 비격식적인
언어 사용을 반영하며, 일반적으로 구어 데이터로 수행되는 변이 사회언어
학(variationist sociolinguistics) 분석의 대상이 될 수도 있다(Nevalainen &
Raumolin-Brunberg 2003: 26). 또한 보존된 글은 일반적으로 그 시대에 살았던
소수의 사람들, 즉 글을 읽고 교육을 받은 사람들이 쓴 책, 팸플릿, 공식
문서 등이다. 따라서 역사 데이터의 언어 표본은 장르와 저자의 사회적
구성 측면에서 편향되어 있다(Nevalainen & RaumolinBrunberg 2003). 역사적
코퍼스의 이러한 문제에 주목하여 Nevalainen(1999)은 모든 역사 언어학
적 연구는 궁극적으로 '불량한 데이터를 최대한 활용하는 것'에 관한 것이
라고 제안한다.

둘째, 우리는 이용 가능한 증거를 바탕으로 **언어 변화에 대한 대안적인**

---

3   영어의 통시적 탐구에 사용되어 온 *TIME*지 코퍼스는 1923년부터 2006년까지
    *TIME*지에 실린 1억 개의 단어로 구성되어 있으며 https://www.englishcorpora.
    org/time에서 확인할 수 있다.

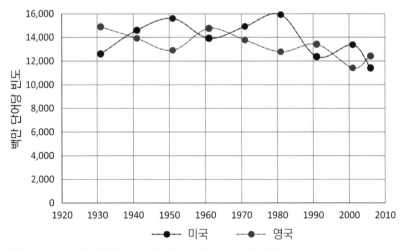

그림 7.2 브라운 계열 코퍼스의 양태 조동사: 대체 해석

해석을 고려해야 한다. 증거가 충분하지 않거나 증거가 특정 장르 또는 특정 유형의 화자/작가에 편향된 경우(위의 '통시적 대표성' 참조), 우리가 관찰하는 패턴은 모호해진다. 일반적으로 역사를 거슬러 올라갈수록 보존된 증거는 더 적다. 예를 들어, 고대 영어 시대(450-1100년)에 보존된 모든 텍스트는 300만 개 이하의 단어4로 구성되어 있지만, 17세기 이후 코퍼스에는 수십억 개의 단어가 포함된다(McEnery & Baker(2017)가 사용한 EEBO 버전 3은 17세기에만 거의 10억 개의 단어가 포함되어 있다). 이러한 상황에서 우리는 누락된 증거를 대신할 해석을 제공하려는 유혹에 저항해야 하며, 증거(데이터)와 그 해석을 구분해야 한다. Leech(2011)의 논의로 돌아가서, 이 두 지점 사이의 언어 변화를 관찰하고 해석하는 능력과 관련하여 두 역사적 샘플링 시기(1961년과 1991년)의 문제를 고려해 보자. 그림 7.1에서 이 두 역사적 지점은 직선으로 연결되어 있으며, 추가 샘플링 지점(1931년과 2006년)은 이러한 추세를 확인시켜 준다. 그러나 두 데이터

---

4 이 수치는 The Complete Corpus of Old English (Healey 2004)에서 가져온 것이다.

포인트 사이의 직선은 이미 데이터 해석의 일부이며, 정확할 수도 있고 정확하지 않을 수도 있다는 점을 인식해야 한다. 샘플링 포인트가 적을수록 이러한 해석은 추측에 가깝다. 그림 7.1과 동일한 데이터 포인트에 대한 그림 7.2의 대체 해석(여러 해석 중 하나)을 생각해 보자.

언어 변화의 궤적을 정확하게 추적할 수 있는 데이터 포인트를 더 추가하면 이 문제를 완화시킬 수 있다. 그러나 이와 같이 더 많은 데이터 포인트를 확보할 수 없는 경우에는 다른 해석을 할 수 있는 여지를 열어 두어야 한다. 일부 언어 변화를 포착하기 위해서는 가장 단순한 모델인 직선형 모델이 적절하지만 다른 통시적 과정의 경우에는 더 복잡한 모델(복잡한 곡선)이 적합하다. 예를 들어 음운 및 문법적 변화는 종종 S자형 곡선을 따르고(Nevalainen & Raumolin-Brunberg 2003: 53-5; Blythe & Croft 2012), 대부분의 어휘 및 담화 변화는 정점과 저점 사이에서 변동한다(7.5절 참조).

셋째, **언어 형태의 의미 변동(통시적 다의성)**은 언어의 발달을 살펴볼 때 주의 깊게 고려해야 하는 현상으로, 동일한 언어 형태도 시간이 지남에 따라 의미(또는 그 의미 집합)가 변화하는 경우가 많으므로 통시적 분석에서는 언어 형태의 변화 빈도에 대한 개요뿐만 아니라 의미 변화에 대한 설명도 제공해야 한다. 예를 들어, Leech(2011)는 영국과 미국 영어에서 동일한 조동사 *may*가 *She may be right*에서와 같이 가능성이라는 인식론적 의미로 점점 더 자주 사용되고, *Please may I finish*에서와 같이 허가의 당위적 의미로는 점점 적게 사용된다고 설명한다(일반적으로 may 대신 can을 사용함). 따라서 양태의 역사적 발달을 살펴볼 때는 이러한 의미론적 발달도 함께 살펴봐야 전체 상황을 파악할 수 있다.

위에서 논의한 세 가지 영역, 즉 코퍼스의 통시적 대표성, 언어 발달에 대한 대안적 해석, 언어 형태의 의미 변동에 대한 민감성은 코퍼스 언어학을 컬처로믹스(Michel et al. 2011)와 같은 '빅데이터' 접근법, 즉 언어학적 관점에서는 순진 무구한 정량적 방법론과 구별 짓는다. 이러한 접근법은

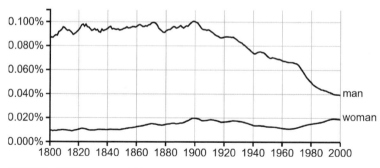

그림 7.3 구글 n-gram 뷰어: man, woman

중요한 언어적 단서와 좋은 과학의 원칙들에 거의 주목하지 않은 채 단어와 개념의 역사적 발전에 대한 포괄적인 설명을 제시하곤 한다. 예를 들어, *man*과 *woman*이라는 단어의 사용에 대한 언어/사회적 변화의 그래프를 만드는 것은 매우 쉽다. 그러나 이러한 언어 형태의 실제 사용 사례(용례)와 코퍼스의 구성 변화에 대한 정보에 접근할 수 없다면 이 증거를 해석하는 일은 훨씬 더 어려운 문제일 것이다. 그림 7.3에서 1800-2000년 기간 동안 *man*(위쪽 선)의 형태 빈도의 변화와 *woman*(아래쪽 선)의 빈도의 변화를 대조하여 볼 수 있다. 시간이 지남에 따라 *man*은 감소하고 *woman*은 증가하는 것을 볼 수 있으며, 이는 담화에서 성 불평등 격차가 좁혀지고 있는 것으로 해석할 수 있다. 그러나 이러한 변화는 코퍼스의 구성 변화와 문화적, 의미적 변화 또는 다른 다양한 요인의 조합과 관련 있을 수 있는데, 이에 대해 우리에게 알려진 정보는 없다. 이를 통해 우리는 시간에 따른 비교 가능성뿐만 아니라 통시적 자료에 대한 투명성이나 설명력을 갖추지 않은 분석은 무의미하다는 일반적인 원칙을 도출할 수 있다.

컬쳐노믹스 및 이와 유사한 접근 방식이 대표성과 의미 변동에 대한 민감성을 포기하고 대량의 증거(즉, '빅 데이터' 접근법)를 취하는 모습을 볼 수 있다. 그러나 이는 결코 좋은 접근이 아니다(Leech 2011; Pechenick et al. 2015; McEnery & Baker 2017: 1.3절).

마지막으로 통시적 데이터를 사용한 몇 가지 시각화 옵션을 살펴보자. 우리는 이미 언어 변화를 선 그래프 형태로 시각화한 세 가지 그림(7.1, 7.2, 7.3)을 살펴봤다. **선 그래프**는 시간 변수를 x-축에, 언어 변수의 빈도를 y-축에 표시하는 간단한 시각화이며 이는 코퍼스의 변화 패턴을 해석하는 데 도움이 된다. 그래프의 선은 데이터 포인트를 연결하여 만들어지며

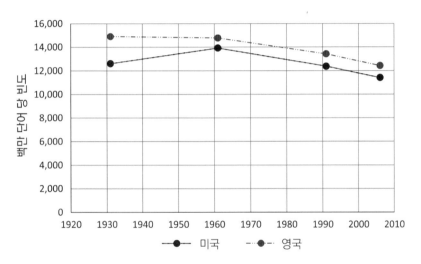

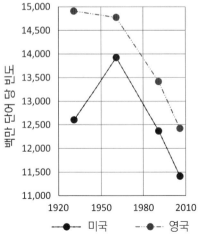

그림 7.4 브라운 계열 코퍼스의 조동사: 원본(위), 재조정(아래)

이것은 이미 데이터에 대한 해석을 나타낸다. 그림 7.1과 7.2(그림 7.3에는 없음)에서는 선을 점선으로 표현함으로써 잠정적인 것으로 만들었다. 이렇게 하면 데이터 포인트는 단단한 증거의 기반이 되고, 전체 경향성은 점선으로 잠정적으로만 제시된다. 또한 선 그래프를 다룰 때는 축의 스케일과 그래프의 시작점(원점)에 따라 역사 데이터의 변화 또는 변동이 다소 극적으로 나타날 수 있다는 점을 염두에 두어야 한다. 이러한 예로 그림 7.4의 상단 패널과 하단 패널의 그래프가 정확히 동일한 데이터(원)와 동일한 해석(점선)을 나타냄을 들 수 있다. 유일한 차이점은 축의 눈금이다. 또한 하단 패널에서 y-축은 0에서 시작하지 않고 11,000에서 시작하여 16,000이 아닌 15,000까지 나타난다는 점에 유의해야 한다.

그림 7.4의 비교가 주는 메시지는 그래프에서 사용하는 눈금을 염두에 두고, 여러 그래프를 비교할 때는 정확히 동일한 눈금을 사용해야 한다는 것이다. 축의 스케일과 그래프의 가로 세로 비율은 데이터 시각화 관점에서 보면 다소 임의적으로 보일 수 있지만(그림 7.4의 두 패널 모두 정확히 동일한 데이터를 표시한다), 이러한 고려 사항은 정보의 시각적 독해, 즉 그래프의 이해와 올바른 해석을 위해 중요하다. 아래쪽 그래프를 위쪽 그래프를 확대하여 압축한 버전이라고 생각하면 데이터에서 더 미묘한 패턴을 발견하는 데 도움이 될 수 있다. Cleveland(1994: 66ff.)는 아래 그래프처럼 경사가 평균 45°로 너무 평평하거나 너무 뾰족하지 않도록 디자인된 그래프가 해석에 최적이라고 설명한다. 그러나 데이터에 실제로 존재하지 않는 효과를 그래프를 통해 인위적으로 '부풀리려는' 유혹은 피해야 한다.

통시 데이터를 시각화하는 다른 옵션으로는 박스플롯과 오차막대, 스파크라인, 캔들스틱 플롯 등이 있다. **박스플롯**과 **오차막대**는 1.5절에서 자세히 설명했다. 이를 통해 통시적 샘플링 지점의 내부를 들여다보고 역사적 시기의 개별 텍스트 간의 변동을 분석할 수 있다. 오차막대는 각 역사적 기간의 평균값 주위의 95% 신뢰구간을 표시하는 데 사용할 수 있다. 그림

(a)

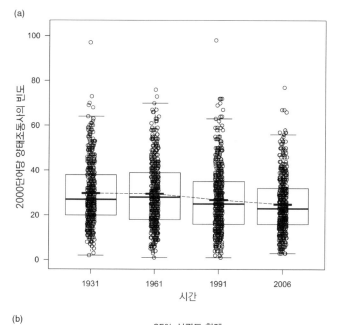

(b)

95% 신뢰도 한계

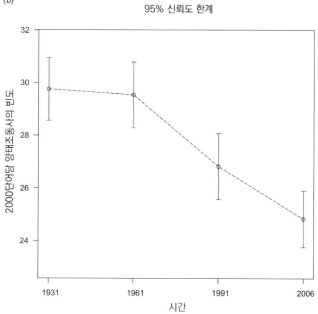

그림 7.5   영국 영어에서의 양태 조동사: (a) 박스플롯 (b) 95% CI 오차막대

7.5는 그림 7.4의 그래프에서 위쪽(옅은 색) 선과 동일한 데이터, 즉 영국 영어에 대한 데이터를 표시한다. 각 역사적 시기가 하나의 값(평균)으로 표시되는 대신 각 시기 내 텍스트 간의 내부 변동이 표시되어 있다.

시간에 따라 변화하는 많은 수의 변수를 다룰 때 스파크라인을 사용하면 여러 개별 추세를 효과적으로 요약할 수 있다. 스파크라인(sparkline)은 텍스트에 매끄럽게 통합할 수 있는 한 단어 크기의 작은 그래프이다(Tufte 2006: 46-63). 통시적 데이터의 경우 일반적으로 라인 스파크라인이 가장 유용하다. 다음 예는 17세기 *must*의 변화를 보여주는 스파크라인을 제공한다.

The use of *must* in the seventeenth century is marked by a large amount of fluctuation.

스파크라인은 전체 추세 외에도 최솟값과 최댓값(선 위아래에 강조된 점)에 대한 정보를 제공할 수 있다. 따라서 데이터를 말로 설명할 때와 비교할 수 없을 정도로 작은 공간을 차지하면서도 풍부한 정보를 제공하는 시각화 형태이다. 위 예시의 스파크라인은 100개의 서로 다른 샘플링 지점을 표시하고 있다.

복수의 스파크라인에 대한 대안으로는 캔들스틱 플롯이 있다. 캔들스틱 플롯(candlestick plot)은 언어 변수의 변화를 상자와 촛대를 닮은 '심지'로 요약한 데이터 시각화의 한 유형으로 표면적으로는 박스플롯과 유사하지만 다른 원리에 따라 작동한다. 캔들스틱 플롯은 주가의 추이를 시간에 따라 추적하는 재무 보고서에서 자주 사용된다. 그림 7.6은 1931-2006년 기간 동안 다양한 조동사의 변화를 나타내는 캔들스틱 플롯의 예이다. 각 '캔들스틱'은 시계열의 초기 지점, 최종 지점, 최솟값과 최댓값을 보여준다. 초깃값과 최종값은 상자 모양으로 표시되며, 최댓값, 최솟값이 초깃값, 최종값과 다를 경우 상자 바깥으로 뻗어 나온 심지로 표시된다. 또한 상자의 색상(채워진 것과 채워지지 않은 것)은 변화의 방향을 나타낸다. 채워진 상자는 감소를, 채워지지 않은 상자는 증가를 나타낸다. 그림 7.6에서 이 기간 동안 8개의 조동사 중 2개는 빈도가 증가한 반면(채워지지 않은 상자로 표시됨), 나머지는 감소한 것을 바로 확인할 수 있다. 최댓값이 상자를 벗어난 두 경우를 제외하고는 증가와 감소가 '완만하게', 즉 등락 없이 이루어졌다.

　요약하면, 역사 언어 데이터 분석은 코퍼스 연구의 일반적인 방법론적 고려 사항 외에도 통시적 차원과 관련된 특별한 요구 사항이 있는 어려운 과제이다. 통시적 조사에서는 꺾은선형 차트, 박스플롯, 오차막대, 스파크라인, 캔들스틱 플롯 등을 사용한 효과적인 시각화가 유용한 출발점이 될 수 있다.

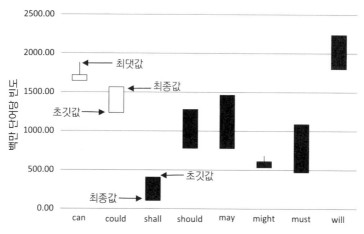

그림 7.6　캔들스틱 플롯: 조동사들의 변화(1931-2006)

생각해 보기

이 절을 읽기 전에 다음 막대 그래프를 보고 두 역사적 시기에서 소유대명사 *its*와 *pestilence*의 사용을 비교해 보자. 어떤 결론을 내릴 수 있을까?

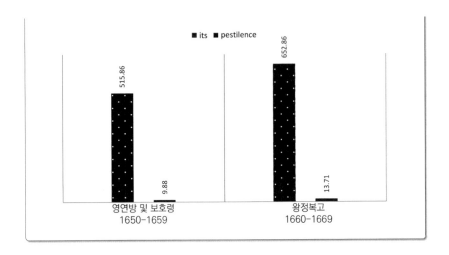

7.3   차이점 찾고 해석하기: 백분율 변화와 부트스트랩 검정

대체로 두 코퍼스를 비교할 때 우리가 다루어야 할 가장 중요한 질문은 한 코퍼스에서의 특정 변수의 빈도가 다른 코퍼스에서보다 유의미하게 큰지, 작은지 여부이다. 또한 통시적 비교를 다룰 때는 관찰된 빈도 차이가 시간에 따른 담화/언어의 변화와 관련이 있는 것인지, 아니면 다른 변이의 원인과 관련이 있는지를 평가해야 한다. Gablasova et al.(2017a)에 따르면 같은 유형의 언어를 샘플링한 코퍼스라도 상당한 차이가 있는 경우가 많으므로 그 차이를 해석할 때에 매우 신중해야 한다. 일반적으로 편의적 샘플링을 사용하게 되는 역사 코퍼스를 다룰 때는 더욱 주의를 기울여야 한다 (7.2절에서 설명한 '불량 데이터' 문제 참조). EEBO v.3 코퍼스의 몇 가지 예와 데이터 분석 및 해석 방법을 살펴보자. 표 7.1에는 네 가지 언어 변수가 나열되어 있으며(its, must, time(s), pestilence) 17세기의 두 역사적 시기에 해당하는 EEBO 코퍼스의 두 샘플링 지점인 (i) 영연방 및 보호령 (ii) 왕정복고 지점 간의 비교가 나와 있다. 영국에서는 17세기 후반에 큰 정치적

혼란과 많은 사회적 변화가 있었고, 이는 담화와 언어 자체에 영향을 미쳤을 것으로 추정할 수 있다. 두 샘플링 지점 간의 차이를 확인하기 위해 단순한 증감률을 계산했다. 증감률은 특정 언어 변수의 값이 두 기간 사이에 몇 퍼센트 포인트 증가 또는 감소했는지를 나타내는 통계이다. 다음 공식을 사용하여 계산한다.

표 7.1 EEBO 코퍼스의 두 시기 비교 : 영연방 및 보호령, 왕정복고

언어 자질	코퍼스1-영연방 및 보호령 (1650-9) 크기 : 168,912,439	코퍼스2-왕정복고 (1660-9) 크기 : 111,998,646	백분율 증가/감소
its	515.86[a]	652.86	+27
must	1,173.02	1,135.67	-3
time(s)	1,445.57	1,355.84	-6
pestilence	9.88	13.71	+39

[a] 백만 단어당 상대 빈도

$$증감률(\%) = \frac{\text{코퍼스2에서의 상대 빈도} - \text{코퍼스1에서의 상대 빈도}}{\text{코퍼스1에서의 상대 빈도}} \times 100 \qquad (7.1)$$

여기서 코퍼스 1은 이전 시기의 코퍼스고 코퍼스 2는 이후 시기의 코퍼스다. 표 7.1에서 네 가지 언어 변수에 대한 증감률은 마지막 열에 표시되어 있다. 다음 계산은 표의 첫 번째 항목인 소유격 대명사 *its*의 증감률 계산 방법을 보여준다.

$$its\text{의 증감률} = \frac{652.86 - 515.86}{515.86} \times 100 = 26.6\% \qquad (7.2)$$

전체적으로 표 7.1은 두 가지 증가 사례와 두 가지 감소 사례를 보여준다. 두 경우*(its, pestilence)*에서는 상당히 큰 증가가 있었던 것으로 보인다(각각 27% 및 39%). 증가와 감소 사례 중 어느 것이 우연(표본 오차)에 의한 것이고

어느 것이 통계적으로 유의한 것인지 확인하기 위해 통계 검정을 사용할 수 있다. 이러한 상황에서는 카이제곱 검정이나 로그 가능도 검정을 사용하는 경우가 많지만, 이들은 이러한 유형의 비교에는 적합하지 않다(Lijffijt et al. 2012, 2016; Brezina & Meyerhoff 2014). 대신 두 코퍼스의 개별 텍스트에 포함된 언어 변수의 분포를 고려하는 검정을 할 수 있다(1.4절의 '개별 텍스트/화자 설계' 참조). 이 테스트에 사용할 수 있는 옵션에는 t-검정, Mann-Whitney U 검정(둘 다 6.3절에서 설명), 부트스트랩 검정(아래 참조)이 있다. 부트스트랩 기법은 비교적 최근에 사용되기 시작했으며(이전에는 충분한 계산 능력이 없었기 때문이다(Efron 1979).), 변이를 평가하고 통계적 유의성을 추정하는 강력한 방법을 제공한다(Efron & Tibshirani 1994; Chernick & LaBudde 2014). **부트스트래핑**(bootstrapping)은 데이터를 교체하면서 수천 번 반복적으로 재표집(resampling)하는 과정으로, 코퍼스에서 무작위로 텍스트 표본을 추출한 후 '교체'(즉, 풀(pool)에 다시 배치)하기 때문에 각 텍스트가 표본에서 여러 번 나타날 수 있는 방식이다. 각 재표집 주기마다 관심 있는 통계값(예: 언어 변수의 평균 빈도)을 기록하여 데이터의 변화량에 대한 통찰력을 얻고 표본의 결과를 일반화하는 데 확신을 가지게 된다. 다섯 개의 텍스트 A, B, C, D, E로 구성된 코퍼스로 예를 들어 보겠다. 코퍼스의 각 텍스트에는 관심 있는 언어 변수가 포함되어 있다(그림 7.7 참조).

　'부트스트랩'이라는 명칭은 '부트스트랩 알고리즘의 자가 도움(self-help)적 성격'(Efron 1979: 465)에서 언급된 '자력으로 이루어내다(pull oneself up by one's bootstraps)'라는 관용구에서 유래한 것으로, 동일한 표본에 존재하는 데이터를 여러 번 사용하여 모집단의 관심 있는 값을 추정하는 방식이다.

　이 절에서는 Lijffijt et al.(2016)에서 제안한 부트스트랩 검정에 초점을 맞출 것이다. 부트스트랩 검정은 통계적 유의성에 대한 비모수 검정(non-parametric test, 모집단 내 언어 변수의 분포에 대해 가정하지 않으며 극도로 왜곡된 분포에서도 사용할 수 있음)으로, 두 코퍼스를 비교하고 이와 관련된

코퍼스	**Text A** Freq: 10	**Text B** Freq: 5	**Text C** Freq: 15	**Text D** Freq: 1	**Text E** Freq: 20	평균=10.2

재표집 사이클 1	**Text A** Freq: 10	**Text A** Freq: 10	**Text B** Freq: 5	**Text D** Freq: 1	**Text E** Freq: 20	평균$_1$=9.2
재표집 사이클 2	**Text A** Freq: 10	**Text A** Freq: 10	**Text A** Freq: 10	**Text B** Freq: 5	**Text B** Freq: 5	평균$_2$=8.0

[...]

재표집 사이클 n	**Text C** Freq: 15	**Text D** Freq: 1	**Text D** Freq: 1	**Text E** Freq: 20	**Text E** Freq: 20	평균$_n$=11.4

그림 7.7 부트스트래핑: 개념 설명

p-값을 계산한다. 이 검정은 코퍼스1과 코퍼스2의 데이터를 여러 번 재표집하여 대체하는 부트스트래핑 원리에 따라 작동한다. Lijffijt et al.(2016)은 이 검정에 대해 다음과 같은 공식을 제공한다:

$$p1 = \frac{\text{모든 bootstrapping 사이클의 H값의 합}}{\text{bootstrapping 사이클 수}} \text{ 일때,}$$

$$p = \frac{1 + 2 \times \text{bootstrapping 사이클 수} \times (\text{p1 또는 1-p1 중 작은 값})}{1 + \text{bootstrapping 사이클 수}} \tag{7.3}$$

H는 다음 조건에 따라 1, 0.5 또는 0이 될 수 있다.

재표집된 코퍼스1의 관심 값 〉 재표집된 코퍼스2의 관심 값이면 H = 1
재표집된 코퍼스2의 관심 값 = 재표집된 코퍼스1의 관심 값이면 H = 0.5
재표집된 코퍼스2의 관심 값 〉 재표집된 코퍼스1의 관심 값이면 H = 0

이 검정의 기본 아이디어는 매우 간단하다. 여러 번의 부트스트래핑 사이클을 거쳐 재표집된 코퍼스1과 코퍼스2를 비교하고, 재표집된 코퍼스들 사이의 일관된 차이를 찾아내 낮은 p-값(통계적 유의성)을 생성한다. 대부분의 경우에서 재표집된 코퍼스1이 코퍼스2보다 큰 값을 가지거나(위 공식에서 1을 더함) 작은 값을 가지면(0을 더함) 낮은 p-값이 반환된다. 검정 결과를 신뢰할 수 있으려면 충분한 수의 재표집이 이루어져야 하며, 1,000회 이상이면 충분한다.

실제로 부트스트랩 검정을 수행할 때는 개별 텍스트에서 언어 변수의 분포를 추적하고 빈도를 정규화해야 한다. 즉, 상대 빈도를 구해야 한다(2.3절 참조). 이러한 데이터셋의 예는 그림 7.8에 나와 있다(수천 개 중 처음 10개의 사례만 표시됨). 먼저 이 값들을 공식(7.3)에 대입한다. 출력되는 값은 비교 결과의 통계적 유의성을 나타내는 p-값이다.

ID	1650_59	1660_69
1	0	0
2	662.01	0
3	191.36	0
4	1625.28	0
5	475.62	0
6	338.29	0
7	326.26	377.42
8	110.05	3062.48
9	0	1059.2
10	0	1236.4

그림 7.8 부트스트랩 검정을 위한 데이터셋 예시: EEBO에서의 *its*

표 7.2는 17세기에 네 가지 언어 변수의 변화를 추적한 표 7.1에 대한 부트스트랩 검정 결과(p-값)를 나타낸다. 비교 대상 중 세 가지에 대한 p-값이 모두 0.05보다 작기 때문에 이들의 비교는 통계적으로 유의미하다는 결론을 내릴 수 있다. p-값과 더불어 변화의 크기(효과 크기)를 측정할 수 있다. 이는 Cohen's *d* 또는 강건한 Cohen's *d*(6.3절 및 8.4절 참조)와 같은 표준화된 효과 크기와 이에 대한 95% 신뢰구간(CI)으로 나타낼 수

표 7.2   EEBO 코퍼스의 두 기간 비교: 부트스트래핑 검정 결과

언어 자질	부트스트랩 검정(10k 샘플)의 p-값	유의미한가? (<0.05)	효과 크기: Cohen's d and 95% CI
its	0.0001	YES	0.11 [0.15, 0.07]; 최소 효과 크기
must	0.0061	YES	0.06 [0.1, 0.02]; 최소 효과 크기
time(s)	0.8070	NO	0.01 [0.04, -0.05]; 최소 효과 크기, CI에 0 포함
pestilence	0.0001	YES	0.11 [0.15, 0.07]; 최소 효과 크기

있다. 부트스트래핑 기법을 사용하여 Cohen's d 또는 기타의 효과 크기를 추정할 수도 있다.[5]

마지막으로, 1650-1659년과 1660-1669년을 대표하는 두 코퍼스 간의 통계적으로 유의미한 차이가 언어의 통시적 변화로 인한 것인지, 아니면 다른 요인으로 인한 것인지를 결정해야 한다. 이는 (i) 대표성과 비교 가능성 측면에서, (ii) 다른 데이터 소스 및/또는 이전 연구와의 관계에서, (iii) 가능한 경우 더 큰 통시적 그림과 관련하여 결과를 비판적으로 평가함으로써 수행될 수 있다. 그 예로서 표 7.3은 표 7.2의 통계 분석 결과에 대해 이 세 가지 측면을 간략하게 평가한다.

---

[5]   표 7.2에 보고된 효과는 표 7.1에 보고된 전체 백분율 변화에 따른 효과보다 훨씬 작다. 이는 부트스트랩 기법이(전체 백분율 변화가 아닌) 개별적인 변동을 고려하기 때문이다.

표 7.3 결과에 대한 마지막 평가: its, must, pestilence

	(i) 코퍼스의 대표성과 비교 가능성	(ii) 다른 데이터 소스	(iii) 더 큰 통시적 그림
its	EEBO 코퍼스는 인쇄된 책을 표본으로 한다. 따라서 특정 역사적 시기의 출판 관행(예: 일부 텍스트가 인쇄되기 이전에 작성되었거나 인쇄된 후 수정이 이루어진 경우)에 영향을 받으며, 장르 구성의 변동도 고려해야 한다.	17세기에 *its*의 사용이 증가했다는 것은 다른 코퍼스에 기반한 문헌에서 보고된 바 있다 (예: Nevalainen & Raumolin-Brunberg 2003).	1,000 / 500 / 0 ; 1600 – 1650
must		17세기 *must*의 빈도 변화는 보고된 바 없다.	30 / 20 / 10 / 0 ; 1,600 – 1,650
pestilence		1660년대의 증가는 1665-1666년의 흑사병(Great Plague)에 영향을 받았을 가능성이 있다. *plague*, *black death* 등의 다른 용어와의 차이를 조사할 필요가 있다.	1,300 / 1,200 / 1,100 / 1,000 ; 1600 – 1650

통계 보고하기: 부트스트랩 검정

1. 보고할 내용

부트스트랩 검정의 유일한 출력 값은 표본 수에 따라 달라지는 대략적인 p-값이다. p-값과 표본 수를 모두 보고해야 한다. 관례에 따라 0.001보다 큰 p-값은 정확한 값으로 보고해야 하며, 0.001보다 작은 p-값은 p<.001로 보고한다. 또한 효과 크기(Cohen's d)와 함께, 효과 크기에 대한 95% 신뢰구간을 보고해야 한다.

2. 보고 방법: 예시

두 통시적 샘플링 지점(1650-1659 및 1660-1669)의 코퍼스를 비교하기 위해 부트스트랩 검정(Lijffijt et al. 2016)을 수행하였다. 대명사 *its* 사용의 차이는 통계적으로 유의미했다. p<.001, 10k 표본. 효과 크기(Cohen's d)는 매우 작았다. d=.11, 95% CI [.15, .07].

7.4   시기의 그룹화: 이웃 군집 분석

생각해 보기

이 절을 읽기 전에 다음 질문에 대해 생각해 보자. 그림 7.9의 데이터 요소는 유사성에 따라 어떻게 그룹화될 수 있을까?

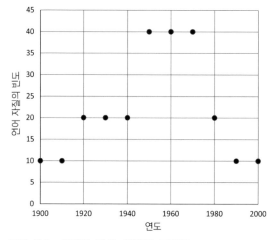

그림 7.9   시간에 따른 데이터 포인트

군집 분석(cluster analysis)의 일반적인 원리는 5.3절에서 설명했다. 간단히 말해, 군집 분석은 개별 데이터 포인트 사이의 거리를 비교한 후 가장 가까운 데이터 포인트를 그룹화하여 새로운 단위(새로운 데이터 포인트)를 만들고, 모든 데이터 포인트가 하나의 큰 군집에 포함될 때까지 이 과정을 반복하게 된다. 이 과정은 텍스트, 화자 또는 장르 등의 유사성을 기반으로 데이터의 구조를 파악하는 데 도움이 된다. 역사적 분석에서는 군집 분석에 시간이라는 또 다른 차원을 추가하게 된다. 시간은 데이터를 시간적 순서에 따라 정렬함으로써 추가적인 구조 계층을 제공한다. 연구 문제에 따라 시간 순서를 군집 분석의 구성 원리로 포함할지 여부를 결정할 수 있다.

연구 문제가 매우 일반적인 경우(예: 어떤 역사적 시기가 대상 언어 변수의 사용 측면에서 유사한가?), 간단한 계층적 병합 군집 분석을 적용할 수 있다(5.3절 참조). 반면, 목표 언어 변수 사용의 유사성을 기반으로 더 큰 연속 기간을 식별하는 데 관심이 있다면, 개별 데이터 포인트의 시간 순서를 고려하는 군집화 절차를 고려해야 한다. 이 경우 Gries & Hilpert(2008, 2010)가 제안한 **변동성 기반 이웃 군집화**(variability-based neighbour clustering, VNC)라는 절차를 사용할 수 있다. 이 기법은 시간적으로 인접한 데이터 포인트(예: 서로 이어지는 개별 연도) 간의 유사성을 계산한 다음 가장 유사한 데이터 포인트를 병합한다. 모든 데이터 요소가 하나의 군집으로 병합될 때까지 이 과정을 반복한다. 계층적 군집화와 VNC의 차이점은 그림 7.10에 나와 있다. '생각해 보기' 작업에 소개된 데이터 집합의 데이터 요소는 시간적 순서를 무시하고 유사성만을 기준으로 그룹화하거나(왼쪽 패널) 인접한 데이터 요소로 병합할 수 있다(오른쪽). 예를 들어, 계층적 군집화 절차에서는 목표 언어 변수의 빈도(10)가 같기 때문에 1900년, 1910년, 1990년, 2000년을 함께 그룹화한다. 반면에 VNC는 인접한 개체를 병합하는 원칙에 따라 한 그룹에서는 1900년과 1910년만 병합하고 다른 그룹에서는 1990년과 2000년만 병합한다. 두 절차의 결과 덴드로그램은 그림 7.11에서 볼 수 있다. 이는 그림 7.10의 군집화에 대한 대체 시각화이다.

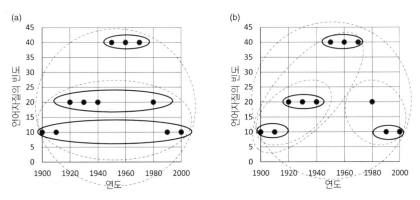

그림 7.10　두 군집화 원칙: (a) 계층적 병합 군집 분석 (b) 변동성 기반 이웃 군집화

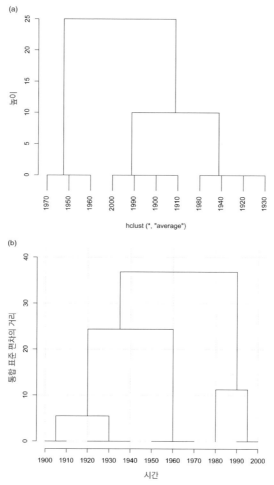

그림 7.11 덴드로그램: (a) 계층적 군집 분석 (b) 변동성 기반 이웃 군집화

계층적 군집 분석에서와 마찬가지로 VNC에서는 군집화 절차에 사용되는 설정에 대해 두 가지 주요 결정을 내려야 하는데 그것은 (i) 거리(또는 유사성) 척도, (ii) 두 데이터 요소의 병합 방법이다. 사용할 수 있는 거리 척도는 다양하다. 유클리드, 맨해튼, 캔버라 거리와 같은 거리 척도는 5.3절에서 설명했다. 또한, 상관관계(피어슨 또는 스피어만, 5.2절 참조)를 사용하

여 더 넓은 의미에서 유사성을 측정할 수도 있다. 이 옵션은 데이터 포인트
간의 정확한 차이에는 관심이 없지만 데이터셋에서 유사한 추세를 찾고자
하는 경우에 유용하다. 상관관계를 사용하는 경우, 유사성이 높으면 상관
관계가 높기 때문에(1에 근접) 거리는 1에서 상관계수($1-r$ 또는 $1-r_s$)를 뺀
값으로 측정된다. 표준편차 또는 변동 계수(2.4절 참조)를 거리 척도로 사용
할 수도 있으며, 이러한 척도는 평균과 개별 값의 거리를 나타낸다. 변동
계수는 거리를 표준화된 단위로 표현하므로 덴드로그램의 y-축에 표시되
는 값을 다양한 언어 변수에 따라 비교할 수 있게 해준다. 다음으로 병합
규칙은 병합된 데이터 포인트의 새로운 값이 무엇인지에 따라 달라진다.
여기에는 단일 연결(SLINK), 완전 연결(CLINK), 평균 연결 및 Ward 방식(5.3
절 참조)이 있다. 이러한 설정은 군집 분석의 결과, 즉 덴드로그램의 모양에
직접적인 영향을 미치기 때문에 분석의 목적(연구 문제)에 따라 결정해야
한다. 코퍼스 언어학에서 이러한 다른 설정이 결과에 어떠한 영향을 미치는
지 평가하기 위해서는 더 많은 검증 작업이 필요하다. VNC의 경우 Gries
& Hilpert(2008, 2010), Hilpert & Gries(2009) 및 Hilpert(2011)에서는 다음
과 같은 옵션을 사용했다:

(i) 표준편차, 변동 계수, 피어슨 상관관계, 수정된 평균 비율(corrected
means ratio)[6]

(ii) 평균 연결법

VNC는 언어 사용의 유사성에 따라 개별 시간적 데이터 포인트(예: 수년,
수십 년)를 더 큰 역사적 기간으로 분류하는 데 사용할 수 있다. 이러한
방식으로 문법 또는 어휘의 변화, 그리고 이것이 시간에 따라 어떻게 확산
되었는지 살펴볼 수 있다. 예를 들어, 17세기에 소유 대명사 *its*의 등장을

---

6   공식을 포함한 수정된 평균 비율에 대한 자세한 내용은 Gries & Hilpert(2008:
73)를 참조한다.

관찰하고 이 형태가 도입되는 단계를 분류할 수 있다. 이 대명사는 이전에
는 남성과 중성 모두에 사용되던 *his*의 중성 버전으로 사용되기 시작해서
*of it, thereof*와 같은 표현과 경쟁했다(Nevalainen & Raumolin-Brunberg 2003:
62). 표 7.4는 17세기에 10년 단위로 측정한 *its*의 상대 빈도이다.

표 7.4 17세기 소유 대명사 *its*의 상대 빈도(백만 단어당)

연대	1600s	1610s	1620s	1630s	1640s	1650s	1660s	1670s	1680s	1690s
상대 빈도	9.39	23.4	77.71	161.93	309.79	515.86	652.86	694.93	673.6	751.37

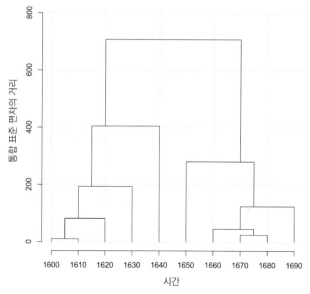

그림 7.12 덴드로그램: 17세기 소유 대명사 *its*의 사용

표 7.4에 기반한 덴드로그램은 1600-1640년대와 1650-1690년대라는
두 개의 큰 기간으로 명확하게 나뉨을 보여준다(그림 7.12 참조). 이 큰 기간을
더 세분화하려면 주요 차이점이 어디에 있는지 결정해야 한다. 덴드로그램
에서 군집 사이의 차이는 수직선으로 표시된 높이로 표현된다. 그림 7.12에

서 높이를 비교하는 것이 어려울 수 있으므로(특히 여러 데이터 포인트가 있는 경우), 요인 분석(5.4절)에서 사용된 것과 다소 유사한 스크리 도표를 사용하면 주요 군집 세분화를 결정하는 데 도움이 될 수 있다. 스크리 도표는 x-축에 군집의 수를 표시하고 y-축에 높이(군집 사이의 거리)를 표시한다. 스크리 도표는 작은 돌(데이터 포인트)이 경사면을 덮고 있는 산의 경사면과 비슷한 모양을 하고 있어 '스크리 도표'라는 이름이 붙었다. 가파른 경사는 군집 간의 차이가 크다는 것을 나타내며, 평평한 모양은 군집 간의 차이가 작다는 것을 나타낸다. 그림 7.13의 스크리 도표는 그림 7.12의 덴드로그램과 관련된 것인데 두 개의 큰 군집화 이후 스크리 도표가 평평해지기 시작하는 것을 볼 수 있으며, 이 지점을 변곡점(point of inflection)이라 부른다. 스크리 도표를 통해, 덴드로그램에서 두 군집 간의 주요 세분화는 1600년대에서 1640년대, 1650년대에서 1690년대 사이에서 이루어짐을 확인할 수 있다.

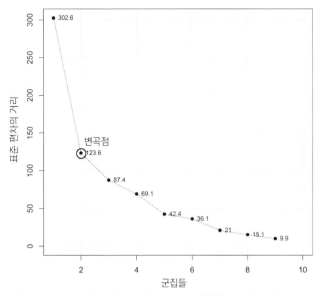

그림 7.13 스크리 도표: 17세기 소유 대명사 *its*의 사용

통계 보고하기: 변동성 기반 이웃 군집화(VNC)

1. 보고할 내용

VNC는 주로 데이터의 통시적 세분화를 보여주기 위한 탐색적 시각화 방법이다. 군집을 식별하기 위해서는 분석 결과인 덴드로그램(트리 도표)뿐만 아니라 두 가지 매개변수 (i) 거리 척도, (ii) 병합 규칙을 보고해야 한다. 해결해야 할 주요 질문은 다음과 같다. 연속적인 역사적 시기를 대표하는 의미 있는 군집은 몇 개인가? 이 질문에 대한 답을 돕기 위해 스크리 도표 사용할 수 있다.

2. 보고 방법: 예시

데이터는 표준편차(SD)를 거리 척도로, 평균 연결법을 병합 규칙으로 하는 변동성 기반 이웃 군집화 기법(Gries & Hilpert 2008)을 사용하여 분석되었다. 결과 덴드로그램은 그림 7.12에서 확인할 수 있다. 스크리 도표는 두 개의 주요 군집 그룹(1600년대-40년대 및 1650년대-90년대)을 나타낸다.

7.5   담화의 변화 모델링: 피크 앤 트러프, UFA

> **생각해 보기**
>
> 이 절을 읽기 전에 1940년부터 2009년까지 *The Times* 신문에서 *war*의 빈도 변화를 살펴보자. *The Times*는 영국의 일간지로, '양질의' 언론에 속하는 신문이다. 관찰된 피크들(peaks)을 20세기와 21세기의 역사적 사건과 연결시킬 수 있나?
>
>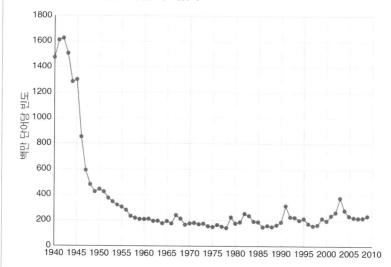

담화는 역동적으로 변화한다. 특정 개념 및 단어가 부각되거나 새롭게 만들어지는 시기가 있고, 다른 단어와 개념이 전면에 등장하면서 기존의 것들이 배경으로 밀려나는 시기가 있다. 담화는 이러한 단어, 그리고 단어로 표현되는 아이디어가 인식되고 사용되게 하기 위해 경쟁하는 언어 시장이다. 이러한 역동적인 시스템을 시간을 고려해 분석하려면 어떻게 접근해야 할까? Gabrielatos & Marchi(2012)는 '웨이브, 피크 앤 트러프(wave, peak and trough, WPT) 기법'이라는 통시적 담화 분석 방법을 소개했다.

이 방법은 단순히 '피크 앤 트러프'로 더 잘 알려져 있다. **피크 앤 트러프**는 통시적 데이터를 분석하고 시각화하는 방법으로, 비선형 회귀 모델(구체적으로는 일반화 가법 모델(Generalized Additive Model, GAM))을 적용하여 일반적인 추세에서 벗어난, 통계적으로 유의미한 이상치를 식별하는 방법이다. 데이터의 주요 경향을 보여주기 위해 직선을 사용하는 전통적인 회귀 분석(1.2절 참조)과 달리, 피크 앤 트러프는 데이터에 곡선을 그려 담화의 통시적 변화의 상승과 하락 경향(따라서 'peaks and trough')을 더 잘 반영할 수 있다. 피크 앤 트러프 분석 과정은 두 가지 필수 단계와 두 가지 선택 단계로 구성된다.

1. **필수 단계**: 분석에서 다루는 각 기간(예: 연도, 10년 단위 등)에 대해 관심 있는 언어 변수의 (상대) 빈도를 코퍼스에서 계산한다.
2. **선택 단계**: 두 연속적인 값 사이의 차이를 계산하여 값2에서 값1을 빼는 것으로, 낮은 값 뒤에 높은 값(또는 그 반대)이 나타나 더 극적인 변화를 나타내는 경우를 강조한다.
3. **선택 단계**: 이진 로그(log2)를 사용하여 값을 변환해 극단값을 줄인다. 이 단계는 변환된 모든 값이 양수인 경우에만 가능하다. 로그는 음수에 대해 정의되지 않기 때문이다. 2단계는 일반적으로 음수 값을 생성하기도 하므로, 로그 변환은 1단계의 데이터로 가능하다.
4. **필수 단계**: 비선형 회귀 모델을 적용하고(그래프에 곡선으로 표시됨), 95% 및 99% 신뢰구간을 계산하며(곡선 주변에 음영 처리된 영역으로 표시됨), 신뢰구간 영역 밖의 데이터 포인트인 유의미한 이상치를 식별한다.

예를 들어, *The Times* 신문에서 사용된 단어 *war*의 출현을 추적하는 '생각해 보기'의 데이터를 살펴보자. 피크 앤 트러프 절차의 선택적 단계와 필수 단계는 다음과 같다.

1. **필수 단계**: 표 7.5에는 1940-2009년 기간에 해당하는 전체 데이터셋

표 7.5 *war*의 상대 빈도(백만 단어당)

시기	1940	1941	1942	1943	1944	1945	1946	1947	1948	1949
*war*의 상대 빈도	1,473.69	1,609.75	1,623.78	1,505.46	1,283.21	1,299.81	851.03	590.37	479.7	423.14

의 초기 데이터 포인트 10개가 표시되어 있으며, 각 기간의 표본 크기가 같지 않다는 것을 고려하여 단어 *war*의 상대 빈도(2.3.절 참조)를 사용했다.

2. **선택 단계**: 표 7.6에는 표 7.5의 두 연속된 시기 간의 차이가 표시된다. 이 단계를 통해 작은 값(예: 1,473.69) 뒤에 큰 값(예: 1,609.75)이 있는 경우, 큰 값(예: 1,609.75) 뒤에 더 큰 값(예: 1,623.78)이 있는 경우보다 큰 점수(136.6)를 얻게 되며 후자의 비교 결과 점수는 14.03에 불과하다는 것을 확인할 수 있다.

표 7.6 *war*의 상대 빈도 차이

시기	1940/1	1941/2	1942/3	1943/4	1944/5	1945/6	1946/7	1947/8	1948/9
값2-값1	136.06	14.03	-118.32	-222.25	16.6	-448.78	-260.66	-110.67	-56.56

3. **선택 단계**: 이진 로그($\log2$)를 사용하여 값을 변환하는 것은 표 7.5의 값에 대해서만 가능하며, 이 값은 모두 양수 값이다. $\log_2$를 통해 변환된 값은 표 7.7에 나와 있다.

표 7.7 로그로 변환한 *war*의 상대 빈도(백만 단어당)

시기	1940	1941	1942	1943	1944	1945	1946	1947	1948	1949
war의 상대 빈도의 $\log_2$	10.53	10.65	10.67	10.56	10.33	10.34	9.73	9.21	8.91	8.72

4. **필수 단계**: 마지막으로, 비선형 회귀 모델을 다양한 버전의 데이터

집합에 적용하여 위에서 설명한 몇 가지 옵션을 시연해 볼 수 있다. 모델이 제대로 작동하려면 충분한 수의 샘플링 포인트가 필요하므로 피크 앤 트러프 그래프에 1940-2009년 전체 데이터셋을 표시한다.

그림 7.14의 (a)와 (b)를 보면 '생각해 보기'의 단순 선 그래프와 비슷하다는 것을 알 수 있다. 또한 그림 7.14의 그래프는 데이터에 가장 잘 맞는 곡선과 95%(어두운 영역) 및 99%(어두운 영역과 밝은 테두리) 신뢰구간을 보여주며, 이를 통해 이상치, 즉 *war*의 빈도가 모델(선)에서 예측한 것보다 유의미하게 높거나 낮은 시점을 식별할 수 있다. 로그 변환을 적용한 (b)를 보면 2차 세계대전 기간(그래프에 포함된 기간 중 1940-1945년) 동안 *war*의 매우 높은 빈도로 인한 그래프의 왜곡이 발생하지 않기 때문에 그 이후 일부 시점들 간의 대비가 더 뚜렷진 것을 알 수 있다. 따라서 (b)는 4개의 유의미한 정점과 1개의 저점(즉, 유의미한 이상치가 있는 지점)을 식별하는 데 도움이 된다. 이는 1967년, 1982년, 1991년, 2003년(정점) 및 1978년(저점)이다.

(a) *war*의 상대 빈도 기반, 변형 없음

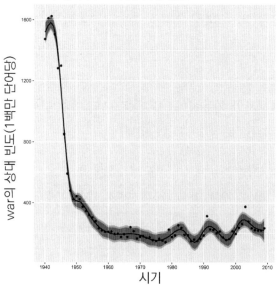

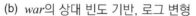

(b) *war*의 상대 빈도 기반, 로그 변형

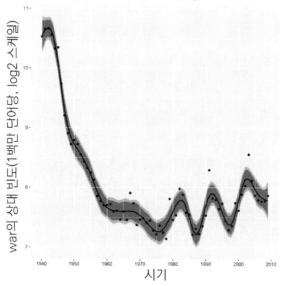

(c) 두 개 연속 샘플링 시점에서 *war*의 상대 빈도
    차이에 기반, 변형 없음

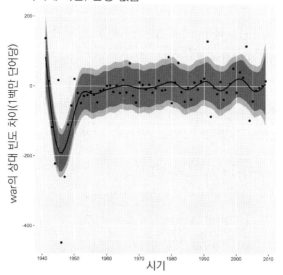

그림 7.14 피크 앤 트러프 그래프

용례를 살펴보면 강조된 정점들이 3차 아랍-이스라엘 전쟁(1967년), 포클랜드 전쟁(1982년), 걸프전(1991년), 이라크 전쟁(2003년)과 연결되어 있음을 알 수 있다. 반면 1978년의 저점은 상대적으로 설명하기가 어렵고, 1978년보다 전쟁에 대한 언급이 훨씬 더 두드러진 1979-82년을 참고하여 간접적으로 이해할 수 있다. 이제 연속된 시점 간의 차이를 강조하는 그림 7.14의 마지막 그래프(c)로 시선을 옮겨 보자. 4개의 정점(1945년, 1950년, 1991년, 2003년)과 3개의 저점(1946년, 1992년, 2004년)을 관찰할 수 있다. 정점은 제2차 세계대전(1945년), 한국전쟁과 냉전(1950년), 걸프전(1991년), 이라크 전쟁(2003년)이 끝난 시점을 나타낸다. 저점은 전년도에 비해 전쟁에 대한 언급이 현저히 줄어든 시점으로, 직전 정점인 제2차 세계대전 종전(1946년), 걸프전(1992년), 이라크 전쟁(2004년)을 기준으로 해석할 수 있다.

마지막으로, 용법 변동 분석(Usage Fluctuation Analysis, UFA)이라는 피크 앤 트러프 기법의 확장에 대해 논의해 볼 것이다(Brezina et al., 준비 중; Baker et al., 2017). **용법 변동 분석**(UFA)은 특정 단어를 둘러싼 연어 구성어들의 변화 추이를 분석하여 특정 단어의 의미 변화를 조사하는 방법이다. UFA는 문맥 없이는 특정 언어 형태의 빈도 변화를 해석하기 어렵다는 사실에 기초한다(7.2절의 컬쳐로믹스 및 '빅데이터' 접근 방식에 대한 논의 참조). 따라서 UFA는 연어 구성어 분석을 통해 가장 직접적인 문맥에서의 변화를 체계적으로 분석하고(연어에 대한 설명은 3.2절 참조) 의미의 유의미한 변화가 발생하는 지점을 식별한다. 이는 다음의 단계로 구성된다.

1. 시계열 데이터에서 관심 단어(노드)의 연어 구성어를 식별한다.
2. 연속된 두 시점의 연어 구성어 간의 차이를 반복적으로 추정한다.
3. 피크 앤 트러프 기법(위 참조)을 사용하여 주요 변화가 일어나는 지점을 추적하고, 의미 차이가 가장 큰 지점을 유의미한 저점으로 식별한다.

'생각해 보기'의 데이터를 다시 사용해 보면 UFA는 *The Times*에 나타난

각 시기별 *war*의 빈도 대신 *war*의 연어 구성어를 분석하게 되는 것이다.

1. 표 7.8은 연어 구성어들이 어떻게 변화하는지 단순화한 그림이지만, 실제로는 훨씬 더 많은 수의 연어 구성어를 추적하게 된다. 표 7.8에서 연어 구성어 A는 전 기간에 출현하므로 일관된 연어 구성어이고, B는 종료되는 연어 구성어(출현 중단), F는 시작하는 연어 구성어(출현 시작)이며, C와 G는 짧은 기간 동안만 나타나므로 일시적 연어 구성어이다(McEnery & Baker 2017: 1.6.1-1.6.4).

2. 연속된 두 기간의 연어 구성어들의 차이를 추정하는 가장 좋은 방법은 Gwet's AC_1과 같은 평가자 간 일치도 통계를 사용하는 것이다(3.5절 참조). 이 경우 두 평가의 일관성을 묻는 대신, 두 역사적 기간의 연어 구성어들이 얼마나 일관성이 있는지 조사하게 된다. 예를 들어, 1940년부터 2009년까지 노드 *war*의 연어 구성어는 171개가 확인되었다. 1940년에는 이 중 19개가 *war*와 동시 출현했고 152개는 그렇지 않았으며, 1941년에는 23개가 *war*와 동시 출현했는데, 이 중 15개는 1940년과 동일하고 8개는 새로 등장한 것이다. 즉, 1940년과 1941년의 연어 구성어는 AC_1 = 0.91로 92.98%(171건 중)에서 겹친다는 것을 의미한다.

3. 마지막으로 피크 앤 트러프 기법을 적용한다. 빈도 대신 평가자 간 일치도 지수 AC_1을 사용하고 AC_1 점수가 가장 낮은 지점을 의미 차이가 있는 지점으로 식별한다. 그림 7.15는 분석 결과를 보여준다.

표 7.8 *war*의 연어 구성어 프로파일

연도	1940	1941	1942	1943	1944	1945	1946	1947	1948	...	2009
연어 구성어	A	A	A	A	A	A	A	A	A		A
	B	B	B	F	F	F	F	F	F		F
	C	C	G	G	G	G	G	G	G		H

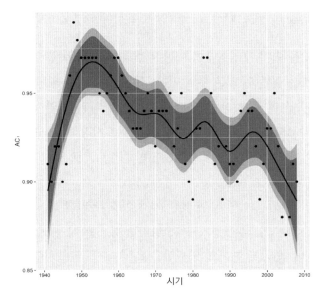

그림 7.15 1940년-2009년 기간의 *war*의 UFA 결과(3a-MI(3), L5-R5, $C10_{relative}$-$NC10_{relative}$; AC_1)

그림 7.15에서 99% 신뢰구간(즉, 음영 처리된 영역 밖)의 데이터 포인트를 살펴보면 12개의 유의미한 저점(의미 분기점)를 식별할 수 있다. 이 분기점은 1945년, 1946년, 1975년, 1979년, 1980년, 1986년, 1988년, 1992년, 1998년, 2004년, 2005년이다. 예를 들어, 2003년에는 *war*의 연어 구성어 16개가 확인되었는데, 이 중 *bush, gulf, iraq, weapons, terror*는 이라크 전쟁과 관련이 있으며, 16개의 연어 구성어 중 14개(위에 나열한 것을 포함하여)는 이라크 전쟁이 계속되는 동안 2004년까지 지속적으로 출현한다.

한편 *hitler, secrets* [of world war II], *documentary, starring, UKTV* 등 주로 전쟁을 주제로 한 TV 프로그램과 관련된 12개의 새로운 연어 구성어가 등장했다. 비슷한 방식으로 다른 의미 분기점을 조사할 수 있을 것이다. UFA의 목표는 분석 범위를 용법 변화가 발생한 지점으로 축소하는 것이다. 이 지점들은 용례 분석을 이용한 질적 분석을 통해 추가로 조사될 수 있다.

통계 보고하기

1. 보고할 내용

두 가지 필수 단계와 두 가지 선택 단계가 있는 피크 앤 트러프는 모든 수행 단계를 보고해야 한다. UFA의 경우, 3.2절에 설명된 연어 구성어 식별 절차(연어 매개변수 표기법 사용)와 평가자 간 일치도 통계의 선택에 대한 세부 사항을 보고해야 한다.

2. 보고 방법: 예시

- 1940-2009년 기간 동안 연속된 시점의 *war*의 상대적 빈도 차이를 측정하는 피크 앤 트러프 기법(Gabrielatos & Marchi 2012)을 사용했다. 비선형 회귀 모델(GAM)은 4개의 정점(1945, 1950, 1991, 2003)과 3개의 저점(1946, 1992, 2004)을 식별하는 데 도움이 되었다.
- *war*의 의미 연관성의 변화는 UFA 절차를 사용해 조사했다. 1940-2009년 동안의 *war*의 연어 구성어 171개가 확인되었다(3a-MI(3), L5-R5, C10relative-NC10relative). 연속된 연도의 연어 구성어 프로파일은 AC_1 일치도 통계를 사용하여 비교했다.

7.6   응용: 17세기의 색채어

책상에 앉아 있는데 밖의 날씨는 우중충하고 비가 내린다. 창문 너머로 언덕 위의 중세 랭커스터 성, 수도원, 룬 강의 계곡이 안개에 가려져 있고 건물, 나무, 사람들도 모두 같은 색으로 흐릿하게 보인다. 랭커스터의 전형적인 붉은 색조의 깃발만이 화가가 의도치 않게 그림에 남긴 물감 한 방울처럼 성에 나부끼고 있을 뿐이다. 내 생각은 역사 속으로 거슬러 올라가고, 과거에 색이 어떻게 인식되었는지 궁금해진다. 지금과 동일한 연상, 감수성, 문화적 프레임과 연결되어 있었을까? 비 내리는 랭커스터의 오후,

나는 EEBO 코퍼스를 검색하기 시작했다. 10억 단어 분량의 글들은 17세기의 색채어 사용에 대한 독특한 통찰을 제공한다. 나는 노트를 꺼내 기록하며, 그래프와 p-값을 만들어 본다. '코퍼스 타임머신'과 함께 과거로 떠난 나의 특별한 여정을 일기 형식으로 소개한다:

나의 탐험, 2016년 11월 12일

질문 1: 17세기에 가장 인기 있었던 색은 무엇일까?

그림 7.16의 선 그래프가 해답을 제시한다. 일관되게 red, green, yellow였다.

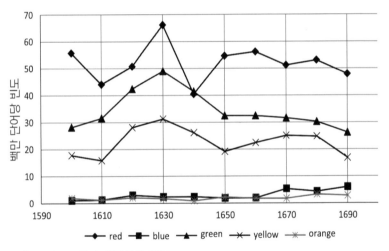

그림 7.16　17세기 색채어의 빈도

질문 2: 17세기 색채어의 배경에는 어떤 이야기가 있나?

캔들스틱 플롯에서 요약 그림을 얻을 수 있다(그림 7.17). 세 가지 단어(red, green, yellow)의 빈도는 약간 감소한 반면 blue와 orange의 빈도는 증가했다. red, green, yellow의 긴 심지는 해당 기간 동안의 큰 변동을 보여준다.

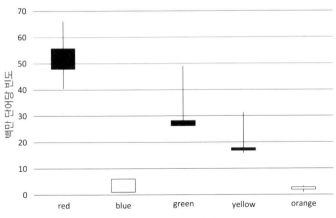

그림 7.17   캔들스틱 플롯: 17세기의 색채어

질문 3: *red*의 사용이 가장 급격히 감소한 시기는 1640년대이다. 이 빈도 변화는 통계적으로 유의한가?

부트스트랩 검정 결과 실제로 이러한 변화가 유의미한 것으로 나타났다(p <.001).

질문 4: 가장 인기 있는 색인 red는 세기에 걸쳐 동일한 연관어를 가지나? 안정적인 연관어(일관된 언어 구성어)에는 *coral, dragon, flowers, iron, rose, roses, sea, wine*등의 명사와 *black, green, hot, scarlet, white, yellow* 등의 형용사(대부분 다른 색채어)가 포함된다.

   UFA(그림 7.18 참조)는 1606년, 1607년, 1620년, 1621년, 1624년, 1625년, 1631년, 1633년, 1639년, 1640년, 1672년, 1682년, 1683년, 1684년을 기점으로 단어 사용에 큰 변화가 있었음을 보여줍니다. 특히 1639-40년의 저점은 당시 영국의 사회적, 정치적 변화와 연관되어 있음을 예상해 볼 수 있다. 이 시기의 문헌에서는 *red*와 관련된 성경의 단어들과의 연관성이 강조된다: *cup [of fornications], pottage, garments, pharaoh, host, tail [of the red dragon = devil]*

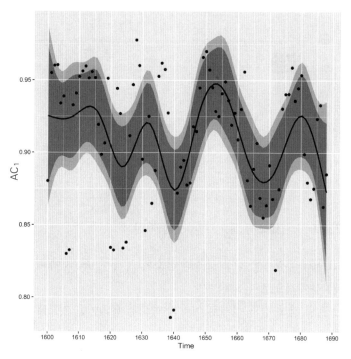

그림 7.18   1600년-1699년 기간의 UFA 결과
(3a-MI(3), L5-R5, $C10_{relative}$-$NC10_{relative}$; AC_1)

질문 5: 17세기 전반에 걸쳐 *red*라는 용어를 살펴보면, 사용 빈도를 기준으로 어떤 시기들을 식별해 낼 수 있나?

VNC를 사용해 *red*가 사용된 빈도에 따라 개별 연도를 그룹화할 수 있다. 결과 덴드로그램은 그림 7.19에 제시되어 있으며, 1600-1620년대와 1630-1690년대가 크게 나뉘어 있음을 보여준다. 그 외의 보다 간결한 그룹은 확인되지 않는다.

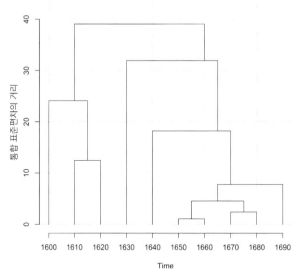

그림 7.19   VNC: 17세기의 *red*

7.7   연습문제

1. 그림 7.20-7.22의 세 그래프를 해석해 보자.

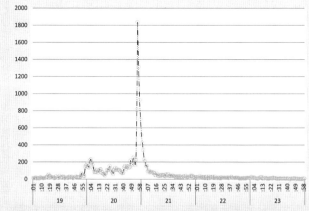

그림 7.20   영국의 X-Factor 에피소드와 관련된 트윗의 수(2014.11.16, 17-11pm)

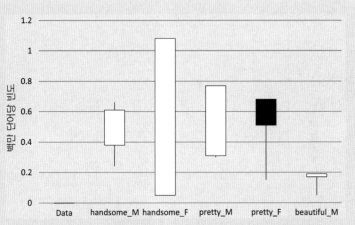

그림 7.21 17세기에 여자(F) 또는 남자(M) 앞에 사용된 *handsome, pretty, beautiful*의 빈도 변화

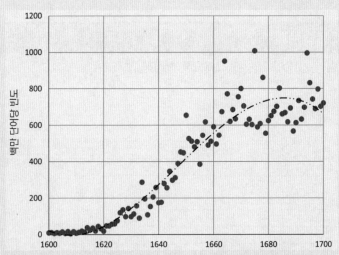

그림 7.22 17세기 소유대명사 *its*의 빈도 변화

2. 아래의 빈칸을 채워 보자.

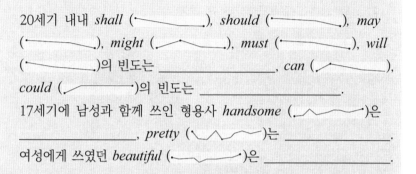

20세기 내내 *shall* ( ), *should* ( ), *may*
( ), *might* ( ), *must* ( ), *will*
( )의 빈도는 _____ , *can* ( ),
could ( )의 빈도는 _____ .
17세기에 남성과 함께 쓰인 형용사 *handsome* ( )은
_____ , *pretty* ( )는 _____ .
여성에게 쓰였던 *beautiful* ( )은 _____ .

3. 그림 7.23의 추세를 비판적으로 살펴보고 가장 큰 변화를 나타내고 있는
   것을 골라 보자.

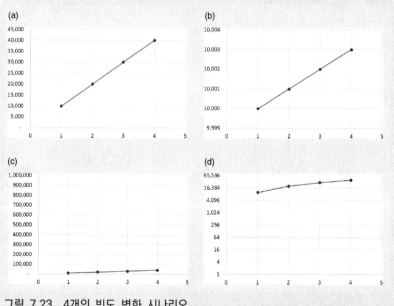

그림 7.23   4개의 빈도 변화 시나리오

4. 17세기의 *handsome*과 *pretty*의 변화를 보여주는 그림 7.24와 7.25의 피크 앤 트러프 그래프를 해석해 보자.

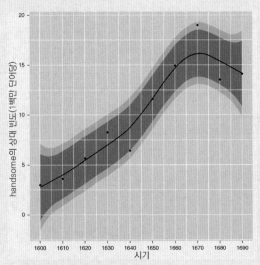

그림 7.24 17세기의 *handsome*

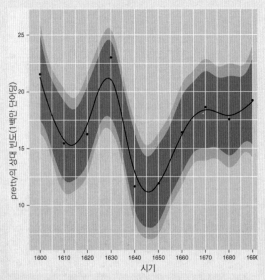

그림 7.25 17세기의 *pretty*

기억해야 할 사항

- 역사적 분석은 사용 가능한 불완전한 데이터를 사용하기 때문에 (i) 코퍼스의 통시적 대표성, (ii) 언어 변화에 대한 대안적 해석, (iii) 언어 형식의 의미 변동에 대한 비판적 고려가 필요하다.
- 시각화 옵션에는 선그래프, 박스플롯, 오차막대, 스파크라인 및 캔들스틱 플롯이 포함된다.
- 부트스트랩 검정은 서로 다른 시점을 나타내는 두 코퍼스를 비교하는 데 사용되며, 코퍼스 데이터의 다중 재표집 기법을 활용한다.
- 피크 앤 트러프는 역사 데이터에 비선형 회귀를 적용하는 기법으로, 언어와 담화의 역사적 변화 과정에서 중요한 이상치를 강조하는 그래프를 생성한다.
- UFA(용법 변동 분석)는 주어진 역사적 기간의 연어 구성어의 자동 비교와 피크 앤 트러프 기법을 결합한 복잡한 절차이다.

더 읽을 거리

Baker, P. (2011). Times may change, but we will always have money: diachronic variation in recent British English. *Journal of English Linguistics*, *39*(1), 65-88.

Brezina, V., McEnery, T. & Baker, H. (in prep.). *Usage fluctuation analysis: a new way of analysing shifts in historical discourse*.

Hilpert, M. & Gries, S. Th. (2009). Assessing frequency changes in multistage diachronic corpora: applications for historical corpus linguistics and the study of language acquisition. *Literary and Linguistic Computing*, *24*(4), 385-401.

McEnery, T. & Baker, H. (2017). *Corpus linguistics and 17th-century prostitution*. London: Bloomsbury.

Säily, T. (2014). Sociolinguistic variation in English derivational productivity: studies and methods in diachronic corpus linguistics. *Mémoires de la Société Néophilologique de Helsinki XCIV*,

Helsinki. Available at: https://helda.helsinki.fi/handle/10138/ 136128.

동반 웹사이트: Lancaster Stats Tools Online

1. 이 장의 모든 분석은 동반 웹사이트에서 제공되는 통계 도구를 사용해 재현할 수 있다. 이 장의 내용과 관련해 사용할 수 있는 도구는 다음과 같다.
   - Bootstrapping test
   - Neighbour clusters
   - Peaks and troughs
   - UFA

2. 이 웹사이트에서는 학생과 교사를 위한 추가 자료도 제공한다.

8. 모든 것을 하나로 모으기
통계적 사고의 10가지 원칙, 메타분석, 효과 크기

8.1 이 장의 내용은 무엇인가요?

이 장은 이 책의 마지막 장으로, 모든 것을 다양한 수준에서 하나로 모은다. 먼저, 이 책에서 논의한 통계적 지식을 한데 모아 코퍼스에 적용되는 통계적 사고의 10가지 핵심 원칙을 강조한다. 다음으로 메타분석이라는 통계 기법을 소개한다. 메타분석은 여러 연구의 결과를 모아 체계적으로 결합하는 방법이다. 이러한 방식으로 메타분석은 해당 분야의 연구 결과를 더 잘 이해하는 데 기여한다. 일반적인 서술형의 개별 문헌 리뷰와 달리, 메타분석은 여러 연구의 결과를 수학적으로 하나의 결과로 종합할 수 있다. 현재 심리학, 제2언어 습득, 의학 등 여러 분야에서 형식적인 메타분석이 상당히 보편화되었지만, 코퍼스 언어학에서는 효과 크기 측정에 대한 보고가 일반적으로 부족하여 적용하는 데 문제가 있었다. 이 장에서는 코퍼스 연구에서 효과 크기를 표준화하여 보고할 것을 주장하며, 메타분석을 수행하는 방법을 보여준다. 마지막으로 일반적인 효과 크기 척도를 검토하고 해석 가이드를 제공한다.

이 장에서는 세 가지 질문에 대한 답을 살펴본다.

- 코퍼스 언어학에서 통계적 사고의 핵심 원칙은 무엇인가? (8.2)
- 여러 연구의 결과를 어떻게 종합할 수 있나? (8.3)
- 효과 크기는 어떻게 해석해야 하나? (8.4)

8.2 통계적 사고의 10가지 원칙

> **생각해 보기**
>
> 표 8.1과 8.2를 비교해 보자. 두 값에서 얼마나 많은 차이를 발견할 수 있나? 표 8.1은 스프레드시트에 저장된 원본 데이터셋의 값을 보여주고, 최종 연구 보고서에 실린 표 8.2는 표 8.1의 숫자를 수동으로 복사하고 반올림하여 만든 것이다.

표 8.1 다양한 레지스터에서의 과거 및 현재 시제 사용(데이터셋 원본)

레지스터	과거 시제	현재 시제
뉴스 - 보도	4.490227273	4.424090909
뉴스 - 사설	2.452692308	5.735
전기	4.97025974	3.502987013
학술적 글쓰기	2.249625	3.776375
소설 - 일반	6.704482759	4.190689655
소설 - 미스터리	8.12	3.141666667
로맨스	7.690689655	3.076896552
유머	4.601111111	4.916666667

표 8.2 다양한 레지스터에서의 과거 및 현재 시제 사용(연구 보고서)

레지스터	신문-보도	신문-사설	전기	학술적 글쓰기	소설-일반	소설-미스터리	로맨스	유머
과거 시제	4.4	2.5	4.9	2.2	6.7	8.1	7.7	4.6
현재 시제	4.4	5.7	3.5	3.7	4.2	3.1	7.1	4.9

통계학은 정량적 정보를 정확하고 엄밀하게 표현하는 데 도움을 주는 학문이다. 이는 근거 있는 과학적 지식의 기초를 형성하고, 해당 분야의

발전을 이끌 수 있는 연구 결과를 생산하는 데 필요하다. 코퍼스 언어학에 적용된 통계적 사고의 가장 중요한 측면을 요약하기 위해, A부터 J까지의 알파벳으로 시작하는 10가지 원칙을 제시한다.

1. 세부 사항 주의(ATTENTION TO DETAIL): 코퍼스 도구의 결과물을 확인할 때, 스프레드시트에 데이터를 입력할 때, 연구 보고서에 데이터를 복사할 때, 기타 저수준 데이터 처리 작업을 할 때 주의를 기울이자.

악마는 항상 디테일에 있다는 속담이 있다. 통계 교과서나 현장에서는 일반적으로 통계 기법, p-값 해석 등에 초점을 맞추지만, 코퍼스 도구에서 스프레드시트로 데이터를 옮긴 다음 통계 패키지로 가져오는 것과 같은 저수준 작업은 종종 뒷전으로 밀려난다. 그러나 이것은 신뢰할 수 있는 결과를 얻기 위해 중요하게 다뤄져야 하는 작업이다. 우리가 이미 알고 있듯이 통계학은 데이터 분석뿐만 아니라 체계적이고 신뢰할 수 있는 데이터 수집과도 관련된 학문이기 때문이다(1.2절 참조). 주의 깊게 비교해 보면 '생각해 보기' 과제의 표 8.1과 표 8.2는 4개의 항목에서 오타 및 잘못된 반올림으로 인해 오류가 발생했음을 알 수 있다. 이러한 오류는 최종 연구 보고서에까지 반영될 수 있다. 오류가 25%의 값(표의 셀)에서 발생한 셈이다! 한 도구에서 다른 도구로 데이터를 복사하는 과정에서 측정 오류가 발생하거나 실수를 하면 아무리 정교한 통계 기법을 사용하더라도 최종 분석은 이러한 기초적인 부정확성으로 인해 어려움을 겪게 된다는 사실을 기억해야 한다. Leek & Peng(2015: 612)이 지적했듯이, 'p-값은 빙산의 일각일 뿐'이므로, 데이터 수집, 데이터 정제, 탐색적 데이터 분석, 통계 모델링 및 통계적 추론을 포함하는 전체적인 '데이터 파이프라인'에 주의를 기울여야 한다. 코퍼스 도구가 통계 분석 기능을 통합함으로써 가능한 한 많은 데이터 파이프라인을 포함하게 된다면, 의도치 않은 데이터 복사 오류가 발생할 가능성을 상당히 줄일 수 있다. 예를 들어, 차세대 코퍼스 패키지 #LancsBox(Brezina et al. 준비 중)는 사용자 맞춤화가 가능한 통계 분석 기능을 갖춘 강력한 '검색 및 분석' 기능을 제공함으로써 이 철학을 따른다. 그럼에도 불구하고, 세부 사항에 주의를 기울이고 분석에서 실수가 발생할 수 있는 지점을 파악하여 분석에 사용된 값의 정확성을 항상 두 번, 세 번 확인해야 한다.

2. 기본이 먼저(BASICS FIRST): 코퍼스에 익숙해지고, 기술 통계를 수행하는 일부터 시작하자.

분석가에게 가장 중요한 작업 중 하나는 데이터를 전반적으로 잘 이해하는 것이다. 이는 코퍼스 매뉴얼을 주의 깊게 읽으며 코퍼스 구성에 익숙해지고, 용례를 검색하여 우리가 얻은 숫자 뒤에 숨겨진 실제 언어 사용 사례를 확인하고, 데이터셋의 주요 경향을 보여주는 개요와 간단한 그래프를 작성하는 것을 포함한다. 이 모든 것이 기술 통계에 해당된다. 데이터에 대한 신뢰할 수 있는 기술 없이 통계적 검정과 p-값을 사용하여 표본(코퍼스)에서 모집단(언어 자체)으로 일반화하는 것은 근거가 부족하다. 이는 결과의 의미 있는 해석을 어렵게 하거나 불가능하게 할 것이다. 표 8.1의 데이터셋은 브라운 계열 샘플링 프레임에 따라 구축된 100만 단어 규모의 영어 코퍼스인 BE06에서 가져온 것이다(Baker 2009). 코퍼스와 그 설계를 설명하는 자료에서 발췌한 그림 8.1은 코퍼스의 대표성과 장르/레지스터 분포에 대한 세부 정보를 제공한다. 이 코퍼스에는 전통적인 문어 장르/레지스터는 포함되지만 블로그 게시물, 트윗, 온라인 토론 포럼 등과 같은 새로운 온라인 장르/레지스터는 표본으로 포함되지 않은 것을 알 수 있다. 이러한 유형의 정보는 코퍼스를 기반으로 한 모든 일반화를 위해 필수적인 것이다. 표 8.1에서 다양한 장르/레지스터에서의 과거 시제 사용을 보면, 학술 글쓰기에서 빈도가 가장 낮고, 추리 소설에서 빈도가 가장 높다는 것을 알 수 있다. 이러한 패턴은 그림 8.2의 누적 막대 그래프에서 바로 확인할

텍스트 범주		텍스트 수
A	언론: 보도	44
B	언론: 사설	27
C	언론: 리뷰	17
D	종교	17
E	기술, 직업, 취미	36
F	대중 설화	48
G	순수문학, 전기, 에세이	75
H	기타(정부 문서, 재단 보고서, 업계 보고서 등)	30
J	학문 과학 저술	80
K	일반 소설	29
L	미스터리 추리 소설	24
M	과학 소설	6
N	모험 서부 소설	29
P	러브 로맨스 스토리	29
R	유머	9

그림 8.1 BE06의 장르 개요(Baker 2009)

수 있다. 이 두 장르/레지스터에서 과거 시제의 사용 예시(표 8.3 참조)는 이러한 발견을 맥락화하고 학술적 글쓰기에서 피동 구성이 빈번하게 사용되는 패턴을 파악하는 데 도움이 된다. 요약하면, 성공적인 코퍼스 분석의 기본 전제 조건은 분석의 기반이 되는 데이터셋에 대한 철저한 지식을 갖추는 것이다.

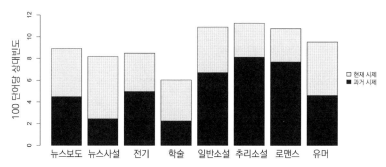

그림 8.2 BE06의 다양한 문어에서의 과거 시제

표 8.3 학술적 글쓰기와 미스터리 소설에서 과거 시제 사용 예

학술적 글쓰기		
to measure anxiety and depression, and we	used	self-reported weight and height to calculate body
control during feeding. Next, a Pearson's correlation	was	used to investigate the relationship between weight
analyses how practices of attention and description	were	re-created for various audiences in the second
= 0.806). Secondary outcomes Statistically significant differences	were	also found in dominant hand key grip
initial purities in excess of 99% and	were	obtained from Sigma-Aldrich, Fisher Scientific or Shell
the nurse should further problems develop. This	was	the model that was practiced in this
and more younger responders than older responders	reported	multiple pains in the knee- pain group (both
the formulation of a working group that	included	scientists generating tran- scriptomic data for a variety
to 100 (best health). Physical function restriction	was	worse in the knee-pain group than in
a real need for significantly more State	supplied	social housing and first time buyer homes.
미스터리 소설		
the guys give a start and I	turned	and June Carter came in, that bitch,
stared straight ahead and for several minutes	closed	her eyes, willing the image of their
the kid wanting to bury me," Mike	said	after a long silence. "There's nothing creepy
to make his case strongly enough. He	retrieved	his glasses and marked a couple of
head around the door and saw him	slumped	in an armchair, a book on his
as he went. A loud klaxon immediately	blasted	out. Christ, if you were crazy already,
his own heartbeat, and wondering if he	was	about to die. His mouth was so
Sharples had been a model prisoner, Tony	thought	bitterly. It was easy to behave when
from just behind the door, and Slider	guessed	he was being examined through the peephole.
who were deranged but smart. Recently, Allen	had	devised a method of avoiding taking his

3. 명확성(CLARITY): 통계 절차의 사용은 명확하고 투명하며 동기가 분명해야 한다.

코퍼스 통계의 명확성에는 여러 가지 측면이 있다. 첫째, 통계 기법을 사용할 때는 특정 통계 절차를 선택한 이유가 무엇인지 명확히 해야 한다. 통계 절차의 선택은 일반적으로 특정 유형의 코퍼스 데이터와 특정 연구 설계에 의해 동기가 부여된다(1.4절 참조). 예를 들어, 표 8.1의 개별 장르/레지스터 간의 차이는 한 번에 하나의 언어 변수(예: 과거 시제)를 고려하는 일원배치 ANOVA(6.3절 참조)를 사용하여 조사할 수 있다. 또는 많은 수의 언어 변수를 동시에 고려하는 다차원 분석(5.4절 참조)을 사용하여 데이터를 탐색할 수도 있다. 이 책은 다양한 영역의 코퍼스 기반 분석을 논의하며, 이에 가장 적합한 통계 기법들을 제시한다. 그러나 많은 경우 다른 접근법들도 동등하게 유효한데, 각각의 개별 사례에서 다른 기법들 중 특정 기법을 선택한 동기를 명확하게 설명해야 한다. 둘째, 통계를 명확하게 보고해야 한다. 이 책에서는 그래프와 표로 데이터를 명확하게 제시했을 뿐만 아니라 통계적 검정과 절차에 대한 표준 보고 방법도 소개했으므로 독자들은 결과를 쉽게 해석하고 연구를 재현할 수 있을 것이다. '통계 보고하기' 박스에서는 표준화된 통계 보고의 실제 사례를 제시했다.

4. 데이터(DATA): 코퍼스 데이터의 품질과 검색 절차에 각별히 주의하자.

모든 연구의 성공 여부는 데이터의 품질과 분석 절차의 효과에 달려 있지만, 특히 코퍼스 연구에서는 데이터의 품질을 면밀히 검토하는 경우가 드물다. '코퍼스에서 이걸 발견했으니 틀림없이 사실일 거야'라는 생각은 코퍼스에 마법과 같은 힘이 있다고 여기는 것과 같다. BNC와 같이 잘 구축된 코퍼스에도 오류, 불일치, 편향 가능성이 있다. 따라서 모든 코퍼스는 비판적으로 접근해야 한다. 예를 들어 Gablasova et al.(2017a)는 동일한 유형의 언어를 표현하도록 설계된 코퍼스에서 나타난 많은 양의 변이를 보여주면서 코퍼스 데이터를 경험적으로 검증해야 할 필요성을 주장한다. 또한 동일한 코퍼스라도 다른 도구를 사용하여 검색하면 상당히 다른 결과가 나올 수 있다. Brezina & Timperley(2017)는 'BNC는 얼마나 큰가'라는 질문에 대한 답변이 사용하는 도구에 따라 최대 17%까지 차이가 난다고 지적한다. 계산과 데이터 처리에서 잘 알려진 문두어인 GIGO('Garbage in, garbage out')는 데이터에 비판적으로 접근해야 분석의 신뢰성이 보장된다는 것을 상기시키기 위해 사용된다.

5. 효과 크기(EFFECT SIZE): 데이터에서 관찰된 효과의 크기를 계산하고, 보고하고, 해석하라.

코퍼스를 사용하여 언어에서 관찰한 결과의 실제적인 효과에 대해 생각하는 것은 항상 중요하다. 연구 결과의 이러한 측면을 표현하기 위해 효과 크기 측정을 사용해야 한다. 넓은 의미에서 효과 크기는 연구자에게 '관심의 대상이 될 만한 어떤 것의 양'(Cumming 2012: 38)이라고 정의할 수 있다. 코퍼스 연구에서는 코퍼스 내의 단어나 구절의 빈도나, 다양한 하위 코퍼스 간의 이러한 빈도 차이와 같은 언어적 효과를 측정하고 정량화하는 데 중점을 둔다. 효과 크기 척도에는 다양한 기술적(descriptive) 측정이 포함된다(Cumming 2012: 39, Kirk 2005: 2, 자세한 내용은 8.4절 참조).

간단한 예를 살펴보자. 2개의 하위 집단과 같은 두 그룹을 비교할 때는 Cohen's d가 효과 크기 척도로 자주 사용된다(6.3절 참조). 학술적 글쓰기와 미스터리 소설의 과거 시제 사용 차이에 대한 Cohen's d(BE06의 장르에 대한 표 8.1 참조)는 -3.26, 95% CI [-3.9, -2.61]의 매우 큰 효과로, 음수로 나타났다는 것은 두 번째 하위 코퍼스(미스터리)에서의 빈도가 첫 번째 하위 코퍼스(학술 글쓰기)에서의 빈도보다 크다는 것을 의미한다. 이 두 장르/레지스터에 속하는 텍스트를 보면 이러한 효과를 명확하게 관찰할 수 있다(표 8.4, 밑줄 그어진 과거 시제 부분 참조). 효과 크기의 해석은 8.4절에서 자세히 설명한다.

표 8.4 텍스트 예: 학술적 글쓰기와 미스터리 소설

학술적 글쓰기(BE06-J61)	미스터리 소설(BE06-L10)
Immigrants contribute significantly to the overall economic performance of their host economies. It is therefore not surprising that a large literature is concerned with the earnings mobility of the foreign born population, both in isolation, as well as in comparison with those who are native born. But immigrants have not only an immediate effect on wealth accumulation and earnings and skill composition. They transmit their earnings status, as well as socioeconomic and cultural characteristics to the next generation. The economic adjustment process within the immigrant's own generation has long been recognised as an important step in understanding the economic effects of immigration. For understanding the long term consequences of immigration, assessment of intergenerational mobility in immigrant communities is perhaps equally important.	"I couldn't believe it, I never seen anyone famous, not, like, in real life. I gave 'em my best service, and in those days, I was hot, had some moves." Foley nearly said, "You still do." But bit down and wondered where the hell his partner had got to. Probably gone for a bourbon, Shiner back. He'd return, smelling of mints, like that was a disguise. He asked, "You talk to him, to Mr. Cash?" "Not at first. I was getting them vittles, drinks, making sure they were comfortable and after, I dunno, an hour, Johnny said, "Take a pew little lady, get a load off." She rubbed here eyes, then. "He had these amazing boots, all scuffed but, like, real expensive, snakeskin or something, and he used his boot to hook a chair, pull it up beside him." She touched her face, self conscious, said, "I didn't have the scar then, still had some dreams. Jesus".

6. 해당 분야의 모범 사례 따르기(FOLLOWING THE BEST PRACTICES IN THE FIELD): 해당 분야의 통계적 관행을 비판적으로 검토하고 좋은 사례를 따르자.

보다 일반적인 통계 원칙(1장 참조)을 알고만 있는 것보다 이러한 원칙을 실제 코퍼스 분석에서 적용하는 방법을 아는 것이 중요하다. 이를 위해서는 해당 분야의 모범 사례를 따르는 것이 필수적이다. 이 책을 통해 모범

사례에 대해 일반적인 검토를 할 수 있고, 코퍼스 언어학 연구에서 통계를 사용하기 위한 구체적인 제안을 확인할 수 있다. 일반적인 조언은 다음과 같다. 이 분야의 초보자라면 확립된 통계 분석 관행을 따르자. 신뢰할 수 있는 학술지에 게재된, 비슷한 연구 문제를 다루는 논문을 찾아서 그와 동일한 절차와 통계적 척도를 데이터에 적용해 보자. 그런 다음 이 방법이 연구 문제에 답하는 데 유용한지 생각해 보자. 여기서 멈추면 안 된다. 통계 기법에 더 능숙해지면 해당 분야의 현재 관행을 비판적으로 평가하고 다른 분야의 통계 사용에서 영감을 얻어 혁신을 모색해야 한다. 이를 위해서는 자신의 분야가 아닌 다른 분야의 연구를 읽어야 한다. 여기서 중요한 것은 높은 수준의 학술지에서도 모든 통계 사용이 모범 사례를 따르는 것은 아니라는 점이다. 예를 들어, 코퍼스 언어학에서는 거의 모든 두 개 이상의 코퍼스 비교에 카이제곱 검정이나 로그-가능도 검정(가능도 비율 검정)을 사용하는 것이 관행처럼 여겨져 왔다. 그러나 최근에는 이러한 관행에 대한 비판이 제기되고, 보다 의미 있는 비교를 위한 대안이 제시되고 있다(예: Brezina & Meyerhoff 2014; Lijffijt et al. 2016).

7. 그래픽(GRAPHICS): 데이터를 시각화하여 패턴을 식별하자.

흔히 말하듯이 그림은 천 마디 말의 가치가 있다. 효과적인 시각화는 데이터에서 중요한 패턴과 관계를 발견하는 데 도움이 될 수 있다. 좋은 시각화의 기본 원칙은 간단하다. 단순히 '시각적 장식'을 추가하기보다는 데이터를 표현하는 데 집중하는 것이다. 변수 간의 관계를 관찰할 수 있도록 정보를 풍부하게 표시해야 한다(Tufte 2006). 예를 들어, 그림 8.2는 과거 시제, 현재 시제라는 2개의 박스 플롯으로 다시 그릴 수 있다(그림 8.3). 이 박스 플롯은 각 하위 코퍼스의 중심 경향(평균과 중앙값)과 개별 텍스트(원으로 표시됨)를 모두 보여준다. 누락된 데이터 포인트가 없으므로 전체 상황을 파악할 수 있고 이상치(일반적인 경향의 예외)를 포함한 개별 값의 분포를 볼 수 있다.

그러나 시각화가 모든 경우에 적합한 것은 아니라는 점을 명심해야 한다. 때로는 데이터를 설명하는 표나 단순한 문장이 더 효과적일 수도 있다. Tufte의 말처럼(Ad Reinhardt 인용), '그림이 천 마디 말의 가치가 없다면 그냥 두는 것이 낫다'(Tufte 1997: 119)고 할 수 있다.

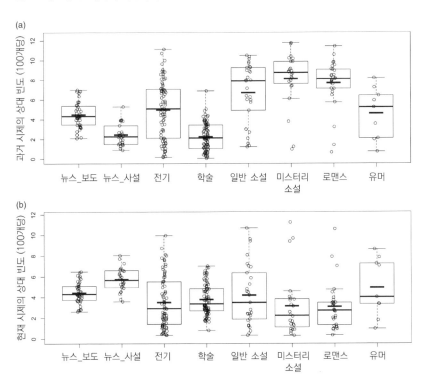

그림 8.3   BE06의 문어에서의 과거 시제(a)와 현재 시제(b): 박스플롯

8. 유사점과 차이점 모두 강조하기(HIGHLIGHTING BOTH SIMILARITIES AND DIFFERENCES): 언어 사용에 대한 균형 잡힌 설명을 제공하라.

코퍼스 간의 차이나 단어나 구절 사용 양상의 차이를 살펴볼 때 보통 몇 가지 사실을 발견하게 된다. 코퍼스 언어학뿐만 아니라 다른 학문 분야에서도 대부분의 방법론적 사고는 차이점을 찾고 유사성을 무시하는 쪽으로 편향되어 왔다. 따라서 유사성과 무효과(null effects, 작거나 통계적으로 유의미하지 않은 효과)는 문헌에서 과소 보고되는 경우가 많다(8.3절의 출판 편향에 대한 논의 참조). 예를 들어, 코퍼스 언어학에서는 차이점에 초점을 두다 보니 키워드만 보고하고 코퍼스 전반에 걸쳐 안정적으로 출현하는 단어인 락워드를 무시하거나(Baker 2011, 3.4장 참조), 사회언어학적 차이(예: 성별 간 차이)에만 집중하고 언어 사용의 유사성을 잊어버리게 된다(Baker 2014, 6장 참조). 표 8.1의 예시에서 우리는 주로 학술적 글쓰기와 추리소설의 차이점을 강조했다. 그러나 그림 8.3을 보면, 예를 들어 사설과 학술적 글쓰기 간의 과거 시제 사용 또는 대부분의 장르/레지스터에서 현재 시제 사용과 같은 견고한 유사성 패턴을 볼 수 있다. 방법론적 메시지는 간단하다. 항상 데이터에 대한 균형 잡힌 설명을 제공하기 위해 노력하되, 차이점만큼이나 유사점도 강조해야 한다는 것이다.

9. 통계와 언어학의 상호작용(INTERPLAY BETWEEN STATISTICS AND LINGUISTICS): 언어 및 사회 이론에 기반한 강건한 통계 분석을 제공하라.

방법론적인 질문을 생각해 보자. 코퍼스 연구에서 통계 없는 언어학, 언어학 없는 통계 중 어떤 것이 더 나쁠까? 이 두 경우는 한 가지 근본적인 측면에서 모두 부적절하다. 통계 없는 언어학은 대량의 언어 데이터를 분석할 수 있는 효과적인 도구가 없는 것과 같고, 언어학 없는 통계는 언어 및 사회 현실과의 연관성이 없는 무의미한 숫자 계산으로 변질되기 쉽다. 모든 언어 연구가 양적 연구인 것은 아니며 질적 연구도 언어 사용에 대한 중요한 통찰을 가져올 수 있다. 그러나 심층 분석을 위한 텍스트와 예시를 선택할 때 이것이 얼마나 전형적인지, 왜 선택했는지에 대한 의문이 제기된다는 점을 기억해야 한다(Baker et al. 2008 참조). 통계적 방법은 보다 심층적인 분석을 위해 예시를 선택하는 원칙적인 방법을 제공할 수 있으며, 선입견에 맞는 예시만 선택하는 체리피킹을 피하는 데 도움이 된다. 통계는 '문제 공간'을 줄이고 언어학적으로 해석해야 하는 언어 사용의 전형적/비정상적 패턴에 주의를 집중할 수 있는 기술을 제공한다는 점에서 통계와 언어학 간의 상호 정보에 기반한 관계만이 유용한 결과를 제공할 수 있음을 기억해야 한다(McEnery & Baker 2017 참조).

10. 전문 용어(JARGON): 명확한 표현을 위한 통계 용어와 표기법을 사용하되, 불필요한 전문 용어는 피하라.

많은 사람들에게 통계는 이해하기 어려울 수 있다. 통계에서는 수학적 표현을 사용해 데이터의 복잡한 관계를 포착하려고 하는 경우가 많은데, 그 자체가 많은 사람들을 주저하게 만들 수 있다. 이 책에서는 가능한 한 수학적 상징을 쉬운 언어로 대체했다. 예를 들어 $\sum_{i=1}^{10} i$ 는 '1에서 10까지의 모든 정수의 합'을 표현한다(이 두 가지 '표현' 모두 55라는 숫자를 산출하게 된다). 그러나 통계 분석 결과를 보고할 때는 이를 표준화된 형식으로 제공하는 것이 중요하며, 이 책에서는 '통계 보고하기' 박스에서 이를 수행하는 방법을 보여준다.

8.3   메타 분석: 연구 결과의 통계적 종합

> **생각해 보기**
>
> 이 절을 읽기 전에 다음 상황을 생각해 보자.
>
> 런던과 같은 대도시에서 Shakespeare's Globe 극장을 찾고 있다고 가정해 보자. 지도가 없어 지나가는 사람들에게 얻은 정보에 의존해야 하는 상황이다. 표 8.5는 '글로브 극장이 어디에 있나요?"라는 질문에 대한 5가지 답변을 보여주는데, 그 중 몇 가지는 상당히 다른 답이다. 당신이라면 어떤 길을 선택할 것인가?

표 8.5 답변 요약

	방향	답변	답변자
사람 1	직진 후 우회전 ⌐	"사실 잘 모르겠어요. 아마도 직진한 다음에 우회전하면 될 거예요."	관광객처럼 보이는 사람
사람 2	직진 후 좌회전 ⌐	"아주 쉽습니다. 이 길을 따라가다 왼쪽으로 가세요."	지역 상점 주인
사람 3	우회전 후 되돌아가기 ↓	"오른쪽으로 갔다가 왔던 길을 그대로 되돌아가세요. 확실합니다."	Mad Hatter 의상을 입은 남자
사람 4	직진 후 우회전 ⌐	"죄송하지만 제가 지금 급해요. 직진해서 오른쪽이에요."	사무실 건물에서 나오는 사람
사람 5	직진 후 좌회전 ⌐	"Globe는 여기서 멀지 않아요. 방금 지나쳤어요. 이 길을 따라 다리까지 가서, 계단을 내려가 강변을 따라 좌회전하세요."	개를 산책시키는 사람

'생각해 보기' 과제의 예시 상황은 과학적 탐구에 대한 은유로 이해할 수 있다. 연구 문제에 대한 답을 찾기 위해 우리는 데이터를 수집하고 평가한다. 과학에서는 해답의 신뢰성을 확보하기 위해 이 과정을 반복적으로 수행한다. 동일한 연구 문제이지만 다른 데이터셋을 사용하여 연구를 반복하는 과정을 **복제**(replication)라고 한다. 이 예에서는 다른 행인에게 같은 질문을 하는 것으로 복제를 수행했다. 그리고 이 예에서와 같이 과학에서는 여러 연구에서 (약간) 다른 답을 얻는 경우가 많다. 그러나 우리 분야 전체의 발전을 위해 중요한 것은 더 큰 그림을 보는 것이므로 개별 연구 결과를 종합하여 전체적으로 이해할 수 있어야 한다. 이를 위한 통계적 기법을 메타분석이라고 한다. **메타분석**은 연구 결과를 통계적으로 종합하는 정량적 절차로, 여러 개별 연구에서 보고된 효과를 결합하여 요약 효과를 계산하는 것을 기본으로 한다(Borenstein 2009). 메타분석의 요점은 개별 연구에 흩어져 있는 증거를 한데 모아 요약된 결론에 대한 확신을 높이는 것이며, 이 확신은 신뢰구간을 통해 정량화할 수 있다(아래 참조).

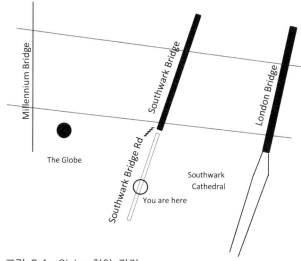

그림 8.4　Globe 찾아 가기

예로 돌아가서, Globe 극장을 찾기 위해서는 개별 답변이 얼마나 확실하고 신뢰할 수 있는지 평가한 다음(확실성과 신뢰성은 별개의 개념이다), 어떤 경로를 택할지 결정해야 한다. '생각해 보기' 과제의 상황에서 실제 극장으로 가는 경로는 '직진 후 좌회전'이다(그림 8.4 참조).

　　그렇다면 메타 분석은 실제로 어떻게 작동할까? 따라야 할 세 가지 기본 단계는 (1) 관련 연구 식별, (2) 연구에서 관련 정보 추출(코딩), (3) 통계적 종합이다.

1단계. 관련 연구 식별하기

　　이 단계에서는 메타 연구에서 조사하고자 하는 연구 영역을 정의한다. 이 영역은 서로 다른 코퍼스를 사용하는 여러 연구에서 반복적으로 제시되는 연구 문제로 정해질 수 있다. 물론 연구 문제가 더 넓거나 구체적일 수 있으며, 이에 따라 메타연구의 세부 수준이 정의된다. 예를 들어, 매우 넓은 질문은 "성별이 언어 사용에 영향을 미치는가?"일 것이다. 이 연구

문제를 토대로 수백 개의 관련 연구를 찾아낼 수 있겠지만, 어떤 언어 자질은 성별에 따른 패턴을 보이는 반면 어떤 자질은 그렇지 않다는 식으로 매우 광범위하고 구체적이지 않은 대답이 나올 수 있을 것이다. 반면에 "성별이 대명사 사용에 영향을 미치는가?"와 같이 구체적인 연구 문제를 사용하여 연구 영역을 정의하면 좀 더 구체적이고 흥미로운 결과를 얻을 수 있겠지만 관련 연구의 수는 상당히 줄어들 것이다. 실제로 우리가 찾고 있는 연구가 어떤 언어 및 설명 변수를 사용한 연구인지, 연구의 설계와 시간적 범위(예: 1990년 이후 출판된 연구)는 무엇인지에 대한 포함 기준을 명시적으로 지정하는 것이 중요하다(Wilson 2009: 161-3).

연구 분야를 정의한 후에는 관심 있는 연구 문제를 다루고 포함 기준을 충족하는 출판 및 미출판 연구를 찾기 위해, 모든 관련 저널과 사용 가능한 데이터베이스(예: Google scholar, Linguistics and Language Behavior Abstracts, ProQuest Dissertations & Theses, EThOS 등)를 검색해야 한다. 목표는 연구 문제와 관련된 사용 가능한 모든 증거를 수집하는 것이다. 양질의 미발표 연구(예: 박사 학위 논문)도 고려하는 이유는 소위 출판 편향의 영향을 줄이기 위함이다. **출판 편향**은 특히 출판된 연구에서 잘 알려진 현상(예: Kepes et al. 2014)으로 통계적으로 유의미하고 더 강력한 효과는 과대 보고하고 소위 **무효과**(즉, 통계적으로 유의미하지 않은 결과)는 과소 보고하는 것이다. 저자는 물론 학술지 심사자 및 편집자도 방법론적으로 견고한 연구에서 보고된 미미한 효과를 흥미롭지 않거나 중요하지 않은 것으로 잘못 보는 경우가 많지만 이러한 결과를 보고해야 전체 그림을 파악할 수 있다. 통계적으로 유의미한 결과만 보고되는 경우가 많은데, 이는 빙산의 일각에 불과하며 물밑에는 보고되지 않은 소규모 효과들의 덩어리(gray literature)가 존재한다(Rothstein & Hopewell 2009).[1]

---

1 통계적으로 유의미한 대규모 효과에 대한 편향성은 발표된 문헌과 미발표 문헌 모두에 어느 정도 존재한다는 점에 유의할 필요가 있다. 그러나 미발표 보고서는

메타분석을 위해 선택된 연구의 질과 관련된 문제는 출판 편향이다. 출판 편향을 피하기 위해 가능한 한 넓게 그물을 던져야 하고, 그물에 걸린 것이 방법론적으로 탄탄한 연구(물고기라고 비유할 수 있음)인지도 확인해야 한다. 메타분석에서도 1차 연구와 마찬가지로 이용 가능한 증거(이 경우 일차 연구의 질)를 분석에 사용하기 전에 면밀히 검토해야 한다는 GIGO(8.2절 참조) 원칙을 상기해야 한다. Valentine(2009)은 내적 타당성(internal validity, 관련 변수에 대한 통제, 정확한 측정), 외적 타당성(external validity, 연구의 일반화 가능성), 구성 타당성(측정하고자 하는 것을 측정), 통계적 결론의 타당성(statistical conclusion validity, 통계적 엄밀성) 등 연구의 품질에 대한 여러 측면을 논의하고 있다. 방법론적 절차가 아직 개발 중이며 표준화 과정에 있는 코퍼스 언어학 분야에서는 메타분석에 나타나는 연구의 질이 특히 중요하다. 저자가 의도적으로 데이터를 조작하거나 바람직하지 않은 결과를 은폐했다고 의심하지는 않는다(예: 위탁된 제약 연구나 여론조사에서의 사례처럼). 그보다는 통계적 검정 가정을 무의식적으로 위반하거나 부적절한 연구 설계를 사용하는 경우가 더 흔하다. 독자들은 엄격한 연구 수행을 위한 지침으로 8.2절에 제시된 코퍼스 연구에 적용되는 '통계적 사고의 10가지 원칙'에 대한 개요를 참고하기 바란다.

2단계. 연구에서 관련 정보 추출하기(코딩)

두 번째 단계는 1단계에서 식별된 연구로부터 관련 데이터를 얻는 것이다. 여기에는 연구 보고서, 논문 및 서적의 방법론 및 결과 부분을 주의 깊게 읽고 (i) 사용된 (하위) 코퍼스, (ii) 방법론, (iii) 연구에서 관찰된 효과 크기에 대한 정보를 기록하는 것이 포함된다(Wilson 2009). 특히 비교한 (하위)코퍼스가 토큰 수뿐만 아니라 관찰된 사례(개별 텍스트/화자 연구 설계에

사소한 효과를 보고/논의할 여지가 더 많다.

서는 화자/텍스트, 언어 자질 연구 설계에서는 목표 언어 자질의 출현 횟수, 1.4절 참조)의 측면에서 얼마나 큰지 알아야 한다. 또한 연구 설계의 유형, 포함된 언어 변수와 설명 변수, 사용된 통계 검정 및 결과에 영향을 미칠 수 있는 방법론에 대한 기타 관련 정보를 기록하는 것도 중요하다. 마지막으로, (비교 가능한) 표준 효과 크기 또는 효과 크기를 추정할 수 있는 정보(예: t-값 또는 F-값)를 기록해야 한다(8.4절 참조). 정확히 동일한 코퍼스를 기반으로 한 연구는 출판물의 수에 관계없이 한 번만 포함해야 한다. 동일한 저자에 의한 여러 출판물 또는 동일한 데이터셋에 기반한 다른 저자의 반복된 연구들 중 하나의 정보만 메타 분석에 기여하게 된다.[2] 예를 들어, 다음은 개별 연구의 정보를 기록하는 데 사용할 수 있는 가능한 코딩 시트이다.

코딩 시트: 대명사와 성별

Header
RQ: Is there an effect of gender on the use of pronouns?
Coder initials: VB
Study: Newman, M. L., Groom, C. J., Handelman, L. D., & Pennebaker, J. W. (2008). Gender differences in language use: An analysis of 14,000 text samples. *Discourse Processes*, *45*(3), 211-236.
Quality: high ☑   acceptable ☐   low ☐
Notes:

Corpus
Name: NA - an opportunistic corpus compiled from multiple psychological studies
Tokens: 45,700,000
Cases: male= 5,971; female= 8,353
Representativeness: Language from different tasks in psychological

---

2　그러나 반복 연구(동일한 코퍼스와 동일한 연구 질문을 사용하는 다른 저자의 연구)를 다루는 경우, 원래의 연구와 반복 연구의 결과를 비교하고 방법론을 평가하여 이를 바탕으로 메타 분석에 더 신뢰할 수 있거나 더 완전한 정보를 제공하는 연구를 선택할 수 있다.

experiments. 93% written, 7% spoken, participant's age: 2/3 from
college-age participants, period of collection 1980-2002
Method
Research design: individual text/speaker ☑   linguistic feature ☐   whole corpus ☐
Statistical test(s): Welsch's t-test
Relevant linguistic variable(s): all personal pronouns
Other linguistic variables: a range of automatically identified lexical
variables
Relevant explanatory variable(s): gender
Other explanatory variables: NA

Results: Effect(s) observed
ES measure reported: YES ☑   NO ☐
If yes, which one(s)?   Cohen's d
Effect1: gender -> all pers. pronouns size: $d=0.36$ direction: female +
Effect2: gender -> 1st pers. pronouns sg.   size: $d=0.17$ direction: female +
...
Attentional statistical information reported (tests, df, means, SDs, SEs):
all pers. pronouns: male: M = 12.69, SD= 4.63; female: M = 14.24,
SD= 4.06;
...
NOTES

많은 경우 연구의 다양한 측면에 대한 정보를 보고서에서 유추하거나
추정해야 하며 여기에는 주관적인 요소가 포함될 수 있으므로 데이터의
일부(예: 20%)를 이중 코딩하고 코더 간 일치도 통계를 계산하는 것이 좋다
(3.5절 참조). 이는 여러 명의 코더가 참여하는 경우에도 중요하다.

이제 대명사(I, me, my, you, your 등) 사용에 성별이 미치는 영향을 보고한
다섯 가지 연구의 예를 살펴보자. 표 8.6은 보고된 관련 통계 정보를 중심으
로 연구의 세부 사항(코딩 시트에서 발췌)을 보여준다. 일부 정보는 직접 제공
되었고 일부는 유추가 필요했다(8.4절 참조). 두 개의 연구(연구 4와 연구 6)는
메타분석의 정량적 부분에서 제외되었다. 연구 4는 불완전한 통계 보고로
인해 제외해야 했는데 이러한 경우에는 저자에게 연락하여 추가 정보를
요청하는 것이 좋다. 주요 연구의 저자는 결과의 평가 및 종합(메타분석)을
위한 충분한 정보를 제공할 수 있도록 보고 표준(이 책의 '통계 보고하기'
상자 참조)을 준수해야 한다. 연구 6은 다른 연구들과 다른, 호환되지 않는
연구 설계(전체 코퍼스 설계)를 사용했기 때문에 제외되었다.

표 8.6 메타분석을 위해 검토된 연구

연구	제공된 정보	추론된 정보
1. Newman et al. (2008)	Corpus: n_{male} = 5,971; n_{female} = 8,353 Results(pronouns): Cohen's d = 0.36	
2. Argamon et al. (2003) - non-fiction	Corpus: n_{male} = 179; n_{female} = 179 Results (pronouns): male: M = 282; SE = 12 female: M = 390; SE = 19	Cohen's d = 0.508
3. Argamon et al. (2003) - fiction	Corpus: n_{male} = 123; n_{female} = 123 Results(pronouns): male: M = 860; SE = 18 female: M = 977; SE = 18	Cohen's d = 0.586
4. ~~Argamon et al.~~ (2007)	Corpus: n_{male} = 25,065; n_{female} = 21,682 Results(pronouns): male: M = 9.84; female: M = 11.97	분산이 보고되지 않았으므로 Cohen's d 계산 불가
5. Colley & Todd (2002)	Corpus: n_{male} = 24; n_{female} = 30 Results (you, your): male: M = 0.78; female: M = 1.33; F(1, 50) = 7.69	Cohen's d = 0.759
6. ~~Rayson et al.~~ (1997)	Corpus: Corpus: n_{male} = 536; n_{female} = 561; Results(pronouns): male = 13.37%, female = 14.55%, χ^2 = 1016.27	호환되지 않는 연구 설계

3단계. 통계적으로 종합하기

메타분석의 마지막 단계에서는 개별 연구의 정보를 종합하여 결과적인 (결합된) 효과 크기와 신뢰구간에 대한 보고서를 작성한다. 가장 간단한 형태의 통계적 종합은 각 하위 코퍼스의 효과 크기 척도(여기서는 Cohen's *d*)와 사례 수(텍스트/화자)를 입력으로 사용하는 것이다(표 8.7 참조). 개별

표 8.7 간단한 메타분석을 위한 입력 데이터

연구	Cohen's d	하위 코퍼스1 사례 수($n1$)	하위 코퍼스2 사례 수($n2$)	역분산
1. Newman et al. (2008)	0.36	5,971	8,353	3,428.0
2. Argamon et al. (2003) – 비소설	0.508	179	179	86.7
3. Argamon et al. (2003) – 소설	0.586	123	123	59.0
4. Colley & Todd (2002)	0.759	24	30	12.4

연구의 효과 크기는 종종 더 큰 코퍼스를 가진 연구(이러한 연구가 진정한 모집단 값에 더 가깝기 때문에)나 선택적으로 더 높은 품질의 연구(품질 지수 사용)에 더 큰 중요성을 부여하도록 가중치를 통해 조정된다. 일반적으로 가중치 부여에는 사례 수를 고려하는 역분산을 사용하는데, 연구에 포함된 사례(텍스트/화자)가 많을수록 가중치(중요도)가 커진다.

메타 분석에서 개별 텍스트/화자 설계를 사용하여 두 텍스트 유형 또는 화자 그룹을 비교할 때 일반적으로 사용하는 Cohen's d의 역분산은 다음과 같이 계산된다.[3]

$$역분산 = \frac{1}{\dfrac{n1+n2}{n1 \times n2} + \dfrac{d^2}{2(n1 \times n2)}} \tag{8.1}$$

예를 들어, 첫 번째 연구(Newman et al. 2008)의 역분산은 다음과 같이 계산할 수 있다.

$$역분산 = \frac{1}{\dfrac{5,971+8,353}{5,971 \times 8,353} + \dfrac{0.36^2}{2 \times (5,971+8,353)}} \tag{8.2}$$

---

3 다른 효과 크기 측정값에 대한 (역) 분산 계산 공식은 Shadish & Haddock(2009: 264ff)에서 확인할 수 있다. 동반 웹사이트의 메타 분석 도구가 자동으로 계산하므로 공식의 세부 사항에 대해서는 걱정할 필요가 없다.

효과 크기를 결합하는 과정에는 고정 효과 모델(fixed effect model)과 임의 효과 모델(random effect model)의 두 가지 옵션이 있다. 고정 효과 모델은 메타분석의 모든 연구가 서로 정확히 복제되어 있고(동일한 설계, 방법, 변수 등을 사용) 사용된 코퍼스만 다르다고 가정한다. 이 가정하에서 통제해야 할 유일한 변수는 표본 간 차이(표본 오차)이므로 고정 효과 모델은 단순히 가중 효과(weighted effects)를 결합하여 요약 효과(summary effect)를 산출한다. 반면, 임의 효과 모델은 연구가 약간 다른 구성을 사용하거나 다소 다른 방법론적 선택을 하는 경우와 같이 여러 변동 원인을 가정한다. 실제로는 이러한 경우가 자주 발생하기 때문에, 임의 효과 모델이 기본 옵션으로 권장된다. 표 8.7의 데이터에 임의 효과 모델을 사용하면 95% CI [.32, .62]로 .47의 요약 효과를 얻을 수 있다.[4] 그림 8.5는 포레스트 플롯(forest plot)을 통해 메타분석을 요약한 것이다. **포레스트 플롯**은 개별 연구의 효과 크기(채워진 사각형)와 그 신뢰구간(수염)과 전체 효과 크기(다이아몬드)를 표시하여 메타분석의 요약을 제공하며, 사각형의 크기는 분석에서 개별 연구의 비중을 나타낸다.

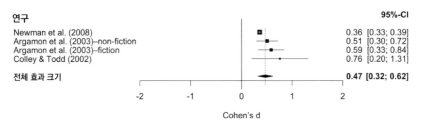

그림 8.5   포레스트 플롯: 4개 연구의 메타분석

위에서 설명한 간단한 메타 분석 외에도 소위 조절 변수(moderator variable)를 고려하는 더 복잡한 모델을 사용할 수 있다. 조절 변수는 코딩 과정(2단계)에서 연구의 효과 크기에 영향을 미치는 것으로 확인된 추가 변수로,

---

4   고정 효과 모델 값은 .37, 95% CI [.34, .40]이다.

이러한 변수를 메타분석 모델에 통합할 수 있다. 이러한 유형의 분석에 대한 자세한 내용은 Schmidt & Hunter(2015: 381ff.)를 참조하자. 메타분석의 더 복잡한 모델은 충분한 수의 연구가 조절 변수에 대한 보고와 함께 제공될 때만 가능한다. 요약하면, 과학 지식은 축적되며, 메타분석은 연구 결과의 효과적인 통계적 종합을 위한 도구이다. 그러나 이 기법의 성공 여부는 (i) 입력 연구의 품질, (ii) 광범위한 연구 보고의 포함에 의존한다.

통계 보고하기: 메타 분석

1. 보고할 내용

메타분석은 (i) 관련 연구의 식별, (ii) 코딩, (iii) 통계적 종합 등 각 단계에서 사용한 방법론적 결정 사항에 대한 상세한 보고가 필요한 복잡한 절차이다. 또한 메타분석의 근거가 되는, 코딩된 연구가 포함된 코딩 시트와 스프레드시트/데이터베이스를 부록, 온라인 추가 데이터 등으로 제공하는 것이 좋다. 메타분석 보고에 대한 자세한 논의는 Rosenthal(1995)을 참조하자.

2. 보고 방법: 예시

• 영어에서 성별(설명 변수)이 대명사(언어 변수)의 사용에 미치는 영향을 보고한 연구를 대상으로 메타분석을 실시했다. 출판된 연구와 출판되지 않은 연구(박사 학위 논문)를 모두 검색했다. 연구는 코딩 시트(부록 참조)에 따라 코딩되었으며, 2명의 코더가 항목의 20%에 주석을 달았다(평가자 간 일치도: 95%). 처음에는 6개의 연구가 식별되었으며, 이 중 메타분석에 사용할 수 있는 연구는 4개에 불과했다(코딩된 데이터는 부록 참조). 개별 연구의 효과 크기는 역분산에 따라 가중치를 부여하고 임의 효과 모델을 사용했다. 이 절차를 통해 요약 효과 $d=.47$(95% CI [.32, .62])가 확인되었다.

메타 분석의 시각적 요약은 그림 8.5의 포레스트 플롯에서 확인할 수 있다.

8.4 효과 크기: 의미 있는 사용을 위한 가이드

> **생각해 보기**
>
> 이 절을 읽기 전에 다음 상황을 생각해 보자.
>
> 하프 마라톤을 준비하고 있는데 훈련의 효과를 평가해 보고 싶다. 훈련 전에는 1분 동안 200미터를 달렸고, 훈련 후에는 같은 시간 동안 220야드를 달렸다. 이 훈련은 도움이 된 것일까?

'생각해 보기'의 질문에 답하려면 먼저 값을 공통 단위로 변환해야 한다. 미터법 단위로 작업하는 데 익숙하다면 야드를 미터로 변환(220야드 ≅ 201.2미터)하고, 영국식 단위로 작업하는 데 익숙하다면 미터를 야드로 변환(200미터 ≅ 218.7야드)하면 된다. 그 다음 질문은 1.2m(1.3야드)의 개선이 중요한지 여부이다. 분명히 개선은 되었지만 언뜻 보기에는 상당히 사소해 보이다. 1미터/야드 개선을 위해 많은 시간과 에너지를 투자해야 할까? 하지만 더 큰 그림으로 하프 마라톤(21,098미터 또는 23,073야드)을 생각하면, 훈련을 통해 기록이 38초 단축되는 것이다.

이 예는 언어 데이터에도 적용할 수 있는 효과와 효과 크기에 대한 기본적인 사고를 보여준다. 효과 크기는 관찰된 언어 변수의 빈도 차이와 변화를 정량화한다. 척도가 정확히 무엇을 의미하고 어떻게 해석해야 하는지를 잘 이해하는 것이 중요하다. 하프 마라톤 예시에서는 측정 단위를 나타내는 선을 그려서 1미터 또는 1야드가 무엇을 의미하는지 쉽게 보여줄 수 있다. 그러나 효과의 실제적인 중요성에 대한 결정은 통계와는 거의

표 8.8 이 책에 소개된 효과 크기 척도

효과 크기 척도	간단한 설명	다른 언어 변수와의 비교 가능 여부	관련 절
평균	코퍼스에서 언어 변수의 빈도를 보여주는 기본 기술 통계.	불가능	1.2
% 변화	두 지점 사이의 언어 변수 빈도의 증가/감소를 나타냄.	가능	7.3
MI-score, t-score, log Dice 등	단어 간의 연어 관계를 식별하기 위한 연관성 척도.	가능; t-점수는 코퍼스 크기에 의존한다는 점에서 문제 있는 척도	3.2
simple maths parameter, %DIFF 등	키워드를 식별하기 위한 통계.	가능	3.4
Cohen's d	두 (하위) 코퍼스에서 언어 변수의 빈도 차이를 표준 편차 단위로 표현하기 위해 표준화된 척도.	가능	1.3; 3.2; 6.3; 7.3
robust Cohen's d	d 척도(위 참조)의 강건한(robust) 버전으로, 절사 평균과 윈저화된(winsorized) 표준편차를 사용하여 계산.	가능	6.3
r	상관계수로 가장 잘 알려져 있지만 다양한 상황에서 표준화된 효과 크기로도 사용.	가능	1.3; 5.2; 6.3
r_s	순위 데이터에 사용되는 r의 다른 버전.	가능	5.2
r_{rb} (순위 양분 상관계수)	Mann-Whitney U 테스트의 효과 크기 측정값으로 사용되는 상관 관계의 한 유형.	가능	6.3
r^2 (결정 계수)	설명 변수(예측 변수)가 설명하는 변화의 양을 나타내는 척도.	가능	5.2; 5.4
η^2 (에타 제곱)	전통적으로 ANOVA 검정과 함께 보고되는 오니버스 효과 크기 척도.	가능	1.3; 6.3
PR (확률비), 위험비 또는 상대 위험이라고도 함	특정 문맥에서 언어 변수의 두 변이형이 발생하는 확률의 비율.	가능	4.3
(로그) 오즈비(odds ratio) OR/ln(OR)	로지스틱 회귀 및 혼합 효과 모델링 결과에서 예측 변수의 효과를 표현하는 데 사용되는 척도.	가능	4.3; 4.4
Cramer's V	명목 변수(범주형 데이터) 간의 연관성을 보여주는 효과 크기 척도.	가능	4.3

관련이 없다는 점을 인식해야 한다. 이 예에서 38초 단축에 훈련 시간과 에너지를 투자할 가치가 있는지는 개인의 판단에 달려 있다. 정보에 입각한 결정을 내리려면 38초를 상황에 맞게 해석하고 다른 사람의 기록 등과 비교해야 한다.

이 절에서는 코퍼스 언어학에서 효과 크기(effect size, ES) 척도의 사용에 대해 중점적으로 다룬다. 효과 크기의 개념은 1장에서 소개했으며 이 책 전체에서 다양한 효과 크기 측정에 대해 논의했다. 표 8.8은 이 책에서 사용된 ES 척도에 대한 개요와 간략한 설명을 보여준다. 평균이나 백분율 변화와 같은 간단한 통계부터 연어 구성어를 식별하는 데 사용되는 연관성 척도, Cohen's d, η^2, (log) odds ratio 등과 같은 보다 복잡한 척도들에 이르기까지 다양한 척도들이 있다.

두 가지 질문을 다루어 보기로 하자. (1) 효과 크기가 일관성 없이 보고된 경우 어떻게 처리해야 하는가? (2) 효과 크기 척도를 정확히 어떻게 해석해야 하는가? 연구마다 다양한 ES 척도를 보고하거나 전혀 보고하지 않을 수 있기 때문에 통계 검정(예: t 검정, ANOVA)과 표본 크기(n1; n2) 정보를 이용해 ES를 변환하거나 추정해야 하는 경우가 많다. 불완전하거나 일관되지 않은 정보를 조합해야 하는 메타분석을 수행할 때 중요한 것은 변환과 외삽(extrapolation)이다. 표 8.9는 코퍼스 연구에서 수행할 수 있는 기본적인 변환과 외삽 방법을 보여준다(Borenstein 2009; Fritz et al. 2012).

두 번째 질문(ES 척도를 어떻게 해석할 것인가?)을 해결하려면 특정 ES 척도가 실제로 어떻게 작동하는지 잘 이해해야 한다. 교과서에서 ES 척도는 일반적으로 관찰된 효과의 크기를 '작음', '중간', '큼'으로 구분하는 Cohen(1988)의 권고에 따른 표준 해석을 따르는 것이 일반적이다. 표 8.10은 네 가지 일반적인 ES 척도(Cohen's d, r, η^2 및 Cramer's V)의 표준 해석을 요약하고 있다. 그러나 Cohen(1988)이 반복해서 강조하듯이 이러한 표준 해석은 광범위한 지침으로는 유용하지만 기계적으로 적용해서는 안 된다.

각 학문 분야에서는 연구에서 보고된 효과의 범위를 검토하고 대상 언어 변수의 유무가 문법, 텍스트 유형, 화자 집단, 담화 등에 미치는 영향을 질문함으로써 실제적인 의미를 비판적으로 평가해야 한다.

표 8.9 효과 크기 변환과 외삽

입력	출력	변환/외삽	예
r	Cohen's d	$d = \dfrac{2r}{\sqrt{1-r^2}}$	$r = 0.3; \; d = \dfrac{2 \times 0.3}{\sqrt{1-0.3^2}} = 0.629$
Cohen's d	r	$r = \dfrac{d}{\sqrt{d^2+4}}$	$d = 0.5; \; r = \dfrac{0.5}{\sqrt{0.5^2+4}} = 0.25$
η^2 [유사한 그룹 크기]	Cohen's d	$d = \dfrac{2 \times \sqrt{\eta^2}}{\sqrt{1-\eta^2}}$	$\eta^2 = 0.01; \; d = \dfrac{2 \times \sqrt{0.01}}{\sqrt{1-0.01}} = 0.2$
log odds ratio[ln(OR)]	Cohen's d	$d = \dfrac{\ln(OR) \times \sqrt{3}}{\pi}$	$\ln(OR) = 0.9; \; d = \dfrac{0.9 \times \sqrt{3}}{3.14} = 0.5$
t-검정 t; n_1; n_2	Cohen's d	$d = t \times \sqrt{\dfrac{n_1+n_2}{n_1 \times n_2}}$	$t = 3; \; n_1 = 50; \; n_2 = 25;$ $d = 3 \times \sqrt{\dfrac{50+25}{50 \times 25}} = 0.73$
일원배치 ANOVA F; n_1; n_2	Cohen's d	$d = \pm\sqrt{\dfrac{F(n_1+n_2)}{(n_1 \times n_2)}}$	$F = 9; \; n_1 = 50; n_2 = 25;$ $d = \pm\sqrt{\dfrac{9 \times (50+25)}{(50 \times 25)}} = 0.73$

효과 크기는 코퍼스 언어학에서 비교적 새로운 개념이기 때문에, 이어지는 논의에서는 표준화된 ES 척도의 실제적 중요성을 해석하기 위한 지침을 제공할 것이다. Cohen's d 또는 r과 같은 표준화된 ES 척도는 변수가 측정되는 스케일과는 다른, 표준화된 스케일(예: 백만 단어당 빈도)에서 작동한다. Cohen's d, r 또는 η^2과 같은 표준화된 효과 크기를 해석하는 방법 중 하나는 이를 보다 직관적으로 이해할 수 있는 우월성 확률의 개념/측정과 연관시키는 것이다. **우월성 확률**(Probability of Superiority, PS)은 목표 변수의 평균값이 크게 측정된 하위 코퍼스에서 무작위로 뽑힌 화자/텍스트가 평균값이 작게 측정된 하위 코퍼스에서 무작위로 뽑힌 화자/텍스트보다

표 8.10 효과 크기: 표준 해석

효과 ＼ ES 척도	r	Cohen's d	η^2	Cramer's V [2 × 2 table]
작음	0.1	0.3	0.01	0.1
중간	0.3	0.5	0.06	0.3
큼	0.5	0.8	0.14	0.5

높은 점수를 받을 확률을 말한다. 이는 그림 8.6[5]에서 시각적으로 확인할 수 있다. 두 개의 종 모양 곡선은 하위 코퍼스 1과 하위 코퍼스 2의 값 분포[6]를 나타내며, 평균은 굵은 수직선으로 표시되어 있다. 이 곡선은 상당 부분 겹치는 것을 볼 수 있다(그림 8.6에서 69%). 하지만 이 두 하위 코퍼스 간에는 PS 값이 71%로 뚜렷한 차이가 있는데, 이는 71%의 경우 하위 코퍼스 2에서 무작위로 선택한 화자/텍스트가 하위 코퍼스 1에서 무작위로 선택한 화자/텍스트보다 관심 변수 값이 더 높다는 것을 의미한다. PS 값 71은 0.8 Cohen's d 값과 연관되어 있으며(표 8.11 참조), 표준 해석에서는 큰 효과이다.

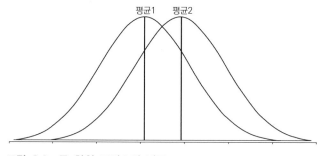

그림 8.6 두 하위 코퍼스의 비교

---

5 이 그림의 동적 버전은 Kristoffer Magnusson의 Cohen's d 시각화(http://rpsychologist.com/d3/cohend/)를 참조하자.

6 이것은 이상적인 그림이다. 실제로 언어 변수의 분포는 일반적으로 양의 방향으로 치우쳐 있다(예: 다음 스파크라인에서와 같이 오른쪽 꼬리가 긴 경우 ⌐⌐⌐).

표 8.11   효과 크기 척도: BNC 검증

	d	r	r^2 또는 η^2	PS(%)	BNC에서의 언어학적인 예
	0	0	0	50	무작위로 선택된 2개의 BNC 하위 코퍼스에서 *the*
	0.1	0.05	0.002	53	
	0.2	0.1	0.01	56	
	0.3	0.15	0.022	58	
	0.4	0.2	0.038	61	
	0.5	0.24	0.059	64	
	0.6	0.29	0.083	66	
	0.7	0.33	0.11	69	여성/남성 구어에서 *lovely*
	0.8	0.37	0.14	71	
	0.9	0.41	0.17	74	
	1	0.45	0.2	76	
	1.1	0.48	0.23	78	
	1.2	0.51	0.27	80	
	1.3	0.55	0.3	82	
	1.4	0.57	0.33	84	
	1.5	0.6	0.36	86	
	1.6	0.63	0.39	87	
	1.7	0.65	0.42	89	
	1.8	0.67	0.45	90	
	1.9	0.69	0.47	91	
	2	0.71	0.5	92	
	2.2	0.74	0.55	94	
	2.4	0.77	0.59	96	
	2.6	0.79	0.63	97	문어/구어에서 인칭대명사
	2.8	0.81	0.66	98	
	3	0.83	0.69	98	
	3.2	0.85	0.72	99	
	3.4	0.86	0.74	99	
	3.6	0.87	0.76	99	학술적 글쓰기와 비격식 구어에서 피동형
	3.8	0.89	0.78	100	
	4	0.89	0.8	100	

표 8.11에서는 d, r, $\eta^2(r^2)$로 표현되는 코퍼스 언어학 효과들의 실제적인 영향을 확인하기 위해 이러한 값과 관련된, 백분율로 나타낸 PS 값을 비교하고 있다.[7] 이를 통해 위에서 설명한 조건에서 하나의 하위 코퍼스가 다른 하위 코퍼스보다 얼마나 우월한지를 보여준다. 또한 비교를 위한 기준점(benchmark point)으로 영국 국립 코퍼스(BNC)를 기반으로 한 스파크라인이 제시되었다. 독자들은 자신의 연구 또는 문헌에서 찾은 연구 결과를 바탕으로 추가적인 비교 기준점을 표에 추가하여 더욱 세분화된 척도를 만들 수도 있을 것이다. 이러한 효과의 척도는 개별 연구에서 관찰된 효과를 맥락화하고 해석하는 데 도움이 될 수 있다.

8.5 연습문제

1. 이 책에서 배운 가장 중요한 것은 무엇인가? 아래 빈칸에 적어 보자.

2. 표 8.12의 효과 크기 척도를 변환해 보자.

표 8.12 효과 크기 변환

입력	출력(변환)
$r = 0.9$	Cohen's d =
Cohen's $d = 1.3$	r =
$\eta^2 = 0.05$	Cohen's d =

---

7 d, r, $\eta^2(r^2)$ 및 PS 값은 Fritz et al.(2012: 8)에서 가져온 것이다.

$ln(OR) = 0.2$ Cohen's $d =$

$t = 2;\ n_1 = 100;\ n_2 = 100$ Cohen's $d =$

$F = 10;\ n_1 = 100;\ n_2 = 100$ Cohen's $d =$

3. 그림 8.7과 8.8의 포레스트 플롯을 해석해 보자.

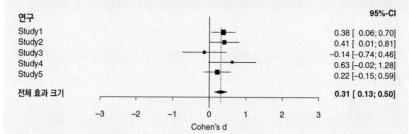

그림 8.7　포레스트 플롯: 예1

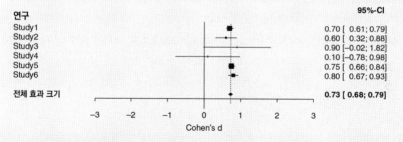

그림 8.8　포레스트 플롯: 예2

기억해야 할 사항

- 통계는 정량적 정보를 정확하고 엄격하게 표현하는 데 도움이 된다.
- 메타분석은 여러 연구의 효과 크기를 통합하여 통계적 요약을 제공한다.
- 메타분석의 결과는 포레스트 플롯을 이용해 시각화할 수 있다.
- 효과 크기가 일관성 없이 보고된 경우, 하나의 효과 크기 척도를 다른 효과 크기 척도로 변환하거나 추정할 수 있다.
- 표준화된 효과 크기 척도는 우월성 확률의 관점에서 이해할 수 있다.

- 쉽게 떠올릴 수 있는 언어적 효과의 예시와 이에 대응하는 일반적인 효과 크기 척도의 값을 참고하면, 효과 크기 척도를 더 잘 이해할 수 있다.

더 읽을 거리

Borenstein, M., Hedges, L. V., Higgins, J. & Rothstein, H. R. (2009). *Introduction to meta-analysis*. Chichester: John Wiley & Sons.

Brezina, V. & Meyerhoff, M. (2014). Significant or random? A critical review of sociolinguistic generalisations based on large corpora. *International Journal of Corpus Linguistics*, *19*(1), 1-28.

Cohen, J. (1988). *Statistical power analysis for the behavioral sciences*. Hillsdale, NJ: Erlbaum.

Cooper, H., Hedges, L. & Valentine, J. (eds.) *The handbook of research synthesis and meta-analysis*. New York: Russell Sage Foundation.

Cumming, G. (2012). *Understanding the new statistics*. New York: Routledge.

동반 웹사이트: Lancaster Stats Tools Online

1. 이 장의 모든 분석은 동반 웹사이트에서 제공되는 통계 도구를 사용해 재현할 수 있다. 이 장의 내용과 관련해 사용할 수 있는 도구는 다음과 같다.
   - Effect size calculator
   - Meta-analysis calculator

2. 이 웹사이트에서는 학생과 교사를 위한 추가 자료도 제공한다.

맺음말

통계는 강력한 분석 도구이다. 이 책은 코퍼스 탐색에 통계 기법을 사용할 수 있는 여러 가지 방법을 보여준다. 코퍼스에서 발견되는 강력한 증거는 언어 사용 패턴에 대한 독특한 통찰력을 제공하며, 언어 및 사회 연구에 무수한 가능성을 열어 준다. 통계는 적절히 적용하면 언어 사용의 세부 사례와 문법, 어휘, 담화의 큰 그림까지 언어적 현실을 관찰할 수 있는 줌 렌즈 역할을 함으로써 분석 과정을 용이하게 할 수 있다. 그러나 우리가 관찰하고자 하는 것은 정교한 통계 기법으로 가득한 쇼케이스와 같은 도구 자체가 아니라 언어 데이터라는 점을 항상 기억해야 한다. 따라서 우리의 분석은 항상 데이터에 초점을 맞추고 데이터를 진지하게 받아들여야 하며, 우리의 믿음과 이론이 데이터와 모순되는 경우 단순히 '불편한' 증거라고 무시하거나 복잡한 전문 통계 용어 뒤에 숨지 말고, 데이터와 소통하면서 그 결과를 진정으로 이해하고 설명하기 위해 노력해야 한다. 그래야만 우리의 연구가 의미 있고 과학적일 수 있다.

통계를 잘 활용할 때 강력한 힘이 발휘된다. 그러나 통계 도구와 분석이 점점 더 복잡해지고 정교해짐에 따라 사용자에게는 다소 부담스러울 수 있다. 통계 분석에는 많은 선택이 수반되기 때문이다. 무엇보다도 적합한 코퍼스, 효과적인 분석 기법, 그리고 결과에 대한 적절한 해석을 선택할 필요가 있다. 이러한 결정은 특히 초급 연구자에게 어렵게 느껴질 수 있다. 코퍼스 언어학에서 통계적 정교함에 대한 요구가 증가하고 있지만 초급 및 중급 통계 사용자를 위한 적절한 참고 자료가 부족하기 때문에 쉽게 좌절할 수 있다. 이 책(Lancaster Stats Tools online과 함께)은 언어 분석에서 통계 정보에 입각한 선택을 할 수 있는 가이드를 제공함으로써 이 문제를 해결하는 데 도움이 되고자 한다. 이 책의 주요 메시지는 두 가지이다. 첫째, 통계는 숫자를 계산하거나 공식을 외우는 것이 아니라(이러한 작업은 컴퓨터가 인간보다 훨씬 더 잘한다) 정량적 분석의 핵심적이고 근본적인 원리를 이해하는 것이다. 둘째, 복잡한 통계 기법이나 통계 분야의 최신 유행에 압도되지 않도록 독자들을 격려하고 싶다. 매년 여름, 전 세계 각지에서 수많은 학생들이 일주일 동안 코퍼스와 통계에 대해 배우기 위해 랭커스터의 코퍼스 언어학 여름 학교를 찾아온다. 이 학생들은 코퍼스에 가장 적합한 통계적 검정은 무엇인지, 가장 좋은 연어 척도는 무엇인지 등을 자주 묻는다. 필자는 보통 이렇게 대답한다. 대부분의 경우 가장 강력한 통계 기법은 바로 상식이라고.

참고문헌

Argamon, S., Koppel, M., Fine, J. & Shimoni, A. R. (2003). Gender, genre, and writing style in formal written texts. *Text*, *23*(3), 321-46.

Argamon, S., Koppel, M., Pennebaker, J. W. & Schler, J. (2007). Mining the blogosphere: age, gender and the varieties of self-expression. *First Monday*, *12*(9). http://firstmon day.org/issues/issue12_9/argamon/index.html

Arppe, A. (2008). Univariate, bivariate, and multivariate methods in corpus-based lexicography: a study of synonymy. Helsinki: University of Helsinki. Available at https://helda.helsinki.*fi*/bitstream/handle/ 10138/19274/univaria.pdf?sequence=2 (accessed 29/12/2015).

Azen, R. & Walker, C. M. (2011). *Categorical data analysis for the behavioral and social sciences*. London: Routledge.

Baker, H., Brezina, V. & McEnery, T. (2017). Ireland in British parliamentary debates 1803-2005: plotting changes in discourse in a large volume of time-series corpus data. In T. Säily, A. Nurmi, M. Palander-Collin & A. Auer (eds.), *Exploring future paths for historical sociolinguistics* (Advances in Historical Sociolinguistics), pp. 83-107. Amsterdam: John Benjamins.

Baker, P. (2009). The BE06 corpus of British English and recent language change. *International Journal of Corpus Linguistics*, *14*(3), 312-37.

_____. (2011). Times may change, but we will always have money: dia-chronic variation in recent British English. *Journal of English Linguistics*, *39*(1), 65-88.

_____. (2014). *Using corpora to analyze gender*. London: Bloomsbury.

_____. (2017) *American and British English: divided by a common language*. Cambridge University Press.

Baker, P., Gabrielatos, C. & McEnery, T. (2013). Sketching Muslims: a corpus driven analysis of representations around the word 'Muslim' in the British press 1998-2009. *Applied Linguistics*, *34*(3), 255-78.

Baker, P., Gabrielatos, C., Khosravinik, M., Krzyżanowski, M., McEnery, T. &

Wodak, R. (2008). A useful methodological synergy? Combining critical discourse analysis and corpus linguistics to examine discourses of refugees and asylum seekers in the UK press. *Discourse & Society*, *19*(3), 273-306.

Balakrishnan, N., Voinov, V. & Nikulin, M. S. (2013). *Chi-squared goodness of fit tests with applications*. Waltham, MA: Academic Press.

Barlow, M. (2013). Individual differences and usage-based grammar. *International Journal of Corpus Linguistics*, *18*(4), 443-78.

Baroni, M., Bernardini, S., Ferraresi, A. & Zanchetta, E. (2009). The WaCky Wide Web: a collection of very large linguistically processed web-crawled corpora. *Language Resources and Evaluation*, *43* (3), 209-26.

Baroni, M. & Ueyama, M. (2006). Building general-and special-purpose corpora by web crawling. In *Proceedings of the 13th NIJL International Symposium, Language corpora: their compilation and application*, pp. 31-40.

Benzécri, J. P. (1992). *Correspondence analysis handbook*. New York: Marcel Dekker.

Bestgen, Y. (2014). Inadequacy of the chi-squared test to examine vocabulary differences between corpora. *Literary and Linguistic Computing*, *29*(2), 164-70.

Biber, D. (1988). *Variation across speech and writing*. Cambridge University Press. Biber, D. & Conrad, S. (2009). *Register, genre, and style*. Cambridge University Press.

Biber, D., Johansson, S., Leech, G., Conrad, S. & Finegan, E. (1999). *Longman grammar of spoken and written English*. Harlow: Longman.

Biber, D. & Jones, K. (2009). Quantitative methods in corpus linguistics. In A. Lüdeling & M. Kytö (eds.), *Corpus linguistics: an international handbook*, vol. 2, pp. 1287-1304. Berlin: Walter de Gruyter.

Biber, D., Reppen, R., Schnur, E. & Ghanem, R. (2016). On the (non) utility of Juilland's D to measure lexical dispersion in large corpora. *International Journal of Corpus Linguistics*, *21*(4), 439-64.

Blythe, R. A. & Croft, W. (2012). S-curves and the mechanisms of propagation in language change. *Language*, *88*(2), 269-304.

Boneau, C. A. (1960). The effects of violations of assumptions underlying the t test. *Psychological Bulletin*, *57*(1), 49.

Borenstein, M. (2009). Effect sizes for continuous data. In H. Cooper, L. Hedges & J. Valentine (eds.), *The handbook of research synthesis and meta-analysis*, pp. 221-35. New York: Russell Sage Foundation.

Brezina, V. (2013). BNC64 Search & Compare. Available at: http:// corpora.lancs.ac.uk/ bnc64 (accessed 20/08/2016).

_____. (2014). Effect sizes in corpus linguistics: keywords, collocations and diachronic comparison. Presented at the ICAME 2014 conference, University of Nottingham.

Brezina, V. & Gablasova, D. (2015). Is there a core general vocabulary? Introducing the New General Service List. *Applied Linguistics*, *36*(1), 1-22.

Brezina, V., McEnery, T. & Baker, H. (in prep.) Usage fluctuation analysis: a new way of analysing shifts in historical discourse.

Brezina, V., McEnery, T. & Wattam, S. (2015). Collocations in context. *International Journal of Corpus Linguistics*, *20*(2), 139-73.

Brezina, V. & Meyerhoff, M. (2014). Significant or random? A critical review of sociolinguistic generalisations based on large corpora. *International Journal of Corpus Linguistics*, *19*(1), 1-28.

Brezina, V. & Timperley, M. (2017). How large is the BNC? A proposal for standardized tokenization and word counting. CL2017, Birmingham. Available at: www.birming ham.ac.uk/Documents/college-artslaw/ corpus/conference-archives/2017/general/ paper303.pdf (accessed 08/03/18).

Brezina, V., Timperley, M., Gablasova, D. & McEnery, T. (in prep.). #LancsBox: a new generation corpus tool for researchers, students and teachers.

Cabin, R. J. & Mitchell, R. J. (2000). To Bonferroni or not to Bonferroni: when and how are the questions. *Bulletin of the Ecological Society of America*, *81*(3), 246-8.

Chernick, M. R. & LaBudde, R. A. (2014). *An introduction to bootstrap methods with applications to R*. Hoboken, NJ: John Wiley & Sons.

Chomsky, N. (2000). *New horizons in the study of language and mind.* Cambridge University Press.

Clausen, S. E. (1998). *Applied correspondence analysis: an introduction.* Thousand Oaks, CA: Sage.

Cleveland, W. S. (1994). *The elements of graphing data.* Summit, NJ: Hobart Press. Cohen, J. (1988). *Statistical power analysis for the behavioral sciences.* Hillsdale, NJ: Erlbaum.

Cohen, M. P. (2000). Note on the odds ratio and the probability ratio. *Journal of Educational and Behavioral Statistics, 25*(2), 249-52.

Colley, A. & Todd, Z. (2002). Gender-linked differences in the style and content of e-mails to friends. *Journal of Language and Social Psychology, 21*(4), 380-92.

Conrad, S. & Biber, D. (2001). Multidimensional methodology and the dimensions of register variation in English. In S. Conrad & D. Biber (eds.), *Variation in English: multidimensional studies*, pp. 18-19. Harlow: Pearson Education.

Coupland, N. (2007). *Style: language variation and identity.* Cambridge University Press. Covington, M. A. & McFall, J. D. (2010). Cutting the Gordian knot: the moving-average type-token ratio (MATTR). *Journal of Quantitative Linguistics, 17*(2), 94-100.

Crystal, D. (2003). *English as a global language.* Cambridge University Press. Cumming, G. (2012). *Understanding the new statistics.* New York: Routledge.

Cumming, G., Fidler, F. & Vaux, D. L. (2007). Error bars in experimental biology. *Journal of Cell Biology, 177*(1), 7-11.

Davies, H. T. O., Crombie, I. K. & Tavakoli, M. (1998). When can odds ratios mislead? *British Medical Journal, 316*(7136), 989-91.

Davies, M. & Gardner, D. (2010). *A frequency dictionary of contemporary American English: word sketches, collocates and thematic lists.* London: Routledge.

De Winter, J. C. (2013). Using the Student's t-test with extremely small sample sizes. *Practical Assessment, Research & Evaluation, 18*(10), 1-12.

Diggle, P. J. & Chetwynd, A. G. (2011). *Statistics and scientific method: an introduction for students and researchers*. Oxford University Press.

Divjak, D. & Gries, S. Th. (2006). Ways of trying in Russian: clustering behavioral profiles. *Corpus Linguistics and Linguistic Theory*, *2*(1), 23-60.

Dodge, Y. (2008). *The concise encyclopedia of statistics*. New York: Springer.

Edgell, S. E. & Noon, S. M. (1984). Effect of violation of normality on the t test of the correlation coefficient. *Psychological Bulletin*, *95*(3), 576.

Efron, B. (1979). Computers and the theory of statistics: thinking the unthinkable. *SIAM Review*, *21*(4), 460-80.

Efron, B. & Tibshirani, R. J. (1994). *An introduction to the bootstrap*. Boca Raton, FL: CRC Press.

Erceg-Hurn, D. M. & Mirosevich, V. M. (2008). Modern robust statistical methods: an easy way to maximize the accuracy and power of your research. *American Psychologist*, *63*(7), 591.

Everitt, B. S., Landau, S., Leese, M. & Stahl, D. (2011). *Cluster analysis*. New York: John Wiley & Sons.

Evert, S. (2008). Corpora and collocations. In A. Lüdeling & M. Kytö (eds.), *Corpus linguistics: an international handbook*, vol. 1, pp. 223-33. Berlin: Walter de Gruyter.

Field, A., Miles, J. & Field, Z. (2012). *Discovering statistics using R*. London: Sage. Firth, J. (1957). *Papers in linguistics*. Oxford University Press.

Francis, W. N. & Kučera, H. (1979). *Brown Corpus manual: manual of information to accompany a standard corpus of present-day edited American English for use with digital computers*. Brown University, Providence, RI. Available at http://clu.uni.no/ icame/brown/bcm.html

Friendly, M. (2002). A brief history of the mosaic display. *Journal of Computational and Graphical Statistics*, *11*(1), 89-107.

Friginal, E. & Hardy, J. (2014). Conducting multi-dimensional analysis using SPSS. In T. B. Sardinha & M. V. Pinto (eds.), *Multi-dimensional analysis, 25 years on: a tribute to Douglas Biber*, pp. 297-316. Amsterdam: John Benjamins.

Fritz, C. O., Morris, P. E. & Richler, J. J. (2012). Effect size estimates: current use, calcula- tions, and interpretation. *Journal of Experimental Psychology: General*, *141*(1), 2-18.

Gablasova, D., Brezina, V. & McEnery, A. M. (2017a). Exploring learner language through corpora: comparing and interpreting corpus frequency information. *Language Learning*, *67*(S1), 130-54.

_____. (2017b). Collocations in corpus-based language learning research: identifying, com- paring and interpreting the evidence. *Language Learning*, *67*(S1), 155-79.

Gablasova, D., Brezina, V., McEnery, T. & Boyd, E. (2017). Epistemic stance in spoken L2 English: the effect of task and speaker style. *Applied Linguistics*, *38*(5), 613-37. Gabrielatos, C. & Marchi, A. (2012) Keyness: appropriate metrics and practical issues. Presented at CADS International Conference 2012, Corpus-assisted Discourse Studies: More than the sum of Discourse Analysis and computing? University of Bologna, Italy.

Glass, G. V. (1965) A ranking variable analogue of biserial correlation: implications for short-cut item analysis. *Journal of Educational Measurement*, *2*(1), 91-5.

Greenacre, M. (2007). *Correspondence analysis in practice*. Boca Raton: Chapman & Hall/CRC.

Gries, S. Th. (2008). Dispersions and adjusted frequencies in corpora. *International Journal of Corpus Linguistics*, *13*(4), 403-37.

_____. (2010). Dispersions and adjusted frequencies in corpora: further explorations. In S. Th. Gries, S. Wulff & M. Davies, *Corpus linguistic applications: current studies*, pp. 197-212. Amsterdam: Rodopi.

_____. (2013a). *Statistics for linguistics with R: a practical introduction*. Berlin: Walter de Gruyter.

_____. (2013b). 50-something years of work on collocations: what is or should be next ... *International Journal of Corpus Linguistics*, *18*(1), 137-66.

Gries, S. Th. & Hilpert, M. (2008). The identification of stages in diachronic data: variability-based neighbour clustering. *Corpora*, *3*(1), 59-81.

_____. (2010). Modeling diachronic change in the third person singular: a multifactorial, verb- and author-specific exploratory approach.

English Language and Linguistics, *14*(03), 293-320.

Gries, S. Th., Newman, J., Shaoul, C. & Dilts, P. (2009). N-grams and the clustering of genres. Presented at workshop on Corpus, Colligation, Register Variation at the 31st Annual Meeting of the Deutsche Gesellschaft für Sprachwissenschaft, March.

Grieve-Smith, A. (2007). The envelope of variation in multidimensional register and genre analyses. In E. Fitzpatrick (ed.), *Corpus linguistics beyond the word: corpus research from phrase to discourse*, pp. 21-42. Amsterdam: Rodopi.

Gwet, K. (2002). Inter-rater reliability: dependency on trait prevalence and marginal homogeneity. *Statistical Methods for Inter-Rater Reliability Assessment Series*, *2*, 1-9.

Hand, D. J. (2010). Evaluating diagnostic tests: the area under the ROC curve and the balance of errors. *Statistics in Medicine*, *29*(14), 1502-10.

Hardie, A. (2014). Log ratio - an informal introduction. http://cass.lancs.ac.uk/?p=1133 Harrington, J., Palethorpe, S. & Watson, C. I. (2000). Does the Queen speak the Queen's English? *Nature*, *408*(6815), 927-8.

Hayton, J. C., Allen, D. G. & Scarpello, V. (2004). Factor retention decisions in explora- tory factor analysis: a tutorial on parallel analysis. *Organizational Research Methods*, *7*(2), 191-205.

Healey, A. diPaolo (ed.) (2004). *The Complete Corpus of Old English in Electronic Form*. Dictionary of Old English Project. Centre for Medieval Studies, University of Toronto.

Hill, T., Lewicki, P. & Lewicki, P. (2006). *Statistics: methods and applications: a comprehensive reference for science, industry, and data mining*. Tulsa, OK: StatSoft.

Hilpert, M. (2011). Dynamic visualizations of language change: motion charts on the basis of bivariate and multivariate data from diachronic corpora. *International Journal of Corpus Linguistics*, *16*(4), 435-61.

Hilpert, M. & Gries, S. Th. (2009). Assessing frequency changes in multistage diachronic corpora: applications for historical corpus linguistics and the study of language acquisition. *Literary and Linguistic Computing*, *24*(4), 385-401.

Hosmer, D. W., Lemeshow, S. & Sturdivant, R. X. (2013). *Applied logistic regression*, 3rd edn. Hoboken, NJ: John Wiley & Sons.

Hudson, T. (2015). Presenting quantitative data visually. In L. Plonsky (ed.), *Advancing quantitative methods in second language research*, pp. 78-105. London: Routledge.

Ito, R. & Tagliamonte, S. (2003). Well weird, right dodgy, very strange, really cool: layering and recycling in English intensifiers. *Language in Society, 32*(02), 257-79. Jakubíček, M., Kilgarriff, A., Kovář, V., Rychlý, P. & Suchomel, V. (2013). The TenTen corpus family. *Proceedings of the International Conference on Corpus Linguistics 2013*, pp. 125-7. Lancaster University.

Jarvis, S. (2013). Capturing the diversity in lexical diversity. *Language Learning, 63*(s1), 87-106.

Johnson, D. E. (2009). Getting off the GoldVarb standard: introducing Rbrul for mixed- effects variable rule analysis. *Language and Linguistics Compass, 3*(1), 359-83.

Juilland, A. G., Brodin, D. R. & Davidovitch, C. (1970). *Frequency dictionary of French words*. The Hague: Mouton.

Juilland, A. G. & Chang-Rodríguez, E. (1964). *Frequency dictionary of Spanish words*. The Hague: Mouton.

Kaiser, H. F. (1960). The application of electronic computers to factor analysis. *Educational and Psychological Measurement, 20*(1), 141-51.

Kepes, S., Banks, G. C. & Oh, I. S. (2014). Avoiding bias in publication bias research: the value of 'null' findings. *Journal of Business and Psychology, 29*(2), 183-203.

Kerby, D. S. (2014). The simple difference formula: an approach to teaching non- parametric correlation. *Innovative Teaching, 3*, 1-9.

Kilgarriff, A. (1997). Putting frequencies in the dictionary. *International Journal of Lexicography, 10*(2), 135-55.

_____. (2005). Language is never, ever, ever, random. *Corpus Linguistics and Linguistic Theory, 1*(2), 263-76.

_____. (2009). Simple maths for keywords. In *Proceedings of the Corpus Linguistics Conference*, Liverpool, July.

_____. (2012). Getting to know your corpus. In *Proceedings of the 15th International Conference on Text, Speech and Dialogue*, pp. 3-15. Berlin: Springer.

Kirk, R. E. (1996). Practical significance: a concept whose time has come. *Educational and Psychological Measurement*, *56*(5), 746-59.

_____. (2005). Effect size measures. *Wiley StatsRef: Statistics Reference Online*. http://dx.doi.org/10.1002/9781118445112.stat06242.pub2

Krippendorff, K. (2012 [1980]). *Content analysis: an introduction to its methodology*. London: Sage.

Kruskal, W. H. & Wallis, W. A. (1952). Use of ranks in one-criterion variance analysis. *Journal of the American Statistical Association*, *47*(260), 583-621.

Kučera, H. & Francis, W. N. (1967). *Computational analysis of Present-Day American English*. Providence, RI: Brown University Press.

Labov, W. (1966). *The social stratification of English in New York City*. Washington, DC: Center for Applied Linguistics.

_____. (1972). *Sociolinguistic patterns*. Philadelphia: University of Pennsylvania Press. (2010). *Principles of linguistic change*, vol. 3: *Cognitive and cultural factors*. Oxford: Wiley-Blackwell.

Lakoff, G. & Johnson, M. (1980). *Metaphors we live by*. University of Chicago Press. Lakoff, R. T (1975). *Language and woman's place*. New York: Harper & Row.

Lavandera, B. R. (1978). Where does the sociolinguistic variable stop? *Language in Society*, *7*(02), 171-82.

Ledesma, R. D. & Valero-Mora, P. (2007). Determining the number of factors to retain in EFA: an easy-to-use computer program for carrying out parallel analysis. *Practical Assessment, Research & Evaluation*, *12*(2), 1-11.

Leech, G. (1992). Corpora and theories of linguistic performance. In J. Svartvik (ed.), *Directions in corpus linguistics*, pp. 105-22. Berlin: Mouton de Gruyter. (2003). Modals on the move: the English modal auxiliaries 1961-1992. In R. Facchinetti, F. R. Palmer & M. Krug (eds.), *Modality in contemporary English*, 223-40. Berlin: Mouton de Gruyter.

_____. (2011). The modals ARE declining. *International Journal of Corpus Linguistics*, *16*(4), 547-64.

Leech, G., Garside, R. & Bryant, M. (1994). CLAWS4: the tagging of the British National Corpus. In *Proceedings of the 15th Conference on Computational Linguistics*, Kyoto, vol. 1, pp. 622-8.

Leech, G., Rayson, P. & Wilson, A. (2001). *Word frequencies in written and spoken English: based on the British National Corpus*. London: Routledge.

Leek, J. T. & Peng, R. D. (2015). Statistics: p values are just the tip of the iceberg. *Nature*, *520*(7549), 612.

Lijffijt, J., Nevalainen, T., Säily, T., Papapetrou, P., Puolamäki, K. & Mannila, H. (2016). Significance testing of word frequencies in corpora. *Literary and Linguistic Computing*, *31*(2), 374-97.

Lijffijt, J., Säily, T. & Nevalainen, T. (2012). CEECing the baseline: lexical stability and significant change in a historical corpus. In *Studies in Variation, Contacts and Change in English*, vol. 10. Helsinki: Research Unit for Variation, Contacts and Change in English (VARIENG).

Love, R., Dembry, C., Hardie, A., Brezina, V. & McEnery, T. (2017). The Spoken BNC2014: designing and building a spoken corpus of everyday conversations. *International Journal of Corpus Linguistics*, *22*(3).

Lumley, T., Diehr, P., Emerson, S. & Chen, L. (2002). The importance of the normality assumption in large public health data sets. *Annual Review of Public Health*, *23*(1), 151-69.

Malvern, D. & Richards, B. (2002). Investigating accommodation in language proficiency interviews using a new measure of lexical diversity. *Language Testing*, 19, 85-104.

Mann, H. B. & Whitney, D. R. (1947) On a test of whether one of two random variables is stochastically larger than the other. *Annals of Mathematical Statistics*, *18*(1), 50-60. Manning, C. D. (2011). Part-of-speech tagging from 97% to 100%: is it time for some linguistics? In A. F. Gelbukh (ed.), *International Conference on Intelligent Text Processing and Computational Linguistics*, pp. 171-89. Berlin: Springer.

McEnery, T. (2006). *Swearing in English: bad language, purity and power from 1586 to the present*. Abingdon: Routledge.

McEnery, T. & Baker, H. (2017). *Corpus linguistics and 17th-century prostitution: computational linguistics and history*. London: Bloomsbury.

McEnery, T. & Hardie, A. (2011). *Corpus linguistics: method, theory and practice*. Cambridge University Press.

Mehl, M. R., Vazire, S., Ramírez-Esparza, N., Slatcher, R. B. & Pennebaker, J. W. (2007). Are women really more talkative than men? *Science*, 317(5834), 82.

Michel, J. B., Shen, Y. K., Aiden, A. P., Veres, A., Gray, M. K., Pickett, J. P & Pinker, S. (2011). Quantitative analysis of culture using millions of digitized books. *Science, 331*(6014), 176-82.

Microsoft. (2010). *Microsoft Word* [software].

Millar, N. (2009). Modal verbs in TIME: frequency changes 1923-2006. *International Journal of Corpus Linguistics, 14* (2), 191-220.

Nevalainen, T. (1999). Making the best use of 'bad' data: evidence for sociolinguistic variation in Early Modern English. *Neuphilologische Mitteilungen*, 499-533.

Nevalainen, T. & Raumolin-Brunberg, H. (2003). *Historical sociolinguistics: language change in Tudor and Stuart England*. London: Routledge.

Newman, M. L., Groom, C. J., Handelman, L. D. & Pennebaker, J. W. (2008). Gender differences in language use: an analysis of 14,000 text samples. *Discourse Processes, 45*(3), 211-36.

Nini, A. (2015). *Multidimensional Analysis Tagger (v. 1.3) – manual*. Available at: https:// sites.google.com/site/multidimensionaltagger/(accessed 26/08/15).

Osborne, J. W. (2012). *Best practices in data cleaning: a complete guide to everything you need to do before and after collecting your data*. Thousand Oaks, CA: Sage.

_____. (2015). *Best practices in logistic regression*. Thousand Oaks, CA: Sage. Pearson, K. (1920). Notes on the history of correlation. *Biometrika, 13*(1), 25-45.

Pechenick, E. A., Danforth, C. M. & Dodds, P. S. (2015). Characterizing the

Google Books corpus: strong limits to inferences of socio-cultural and linguistic evolution. *PloS One*, *10*(10), e0137041.

Phillips, M. (1985). *Aspects of text structure: an investigation of the lexical organisation of text*. Amsterdam: North-Holland.

Popper, K. (2005 [1935]). *The logic of scientific discovery*. London: Routledge.

Rayson, P. (2008). From key words to key semantic domains. *International Journal of Corpus Linguistics 13*(4), 519-49.

Rayson, P., Berridge, D. & Francis, B. (2004). Extending the Cochran rule for the compar- ison of word frequencies between corpora. *Proceedings from 7th International Conference on Statistical Analysis of Textual Data (JADT 2004)*, pp. 926-36.

Rayson, P., Leech, G. N. & Hodges, M. (1997). Social differentiation in the use of English vocabulary: some analyses of the conversational com- ponent of the British National Corpus. *International Journal of Corpus Linguistics*, *2*(1), 133-52.

Richardson, J. T. (2011). Eta squared and partial eta squared as measures of effect size in educational research. *Educational Research Review*, *6*(2), 135-47.

Rosenthal, R. (1995). Writing meta-analytic reviews. *Psychological Bulletin*, *118*(2), 183. Rothstein, H. & Hopewell, S. (2009). Grey literature. In H. Cooper, L. Hedges & J. Valentine (eds.), *The handbook of research synthesis and meta-analysis*, pp. 103-26. New York: Russell Sage Foundation.

Savický, P. & Hlaváčová, J. (2002). Measures of word commonness. *Journal of Quantitative Linguistics*, *9*(3), 215-31.

Schmider, E., Ziegler, M., Danay, E., Beyer, L. & M. Bühner. (2010). 'Is it really robust?' Reinvestigating the robustness of ANOVA against violations of the normal distribu- tion assumption. *Methodology: European Journal of Research Methods for the Behavioral and Social Sciences*, *6*(4), 147-51.

Schmidt, F. L. & Hunter, J. E. (2015). *Methods of meta-analysis: correcting error and bias in research findings*. Thousand Oaks, CA: Sage Publications.

Scott, M. (1997). PC analysis of key words - and key key words. *System, 25*(2), 233-45. (2004). *WordSmith tools version 4*. Oxford University Press.

Shadish, W. R. & Haddock, C. K. (2009). Combining estimates of effect size. In H. Cooper, L. Hedges & J. Valentine (eds.), *The handbook of research synthesis and meta-analysis*, pp. 257-78. New York: Russell Sage Foundation.

Shaffer, J. P. (1995). Multiple hypothesis testing. *Annual Review of Psychology, 46*, 561-84.

Shakespeare, W. (1992*). The Poems: Venus and Adonis, The Rape of Lucrece, The Phoenix and the Turtle, The Passionate Pilgrim*. Cambridge University Press.

Sheskin, D. J. (2007). *Handbook of parametric and nonparametric statistical procedures*. Boca Raton, FL: Chapman & Hall/CRC.

Siegel, S. (1956). *Nonparametric statistics for the behavioral sciences*. New York: McGraw-Hill.

Sprent, P. (2011). Fisher Exact Test. In *International encyclopedia of statistical science*, pp. 524-5. Berlin: Springer.

Stubbs, M. (2001). *Words and phrases: corpus studies of lexical semantics*. Oxford: Blackwell.

Tagliamonte, S. A. (2006). *Analysing sociolinguistic variation*. Cambridge University Press.

Theus, M. & Urbanek, S. (2008). *Interactive graphics for data analysis: principles and examples*. Boca Raton, FL: CRC Press.

Toothaker, L. E. (1993). *Multiple comparison procedures*. Sage University Paper Series on Quantitative Applications in the Social Sciences, 07-089. Newbury Park, CA: Sage.

Trafimow, D. & Marks, M. (2015) Editorial. *Basic and Applied Social Psychology, 37*(1), 1-2.

Tufte, E. (1997). *Visual explanations*. Cheshire, CT: Graphics Press.

_____. (2001). *Visual display of quantitative information*. Cheshire, CT: Graphics Press. (2006). *Beautiful evidence*. Cheshire, CT: Graphics Press.

Tweedie, F. & Baayen, R. H. (1998). How variable may a constant be? Measures of lexical richness in perspective. *Computers and the Humanities, 32*, 323-52.

Upton, G. J. (1992). Fisher's exact test. *Journal of the Royal Statistical Society. Series A (Statistics in Society)*, 395-402.

Valentine, J. (2009). Judging the quality of primary research. In H. Cooper, L. Hedges & J. Valentine (eds.), *The handbook of research synthesis and meta-analysis*, pp. 129-46. New York: Russell Sage Foundation.

Verma, J. P. (2016). *Repeated measures design for empirical researchers.* Hoboken, NJ: John Wiley & Sons.

Vine, B. (1999). *Guide to the New Zealand component of the International Corpus of English (ICE-NZ).* School of Linguistics and Applied Language Studies, Victoria University of Wellington.

Vine, E. W. (2011). High frequency multifunctional words: accuracy of word-class tagging. *Te Reo, 54*, 71.

Williams, G. (1998). Collocational networks: interlocking patterns of lexis in a corpus of plant biology research articles. *International Journal of Corpus Linguistics, 3*(1), 151-71.

Wilson, D. B. (2009). Systematic codin. In H. Cooper, L. Hedges & J. Valentine (eds.), *The handbook of research synthesis and meta-analysis*, pp. 159-76. New York: Russell Sage Foundation.

Xiao, R. (2009). Multidimensional analysis and the study of world Englishes. *World Englishes, 28*(4), 421-50.

색 인